人文学と制度

西山雄二　編

未來社

人文学と制度◎目次

人文学と制度

装幀——戸田ツトム

序論　人文学と制度

西山雄二

近年、世界中の大学において、人文学の教育研究がその今日的な妥当性（relevance）や適切性（pertinence）を厳しく問われている。人文学の学部・学科において、いかなる実践的・応用的な学識が、将来の職業に有用ないかなる技能が教育されているのか。人文学の研究は経済的な利益をもたらすとは言わぬまでも、いかなる社会的な意義を有し、いかなる学術的成果を生み出しているのか。人文学の研究教育は、有用性や効率性、生産性といった経済主義的な論理には必ずしも適合しないため、社会的に蔑ろにされがちである。また、脳科学や生命科学などの発展によって、人間性の解明という役割は必ずしも人文学特有の使命ではなくなっている。電子編集・出版によってテクストの創作・公表・受容・批評がより身近になるなかで、人文学独自の研究教育の意義に影響が出ている。近年の社会的、経済的、文化的な諸条件やその変動によって世界中の大学が改変を余儀なくされているが、そうした時流のなかで人文学の研究教育もまた、まちがいなく大きな岐路に差しかかっている[1]。

人文学を取り巻く厳しい諸条件を再考し、人文学の今日的な立場を規定するために、その制度について問うてみる必要がある。なるほど、人文学の基調はテクストを読み、表現するという個別的な活動であるため、おのおのが優れた成果を挙げれば人文学の未来は自ずと開かれるのだろう。実際、個々人の研究の質は衰えることなく、新たな世代によって世界中で卓越した成果が生み出されている。

だが、人文学の専門的価値のみならず、その公共的価値を再確認したり発見したりするためには、個々人の能力や成果に依拠するだけでなく、人文学の命脈を保ってきた諸制度をめぐる歴史的背景や社会的状況、その理念や原理を考察する必要がある。本論集の目途は、人文学の研究教育の現状と課題をめぐって、制度の問いという視点から考察を加えることで、人文学の今日的な意義とその将来性を描き出すことである。

残余としての人文学

伝統的な人文学は、ラテン語の humanitas（人文主義）に由来し、ルネサンスに端を発する古典文献研究の潮流を受け継ぐ。その目的は古典古代の文献の講読と注解を通じた、人間性の普遍的な涵養である。[2] 人文学はいわば規範や調和、完成に立脚した人間的本質の探究であったが、一九～二〇世紀はそうした従来の人文主義が大きな変容を被った時代であった。現在、私たちが狭義に「人文学」ないしは「人文科学」と呼ぶものは、この二世紀を通じて、旧来の包括的な人文学から自然科学や社会科学が徐々に離脱した結果の残余である。すなわちそれは、世界の秩序や調和と関係する人間的本質を総体的に把握するという学問的統一像が断片化し分散したのちに、減算式に残された限定的な学問領域である。

一九世紀以来、人文学は実証的な歴史性を帯びていき、他の学問を根拠づけるのではなく、重要ではあるが部分的にすぎない学問分野へと変容していく。[3] 例えば、歴史や言語もまた自然科学と類似した実証主義的傾向を帯びることで、歴史学や言語学が人文学の地平を変容させていく。人文的な学問の支柱は、対象の認識から自己認識を得ることで人格形成を遂げるという古典主義的な教養だが、そうした普遍的な意義が問い直されるようになるのだ。形成されるべき精神的自己がそもそも歴史化されることで、人文学の認識論的な基盤が揺らぐのである。

また、社会に関係する実証科学が人文学から分離して、独立した第三の学問分野を形成したことも大きな変化だった。経済、社会、行政、法律、政治の諸科学においては、実践的な目的にむけた合理的な諸制度の考察がなされるため、人間的視点は必ずしも重要視されない。社会科学においては、人間の精神性ではなく人間の実践や行動に力点が置かれるため、人文学特有の意義は後退するのだ。

一九世紀から二〇世紀にかけて科学文明が著しく発展するなかで、人間と自然と社会の関係は変容し、人文学と自然科学と社会科学の連関もまた刷新された。普遍的な人間性を起点として自然と社会が規定されるのではなく、人間の尺度を大きく超えて変容する自然と社会によって人間性が規定されるようになるのだ。たしかに、自然科学や社会科学は非人格的な法則性に屈しているようにみえるが、しかし、そうした法則の実践的な克服こそが現代の学術の課題となる。人文学は自然科学や社会科学との緊張関係において、人間の歴史を想起しつつも、人間の可能性を多様な仕方で把握していく点にその活路を見い出すしかなくなるのである。

人文学の死と人文科学の誕生

二〇世紀を通じて、人文学はその存在理由である人間主義を自ら批判し、異なる仕方で刷新されていく。サルトルの無神論的な実存主義ではもはや人間本性が前提とされず、社会的責任に必然的に参与しつつ、人間が自らを超越していくという新たな人間主義が打ち出される。ハイデガーは『ヒューマニズムについて』において、自らの存在論哲学が実存主義と誤解されていることに反論しながら、従来の人間主義は〈存在そのもの〉への問いを忘却した形而上学にすぎないとした。彼はギリシア・ローマ、キリスト教、ルネッサンス、新古典主義という西欧の一連の伝統的思考を支える人間中心主義においては人間固有の尊厳がいまだ思考されていないとし、この形而上学的な地平の超克が必要だとした。ニーチェによる人間主義への系譜学的な批判やフロイトによる意識中心主義への批判とも相俟って、旧来の人間主義の地盤が変化していく。

一九五〇〜六〇年代にはフランスで構造主義が台頭し、言語学、民族学、精神分析、経済学の新たな発展とともに人文学の地平は激変した。レヴィ＝ストロースやフーコーら構造主義者は、歴史を構築し自己展開する人間という従来の形而上学的発想を解体するべく、「構造」の考察に向かう。人間は差異関係からなる構造の諸効果にすぎないという方法論的・認識論的な転回によって、人間はもはや人文学的言説の中核を占めなくなるのである(4)。当時、マルクス主義は「現代の人間主義」として影響力を保持していたが、アルチュセールは人間主義を支配階級の欺瞞的イデオロギーとし、むしろ社会構成、生産力、生産関係といった概念装置の重要性を示した。[5] 構造主義の潮流は人間主体や歴史の偶発性や不確実性を排除し、記号論的な決定論を駆使して、自然科学に匹敵するような客観的な知のモデルを希求することで「人文科学」への道筋を開いたのである。その後、多文化主義やカルチュラル・スタディーズ、マイノリティ論、ポスト・コロニアル研究、ジェンダーやセクシャリティ論、人種やエスニシティ論といった動向とともに、旧来の人文学を支えていた人間本性が実は西洋中心主義や男性中心主義と不可分であることが批判的に暴露されていく。さらには大衆文化論、視覚文化論や表象文化論、メディア論や情報科学論、脳科学論など、人文科学は多様な仕方で拡張し続けている。こうした人文学の自己批判的な変容は、進歩的な啓蒙理性を基盤とする一元的な原理に疑問を突きつけ、人間的な歴史の要をなす近代性概念自体を問いに付した。ただし、人文学の死は必ずしも「人間の死」や「歴史の終焉」を単一的に示したのではなく、「人間の複数の終焉」（デリダ）から人文諸科学の多元的な展開を産み出したのである。

旧来の人文学から新たな人文科学への歴史的推移を把握するために、国際連合の教育科学文化機関・ユネスコは当時、調査をおこなっている。一九六一年、ユネスコは自然科学研究の平和的な普及と応用に関して、『自然科学研究の主要動向』を編纂した。自然科学の現状と見通しを与えるこの試みが好評を博したため、同様の調査を社会諸科学と人間諸科学でも実施した。だが、予備調査の結果、レヴィ＝ストロースやジャン・ピアジェらによって報告されたのは、人文・社会科学の主要動向を規定する困難さだった。[6]

その後、ユネスコは調査を重ね、一九七〇年に『社会諸科学および人間諸科学の研究の主要動向』を刊行する。[7] その序説でピアジェは人文・社会科学を四つに分類する。諸事象の客観的法則の抽象的な解明を目的とする「法則定立科学」（科学的心理学、社会学、民族学、言語学、経済学）。時間のうちに生起しては流れ去る現象や事件を具体的な解明を目指す「歴史諸科学」。因果性に規定される自然法則とは異なり、義務や違反をともなう規範体系を探究する「法律諸科学」。そして、もっとも分類しがたいのが「哲学的学問」である。「哲学」は、人間の諸価値を一般的見地に立って調整し総合する点で、他の科学とは異なる。「哲学」は一定の客観的認識の下での諸科学を人間の総体的視点から評価し意味づけるがゆえに、「人間がこれからいかなる道を歩んでいくのか」という「知恵」なのである。

統合への憧憬

このように、旧来の人文学は自然および社会科学へと分散し、新たな人文科学はむしろ既存の人間本性や人間主義という根拠を批判することで多様化し断片化していった。それとともに、人文学が学問的宇宙の統一性や全体性を担うという使命感は記憶され、その憧憬は回帰し続けている。

一九世紀初頭、近代ドイツの大学では、古代ギリシア的な規範や調和への郷愁という形をとる「新人文主義」の興隆とともに、人文的教養は重要な役割を果たすとされた。大学の知性的な自律を確保するために、社会的に有用な諸学部（神学、法学、医学）と葛藤する哲学部――現在からみると、人文的な学知一般を扱う学部に相当する――の「理性の自由」が必要だとしたカントにしろ、「文化＝教養（Bildung）」の理念の下で大学が国民国家形成と人格的陶冶を有機的に総合するとしたフンボルトにしろ、フィヒテの知識学やシェリングの学問論といった系譜においても、人文的教養にもとづいた学問的宇宙に対する信頼があった。学校が外在的な教導や訓練によって人間を導くのに対して、大学とは、内発的な仕方で人間が成長して人間になるという自己陶冶の制度である。そうした自己教育のためには実践的で専門的な学問ではなく、普遍的で純粋な学問がむしろ必要である。実生活におけるさまざまな経験を批判的に総合する役割が哲学に期待され、少なくともあらゆる学問分野は哲学的な傾向を共有するべきだとされる。そうした純粋な知的探求が息づく限りにおいて、フンボルトが提起したように、大学では教師と学生がともに真理を考究するという「研究と教育の統一」が要求されたのである。そうした人文的教養の遺産を継承するそのほとんど最後の哲学的な学問論・大学論は、ヤスパースの『大学の理念』[8]（一九五二年）だろう。かつて専門的な諸学部の準備過程だった哲学部が精神科学と自然科学に分裂したことで、大学はその統合性を失い、「精神的百貨店」に成り下がってしまった。彼は大衆化と技術主義という現代の課題を考慮しつつ、一九世紀的な教養への回帰とは異なる仕方で、拡散する大学に対してより包括的な全体性の根拠を付与するべきだと主張するのである。諸学問の宇宙全体を人文的教養――とりわけ哲学――が総合するという理念は失われてしまったが、しかし、こうした統合への憧憬には根深いものがある。専門分化した学問が断片化しつつ利益社会に絡めとられるがゆえに、私たちは統一された哲学的世界像を喪失し、人類の精神的な方途が見えなくなっているという嘆きは実際、しばしばくり返されるのである[9]。

一九六〇年代のフランスにおいて人文科学が多元的に展開され、目的論的な人間主義が脱中心化されることで、従来の人文学が相対化されたと言われる。ただし、諸科学の共通の地平を見定めようとする動きもあったことは留意されるべきだろう。戦後いち早く統一科学への野心を見せたのはレヴィ

＝ストロースだった。論理学・数学的モデルを援用することで自然科学同様の科学的厳密性を高め、言語学モデルによって文化現象の記号論的読解を洗練させることで、彼は構造主義的な人類学が諸科学を統合しうると考えていた[10]。構造主義を参照しながら、ジョルジュ・ギュスドルフは多様化する人文科学を、統一的な基礎人間学として再構成しようとする。人間が人間を思考するという根拠づけを明確化するために、従来の講壇哲学が刷新され、人間的現実の諸事実を解明する人文諸科学と共同する必要があると説く[11]。また、ポスト構造主義者と呼称されたデリダは、音声－ロゴス中心主義に統括された西欧形而上学の歴史をその限界上で脱構築する。彼が提唱する「グラマトロジー」（エクリチュールの科学）は人文諸科学の一つではなく、人間の固有性に対する問いを定立することで、別の角度から人文科学を再開させるものだった。「知的相対主義としてのポストモダン思想」というレッテルとは裏腹に、構造主義は多様化する人文科学の統一的な場を創出しようとする積極的な思潮でもあったことは再確認されるべきである。

学問的統一性はすでに失われたのか、それとも、これから獲得されるべきものか。一九六〇年代後半から重要性を増してきた「学際性（interdisciplinary）」の理念は、これら二つの方向性のあいだで揺れている。端的に言えば、「学際性」は「共通の課題や問題の解決に向けた複数の学問分野の共同」である。それは、異なる学問分野の研究者が異なる理論と方法で共同する「多学問領域性（multi-disciplinary）」とも、理論や方法を統合して共通の理解や言語を産み出す「超学問領域性（trans-disciplinary）」とも異なる。両者の中間に位置づけられる「学際性」は、学識や方法を組み合わせることで問題解決に向けた新たな視座を形成する活動とされる。例えば、環境問題のような複雑な課題については、自然現象の解明だけで済まされず、人間の経済活動や社会構造の解明、文明観の再考、人問と自然の共生に向けた倫理観の創出などが必要となり、自然・社会・人文科学の学際的研究が要請されるのである。六〇年代に、全米国立科学財団（NSF）やカーネギー財団などで研究基金が創設され、経済協力開発機構（OECD）やユネスコも学際研究の積極的な支援を開始した。（とりわけアメリカの）大学も学問の断片化や専門化に抗して、複雑な課題の解決という社会的使命を果たそうと、学際的な研究教育を推進してきたのだった。[12] 人文学もまた、哲学と芸術、神学、文献学といった近い領域間だけでなく、社会科学やさらには自然科学（最先端の脳科学や医療技術、情報科学など）との共同も強く奨励されている。失われた統合性か来たるべき統合性かという学際性の可能性を考えるためには、断片化と総合性のあいだで存続してきた人文学の足跡は有益であろう。

「三つの文化」における人文学の特性

C・P・スノーが講演「二つの文化と科学革命[13]」において、自然科学的な文化と人文学的な文化の断絶と対立を危惧し、二〇世紀の人類の知的条件の行く末を憂慮したのは一九五九年のことだった。だがすでに一九四五年頃までに世界の主要な大学で社会科学は学問分野として制度化され、人文学から明確に区別されるに至っている。社会科学はさらに発展を遂げ、実証的な政策科学としてその地位を高めたため、私たちは「三つの文化」の断絶と対立に直面していると言える。[14]「自然科学」は自然の諸現象を観察し実験をすることで客観的な法則を導き出す。個々の環境を超えた自然界の法則性が解明され予測される。「社会科学」は人為的構築物や集団的な行動を対象とし、社会現象を実証的な方法によって解明し、その客観的な法則性を導き出す。歴史的・社会的条件に左右されて変動するものの、一定の諸条件から人間の行動や社会現象の一般的な構造が解明され予測されるのだ。「人文学」は人間の精神的活動（文学、芸術、哲学など）を対象とし、人間本性の探求を目的とする、いわば人間の反省的な学問である。必ずしも実験や統計による実証が当てはまるわけではなく、主に文献学的手法に立脚し、その解釈の妥当性や整合性が学問的明証性の基準となる。「三つの文化」における人文学の特性を列挙しておこう。

（一）人間の生の臨場感

人文学においては、広義のテクストの読解と注釈が主たる活動であるため、人間の精神的所産を人間が読み解くという過程において解釈者自身の倫理性や情動、身体性などが介在しやすい。人文学は生きることの臨場感や立体感の奥底にまで踏み入る学問分野である。もしも学問体系から人文学が消滅するとすれば、学問的宇宙の行為者たる人間の生の躍動が消え去ることになるだろう。人文学がもたらす情動は生きることとの方向性を示唆するものだ。情動は数量的に評価されえない以上、人文学には単純に評価しえない効力が残される。この意味で、人文学には、事実の客観的究明とは次元を異にする、人間主体の意味や価値の解明もが含まれるのである。

（二）時間と自由

人文学は自然科学や社会科学と比べるとはるかに予算のかからない分野である。人文学は高額の実験機材や研究チーム、フィールドワーク、実証データを必ずしも必要としない。猪木武徳が強調するように、むしろ人文学に必要なものは予算ではなく時間と自由であるだろう。[15]とりわけ、外国語や古典言語の習得や活用、テクストの精緻な読解といった基礎的能力を時間をかけて洗練させなければならない学問分野ではどうしても時間と自由が必要となる。社会的な時間の速度から見れば、そうした人文学の時間はあまりにもゆっくりと流れているように映るだろう。他方で、業績評価や資金獲得に後押しされ、学術的催事の企画・運営に追われるといった流れの早い時間も必要かもしれない。だが長期的な視野に立つと、社会的に弧絶しているとさえ言える、ある孤独な時間が人文学には不可欠なのである。

（三）孤独と共同性

周知の通り、自然科学と比べれば、人文学は共同研究に馴染まない分野である。例えば、自然科学分野においては、研究責任者たるＰＩ（Principal Investigator）の立場があり、ＰＩは複数の研究員と共同して研究室を運営しつつ、研究課題を発案し、推進し、その成果を発表する責務を負う。実験や臨床試験、データの解析は共同でおこなわれ、研究成果が共著の形で執筆されることも多い。これに対して、人文学の研究者は単独での研究活動や成果公表が通例であり、いわばつねにＰＩの立場にある。人文学、とくに広義のテクストを研究対象とする学問分野においては、むしろテクストを読解し解釈し、自らの価値観や世界観を踏まえたうえでの文章執筆が重要であるため、ある種の孤独が不可欠なのである。

近年、学際的な共同研究やプロジェクトの要請が高まり、人文学の共同研究が劇的な仕方で促進されている。[16]戦後日本におけるその先駆的な成功例として、京都大学人文学研究所の事例をあげておこう。桑原武夫は一九五一年の『ルソー研究』を皮切りに、『フランス百科全書の研究』、『フランス革命の研究』といった共同研究の成果を挙げてきた。一九六八年の退官記念講演「人文科学における共同研究」[17]において、桑原はしばしば自然科学と比較しながら自らの経験と理念を語っており、きわめて示唆的である。「ともかく共同研究を始めてしまった。始めておいてから考えたんですけれども、それは可能である、可能だとしなければならない」というワーク・イン・プログレスの感覚を重視すること。discipline（学問分野）には「訓練、稽古」の意味もあることから、interdiscipline（学際性）を「共通の訓練」とみなし、異なる専門分野の人々が共同で学ぶ「場づくり」を重視すること。成員間で知識や資料が迅速かつ的確に共有されるという知的コミュニズムの環境を整えること。教授から若手までの成員が対等に議論できる自由な雰囲気が確保されること。非専門家同士の遊びのサロンや耳学問と揶揄されもするが、サロンや耳学問の仕方なりの頭の働かせ方があるので、この技巧を共同で磨き上げることも重要なのだ。

（四）公共的価値

「人文学、とりわけ哲学や文学には何の意味があるのか。どんな役に立つのか」という素朴な問いが放言されることがある。大学で研究者によって産み出される人文学の専門的価値はともかくとして、その公共的価値とは何だろうか。

Humanities は通常、「人文学」と訳されるが、それは必ずしも狭義の学問領域にとどまらず、日本では「人文知」「人文書」[18]といった言葉として柔軟に拡張される。大学の人文学系の学部・学科に限定されず、人文学の営為は、出版や販売、批評、マスコミやマーケティングなどさまざまな社会的回路を通じて活性化されている。大学の狭義の人文学はそうした在野の営為に刺激を受け支えられており、その自由闊達で斬新な活動に脅威さえ感じることもある。人文学はそもそも在野の職業と関係が深く、作家、ジャーナリスト、批評家、映画作家、美術家など社会と密接な関係をもっている。多様化する社会のニーズに応じて、人文学はその輪郭が曖昧だからこそその制度や内実を変容させつつ、新たな価値観や世界観を生み出すことができる。自然科学や社会科学が実効的で有用な目的に奉仕し、目に見える公共的価値を生み出すとすれば、人文学の方は、人間がいかに生きるべきかを問い、考えるための言葉と思考、情動を提供するのである。人文学は意味や有用性そのものを根底的に問い直す力になるという点で、慎ましい、しかし確かな公共的価値をもつのである(19)。

＊

ここで本論集が示す道程を辿りつつ、その眺望のなかで、重要な論点の数々を道標としてあらかじめ確認しておきたい。本論集は三部からなるが、まず第一部「人文学と制度」では、人文学と制度に関する現状と課題、展望が各地域の文脈で論じられる。本論集において、「制度」は狭義には、大学を主とする高等教育制度のことを指している。

人文学の核心――西洋的人間主義の変容

まず、宮﨑裕助は「ヒューマニズムなきヒューマニティーズ――サイード、フーコー、人文学のディアスポラ」において、サイードの批判的読解を通じて、二〇世紀の人文学が被った原理的転回を的確に論じている。サイードは『ヒューマニズムと民主主義批評』において、人文学の保守的なエリート主義が政治的イデオロギーと結託する傾向を問題視し、人文学の実践的な批判力、その民主主義的で世俗的な効力を重要視する。その一例として、ひとつの国民的価値に閉じることのない越境的な文献学の営為が参照され、アウエルバッハの卓越した比較文学的手法が範例とされる。だが、サイードが肯定する文献学のディアスポラ的な意義と批判力は、偉大な人間精神という人間主義にいまだ立脚しており、人間の形象を逸脱していく人文学の可能性を捉え損ねているのではないか。宮崎は、人文学はむしろ人間主義を超出し、他者性や多様性と混淆することで存続してきたとし、フーコーに即して、言語の存在論的な分散状態を問い直す方向性に人文学の核心をみる。

サイードの事例が示すように、二〇世紀を通じて、人文学は古典やグレートブックスに基づく伝統的な営みを越え出てしまった。古典の規範に即して「単数形の人間性（Humanity）」の意味を前提とするのではなく、「複数形の人間性（Humanities）」の揺らぎのなかで人間の精神活動を問い直さなければならなくなったのである。二〇世紀のアメリカ合衆国は、こうした「複数の人間性」をめぐる人文学の実験場と言ってもいい。第二次世界大戦中に亡命したヨーロッパ各国の知識人によって「比較文学」が形成され、冷戦の影響下で、従来の学科を超えた「地域」概念に基づく公的な研究プログラムとして「地域研究」が創出された。一九六〇年代にはマイノリティ運動の隆盛によって、さまざまな社会・文化・歴史的諸条件の差異や多様性が浮き彫りになるなかで、「カルチュラル・スタディーズ」や「ポスト・コロニアル研究」が誕生したのだった。続く酒井直樹と藤本夕衣の論考はこうしたアメリカ合衆国の人文学の激変を生々しく伝えてくれる[20]。

酒井直樹の「**アメリカ合州国の人文学**」は、大学の大衆化と地域研究の変容という要因に即して、アメリカ合衆国の知的覇権がいかに変化してきたのかを詳細に描き出している。第二次世界大戦後、合衆国では大学の大衆化が進展するものの、一九八〇年代以降の新自由主義的な経済再編によって大学進学に歯止めがかかる。その代わりに台頭してきたのが、国外の富裕層の留学生であり、合衆国の「学歴システム」は国民国家の枠を超えてグローバル化している。また「地域研究」に関して言えば、二〇世紀の合衆国を象徴するこの学際的研究は、世界のさまざまな社会や文化を「西洋」と「非西洋」に峻別し分析することで、合衆国が西洋の覇権を維持することに貢献する制度だった。地域研究は往々にして、研究対象となる「非西洋」地域に対して、均質的な国民共同体、国民文化、国語を想定し、また逆に原住民の側もそうした形而上学的な国民性表象を受諾するという共犯的な関係が強化された。しかし近年、地域研究の凋落が起こり、その一構成要素である人文学もまた転機を迎えている。「非西洋」からの留学生らが鋭敏な批判的知見でもって、地域研究のイデオロギー的虚偽性を暴き立てているからである。ヨーロッパ的理性にもとづく「西洋」の特権性や普遍性こそが批判され、「非西洋」との安定した階層関係に亀裂が入れられる。地域研究の死と再生を経て、人文学の新たな展開を図るために「翻訳」の問いが不可欠であると酒井は主張する。

大学のポストモダン的状況における「古典」の意義

藤本夕衣の「アメリカの文化戦争にみる『哲学』への問い――『哲学を愛すること』と『ポスト哲学』」は、二〇世紀後半のアメリカにおける人文学の複雑な思想的背景に対して実に見通しのよい視座を与えてくれる。一九六〇年代のアメリカでは、公民権運動などのマイノリティ運動が興隆し、大学における西欧文化の特権性が批判される。「正典《キャノン》」の保守的な伝統と意義が見直された結果、多文化主義的な傾向が勢いを増す。さらにカルチュラル・スタディーズは、多文化主義が本質主義的に想定する客観的単位としての文化（一民族＝一文化）を批判し、さらに細かな差異に即して文化を主観的な構成物とみなす。こうした「文化戦争」に対して、保守派のアラン・ブルームと左派のリチャード・ローティは文化相対主義のたんなる批判という立場を避けつつ、古典の意義をあえて提唱する。ブルームによれば、古典作品は哲学が不可能な現代において「哲学を愛する」端緒を提供するのであり、ローティによれば、偉大な作品は読者の社会的行為者としてのインスピレーションを回復させる点で重要である。多文化主義を忌避する単純な保守主義とは異なり、彼らは文化的対立の彼方に古典の新たな意義を見い出そうと哲学的探究をおこなったのである。

アメリカでは大学のポストモダン的状況において、規範的な文化概念が批判され刷新されるなかで、その先になおも「古典」の哲学的意義を再確認しようとする錯綜した知的探求がなされていたことがわかる。日本の文脈に即してみると、一九九一年の「大学設置基準の大綱化」以降、学士課程教育のカリキュラム編成の緩和によって教養教育が後退するなかで、「古典」の意義も薄れてしまった。小林康夫・山本泰編『教養のためのブックガイド』（東京大学出版会、二〇〇五年）、広島大学101冊の本委員会編『大学新入生に薦める101冊の本』（岩波書店、二〇〇九年）など、教養教育の礎となる古典的テクストの選定と紹介がなされているが、「古典」に立脚した教養の模索は続いていると言える。[21]

教養教育の衰退にともなう人文学の制度再編については、**小林敏明**の「**ネオ・リベラルの大学改革と人文学の危機——ドイツの現状報告**」でも言及されている。ヨーロッパ規模での高等教育改革にともなって、ドイツではかつての複数の専攻履修が困難となった。哲学は人気のある教養的科目として副専攻履修されていたが、改革以後、哲学科の内実は急速に変化している。過度の専門化が進むとともに、プラグマティックな応用倫理学の隆盛、制度の英米化にともなう哲学のアングロサクソン化が進行しているという。

人文学にとって現場とは何か——大学と在野

人文学にとっての現場とは何だろうか。人文学は大学制度においてその研究教育が展開されるが、在野で市民的活動として柔軟な仕方で実践されることもある。大学と在野という問いをめぐって、韓国から寄稿していただいた論考二本は、執筆者の社会的立場、その文体や声調において実に興味深い対称をなしている。

白永瑞は「**社会人文学の地平を開く——その出発点としての『公共性の歴史学』**」において、延世大学の公式プロジェクト「人文韓国」の責任者として「社会人文学」の可能性を遠望する。彼が創案する表現「社会人文学」は人文学の社会性や公共性を回復する試みを示す。大学のなかで学問が専門分化され、学際的連携もさほどの成果を発揮しない状況を憂慮する白は、生（人間のさまざまな可能性）に対する総体的な理解と感覚を養う総合的な人文学を模索することで、社会の人文性を回復させようとするのである。他方で、在野の運動体「研究空間スユ＋ノモ」の**鄭晶薫・崔真碩**は「**不穏な人文学宣言**」において、国家や資本に順応した人文学の趨勢に否を唱える。彼らが予見する人文学とは、安寧な生活を保障するものではなく、ある種の不穏な感覚とともに開拓されるべき生の思考である。

その立場が異なろうとも、大学制度の内と外で、新たな人文学の形を求める運動という点で白永瑞と鄭晶薫・崔真碩は問題を共有している。彼らの主張は韓国の歴史的・社会的文脈において理解されるべきものであり、他国の状況とは容易に比較できない。[22] ただ、大学と在野、学術制度と市民的運動という問いの構図をとり出すならば、それらは単純な二分法では割り切れはしないことを両論考は教えてくれる。大学制度の外で実践されるものがすべて運動であり、大学のなかではすべてが制度化されるわけではない。むしろ両者の幅のある境界線上においてこそ、この境界幅を意識してこそ、制度の内外でさまざまな新しい運動がおこなわれるのである。[23] 一方に、社会から遊離した客観的な認識の知があり、他方に、社会における実践的で創造的な知があるわけではない。そうした理論と実践の区別への固執は、むしろ大学制度の固有性を、社会的現場の特権性をいたずらに際立たせるだけだろう。この問いかけは大学の外で知の現場を求める者にも、大学の制度内で知の変革を模索する者にも関係する。大学を社会に対して開くといっても、万人向けの低俗な情報や商品として知を流通させることではなく、あくまでも大学の学術をその強度を維持したまま社会のなかに解放することが必要なのである。

社会的な現場で活用される場合、人文学は社会的弱者がその困窮状態から脱するための手段になり、自分が生きていることを実感するように促す知的実践となりうる。韓国では、アメリカの作家・社会批評家アール・ショーリス（Earl Shorris）の *Riches for the Poor: The Clemente Course in the Humanities*（W. W. Norton & Co. Inc, 2000）が『希望の人文学』という題で二〇〇六年に韓国語に翻訳され、人文知の実践例として注目を集めた。ショーリスは一九九五年、社会的弱者のために「クレメント・コース」を開設した。人文学による反省的・批判的思考を介して「精神的な充実感」をもたらすこの人文科学療法は成功を博し、現在、七ヵ国で約六〇のコースが開かれているという。

たしかに、人文学は社会的な救済に貢献する。人文学は、個々人が置かれている苦難の要因を完全に取り除くとは言わぬまでも、その構造を知性的に俯瞰する視座をもたらしてくれるからだ。とりわけ哲学や文学、歴史学は、反省的な思考や論理によって歴史的・社会的な背景を再確認しつつ、自分なりの新たな言葉と物語を再び紡ぎ出すのに有益である。とはいえ、人文学は宗教的な救済とは一線を画する。盲目的な信仰による救済を期待するのではなく、あくまでも自己自身の生が人文知によって反省的に変容することが重要なのである。

日本における人文学の危機——若手研究者の問題

小林康夫、熊野純彦、西谷幸介の各氏が寄せた文章は、日本の大学におけるそれぞれの現場からの危機感を感じさせる考察である。小林は「人文科学と制度をめぐって」において、「共生のための国際哲学研究センター（UTCP）」での一〇年にわたるリーダーの経験から、日本の人文科学の課題を厳しい筆致で提示する。学術の激烈なグローバル競争が進展するものの、日本の人文科学にはいまだ多くの後進性——外国語表現の技術、国際交流の拡充、学際性への関心、運営資金の獲得といった課題が残されているのである。また、熊野は「人文学の現状と将来・私見」において、人文学の危機をもたらす外的・内的な要因を夏目漱石を引きながら冷静に記している。「手段としての知」が幅を利かせて、目に見える結果や業績、効力が過度に重視される現在、人文学のような「目的としての知」の意義は認められにくいのである。そして西谷は「日本のキリスト教大学における神学と制度——青山学院大学の場合」において、大学における学問的統合の問いを自校の事例に即して提起する。キリスト教大学の統合の原理は宗教的信仰への依拠なのか、適切に非宗教化された仕方での普遍的真理の探究なのか、その制度的表現が辿られる。

本論集ではさほど言及がないので、人文学の深刻な危機的兆候として、次世代を担う若手人材の育成の問題について記しておきたい。問われるべきは、大学院での研究教育、研究員や非常勤講師の研究と生活、大学教員の採用や昇進といった人材育成に関わる一連の制度である。

日本では一九九〇年代の大学院重点化を受けて、大学院生の数は二倍以上（約二六万人）に膨れ上がった。ティーチング・アシスタント（TA）やリサーチ・アシスタント（RA）制度やプロジェクト型研究の増加によって若手研究者の生活と研究の支援は増したが、その規模はまだ不十分だ。TAやRAはある程度のアルバイト収入としてはありがたいが、アメリカのように授業を担当することで教育の経験が得られたり、授業料が免除されたりするわけではない。博士課程の修了直後に大学の専任教員となるのは約一一%にすぎず、約一五%がポスト・ドクター（任期付研究員）、約八%が非常勤教員となる。修了後から正規ポストでの就職までの「キャリアの谷間」をいかに生き延びるかが若手研究者の死活問題となっている。

人文学系の博士課程新卒者は年間一三〇〇人ほどだが、これに加えてポスト・ドクター、社会人、無職者とともに、年平均で一〇〇〇～一四〇〇人の正規教員ポストが争われる。[24] 博士を採用する企業が一五%ほどにとどまる社会的現状では、彼らは博士号をもったフリーターとならざるを得ない。[25] 大学院の悲惨さが知れわたり、本来であれば研究者を志望したであろう優秀な若手も学問への道を敬遠し始めている。研究職の魅力が色褪せ、次世代への学術の継承が滞ることは日本の活力にとってマイナスである。長期的には、博士取得者を企業社会が受け入れ、知識基盤社会にふさわしい人的資源として活用することが望ましい。大学では、教授・准教授ポストを大幅に増やすことは難しいだろうが、任期なしの助教や研究補助職の増員を図るべきである。若手の側は、研究者の立場に見合うだけの成果を挙げる責務を負う。博士課程以上ならば少なくとも年に一度は論文を刊行したり、学会発表をおこなうべきだろう。(26) 研究者の本分は独自の感性と思考で学術の新たな方向性を公表する点にあるからだ。アウトプットがなければ、勉強好きの一般市民と大差がない。若手研究者の問題は、若手の自己責任論、社会の欠陥論、官僚（文科省）や大学悪玉論のいずれかに収斂し、往々にして恨み節めいた話になってしまう。だが、若手に関して言えば、若手自身が研究職以外にも多様なキャリアパスを開拓すること、すでに存在する数多くの「若手の会」のように適切に連携し提言や問題提起をおこなうことなどが重要である。悪玉論や陰謀論でも研究者の自己責任論でもない、社会制度論と若手の精神論とでバランスのとれた両輪が必要である。(27)

こうした危機的状況を前にして、定職を得た専任教員は何をすべきだろうか。日本では大学教員は終身雇用的な制度であり、任期制や成果主義が導入され始めているとはいえ、同一大学内でほぼエスカレーター式に昇級ができる。日本には、ドイツのアビトゥーアやフランスのアビリタシオン、アメリカのテニュア制のような厳格で客観的な審査儀礼がなく、昇級審査が「資格に人を合わせるのではなく、人に資格を合わせる」(28) 主観的で属人的な方法だからである。そのため、日本の大学教員の構成は、教授四〇％、准教授二四％、講師一二％、助教二〇％、助手三％という、国際的にみて異例の逆ピラミッド型が維持され続けている。年配の教授陣が多数を占める特権的な組織を変革し、若手世代がもっと活躍できる構成へとただちに改編することは困難かもしれない。ただ、専任教員は実効的な制度改革への意識をもつと同時に、研究と教育の両面で自らも適切なアウトプットを示すという道義的な責任を果たす必要がある。優れた成果を出しながら専任ポストを得られない日陰の若手が生活に窮する一方で、専任教員が成果をほとんど公表しないならば、大学そのものの道義的な退廃が引き起こされるだろう。「書くこと」はたしかに辛く苦しい試練だが、しかし、「真に書こうとしない者は真に読むことはできない」という冷厳たる事実が人文学の厳粛な掟なのである。

大学と技術主義

第二部「哲学と大学」では大学をめぐる哲学的論考が収められ、制度論や教育論が展開されている。ジャン=リュック・ナンシーの論考「大学――知と非-知」と、テオドール・W・アドルノが一九五三年にカールスルーエ工科大学でおこなった講演「技術と人文主義について」では、近代における技術主義の趨勢が大学や人文学に及ぼす影響が強調されている。

ナンシーが言及しているように、ヨーロッパの歴史的文脈では、そもそも技術は大学の研究教育とは相容れないものだった。さまざまな技術はギルドの親方・徒弟制度において職人的に伝授されてきた。転機が訪れたのは、一八世紀後半の産業革命のときだ。産業革命の衝撃によって、旧来の閉鎖的なギルドにおける技術の継承ではなく、人間や社会のあり方を根底的に変化させる技術革新が促進されるようになったのである。一九世紀に入ると、国家運営に必要な高級技術官僚を養成するために、フランスで理工科学校《エコール・ポリテクニーク》、ドイツで工業単科学校《テヒニッシェ・ホーホシューレ》などが、アメリカで連邦政府の所有地が各州に提供されて創設された技術者養成の「国有地付与大学（Land-grant university）」が、大学とはまったく異なる組織として次々と設立された。二〇世紀になると、これらの専門学校が工業大学に昇格したり、総合大学へと併合され、大学における実業教育や職業教育への志向性が強まることになる。[29] さらに近年の傾向として、技術的・工学的発想は社会工学や教育工学といった形で大学経営において存在感を増している。「PDCAサイクル」や「質保証」、「パフォーマンス」、「ガバナンス」といった表現が多用され、理工学的（分析的、数理的、計量的）な手法によって大学の諸要素が評価され、適切で効率的な合目的システム設計が目指されるのである。

　こうした歴史的経緯を踏まえると、高等教育における技術主義の動向に対するナンシーとアドルノの指摘は現在の大学を考えるうえで興味深い。ナンシーは世界規模での大学の変化を技術主義の進展と市民的活動の拡大にみる。一方で、産業社会に奉仕する実用的な専門教育の重要性が増し、他方で、在野における市民らの知的活動が洗練されるなかで、大学の旧来の理念が根本的に変容しているのである。アドルノは工学系の学生を前にして、人文学と工学をあえて対比させる。目的に向けた設計や組立という工学的発想と比べると人文学はわずかな力しかもたない。彼は人文学の立場から、技術者が〈イエス〉と〈ノー〉で世界を把握し統御する「物象化された意識」に無自覚に陥っている点を指摘する。技術者にとって、人文学は「理性と批判の積み荷《バラスト》」の役割を果たす。積み荷《バラスト》を不要に感じて捨て去りたいと思うかもしれないが、しかし、それなしに船の安定は図れないのである。ただし、当時のアドルノの立場は複雑で、ナチスの蛮行によって人文主義的な理想が失敗に終わったことを認めるため、彼は技術主義に対抗して旧来の教養の理念を単純に称揚するわけではない。歴史的な制約のなかで慎ましやかに「教養を越冬させること」が必要な局面があるのだ。アドルノは、人文的教養を批判しつつ、技術の自己批判的意識を養成することで、非人間的な状況に直面してもひるむことのない新たな思考に期待をかける。

大学の歴史的変遷――抵抗の合図を求めて

近代の大学はひとつの社会的制度である以上、折々の歴史的状況において、政治的・経済的な関係とともにつねに変容を余儀なくされてきた。大学の現状を批判し、新たな大学を構想しようとするならば、大学の歴史的な変遷を辿り直し、その変わらぬ存在根拠が何なのか、その抵抗の合図を聞きとっておく必要がある。

大河内泰樹は「特権としての教養――大学の統治と自律をめぐる争い」において、一九世紀初頭のドイツにさかのぼり、ヘーゲルの『法哲学要綱』に大学の原理を探究する。いまだ後進的なプロイセンが近代国家を形成しつつあったという歴史的状況を踏まえつつ、大河内は、ヘーゲルが提示したポリツァイとコルポラツィオンの概念から近代の大学を理解することを提案する。一方で、ポリツァイは「公共の福祉」を可能とする手段の総体として、市民の教養形成や官僚養成といった大学の役割を含むものである。他方で、ヘーゲルはコルポラツィオンに失業や貧困といった市民社会のリスクに対する市民の自発的な連帯を見ていたのだが、大学は当時コルポラツィオン（職業団体）の一つとして理解されていた。ヘーゲルに即して大河内は、ポリツァイとコルポラツィオンの微妙なバランスのあいだで、自律と他律のあいだで揺れ続ける大学の原像を示すとともに、教養＝陶冶が特権とならざるを得ない現在の状況のなかで、あえてこの特権を大学に取り戻すことを要求する。

フランシスコ・ナイシュタットもまた、**「大学とグローバリゼーション――近代の大学における三つの変容と啓蒙の放棄」**において、アルゼンチンの大学の現状を踏まえながら、近年の大学の変容を分析している。近代的大学は一九世紀初頭のベルリン大学に始まるが、それは知の総合的な習得を目指す「教養《ビルドゥング》=自己形成の大学」を謳っていた。二〇世紀に入り、北米の大学で「専門研究の分化」が進むことで教養の理念は弱体化し、近年は、市場経済や市民社会の多様な要請とに応じて、大学は「異種混淆化する大学」へと変容を遂げている。ナイシュタットは大学のこれら三つの変容を、進歩的な啓蒙の慣習《エートス》=態度が放棄される過程だとみなす。だがむしろ、大学とはこれら三つの変容の重層的な記憶を宿しているのであって、かつての教養や啓蒙の理念は亡霊的に回帰し続けるのである。

アレクサンダー・ガルシア・デュットマンは**「婉曲語法、大学、不服従」**において、デリダとソローに即して、近年の政治的・経済的な権力の圧力に対する大学の潜在的な抵抗の合図を読み取ろうとする。デュットマンは、婉曲語法、つまり、ある現実を別の表現に置換する自己欺瞞的な修辞こそが現在の大学に蔓延する言語的条件だと明断する。例えば、所与の目的や目標なく、適切な方法を模索しながら遂行される研究教育の予測不可能性は、評価されるべき「インパクト」という経営者風の説得的広報によって婉曲的に表現される傾向にある。大学からその理念が剥奪されたあとには、まさに「大学」という虚辞そのものが政治的、経済的、社会的な文脈に翻弄される婉曲表現と化すだろう。こうした婉曲語法に対して、デュットマンは、デリダの「すべてを言うという根本的な権利」という大学の無条件性を援用する。たしかにこの権利は、真理のために中立的な理論の試練を経なければならないという点でやみくもに「なんでも言っていい権利」ではない。しかし、無条件性と条件性が抗争し合う逆説的な唯一の場こそが大学なのであり、大学はこの逆説を自らの内在的な全体性とする。「すべてを言う権利」は虚構と真実とが識別不可能となる仕方で行為遂行されるがゆえに、外在的な仕方で大学を空洞化させる婉曲語法の限定的フィクションに抵抗する「不服従」となるのである。

哲学の教育と制度

第二部の後半では、哲学の教育実践が制度の問いに即して論じられる。西山雄二「哲学への権利と制度への愛」、藤田尚志「耳の約束――ニーチェ『われわれの教養施設の将来について』における制度の問題」において例示されているのは、大学制度への帰属から一定の距離を置いていた二人の哲学者の哲学的制度論である。デリダは脱構築思想の斬新さゆえに、フランスの伝統的な大学制度においてポストを得ることがなく、ニーチェは大学での職を早期に辞したのち、在野の思想家としてむしろ大学を辛辣に批判し続けた。しかし、両者は大学制度をシニカルに否定したわけではなく、むしろ研究教育制度に対するある種の肯定的な感情を抱いていたのだった。

デリダは七〇年代から哲学教育をめぐる運動に参加し、実際に哲学の新たな学府「国際哲学コレージュ」の創設に積極的に関与するなど、脱構築の根幹をなす問いとして制度の問いを重視し続けた。彼は硬直化した大学制度から排除され周縁化されたものを尊重するために、いまだ正当化されていないものを思考する権利（哲学への権利）の必要性を説いた。その場合、大学において哲学が超越的審級として「思考する権利」を統御するとされるならば、そうした哲学の制度的権威こそが再考されなければならないだろう。「哲学への権利」を確保するためには、同時に、その制度的地平そのものを根底的に問わなければならず、デリダはそうした制度の両義的な閾を問い続けたのである。

若きニーチェは高等教育制度が「生活の必要のための施設」と堕した状況を憂いつつ、大学やギムナジウムがその本源的な理想へと再び近づく必要性を主張した。彼が希求する批判的な哲学の獲得は社会的に孤立した状態ではなく、将来の制度において可能となる。かつての教養の記憶を深化させ、来たるべき制度への約束を交わすという二重の要請を聴取するために、ニーチェは「耳」という身体的形象を参照する。「教養施設の将来」に必要なのは指導者と指導される者の関係を分離する耳ではなく、両者のあいだの響き合いをもたらす耳だとされる。

既存の制度から批判的な距離を保ち続けたデリダとニーチェに共通する態度は、哲学教育が制度化され尽くされ得ない限りにおいて、制度の可能性を思考するという両義的な態度である。脱構築の思想もツァラトゥストラの教説も、特定の制度のうちに十全に現前して、一定の方法に即して教育され、その奥義が伝承されるようなものではないからだ。哲学は人間の思考力の要をなす学問分野として、とりわけ近代ドイツの哲学者らによって大学制度を根拠づける重要な要素とみなされてきた。だが、デリダとニーチェは大学制度に絶えざる自己創設や変容の契機をもたらす点に哲学の役目を見定めているのである。

哲学は制度のなかでいかに学ばれ、教えられるべきか。**阿部ふく子は「主体と制度を媒介する哲学教育――ドイツの哲学教授法の展開から」**において、一九九九年に設立された「哲学・倫理学教授法フォーラム」の取り組みを分析する。哲学者や哲学史などの既存の知識を蓄えることのみならず、主体的に思考する能力もまた哲学には重要であるために、「哲学」と「哲学教授法」の関係は繊細かつ複雑である。哲学教授法研究者ヨハネス・ローベックは「哲学」と「哲学教授法」を区別し、両者の出会い（「教授法的変換」）を通じて、学ぶ主体に開かれた哲学の公教的特質を重視する。教授法として、①哲学の知識を客観的に伝達する演繹的な「模倣教授法」、②学生と教師による帰納法的な「対話構成型の教授法」があり、さらに、③仮説推論的な「教授法的変換」が構想される。例えば、アリストテレスの一節を学生に提示すると同時に、哲学的な思考方法と能力の道具立てがいくつか示される。学生はテクストの解釈の客観的妥当性を追求するのではなく、多元的な読解方法を用いて自らの思考をさまざまに試用するのだ。確固たる「哲学」が伝達され習得されるというよりも、「哲学的な何か」と「学ぶ主体」とが媒介的に交わる出来事性が重視されるのである。

アルノー・フランソワによる「**シンポジウムとは何か**」は、大学における研究教育の出来事性《イベント》、大学の閉鎖性と公開性、専門家と一般聴衆といった論点を突く本質的な問いである。専門的な国際シンポジウムから市民向けの公開セミナーに至るまで、大学の研究教育制度はさまざまな学術的催事《イベント》によって活気づけられている。学術的催事の企画・運営には動員数、発表や議論の質、交流の場づくり、報告書の出版といった要素が欠かせない。専門家による啓蒙的な催事がある反面、一般聴衆も平等に参加できる公開性の高い催事がある。フランソワは両者を総合する仕方で、多様な聴衆を前にして一定の参加の平等を確保しつつ、専門的な議論の水準を維持するというアカデミー的シンポジウムの理念を提示している。

人文学の制度を継承するために

第三部「人文学の研究教育制度」に収められているのは、二〇世紀に世界各地（フランス、アメリカ、ドイツ、オランダ、チェコ、韓国、イギリスなど）で創設された独創的な人文学の研究教育制度に関するコラム風の文章である。取り上げられているのは、大学のなかに、大学の周縁で市民活動として、あるいは独立した公的機関として創設された研究教育制度である。学術的な制度化から慎重に距離をとる市民運動的な事例も含まれている。参照される事例にみられるのは、人文学の研究教育活動の存続や拡充、次世代に向けた人材育成の維持、国際的な学術交流の促進、大量の貴重資料の保存、市民活動と人文知の連携、そして、社会における批判的な思考の確保である。時代の節目や社会の激変に際して試みられた人文学の制度的な実験の息づかいを感じることができるだろう。

近年、研究教育における生き残り競争が加速するなかで、大学では頻繁に変革がおこなわれ、学科再編やカリキュラム改革、新奇な教育プログラムの導入が実施される。人文学の研究教育は教養教育や外国語教育から専門教育、キャリア教育に至るまでの骨子を担う以上、大学の変革に関わる可能性は高い。第三部で取り上げられているのは、むしろ時代の趨勢に対抗したり、そこから距離をとり、しかし、将来的な風景を遠望する遥かな視線でもって創案された研究教育制度である。私たちは時局におもねる改革熱に流されることなく、人文学の制度設計のためにいかなる理念や本質が重要なのか、過去の事例から学び、その制度的可能性を見定める必要がある。

人文学は、人間の思考方法や言語表現、過去の人間の姿の保存と反省、人間が新たに紡ぎ出す物語、人間存在の奥底を揺さぶる諸作品の考究といった点で、人間が生きるうえできわめて意義深く、きわめて有用である。現在の社会的・経済的な条件において困難や課題を抱えた人文学が、今後いかなる制度において存続し、その積極的な可能性を見い出していくのか、その解答の一端を、本論集のなかに垣間見ることができるだろう。

（1）人文学の状況の分析と考察に関して、「表象01」（表象文化論学会、月曜社、二〇〇七年）の特集「越境するヒューマニティーズ」が有益である。

（2）本節では、拙論「破局を前にした人文科学の未来」（『ある軌跡——未來社六〇年の記録』、未來社、二〇一一年）の一部が大幅に加筆されて使用されている。

（3）ヘルムート・シェルスキー『大学の自由と孤独』田中昭徳ほか訳、未來社、一九七〇年、第二部第七章第二〇節「学問論」。

（4）こうした新たな人文諸科学の登場は社会の諸制度の変化をもたらした。一九五八年、大学の学部名称が faculté des lettres（文学部）から faculté des lettres et sciences humaines（文学・人間科学部）に変更され、新たな世代の研究者と急増する学生たちにより幅の広い学問分野を提供した。また、一九六六年、老舗のガリマール書店から歴史家ピエール・ノラの主導で「人文科学叢書」の刊行が始まったのも象徴的な出来事だった。初回配本のフーコー『言葉と物』を皮切りに、人文科学の研究対象や方法を分野横断的な視座から再検討する刺激的な著作が数多く刊行され続けている。

（5）「厳密に理論的な見地からのみ、マルクスの理論面での反ヒューマニズムについて明白に述べることができるし、述べねばならない。そして、この理論面での反ヒューマニズムのうちに、人間世界そのものの（肯定的な）認識とその実践的変革とに関する、絶対的な（否定的な）可能条件を見ることができるし、見なければならない。すなわち、人間についての哲学的（理論的）な神話を焼き払い、灰燼に帰せしめるという絶対的条件においてのみ、人間について何ごとかを認識できるのだ。」（アルチュセール「マルクス主義とヒューマニズム」〔一九六三年〕、『マルクスのために』河野健二ほか訳、平凡社ライブラリー、一九九四年、四〇八頁）

（6）*Revue internationale des sciences sociales*, Vol. XVI, UNESCO, 1964. 報告は「既存の結果ではなく、生成途上にある学問の記述にとどまる」と留保がつけられている。

（7）ジャン・ピアジェ『人間科学序説』波多野完治訳、岩波書店、一九七六年。

（8）カール・ヤスパース『大学の理念』福井一光訳、理想社、一九九九年。

（9）神学者パウル・ティリッヒもまた、『諸学の体系——学問論復興のために』（清水正・濱崎雅孝訳、法政大学出版局、二〇一二年）において、学問の全体的統一の必要性を説く。ただし、ティリッヒの学問体系は最後に「自律」と「神律」というさらなる対立関係に置かれ、もっとも深遠な学問の意味が「無制約的なものへのエロース」と表現される。啓示と理性の相互連関という弁証法神学的な帰結は、近代的理性が当の理性を超過し、宗教的なものの回帰を政治・文化・技術的な次元で誘発している私たちの現状に対して示唆的である。

（10）レヴィ＝ストロースの制度論「社会科学における人類学の位置、および、人類学の教育が提起する諸問題」（『構造人類学』荒川幾男ほか訳、みすず書房、一九七二年）では、人類学の大望のひとつとして「社会生活のなかにすべての側面が有機的に結び合わされた」「全体性」が示されている。

（11）ジョルジュ・ギュスドルフ『人間の科学と人文科学』片山寿昭訳、法律文化社、一九七六年。

（12）Cf. Julie T. Klein, *Interdisciplinarity: History, Theory, and Practice*, Wayne State University Press, 1990.「学際性」の理念と可能性を決定づけたのは、一九七二年のＯＥＣＤの報告 *Interdisciplinarity: Problems of Teaching and Research in Universities* とされる。エリッヒ・ヤンツやジャン・ピアジェ、レオ・アポステルらが寄稿した報告の理論的支柱は一般システム理論と構造主義だった。

（13）Ｃ・Ｐ・スノー『二つの文化と科学革命』松井巻之助訳、みすず書房、一九六〇年。

(14) Cf. Jerome Kagan, *The Three Cultures: Natural Sciences, Social Sciences, and the Humanities in the 21st Century*, Cambridge University Press, 2009.

(15) 猪木武徳『大学の反省』NTT出版、二〇〇九年、一二九頁。大学制度と時間の関係を原理的に考察した、藤田尚志「大学の時間」(『九州産業大学国際文化学部紀要』第五二号、二〇一二年)も参照。

(16) 近年の日本では、人文学の学際的なインセンティヴは文部科学省のCOEプログラム(二〇〇二年〜)によって強く推進されてきた。人文系のプログラムでは、「死生学」「共生」「コンフリクト」「テクスト」「心」「インターフェイス」といった基軸概念に即して、人文学の学際性や国際性の展開が図られてきた。

(17) 桑原武夫「人文科学における共同研究」、『桑原武夫集　第七巻』岩波書店、一九八〇年。また、梅棹忠夫は国立民族学博物館の事例から、人文科学の共同研究の理念を「研究経営論」(『梅棹忠夫著作集　第二二巻』、中央公論新社、一九九三年)で記している。自然科学と人文科学の共同研究を比較すると、前者では具体的な目的を設定し、課題解決への能力を高めるのに対して、後者では実際的な課題や目的をあらかじめ設けるのではなく、「個々の密室における研究成果を飛躍的に上回る学問的成果をあげるために、課題発見への能力を高める」ことに力点が置かれる。また、研究費をたんに各研究分担者に分割配給するだけでは、個人研究の無機質な集合体、共同研究の擬装にすぎない。研究班の成否を握るのはリーダーの責任で、共同研究はオーガナイザーとしての人間形成に貢献する装置である。

(18) 福島聡、今泉正光、西谷能英、菊池明郎による座談会「人文書の現在と未来」において、「人文書」は「哲学・思想、歴史、宗教、社会、心理・教育、批評・評論」に分類される書籍と規定されている。そのうえで西谷は、「これまでの人文科学を主たる領域としながら、新しい自分の学問研究のスタイルを構築しようと外部的なものへある種の越境や超越をおこなおうとする書物」、「それぞれの学問研究のありかたを点検し、それを現在的なさまざまな課題と越境的・横断的に結びつけていく批評性をもった本がこれからの人文書と言える」と展望を語っている(「人文会ニュース」八三号、一九九八年一二月号)。

(19) とはいえ、大学の人文系の現場では、社会的な意義や有用性に即して、制度改編や縮小がおこなわれているのが現実である。倉部史記『文学部がなくなる日』主婦の友新書、二〇一一年を参照。

(20) こうした動向を多元的に分析した論集として、アルヴィン・カーナン編『人文科学に何が起きたか――アメリカの経験』木村武史訳、玉川大学出版部、二〇〇一年を参照。

(21) 二〇〇二年の中央教育審議会答申「新しい時代における教養教育の在り方について」では、教養の再定義がおこなわれ、主体性や自己責任、国語力、礼儀作法などに力点が置かれた。こうした教養は、企業への就職や市場での競争を前提とする教養であり、思想や歴史、文化への深い理解や主体性が国民教育の再生と結びつけて語られる点で、新自由主義時代の「新しい教養（ネオ・リベラルアーツ）」と言える。上垣豊編著『市場化する大学と教養教育の危機』、洛北出版、二〇〇九年を参照。

(22) 韓国では一九八〇年代の軍事政権時代に多くの進歩的知識人が社会の現場へと足を運び、労働者たちとともに運動組織を立ち上げた。反政府的な文章を公刊したとして解雇された大学教員も多く、彼らは地下サークルや大学外の私的研究室を創設し、運動を通じた知的実践を継続した。また、多くの大学院生も教員のこうした動きに同調して、運動を支援したという。その後、九〇年代の民主化を経て、進歩的知識人は大学に復職し、大学制度のなかで研究教育活動に従事するようになる。在野で創設された研究会のなかには公式の学会となり、社会的ステータスを獲得したものもある。八〇年代の知的運動の経験は継承されず、むしろ、高等教育の国際競争力強化の流れのなかで大学は産学連携を強め、政治・経済的な権力と急速に結びついていった。このように、韓国ではかつての現場での知的実践の記憶と忘却がいまだ未消化なところがあるため、大学制度の外で研究教育の可能性を探ろうとする運動が起こりやすい。

(23) 白石嘉治が『不純なる教養』（青土社、二〇一〇年）で強調しているように、中世ヨーロッパにおいて「組合（association）」として創始された「大学（Universitas）」は、在野でのアクティヴィスト的な記憶を宿し続けている。大学における研究教育活動が社会的、経済的な論理によってますます条件づけられるにしたがって、大学の外あるいは周縁において自由な真理探究の現場を求める動きが生じるのである。

(24) 潮木守一「大学教員の需給アンバランス――今後一〇年間の推計結果をもととする（人文科学系・社会科学系について）」、「大学論集」四二集、広島大学高等教育研究開発センター、二〇一一年を参照。二〇〇一年度以降、人文学系の新規卒業者は年間一三〇〇人以上になり供給過剰が続くので、二〇〇七～一七年の一〇年間で二一〇〇から五九〇〇人程度の卒業者は正規ポストに就けないと推定される。大学全体でみると、二〇一二年現在、年間一五〇〇〇名が博士号を取得するが、新規採用ポストは五〇〇〇〜八〇〇〇程度にすぎない。

(25) 米英仏独では博士号取得者が大学行政職、NGOやNPO、一般企業などに就職する機会があり、しかも、自分の専門性を活かすことのできる仕事につくことも少なくはないという。潮木守一『職業としての大学教授』中央公論新社、二〇〇九年を参照。

(26) 文部科学省・科学技術政策研究所の報告書「ポストドクター等の研究活動及び生活実態に関する分析」(二〇〇八年)によれば、大学などの公的機関に所属する人文社会系のポストドクターの年間平均業績は、査読付論文〇・八七、紀要論文〇・六一、学会発表一・九四である。博士課程を修了し、三年程度の任期付きポストを得たのち、若手研究者が常勤ポストの獲得を目指してしのぎを削っていることがわかる。分野によって論文生産のペースが異なるため過度の業績至上主義は問題だが、若手を取り巻く現実を踏まえると、毎年一回のアウトプットを示すことは妥当な目標数値ではないだろうか。

(27) 水月昭道が『高学歴ワーキングプア——「フリーター生産工場」としての大学院』(光文社新書、二〇〇七年)をはじめとする著作において、若手研究者の問題を指摘した功績は実に大きい。だが、文部官僚と大学教員の悪玉論から若手自身の精神論へと向かう論調でもって、現実的な制度改編を十分に提起しないまま若手の自己救済を主張するだけでは不十分だろう。

(28) 横尾壮英『大学の誕生と変貌』、東信堂、一九九九年、「四章　大学教授資格の史的素描」を参照。

(29) 村上陽一郎『科学者とは何か』新潮選書、一九九四年を参照。

第一部　人文学と制度

ヒューマニズムなきヒューマニティーズ——サイード、フーコー、人文学のディアスポラ

宮崎裕助

「人間は人間を無限に越えてゆくことを知れ。」
（パスカル『パンセ』断章四三四）

1　人文学の曖昧さ

ヒューマニティーズ（the humanities）——日本語で「人文学」と訳されているこの言葉は、「〜学」という言い回しが想起させるかもしれないような、人間《ヒューマン》についての一学問分野を指すわけではない。それは「人文知」「人文書」「人文教養」「人文学部」等々、一連の類語を形成しつつ、原語の複数形が示すように、自然科学や社会科学と区別された、人文諸科学の学科分野——平たく言えば「文系」の諸学問——を総称的に指すものとして用いられている。

日本語の「人文学」という言葉が、現代語としてはフランス語でもドイツ語でもなく、とりわけ英語のヒューマニティーズに対応する語とみなされるべきだとすれば、それは、日本語に及ぼす英語のグローバル化の影響といった外的事情のほかに、この言葉そのものに独特の含みが残っているからで

ある。かつてアメリカの批評家サミュエル・ウェーバーが注意を促していたように「人文学という英語の概念に実際に相当するものは、学術的言説にあってはフランス語にもドイツ語にも存在しない」(1)。

フランス語には「人文学」に対応する語句として「人文科学（les sciences humaines）」という表現がある。これは、よく知られているように、戦後フランス思想において主要な役割を果たした「構造主義」という理論的運動によって今日人口に膾炙するにいたった。「人文科学の考古学」という副題をもつフーコーの『言葉と物』が明確に描き出していたように、この語句の意味は、二〇世紀に入って狭義の人文学を超えて拡大し、言語学（ソシュール）、人類学（レヴィ＝ストロース）、精神分析（ラカン）といった新しい諸学問とともに、人間についての学問、さらには人間性を構成する諸条件や構造に問いかける学問的探究を指し示すようになった。これは「人文学」という漠然とした総称とは異なって明確に「科学」を志向しており、このような含意は、英語のヒューマニティーズからは直接に読み取ることのできないものである。

ドイツ語で人文学に相当する言葉は（Humanwissenschaften ではなく）「精神科学（Geisteswissenschaften）」であり、この言葉は明確に、精神（ないし心）と自然という対立に負っている。つまり自然科学に対置された精神科学、とりわけヘーゲルやディルタイ以来強調されてきたように「精神の生」について探究する学知（Wissenschaft）ということになるが、その学問的な性格は、英語のヒューマニティーズのように曖昧にされているわけではない。

英語のヒューマニティーズに特有なのは、その原義との関連を保ちながら、いわば学問一般に対立する含意をとどめているという点にある。人文学の由来を語るさいには、一四～一六世紀イタリア・ルネサンスの人文主義を画期としつつ、古代ローマ・ラテンにおいて形成されたフマニタス

（humanitas）の文化へとさかのぼることが通例である。フマニタスの理想は、さらにギリシア語のパイデイア（παιδεια: 教育・教養）の概念に淵源する。この理想のもとで目指されているのは、人間についての学問や研究というより、一市民としてそなえるべき実践的および社会的「徳」そのものの形成であった。それは「人間そのものの形成、つまり将来はどんなたぐいの課業にも適するが、あらかじめ特定の専門分野へ限定されることのまったくないような人間の形成」を目指すのであり、そうした「徳」とは、まさに人間に固有の、まったき人間の善さ、すなわち人間一般の卓越性にほかならない。それが「自由人にふさわしい技芸（artes liberales）」の修得によって培われるとされたのである。

周知のようにこれは、中世の自由七科、そして現代の大学での「リベラル・アーツ（教養科目）」に引き継がれることになる。このような「技芸」は、とくにキケロのような文人におけるレトリック・ヒューマニズムの理想にみてとることができる。たとえば、次のような一節において。

余暇において、機知とたいへん学識のある会話ほど快く、人間性（humanitas）にふさわしいものが他にあるだろうか。というのも、互いに言葉を交わし、感じたこと、思ったことを言論によって表現できるという、まさにその一点こそ、われわれ人間が獣に優る最大の点なのだから。(3)

こうした会話や言論において想定されている「技芸」とは、修辞学としての雄弁術である。その強調点はしかし、説得術の規範を護持する修辞家（rhetor）の技術のことではない。そうではなく重要なのは、しばしば規範を逸脱しながらも機知と機転を利かせた語りによって聴衆の心をつかむ弁論家（orator）の「徳」のことにほかならない。実のところ雄弁術の教えとは、古典古代の偉人の語りの技術に精通し遵守することではなく、そのような技術の機械的な適用を超えて、まさにそのたびごとの一回的な場面に応じて、いきいきとした語りを繰り出すことによってみずからの「徳」を実践することに存しているのである。[4]

ヒューマニティーズには、そのような意味で、人間についての学問・研究というより、それ自体として「学問」そのものに対立するニュアンスが残り続けている。このことは、この言葉の欠点を表わすものとして受け取られるべきではない。もともと人文学が目指しているのは、それ自体としては規則化・規範化不可能な「徳」の実践、要するに今日であれば「教養」と呼ばれている、そうした幅広く柔軟な知性の涵養なのである。これは、学問の基盤として普遍性を要求する一方でどこまでも個別的で特殊な知をなすものであり、カント『判断力批判』の定式を借りれば、まさに特異《シンギュラー》＝一回的なものの「普遍妥当性への要求」として成立する学問にほかならない。[5] かくして人文学とは、定義上、規則化・形式化・方法化という意味での科学になりにくいものの探究という含みをもつことになる。それが自然や社会の一般的な現象ではなく、天才によるすぐれて一回的で特異な作品や芸術に固執しようとするのはそのような理由による。

しかしながら、というよりそれゆえにこそ、人文学は、たんに天才の事例研究や、作者の足跡をたどる伝記や編年記のようなものへと還元することはできない。人文学の核心が、特異なものの普遍性の探究に存するのだとすれば、そして以下にみるように、まさにその媒体こそは言語なのであってみれば、ひとは「天才」といった誤解を招きやすい一種のロマン主義的な想定を超えて、さらには自律的な主体や「作者」といった近代の人間中心主義的な制約から解き放たれることによって、人文学のいっそう普遍的な可能性を追究する方途を探ってみなければならない。

2　批判としての人文学

規則化しえないものにこそ普遍的な知の基盤を探究するという人文学の性格は、強みでもあるとともに弱みでもある。それは、あらゆる学問の基礎科目としての地位を要求しうる一方で、それ自体としては科学の形式性や規範性を逸脱し、学問としてすらみなされないおそれがある。このアンビヴァレンス（両面価値性）は、人文学が制度として、つまりその教育をカリキュラムに組み込んでいる大学等の制度として問題になるやいなや、はっきりすることになる。人文学の対象を形式化・規範化・方法化しえないのであれば、教えるべき内容は不確かなものになってしまうからだ。今日、人文学の危機がくり返し叫ばれるとしても、いまに始まったことではない。人文学が安泰であったことなどない。このことは、ある意味で学問的な制度としての人文学が恒常的に直面せざるをえない事態なのである。

人文学の危機をめぐる言説は、さまざまなヴァリエーションがある。そのなかで、以下ではエドワード・サイードの議論（『ヒューマニズムと民主主義批評』二〇〇四年）[6]をとりあげよう。サイードの人文学論は、二〇世紀の人文学の評価と現代にいたるその帰趨を見定めるうえでひとつの範例的な価値をそなえている。

サイードはまず、人文学が文化保守主義的なイデオロギーと容易に結びつく点を問題視している。思い当たる節のある人も少なくないだろう。すなわち、人文学の担い手とそのふるまいは、きまって「ごく一部のエリートと結びつく」のであり、結果、人文学は、皆に開かれた進歩的で自由な精神をもたらす活力になるどころか、「きわめて排他的で限定された厳格なクラブのようなもの」を形成しがちである。つまりそこでは、人文学と称するための確固とした作法が確立しており、「このルールはほとんどの人を弾き出し、たとえ入会が許されても、クラブの会員数を増やしたり、もっと排他的でないより居心地のよいところにしようとしたりしても、当の規則に縛られてできない」（二〇頁）ということもしばしばである。

サイードは、人文学が陥りがちな閉鎖的でスノッブな傾向を、T・S・エリオットやF・R・リーヴィス等によるニュークリティシズムが二〇世紀前半の文学研究において影響力をもった経緯に見いだしている。この種の人文学とは、要するに、少数の規範的な古典や正典（たとえばシェイクスピア、さらにはシェイクスピアよりもダンテ等々）を掲げ、それらが作品としてもつ濃密で独特な形式――実際には高度な訓練を経ずしては理解不可能な形式――こそ、修得すべき文化＝教養の核なのだとみなす考え方である。

サイードによれば、こうした考え方の起源は、マシュー・アーノルドの『教養と無秩序』（一八六七―六九年）[7]に求めることができる。アーノルドは、一九世紀産業革命以後の大激動のなかで、多くの民衆が都市に流入し労働者階級となったことから生じた秩序の崩壊や市民生活の退廃を目の当たりにして、そうした現実に抗して「教養＝文化《カルチャー》」の復権を唱えなければならなかった。サイードによれば、伝統が失われたことを嘆き、過去のすばらしさ、正典の不可侵性を讃美する人文学の保守性を支えてきたのはこうした「アーノルド主義」だったのである。

他方、時代は下って、T・S・エリオットの「英国高教会的な人文主義」は、いっそう「還元主義的で説教臭い人文主義」として再演されることになった。その典型が、一九八〇年代末にベストセラーになったアラン・ブルームの『アメリカン・マインドの終焉』（一九八七年）[8]である。ここでこの著作の内容をたどり直す余裕はないが、そこに通底する人文学の危機感は、サイードが要約するように「人文学の扉があらゆる種類の無法な個人主義、いかがわしい流行もの、正典とは認められない学問へと開かれ、その結果、真の人文学は完全に信用を失したとはいわぬまでも損なわれている」（二二頁）といういらだちである。

こうした議論が出てくる時代背景としては、いうまでもなくアメリカで高まっていたヴェトナム反戦運動、そしてそれと連動したさまざまな解放運動の展開を指摘することができるだろう。実際、それに呼応するかたちで、ゲイ／カルチュラル／ポストコロニアル・スタディーズ等々、これまでの人文学では扱われなかったさまざまな新しい種類の研究が拡大したのであり[9]、他方、哲学、言語学、人類学、精神分析など、フランスの構造主義以降の思想を基盤とした「フレンチ・セオリー」[10]がアメリカに流入し、いっそう基礎的で理論的な次元から、従来の文学研究のありかたを一変しつつあったのである。このような戦後の新しい趨勢への反動として「人文学の危機」は喧伝されたのであり、サイードのように、こうした趨勢にこそ人文知の新たな可能性をみていた者からすれば、アラン・ブルームのような人文主義は、たんに少数の白人エリートによって温存され続けてきた旧守イデオロギーの担い手でしかなかった。サイードはこれを「きわめて了見の狭い教育的保守主義」（二一頁）と断罪している。

サイードが、ウィリアム・ベネット——哲学博士号をもつ政治家で、レーガン政権で合衆国教育長官を務め、ジョージ・H・W・ブッシュ政権でも発言権をふるった——のような政治家の演説を引き合いに出して警戒を促しているように、こうした人文保守主義が無害ではないのは、当の人文学の伝統復古的な主張が、九・一一以後アメリカの乗り出した「悪に対する無際限の戦争」の正当化にさえ転用され影響力をもったということである。つまり、人文学が培ってきた「教養＝文化」の復権と洗練への要求が、その実、政治的にはエリート主義と大衆批判とが一体化したポピュリズム、さらには「驚くべき狭隘な排外主義」（二五頁）へと帰結する強力なイデオロギー的後ろ楯となるのである。

それに対して、このような保守化した人文主義に抵抗すべくサイードが対置する人文学の知とは次のようなものだ。

そもそもこの共和国〔アメリカ合衆国〕の市民として人文主義を理解することとは、それをデモクラシーへと向かう、あらゆる階級と背景の人々に開かれた、終わりなき開示、発見、自己批判、解放の過程として理解することである。あえて言えば人文学は批判であり、その批判は大学の外部と同様に内部の状況にも向けられるべきである（自分たちこそエリート養成機関とみなす、難癖をつけるばかりの狭隘な人文学がとるはずがない立場だ）。実際、人文学の批判力とその妥当性は、みずからの民主的で世俗的な開かれた性格から来ているのである。（二六頁）

人文学が本来そなえている民主的価値とは、つまるところ「教養＝文化」の理念がもつ普遍性であり、そしてそれによって啓蒙と解放へとむかう活力である。とりわけサイードによれば、このことは、文献校訂という意味での批判《クリティック》から直接に出てくる人文学の活動である。つまり、長きにわたって受け継がれてきた「古典」に向き合うなかで「けっして解消されえない註釈同士の煮えたぎるような不一致」（レイモンド・ウィリアムズの引用、三四頁）に引き裂かれながら、「集合的な過去と現在における人間の誤解と誤読とをいっそうの批判的な吟味にさらす」（二七頁）ことなのであり、まさにそのような営為のなかで「歴史における言語の産物、他の言語や歴史を理解し、再解釈し、それととっくみ合うために、言語のさまざまな力を行使すること」（三三頁）なのである。こうした文献校訂《クリティック》の努力に基づいてこそ、右の引用のような「批判」、「人文学のまさに中心に批判を置き、デモクラシーにおける自由の一形態として批判を位置づける」ということが可能になる。かくして、

批判は、冷戦後の世界を構成する歴史的現実や、その初期の植民地形成、そしていまや残る最後の超大国の恐るべき全世界的な拡がりを、否認するのではなく、それに眼を見開いた知を蓄積し、問いかけるという実践を途切れることなく続ける。（五八頁）

サイードが人文学の知に託する可能性は、以上のような批判力である。ここには、サイードの生涯の仕事を牽引してきた、理想化された人文学の美しいヴィジョンをみてとることができよう。こうした人文学の可能性は、しかしながら、いったいどのようにして実現にむかうのか。資料校訂の文献学的な営為が、民主主義的な批判力へと転化できると考えうる根拠はどこにあるのだろうか。そもそも古典を解読し註釈するのはごく少数の専門家に限られた特殊な技能であり、古典を事実上占有する文献学こそ、歴史的にみれば、時の権力者たちがそのつど庇護し利用してきた少数の書記エリートの産物ではなかっただろうか。文献学の営為が、市民に開かれた民主主義的な知の基盤となるという議論はけっして自明ではない。

3　文献学への回帰

サイードの人文学論は、その民主主義的な批判力を取り戻すために、「文献学への回帰」の重要性を唱えている。サイードが範としている「文献学」とはしかし、一般的な意味での文献学ではない。サイードが文献学の範例としているのは、一九世紀ドイツの古典文献学や聖書解釈学（フリードリヒ・アウグスト・ヴォルフ、フリードリヒ・シュライアマッハー、ヴィルヘルム・ディルタイ）の蓄積を基盤として二〇世紀初頭に展開したロマンス語文献学の伝統である。サイードは、エーリッヒ・アウエルバッハ、カール・フォスラー、レオ・シュピッツァー、エルンスト・ロベルト・クルティウスの名を挙げており、彼らの文献学が、ラテン語に由来するプロヴァンス語、フランス語、イタリア語、スペイン語などのありとあらゆる文献——そのジャンルは狭義の文学にとどまらず、古銭学、銘文、文体論、古文書、修辞学、法学、年代記、叙事詩等々の広大な領域に及ぶ——を渉猟する「本質的に比較文化的」（一一二頁）な手法を強調している。

とくにサイードは、『ミメーシス』（一九四六年）[11]の著者エーリッヒ・アウエルバッハに一章を割いてその功績を讃えている。ドイツのユダヤ人エリートとして法学・文学を修めながら第一次世界大戦に従軍し、ナチス政権成立以降はマールブルク大学の職を辞してトルコのイスタンブール大学で教鞭をとることとなり、このムスリムの地でようやく『ミメーシス』を完成させることを余儀なくされたアウエルバッハの悲劇的運命を、サイードは、文献学の本質に重ね合わせるのである。

『ミメーシス』が、途方もなく徹底した修練の産物であり、ヨーロッパの文化に比類ないほど親しみその奥深くに分け入っているものだとしても、これは同時に亡命者の書物、生まれついた環境と出自から切り離されたドイツ人によって書かれたものなのだ。（一二一頁）

こうしてサイードが強調するのは、ロマンス語文献学のこの記念碑的書物が、異邦者として故郷喪失を蒙った、いわばディアスポラ的経験によってはじめて産み出されたということである。[12] 戦後アウエルバッハは渡米し、生涯この地にとどまることになった。実際、ヨーロッパからのユダヤ人亡命者を数多く受け容れ、国境を越えた文献学の伝統の豊かな成果が開花するにいたったアメリカの大学に特有の学科、すなわち「比較文学」は、二〇世紀の人文学として達成された最良の部分だと言ってよいだろう。

サイードが人文学に見いだした民主主義の基盤としての批判力は、いかなる国民国家的な単一性にも還元しえない境界線上で培われてきた、こうした文献学のディアスポラ的性格に基づかせることができる。今日のアメリカの人文学の役割は「ひとつの伝統を他のさまざまな伝統よりも強めたり肯定したりすることではけっしてなく〔……〕、むしろすべての、あるいはできるだけ多くの伝統を互いに開き合うこと、それぞれが他の伝統に対してなにをしてきたのかを問うこと、とくにこの多言語国家において、多くの伝統がいかに相互に影響し合い、そして――もっとも重要なことに――いまでも相互に平和的に影響を与え続けうるということを示すこと」（六一頁）だとサイードは明言している。人文主義の名のもとに喧伝されてきたあらゆる保守的伝統にもかかわらず、それらに断固異議を唱えつつサイードが人文学の可能性を信じることができるのは、まさに文献学が、このような批判的な役割――「平和的な相互影響」の働き――を担うことのできる特権的な性格をもつからにほかならない。サイードが範とするアウエルバッハの『ミメーシス』がそうした文献学を体現していること、本書の偉大さを情熱的に描き出すサイードの筆致が揺るぎない確信に満ちたものであることに疑いの余地はない。しかしながら、サイードが文献学のディアスポラ的特徴を強調すればこそ、次のような疑問を差し挟むことができるだろう。はたして文献学の復権を唱えるサイードの議論は、サイードが範とする文献学者に見いだされた、そうしたディアスポラ性を追究するものになっているだろうか。それは、その越境的で分散的な本質ゆえの批判力に即して、人文学の可能性を開くものになっているのだろうか。サイードの議論はしかし、そのような可能性を妨げるような前提に依存しているように思われる。

少し具体的に見てみよう。『ミメーシス』にかんするサイードの記述を追っていくと、当のディアスポラ的状況があくまでアウエルバッハという「作者の生に内在する生きた経験」として生じた点が強調されている。この経験は、アウエルバッハの実人生の伝記的な事実として強調される一方、他方では『ミメーシス』の議論自体が、そうした苦難を克服しうる、神をも超えた人間精神の偉大さへの礼讃として読み解かれている。サイードによれば、アウエルバッハのダンテ論は『神曲』が永遠にして不変なものにあれほど傾倒していても、基本的に人間的な現実を表象することのほうにより成功している」（二三六頁）という点が重要である。すなわち、サイードがアウエルバッハに託して述べるには、『神曲』にあっては「人間の姿が神の姿を凌いで」おり、世界は体系的な宇宙の秩序のもとで調和しているとしたダンテのキリスト教的確信にもかかわらず、「歴史のなかに置かれた個としての人間の不滅性は、神の秩序に抗う転回を成し遂げ、この秩序をみずからの目的に奉仕させ、その光を奪ってしまうのである」（一三六―一三七頁）。

ここでサイードの議論をより仔細に検証すべきところだが、先を急ぐことにしよう。要するに、サイードが『ミメーシス』のうちに読み取り強調し続ける論点とは「根源的に人間主義的な議論」であって、「同時代の日常的な事件のなかから、平凡な庶民の心底において精神の運動が誕生するさまを描き出し、したがって日常的事件が古代文学においてはついぞもちえなかった意味をもつにいたる」（一三二―一三三頁）ことを指摘するアウエルバッハのリアリズムにほかならない。『ミメーシス』の、見たところ広汎でしばしば散漫にも感じられる記述は、文字通りディアスポラ的な拡散を呈していながらも、こうして、人々の日常生活に寄り添う現実表象を目指す人間主義と、それを実際に体現するアウエルバッハ個人の偉大な人間精神とによってしかるべく閉じられるというわけである。

サイードがこのような人間主義に基づいてアウエルバッハの文献学を称揚する理由とは、まさにこの「人間主義《ヒューマニズム》」が、人文学というディシプリン（学科＝規律）を構成する「人文主義《ヒューマニズム》」の基盤になるとサイードは考えているからである。日本語ではこのヒューマニズムは、人間主義と人文主義とに訳し分けることができるが、英語（をはじめとした欧米諸語）では渾然一体となって、人文学の本質を人間主義とみなす連想が当然のように働くことになる。

しかしながら、サイードが二〇世紀文献学の可能性の中心にみたそのディアスポラ的本質、すなわち、分散的かつ越境的にディシプリンを構成することで人文学の批判力ともなるその言語の働きは、まさにそのような人間主義を超えていくように作用するのだとしたらどうだろうか。というより、言語のディアスポラ的経験はまさにそのような人間主義をすら超え出て、人間という形象そのものを書き換えるにいたるのではないだろうか。ギリシア語由来の「ディアスポラ（διασπορά）」が、「周囲に、横断的に」を意味する接頭辞「ディア（δια-）」と「まき散らす、散乱させる」を意味する「スペイレイン（σπείρειν）」からなる言葉であることを想い起こそう。文献学の歴史的命運のみならず、言語の経験そのものが要請するディアスポラ――そこにこそ、人文主義ならぬ人文学、あるいは人間主義なきヒューマニティーズ、すなわち単一の「人間」性を分割するかのごとく複数形で綴られるヒューマニティーズの可能性の核心があったのではなかったか。

4　言語の分散

サイードがその主著『オリエンタリズム』（一九七八年）[13]において方法論的な先駆者としていたミシェル・フーコーは、歴史的なアーカイヴ（archive: 文書集成）を記述するみずからの手法がもたらす帰結について次のように書いていた。

アーカイヴの記述は、われわれの診断のために有効なものである〔……〕。人間学的思考が人間の実存ないし人間の主体性を探索する場において、その記述は、他者を、そして外を白日のもとに曝す。こう理解されるときになされる診断とは、識別作用によってわれわれの同一性を確認しようとすることではない。そうではなく、この診断が明らかにするのは、われわれが差異であるということ、われわれの理性が諸言説の差異であり、われわれの歴史がもろもろの時間の差異であ

> り、われわれの自我がもろもろの仮面の差異だということである。差異とは、忘却され覆い隠された起源であるどころか、われわれが現にそうであり現に生じさせている分散であるということを、そうした診断は明らかにするのである。[14]

この一節が記された『知の考古学』は、フーコーが六〇年代の主要な著作（『臨床医学の誕生』『狂気の歴史』『言葉と物』等）をふりかえってみずからの歴史叙述について方法論的な反省を加えた著作として知られている。フーコーは本書において、歴史的アーカイヴを「言表《エノンセ》」と彼が呼ぶ最小単位から捉え直し、言表の思考を「言説的出来事についての純粋記述[15]」を可能にするものとして練り上げることで、これまでの自著の理論的基盤と今後の企ての新たな可能性を模索しようとした。

フーコーのアーカイヴ＝言表論の前提をなしているのは、大きく言えば、言語についての存在論的理解、すなわち『存在と時間』のハイデガーが「人間」に代えて「存在」そのものへの問いに遡行することで提起した基礎存在論の言語論的なヴァージョン――しかしこれは後年のハイデガー自身が取り組んだ課題でもある――と言ってよいだろう。言表されるものは、主体が意図するメッセージや、意味内容として事物に帰されるような属性なのではなく、それ自体が言語活動として生起する純粋な存在の出来事にほかならない。この理解がもたらした重要な帰結は、「言語なるもの」（フーコーでは言表や言説と呼ばれた）の経験が、それまで自明視されてきた「人間」ないし人間中心主義的なさまざまな前提を超出し、むしろその限界を明るみに出すよう作用するということである。すなわち、言語の存在論的な理解は、引用文に示されているように、既存の「人間学的思考が人間の実存ないし人間の主体性を探索する場において」人間とみなされてきたものがつねにそれらの他者や外部へと開かれてあらざるをえない露出の場であることを示す。それは、既存の人間理解にまつわるさまざまな相関概念――主体、意識、自我、理性、作者等々、そして人文主義＝人間主義――が「諸言説の差異」としての言語の本質的な「分散」であることを明らかにするのであり、さらにはこうした「分散」として出現する言語の諸可能性をむしろ制限するものだということを明らかにするのである。

フーコーの言語論をいま詳述している余地はないが、ここでの要点は次の通りである。すなわち、「人間」という形象を自明視する思考様式は、結局のところ、われわれの歴史的な出来事を根本において可能にしている「言説の豊かさ」、ひいてはその核心にある「言説の無秩序[16]」から忌避ないし逃避するための様式にほかならない。要するに、そのことによって根本的に「言語のアナーキーな性格[17]」と呼ぶべき、言語そのものにそなわる批判的な潜勢力を抑圧してしまうのではないだろうか。

ここでの問題は、まさにサイードが文献学のディアスポラ的経験を通じて開いていたはずの人文学の批判力が、みずからの人間主義的な前提によって曖昧にされ掻き消されてしまうのではないかということである。実際、アウエルバッハの『ミメーシス』を言祝ぐサイードの議論は、結局のところ、『ミメーシス』というテクストの内在的な読解にいたる手前、つまり文献学としてその可能性を引き出す手前にあって、アウエルバッハの偉人伝と「民衆の日常生活」の表象への礼讃という体のよい物語に収まってしまうように思われる[18]。

翻って、サイードは、そうした人間主義的な立場をより現実政治的な水準において擁護すべく、九・一一以後のアメリカの戦争行動が引き起こしたジェノサイド、無数の民間人の殺害に抗して「そういった集団的な山賊行為への飛躍を中断する唯一の言葉こそ『humane（人道的＝人情味あふれる）』という語である」と述べている。そして「精巧に言葉を紡ぎ脱神話化を行なう人情、そうして拡がってゆく一般的な人情を持ち合わせない人文学者は、いわば鐘や太鼓を喧しく鳴らしている」（二〇〇—二〇一頁）にすぎないのだと断罪するのである。そうしたサイードの発言は、たしかに多くの人々には「人情味あふれる」情熱的な言動として響くにちがいない。しかし一歩退いてみれば、まさに「ヒューメイン（humane）」や「ヒューマン（human）」であるとはどういうことかが問われているはずの人文学論にあって、たとえば、大国が実際には人道主義や人権の名目を振りかざすことでこそ武力介入を行ない、戦争を繰り広げてきたのであってみれば、そうした困難な現実を軽視し、その語の含意が自明であるかのように「人間主義＝人文主義」の必要をくり返し訴えるサイードの論調は、ほとんど扇情的とも言うべき、あまりに安易なアジテーションに聞こえてしまうことも確かなのである。人文学の批判力としてわれわれが引き出すべき射程は、はたしてそのような「人情」への訴えかけに行き着くものなのだろうか。

　人間主義をそのままスライドさせたようなサイードのこうした人文主義は、実のところ一貫したものである。かつて『オリエンタリズム』を評したさい、ジェイムズ・クリフォードは、本書がフーコーに方法論的に依拠しながら「みずからが批判しているはずの本質主義的様式にしばしば逆戻りする[19]」と述べて、本書に厳しい批判の矢を放っていた。この批判に対して応答して、サイードは、一方で、クリフォードの批判の妥当性を受け容れつつも、他方、とくに人文主義を擁護する段階にいたっては、フーコーをはじめとする戦後フランスの構造主義およびポスト構造主義——とりわけポスト・ハイデガーの影響圏にあるフレンチ・セオリー——の思想が、人文学とは本質的に相容れないものなのだと論じている。つまり、サイードによれば、構造やシステムの強調に始まるこれらの思想は、結局のところ「理論の反人間主義的イデオロギー」（一三頁）の罠に陥っており、現代の人文学が瀕している危機の要因の一端は、そうしたイデオロギーの悪影響によるとされるのである。フランス現代思想のそうした過激な理論への依拠は、かえって反‐人間主義＝人文主義を助長しかねないため、いかにフーコーの仕事が有益なものであったとしても、戦略上の理論的後退を選択すべきだ——これがサイードの立場であると言える。

ここにある本質的な誤解ないし無理解とは、人文学《ヒューマニティーズ》の要諦をそのまま人間主義《ヒューマニズム》によって捉えようとする点であり、人文学の対象に内在的な言語（存在論）的経験を、人間主義の枠組みに囲い込んでおこうとする点である。他方で、サイードは、人文学のディアスポラ的経験——それも、いっそう根本的な意味での言語活動そのもののディアスポラ的経験——の可能性を開いておきながら、まさに以上の無理解ゆえにこの可能性を追究する道をみずから閉ざしてしまうのである。サイードのいう人文主義は、アウエルバッハの仕事をはじめ、ロマンス語文献学のほとんど超人的（非人間的？）な博学的営為を範とするものだったが、それは、サイード自身が攻撃していた旧来の保守人文主義のように「濃密で難解で独自の形式の技法や規定の訓練を受けていない者には理解不可能」（二〇頁）となってしまうエリーティズムの危険をいかにして回避できるのだろうか。この人文主義がみずからの人間主義の枠組みを出ないかぎり、当該の人文保守主義といわば表裏をなす共犯関係を取り結ばないでいられる保証はどこにもないのである。

5　人文学のテレコミュニケーション

本論の企図は、サイードが擁護する人文学の可能性を斥けることでもなければ、ましてやそのことをもって人文学の未来に見切りをつけてしまうことでもない。そうではなく、サイードが文献学を範とすることで見いだした言語のディアスポラ的経験を人文学の可能性の条件に置き直すために、またそこからこそわれわれの民主主義の基盤となる人文学の批判力を解き放つために、人文学から人間主義を切り離す必然性を明確にすることである。

　サイードがそう信じているのとは異なり、人文学擁護は、人間主義の既存の価値を再主張することによってはもはやなしえない[20]。そうではなくそれは、そうした人間的価値とは他なるものに開かれてこそ可能なのだ。「人間」はすでにハイデガーがヒューマニズム書簡（一九四七年）において強調していたように、いかなる意味でも本質主義的な仕方では定義されえない。それは、つねに人間的本質と考えられてきた諸価値の問い質しへと開かれた存在——脱自＝実存（Ex-sistenz）[21]——そのものの名なのである。すでに述べたように、フーコーはハイデガーの問いを根本的に引き受け直すなかで、言語の存在論的な経験をアーカイヴ＝言表論として練り上げていた。ハイデガーに依らずとも——当のフーコーが『言葉と物』で指標としていたように——「人間」を凌駕するそうした言語‐存在の賭け金を見抜いていた先駆者として、ニーチェ、マラルメ、ヘルダーリンという名を引き合いに出すことができるだろう。

未曾有のグローバル化に伴うさまざまな戦争や紛争のもとで無効にされてきた人権の価値、あるいは科学技術の飛躍的な進展によってなし崩しにされてきた生命の価値、等々、「人間の尊厳」をめぐる生政治の現実は、「人間本性」に基づくはずのそうした諸価値がいかに脆いものであるかを赤裸々に示してしまっている。もちろんこのことは、それらの諸価値をたんに放棄してしまってよいということではない。そうではなく、それらをあらためて吟味し、これまでとは別の仕方で再確立しなければならないという課題をいっそう厳しくわれわれに突きつけるのである。そうした困難な課題に新たな仕方で取り組むべくわれわれに与えられた貴重な手がかりこそ、ほかでもなく、言語活動の集積――「文献」ないしテクストのネットワークないし「アーカイヴ」――に即してつねに人間そのものの本質を問い直してきた人文学の歴史なのであり、実際そのような問い直しにこそ、「人間」存在に生じうる新たな出来事にむけて思考の営為を手放すことのなかった人文学の使命が存しているのである。

人文学にとって「人間」とは、それとは異なる他者性と多様性とが交錯し混淆するための通過＝移行点としての仮名にとどまり続けている。たしかに、サイードが疑念を抱いていたように「反ヒューマニズム」としての人文学擁護はたして可能なのかということが問われうるだろう。しかし「反ヒューマニズム」（フェリー／ルノー『六八年の思想』）であれ「人間の終焉」（フーコー『言葉と物』）であれ、そのようなキャッチ・フレーズに過度にとらわれるべきではない。そもそも人文学《ヒューマニティーズ》とは、みずからの内なる他者――すなわちリオタールが明言していた「非人間的なもの」[22]、動物的なもの、物質的なもの、情動的なもの、愚鈍なもの、幼年的なもの、機械的なもの、なんであれ「ポストヒューマン」に通じるもの――に呼びかけ、応答することによって、言語としての出来事の場となるのであり、また実際そうしたものとして人文学と呼ぶにふさわしいものであり続けてきたし、みずからの未来を切り拓いてきたのであった。

そのような人文学にとってかつて生じた決定的な出来事とは、古代ギリシアで産み落とされたさまざまな言葉の集積が、期せずしてローマ人たちによって受け取られ解読され所有されたことだろう。冒頭に述べたように人文学の祖型は、ギリシア人たちの言葉が、ローマ・ラテン文化の基盤へと翻訳されて成立した「フマニタス」の理念に求めることができるが、ギリシアの著述家たちはみずからの言葉が向けられたこのような宛先も未来もゆめゆめ想像することはできなかったにちがいない。しかしローマ人たちの翻訳、解釈、領有を経てはじめて、のちのヨーロッパの諸文化は、ギリシアのテクストに決定的なかたちで接近しうるものとなった。そこには名もなき媒介者――伝達者、翻訳者、註釈者、解釈者等々――がかかわることによってこそ、当の言葉が流通するようになったのであり、結果的にそれらの「作者」が問われることにもなったのである。

コミュニケーションがつねに作者、主観、意図、意義といった伝達の透明性を理想化する人間中心主義的な言語観に依存しているのだとすれば、人文学という言語的営為はその逆、すなわち伝達における距たり、偶然性、脱中心化の作用といったテレコミュニケーションの可能性にかかっている。[23] 言葉たちが、送り手の意図に反して、あるいはその意図を超えて、みずからが予期しなかった宛先に届き、さらに伝播し拡散してゆくということ――かつてアドルノが「投壜通信」と呼び、デリダが「散種」や「手紙」の形象のもとに問うていた宛先の偶発性[24]、つまり伝達可能性の本質的な秘密を不可欠な条件としてこそ、言葉たちはみずからの命運を未来へと繰り延べることができるのであり、このことこそが人文学と呼ばれるものの端緒にあったのである。

今日われわれは、高速インターネット、多様なモバイル端末、ソーシャル・ネットワーキング・サービス（SNS）の浸透等々、高度に発達したメディア・テクノロジーに媒介された遠隔《テレ》コミュニケーション状況のなかで、実のところ、そのような言語的な経験のただなかをすでに生き始めているのではなかっただろうか。それは、コミュニケーションの規模と速度からすれば、かつてない人文学的な状況とも言いうるのではないか。いや、それは逆に人文学どころか、メディア・テクノロジーの日常的支配がコミュニケーションへの隷属化をいたるところで強いる、もっとも反人文学的な事態であるのかもしれない。

しめくくりに、人文学の可能性を解き放つべく――と私は解釈する――かつて「一年間著者の名を付さず書物を出すこと」を提案した一人の哲学者のことを想い浮かべておきたい。人間としての「顔」を失ったあとで言語にそれ自体の厚みを取り戻すために、名を失うためにこそ書くことを訴えた「覆面の哲学者」。彼が夢見ていたのは、まさしく「人間」なきヒューマニティーズのユートピア、あるいは彼自身の言葉を借りれば、そのようなものとして言葉たちが思いがけぬ仕方でさまざまに――ディアスポラ状に――離散し混淆し反響し合うヘ、テ、ロ、ト、ピ、ア（異他混在の場）[25]であったように思われる。

私は、作品、書物、章句、考え、裁こうとはせずに存続させようとする批評を思わずにはいられません。その批評は火を点し、木が成長するのを眺め、風の音を聞き、宙に舞う泡を抱えて散開させるでしょう。それは裁きを下すのではなく、存在のしるしを多数多様化するでしょう。そうしたしるしに呼びかけ、それらを眠りから呼び覚ますことでしょう。またしばしばそれらを創出するかもしれません〔……〕。それはあたうかぎり激しい嵐の輝きをもっているでしょう。

私が匿名を選んだのも、あれこれ批評するためではありません。私はけっしてそんなことをしません。匿名はたまたまの読者に対しより直截に私を送りとどける一手段なのです。そういう読者だけが私の関心を惹きます。「君は僕が誰かを知らないのだから、君の読む僕の言葉にあれこれ理由を穿鑿したくなったりはしないだろう。思う通り、単純明快に言ってほしい、それはもっともだとか、いや違うだとか。もっともだと言ってくれれば僕は嬉しいだろうし、違うと言われれば不快だろう。要はそれだけのことだ[26]」。

（1）Samuel Weber, "Ambivalence: The Humanities and the Study of Literature" in *Institution and Interpretation*, expanded ed. (Stanford, Calif.: Stanford University Press, 2001), p. 133. 本節の記述は、このウェーバー論文に負うところが大きい。

（2）H・I・マルー『古代教育文化史』横尾壮英・飯尾都人・岩村清太訳、岩波書店、一九八五年（原著一九四八年）、二七〇頁。マルーも参照するように、古代ギリシアの「パイデイア」概念の全容を通覧するには、ヴェルナー・イェーガーの集大成をなす古典的著作を参照のこと。Cf. Werner Jaeger, *Paideia. die Formung des Griechischen Menschen* (Berlin: de Gruyter, 1973 [1934-1947]).

（3）キケロ『弁論家について』上巻、大西英文訳、岩波文庫、二〇〇五年、二六―二七頁。

（4）この点について、カントは、以下のように明確な説明を与えている。「事柄を明瞭に洞察して言葉をその豊かさと純粋さに従ってこなし、自分の諸理念の表出に長けた豊かな想像力をもって、真に善いものに生き生きとした心からの関心を寄せるひとこそ、vir bonus dicendi peritus〔言うことに巧みな善きひと〕であり、技術抜きで迫力に満ちた雄弁家であって、キケロはこうした雄弁家でありたいと願っていた〔……〕」(『判断力批判』上巻、宇都宮芳明訳、以文社、一九九四年、三八〇頁)。

(5) カント前掲書、一一二頁、参照。実のところ、人文学の探究する普遍性は、カントの『判断力批判』が、とくに趣味判断の第二の契機――量の契機――として定式化している美的判断の普遍妥当性の観点から検討されるべきものである。本論ではこの論点を展開しないが、前出のサミュエル・ウェーバーの論考がこの方向を追究している。カント『判断力批判』の人文学論はまた別の観点から、反省的判断力の「かのように(als ob...)」の表現が告げているパフォーマティヴな出来事の問いとして、デリダの大学論にも見いだすことができる。ジャック・デリダ『条件なき大学』西山雄二訳、月曜社、二〇〇四年、二四頁以下を参照。

(6) エドワード・サイード『人文学と批評の使命――デモクラシーのために』村山敏勝・三宅敦子訳、岩波書店、二〇〇六年。以下、本文中の丸括弧( )内の数字は、訳書の頁を示す。なお、以下では本訳書に限らず、邦訳文献からの引用にさいしては、原著に照らして訳文に手を入れされていただいた箇所のある点をあらかじめお断りする。

(7) マシュー・アーノルド『教養と無秩序』多田英次訳、岩波文庫、一九六五年。

(8) アラン・ブルーム『アメリカン・マインドの終焉――文化と教育の危機』菅野盾樹訳、みすず書房、一九八八年。

(9) この点については、ビル・レディングズ『廃墟のなかの大学』青木健・斎藤信平訳、法政大学出版局、二〇〇〇年(原著一九九七年)、第七章「文化闘争とカルチュラル・スタディーズ」がとりわけ有益である。

(10) フランソワ・キュセ『フレンチ・セオリー――アメリカにおけるフランス現代思想』桑田光平・鈴木哲平・畠山達・本田貴久訳、NTT出版、二〇一〇年(原著二〇〇三年)参照。

(11) エーリッヒ・アウエルバッハ『ミメーシス――ヨーロッパ文学における現実描写』上・下巻、篠田一士・川村二郎訳、ちくま学芸文庫、一九九四年。

(12) 本論における「ディアスポラ」という言葉の使用については一定の説明が必要だろう。「ディアスポラ」が「民族的離散」を意味する場合、よく知られているようにこれは、とくにユダヤ人の離散を指し示す言葉である。本論も、アウエルバッハの生涯を念頭に置いてこの語を採用している。しかし、というよりそれゆえにこそ、（イスラエルと敵対する）パレスチナ出身の米国人サイードは、民族的離散の範型をユダヤ人の悲劇的歴史にみるかのようなこの言葉を本書では一切用いていない（サイードは代わりに「エグザイル（exile: 亡命、故国喪失、流浪、流謫）」を用いる。サイード『故国喪失についての省察1』大橋洋一ほか訳、みすず書房、二〇〇六年〔原著二〇〇〇年〕の同題論考参照）。したがって「ディアスポラ」という語の使用には注意が必要だが、近年ではそうした含意を踏まえてなお、ユダヤ人に限定しない仕方で「ディアスポラ」という語の積極的な可能性を開拓しようとする試みが拡大している。この点については、赤尾光春と早尾貴紀の編集による次の二冊が詳しい。『ディアスポラから世界を読む』明石書店、二〇〇九年、および『ディアスポラの力を結集する』松籟社、二〇一二年。なお、後者の論集所収の早尾論文が指摘するように、サイードは晩年、とくに『フロイトと非‐ヨーロッパ人』（長原豊訳、平凡社、二〇〇三年）では、ディアスポラという語をとくに控えることなく肯定的に用いている（三〇七頁）。

(13) エドワード・W・サイード『オリエンタリズム』上・下巻、今沢紀子訳、平凡社ライブラリー、一九九三年。サイードのいう「オリエンタリズム」がフーコーの言説概念に負っている点については、とくに上巻、二一―二二頁を参照。

(14) ミシェル・フーコー『知の考古学』慎改康之訳、河出文庫、二〇一二年、二五〇―二五一頁。

(15) 同書、五四―五五頁。

(16) ミシェル・フーコー『言語表現の秩序』中村雄二郎訳、河出書房新社、一九八一年、五一頁。

(17) クリストファー・フィンスク「〈言語〉の要求――人文学擁護のために」拙訳、「現代思想」二〇〇九年一〇月号、二〇四頁。フーコーの言説理論を、人文学の言語的経験の基礎に置く視点については、フィンスクのこの人文学論（原著：Christopher Fynsk, *The Claim of Language: A Case for the Humanities* [Minneapolis: University of Minnesota Press, 2004]）が十全に展開しており、ぜひこちらを参照されたい。本論はこの点では、フィンスク論文の補遺のようなものにすぎない。

(18) サイードの『ミメーシス』論と対照的な内在読解の例としては、次を挙げておきたい。Timothy Bahti,

"Auerbach's *Mimesis*: Figural Structure and Historical Narrative" in *Allegories of History: Literary Historiography after Hegel* (Baltimore: Johns Hopkins UP, 1992), pp. 137-155. この論考では、フィグーラ（figura）概念への着目によって、アウエルバッハのリアリズムは、未達成な約束として、文字の言語形象的な契機へと宙づりにされている。

（19）ジェイムズ・クリフォード『「オリエンタリズム」について』星埜守之訳、『文化の窮状——二十世紀の民族誌、文学、芸術』太田好信ほか訳、人文書院、二〇〇三年、三四三頁。

（20）本論は、論点の明確化のために、サイードの人文学論を、言語のディアスポラ的経験への視座を開きながらも、大枠においてヒューマニティーズの人間主義的な擁護論にとどまるものとみなしている。しかしサイードの仕事を全体として振り返るとき、フーコーやグラムシの権力論を換骨奪胎する一方で、旧守的な人文主義に対する批判者でもあったサイードのスタンスは、サイード当人の意図とは別に、単純な人文主義＝人間主義ではありえず、いっそう微妙なニュアンスによって理解されるべき余地がある。「非人間主義的人文主義者（non-humanist humanist）」としてのサイードの両義性を探りつつ、人間性概念の再検討を図るなかで、デリダの動物論が開く人文学の射程へと接続しようとしている興味深い試みとして、次の論文を挙げておきたい。Stathis Gourgouris, "Rethinking Humanism" in *Edward Said and Jacques Derrida: Reconstellating Humanism and the Global Hybrid*, eds. by Mina Karavanta and Nina Morgan (Newcastle, UK: Cambridge Scholars Publishing, 2008), pp. 174-198. 本論の提起している論点は、こうした試みによってさらに掘り下げられ、展開されなければならないだろう。

（21）マルティン・ハイデッガー『「ヒューマニズム」について——パリのジャン・ボーフレに宛てた書簡』渡邊二郎訳、ちくま学芸文庫、一九九七年、四〇頁。

（22）ジャン＝フランソワ・リオタール『非人間的なもの——時間についての講話』篠原資明・平芳幸浩・上村博訳、法政大学出版局、二〇〇二年（原著一九八八年）。

（23）遠隔（テレ）コミュニケーションの問いについては、以下の拙稿を参看されたい。「ミニマル・コンセンサスの条件——デリダにおけるテレコミュニケーションの論理」『哲学』第五七号、日本哲学会、法政大学出版局、二〇〇六年、二四〇―二五三頁。

(24) 以下を参照。テオドール・W・アドルノ『ミニマ・モラリア――傷ついた生活裡の省察』三光長治訳、法政大学出版局、一九七九年、三二七頁。ジャック・デリダ『散種』藤本一勇・立花史・郷原佳以訳、法政大学出版局、二〇一三年、および同著者の『絵葉書I――ソクラテスからフロイトへ、そしてその彼方』大西雅一郎・若森栄樹訳、水声社、二〇〇七年。

(25) ミシェル・フーコー『言葉と物』渡辺一民・佐々木明訳、一九七四年、一六頁。フーコーのヘテロトピア概念については次も参照のこと。「他者の場所――混在郷について」工藤晋訳、『ミシェル・フーコー思考集成』第X巻、筑摩書房、二〇〇二年、二七六―二八八頁。

(26) 「覆面の哲学者」市田良彦訳、『ミシェル・フーコー思考集成』第VIII巻、筑摩書房、二〇〇一年、二八六―二八七頁。

アメリカ合州国の人文学

酒井直樹

合州国で進行中の人文学の改編と危機について語るには、能力の点でもまた知識の点でも、私はあまりにも不適格である。例えば、人文学のなかでもとくに巨大な学問分野となっているイングリシュ（英文学あるいは英語学という連合王国の南部に在住する民族に由来するこの訳語が的外れになってしまったと思えるほど、いまでは多様化してしまっている）や歴史学に全く無縁ではないのだが、だからといって、これらの学問が抱えている問題やいま起こっている変化を総括して語る資格は私にはない。せいぜい私にできることといったら、これまで身近に目撃してきた比較文学、比較思想史、東アジア研究といった、特殊で比較的小規模の分野での経験から、現在の人文学の変遷とその課題を推し量ってみせるぐらいのことだろう。そんなわけで、この報告では、いわば斜に構えた姿勢から発想することをあらかじめ許していただきたい。

北アメリカでは、もともと人文学は西ヨーロッパの人文学を輸入する形で発展してきた。したがって、現在は大きな分野に成長した「アメリカ文学」や「アメリカ研究」はそもそも存在しなかったのである。もちろん合州国の大学制度そのものは日本における近代的な高等教育制度よりずっと長い歴史をもっているのだが、日本における「日本文学」や「日本史」の発達に比べてみると、合州国の

「国民文学」や「国民史」の大学制度としての編制はずっと遅れている。人文学に大きな変化が起こり現在のような学問制度の骨組みができあがったのは第二次世界大戦後であった。合州国の大学で実践されている人文学の現状を考えるうえで、戦後の大学の再編は無視することができないので、まず戦後の大学改革から説き起こそう。

第二次世界大戦が終了するやいなや、合州国の国際世界における地政的な位置に大きな変化が起こる。工業生産や科学技術面での起業性という点では、すでに戦間期に世界の中心は西ヨーロッパから北アメリカに移りつつあったが、第二次世界大戦における連合国の勝利（実質的には、アメリカ合州国の勝利）は合州国を「西洋」の中心にあらためて位置づけることになる。それまでは、北アメリカは「新世界」と呼ばれ西ヨーロッパの「出店」にすぎず、北アメリカの知識人が「西洋」に帰属するという実感は薄かった。ヨーロッパが本来的なものを表わすのに対し、アメリカは「借り物」に過ぎないという意識が合州国を外から眺めるヨーロッパ人や東アジア人だけでなく合州国の居住者の間にも永らく残存したのである。したがって、ヘンリー・ジェイムス、T・S・エリオット、エイズラ・パウンドといった人々の仕事に現われているように、合州国の知識人のヨーロッパに対する文化的・知的憧憬は強かった。しかし、第二次世界大戦中に多くの学者（ユダヤ系の学者が多かった）が合州国に亡命したこともあって、戦後の学問世界では、合州国のいわゆる白人のあいだでは次第に自らが「西洋」の中心を占めているという意識が育ち始める。

そこで戦後の合州国の人文学にとって決定的な展開を二つ挙げておこう。一つは大学の大衆化であり、大学で修学する社会層の大幅な拡大である。連合国占領下の日本で戦後改革の一環としておこなわれた新制大学制度は、合州国の植民地である日本に合州国の最新制度を移植したものであって、合州国で進行しつつあった大学改革の精神を見事に反映している。日本の新制大学を参照しつつ合州国での大学の改革を見てゆこう。

大学の大衆化

戦場から帰還した兵士の日常生活への復帰を促す処置として、職業援助、奨学金などを保証した通称「G・Iビル」が施行され、多くの帰還兵への奨学金の給与がおこなわれた。合州国にとっても第二次世界大戦は総力戦であり、非常時の総力戦によって動員された国民を平常時の社会へどのように着地させるかは連邦政府にとって大きな難題であった。非常時から平常時への移行政策の一環として採られた「G・Iビル」は、戦後の合州国社会のあり方を決定するうえで大きな役割を果たす。一九四〇年代後半から朝鮮戦争のあった五〇年代初頭さらに六〇年代へと大学就学率が急増して、この急成長する需要に対応するために連邦政府の支援を受けて合州国の大学は急速な拡大を遂げるとともに大学の社会的な役割が大きく変わり始めるのである。拡大した大学生人口の教育に対応するために、自然科学、工学、社会科学だけでなく人文学も一気に拡張することになるが、人文学の再編成も大学の大衆化とともに進行することになる。合州国で進行した大衆化した大学の構想が、合州国以外の土地で最初に定着したのは、ヨーロッパやラテン・アメリカではなく、東アジアであったことは注目に値するだろう。

例えば日本では、一九五〇年代から六〇年代にかけて、社会的上昇性そのものを象徴する大学生の像が広く受け容れられるようになった。大学修学が国民全てに与えられた潜在的権利とさえ考えられるようになる。しかし、中学を出て高校に入り、最終的には自分の行きたい大学に入れるようになるかどうかは個人の努力次第で、その出自とは無関係に、人は社会の上層にのしあがることができると一般に信じられるようになる。その結果、小卒、中卒、高卒、大卒という卒業証書そのものが個人の実力による社会的位階を象徴するものとみなされるようになり、自己責任の論理が国民規模で受容されることになる。競争に基づく自由主義社会の原則が、まず東アジアで「学歴社会」として実現したのである。ここで「学歴社会」が近代的社会正義の実現の形態として受け容れられていたことを忘れてはならないだろう。自由競争こそが社会的な公正さの具体化なのである。

合州国においても同様であって、社会の流動性と社会的上昇可能性は、現在でも大学修学によって象徴されている。しかし、大学入学審査が異なった制度化を遂げたので、「学歴社会」が直ちに入学試験と結びついて考えられることはなかった(1)。しかし、大学の大衆化が、合州国の社会を国民社会として実現しつつ、他方で「学歴社会」として再定義した点は同じであって、大学を卒業できなかった人々、あるいは高校卒業証書をもたない人々は、社会の上層への昇進の機会を奪われ、社会の底辺に縛り付けられているという一般的なイメージが受け容れられることになる。興味深いことに、国民社会の理念を実現するための手段として展開された「学歴社会」は、いつの間にか、全世界的な趨勢となり、国際資本主義の合理性を表わす制度として全地球に普及することになる。「学歴社会」こそが、東アジアが先進地域となり、西ヨーロッパが後進地域であるとする逆転した近代化論が一九九〇年代に現われる状況を準備したのである。

日本では一九六〇年代に国立大学の学費は学部生一人あたり当時の金額で年間一万円（今日の通貨に換算すると四万円ぐらいになるだろうか）以下であった。親の金銭的な負担能力とは独立に、将来国民的な指導者となる学生一人ひとりの自己努力と才能を報償すべきであるとする暗黙の国民的合意が当時は存在したのであろう。このような国民的な合意に基づいて公立の大学教育が存在した。公立大学の学生は選良であり、彼らは国民の犠牲によって教育を受ける代わりに、将来は国民の指導者として国民の福祉に奉仕するという暗黙の了解があったのである。したがって、人文学はこのような国民的な主体を養成するものとして、その存在を肯定されていたのである。人文学と近代的な国民主体のあいだには、いわば、蜜月的な相互肯定が存在していた。しかし、現在の人文学がおかれた状況は全く違う。

合州国の大学は私立と公立――公立大学には州立大学、市立大学、コミュニティ・カレジ community college とユニバーシティ・カレジ university college（短期大学）などが含まれている――のあいだの格差が大きく、いわゆる一流の私立大学となると生活費を含まない学費だけで学部生で年間三百数十万円（二〇一一年現在）に及ぶ。州立大学は相対的に私立に比べれば学費は安いが、それでも最低限で私立大学の四割程度（その州に住民登録がない場合は七割）の学費は払わなければならない。(2)

そのかわり、私立大学には多くの奨学金が準備されており、とくに成績の優秀な学生（国籍や州の住民登録を問わないものが多い）や、社会的少数者出身の学生、さらにベテラン（兵役を果たした帰還兵）などは、これらの奨学金を受けることができる。[3] もっとも、一九五〇年代から六〇年代にかけては、相対的に学費が安かったし、大学修学人口の比率もまだ比較的低く、合州国社会の階層的な収入格差も相対的に小さかったので（人種格差や男女格差はずっと大きかった）、大学修学の経済的な負担が社会的に注目を浴びることは少なかった。

大学の大衆化は、戦後の合州国社会が豊かな中産階級を育て上げた事実に随伴する現象であった。戦後の合州国社会は分厚い中産階級に支えられており、このような社会的な条件の下で、合州国の人文学は啓蒙時代のフンボルト大学の理念を踏襲した国民主体の養成のための学問・訓練として成長してきたのである。しかし、一九八〇年代から、いわゆる新自由主義の方向で経済の再編が進むとともに階級格差が確実にひろがり、中産階級の崩壊が着実に始まる。それまで、大学に子弟を送り大学生の学費と生活を支えてきた階層の親たちの貧困化が着実に進行するようになる。この三十年間、学資の値上がりは確実に国民の平均収入の伸びを越えており、いまや大学に行くこと自体が富裕層の特権となりつつあるのである。現在大学修学人口の比率は頭打ちになり、子弟を大学に送ることのできない親たちの層は確実に増えつつある。抜群に優秀だったり特技をもっていれば奨学金がとれるからよいのだが、その他の、親の資力に頼ることができないにもかかわらず大学に行きたい若者は、学資ローン（政府のローンと私立の銀行ローンの両方がある）に頼らざるをえない。しかし、大学卒業生の就職が厳しい状況では、在学中に借りたローンを支払えない初めから失業した大学卒業生が次々に生まれることになる。

このような趨勢にあるために、一般に大学の経営はますます苦しくなってきている。しかし、いわゆる一流大学では、入学応募者の数も質も向上し寄付金も昨年は史上最高の総額を記録したといわれている。(4) 一流大学にかぎって、なぜこのような偏った好況が起こるのだろうか。答えは意外と簡単である。それは大学教育が国際化してきており、膨大な数の留学生が合州国の大学に入学するからであり、また留学生の多くは海外の富裕層の子弟であり、合州国の大学が合州国国民社会に奉仕する大学から世界の富裕層に奉仕する大学へと変身しつつあるからである。もはや大学を導く理念は国民社会を指導する選良の養成と国民文化の育成にはかぎられない。したがって合州国の大学は、国民社会の「学歴社会化」にではなく国際社会の「学歴社会化」にいまや棹さしていると考えざるをえないのである。国民社会の大学から国際社会の大学への変身は、合州国の人文学の性格を大きく変えつつあるといってよいだろう。そこで問題となるのが、国民国家の大学という建前としての正統性と国際社会の「学歴社会化」を支える大学の役割をどのように調整するかである。

「地域研究」の成立

戦後の合州国の人文学にとって、もう一つの決定的な重要さをもつ展開は「地域研究」の成立である。

地域研究とは、一般的に、第二次世界大戦後にアメリカ合州国で成立した合州国の世界戦略を支える学問分野の総称である。地域研究という熟語が示す通り、この学問群は「地域」を対象とし、「地域」を学問的な統合の原理としていて、高等教育機関（大学及び大学院）において広く制度化された。例えば、地域研究のなかでも一九四〇年代から七〇年代にかけて急速な発展を遂げた日本研究は日本という「地域」を研究する学問分野であり、この学問分野を専門とする者は一般に「日本研究者」と呼ばれている。地域研究にはこのほかに、ソ連研究（ソ連崩壊後はスラブ・ロシア研究）、ラテン・アメリカ研究、アフリカ研究、中国研究、南アジア研究、中東研究、東南アジア研究などがあるが、これらの地域はある極性に基づいて選択されていて、地域は「西洋」の対極にあるものとして認知されている。あるいは逆に、地域研究の対象となりうることが、ある社会や文化が「非・西洋」あるいは「その他」（the Rest）に属することの証しとなるのである。[5] すなわち、地域研究は地域についての専門的な知識を生み出すだけでなく、陰画として「西洋」の自己画定のための知識を生産する。合州国が「新世界」から「西洋」の中心に躍り出た時期に「地域研究」も合州国の大学で制度として成立することになったのである。

ただし、地域研究を、学問分野としてすでに存在していた社会学や哲学、経済学、心理学などと同列に存在する学問分類系と考えることはできない。それまでの学問分類とは異なった原理によって分類された地域研究に対して、旧来の意味の学問分野が二重に併存することができるのは、このためである。そこで地域研究には社会学者、歴史家、言語学者、経済学者、文学研究者などが学問分野の違いを越えて帰属することができることになる。つまり、地域研究は学際的な学問の在り方を可能にしたのである。そこで、学際的な学問編成を支えるために、異なった学問分野に帰属する専門家が共有する能力としての地域言語が重要な意味をもつことになり、地域研究は言語教育を軸に制度化されることになる。言語教育の分野で人文学はその重要性を確保することになるのである。地域言語に習熟することのない者が地域研究の専門家とみなされることはほとんどないし、地域研究の制度化の結果、地域言語への習熟を地域研究者としての資格として固執する研究者が続出することになる。人文科学や社会科学の理論的な素養をもたないにもかかわらず、言語の習得だけで地域研究者の資格を主張する者が、言語的な素養において弱いが理論的には優れた専門家を排除しようとすることが頻繁に起こることになる。しかし、アフリカ研究や南アジア研究、東南アジア研究などのように、明らかに地域共通の言語が存在しない地域がある。にもかかわらず、地域研究は、日本研究に典型的に現われているように、地域をある民族言語や国語を均質に共有する文化の単位としてみなす偏執に捉えられている。その典型的な形態が国民性研究と呼ばれる、初期の地域研究の支配的な研究形態である。一見すると地域を統合する共通言語が想定できるかのように考えられるソ連研究、中国研究、ラテン・アメリカ研究、韓国研究などは、国民性研究の偏執からなかなか逃れられない。そこには、二つの歴史的な理由を考えておかなければならないだろう。

（1）地域研究に先行して存在した人類学や民族学、アフリカ・東洋研究、南洋研究などの、未開社会の研究で、共同体内に均質に普及した文化を想定することが広くおこなわれ、文化の統合性が言語の統合性として理解されることが多かった。共同体、文化、言語がその統合性の点でしばしば混同して想定されることがあったからである。例えば、日本民族が日本文化を共通にもち、日本語がその共通性の証しとして依拠される、といった論理が昭和期だけではなく明治以前の時代についても用いられることになる。このような明らかな混同が放置されたのは、観察者である人類学者や民族学者と観察対象である原住民共同体のあいだの想像的な関係によるところが大きい。と同時に、地域の国民主義者はこの関係と共犯性を作り上げる。これは植民地主義関係であり、エドワード・サイードの『オリエンタリズム』は、十九世紀以来の中東研究の延長としての地域研究に内在する、認識論的な構図としてのこの植民地主義関係を見事にえぐり出した傑作として知られている。

（2）近代に現れた民族・国民国家では、国民共同体内に均等に普及した国民文化と国民全てが話す国語が重なりあうものとして想定されることがしばしば起こる。国民国家では、国民共同体、国民文化、そして国語が重なりあうことがあるべき状態として想定されるが、この規範的な建前が経験的な現実としばしば混同されるのである。国民国家特有の空想が、非西洋社会やいわゆる伝統社会に投影されたとき、地域をある国語を均質に共有する文化の単位としてみなす偏執が容易に結果するだろう。さらに、国際世界（国際、すなわち文字通り国民国家の併存としての世界）のないところでは国民国家が存在できない点も配慮しておく必要がある。つまり、国民国家の建前と現実の混同が地域に向かって投影されるとき、そこには国民国家の併存として世界をみようとする願望が働いているのである。

そこで日本研究の例をもとにして、地域研究の歴史を考えてみよう。日本が異国趣味の対象として合州国の富裕層の関心を引くことはあったが、第二次世界大戦に到るまで欧米での日本研究はイギリスやオランダなどヨーロッパで発展していて、アメリカ合州国で日本を研究する大学人の数はごく少数であった。国家の政策として日本研究が始まったのは、合州国と日本が交戦状態に入った一九四一年以降であって、アジアや合州国内での日本のプロパガンダの影響の分析、日本軍の戦略を解明するための要員養成、諜報活動のために日本語を理解できる要員を確保すること、などの戦争目的に直接結びついた活動においてであった。戦争という状況で初めて地域の知識の重要性が認識されたのである。さらに、日本人の行動を系統的に説明するために、日本の歴史と文化に関する知識が必要とされたので、ルース・ベネディクトのような有名な文化人類学者も動員された。真珠湾攻撃のあった翌年の一九四二年には、すでに日本占領のための制度としての戦後天皇制の構想その他の政策が論じられており、合州国の日本研究は、当初から、日本占領のための知識生産の制度としての性格をもっていた。地域研究には、合州国の世界戦略に奉仕する知識生産の制度としての性格は第二次世界大戦時から刻印されていたのである。

「地域研究」の成立は社会科学と人文学の強制的な結合を齎したといってよい。人文科学ははじめて、政策への加担という「栄誉ある」役割を制度的に勝ち得たのであり、言語や文学を教えることと国家の政策との結びつきを実感することができるようになったのである。周知のように、ヴィエトナム戦争が続くなかで、東アジア研究者の多くは中央課報局（CIA）の運動員・工作者として活躍したわけであるが、彼らの仕事は「地域研究」の原則からとくに逸脱した活動であったわけではなく、地域研究は諜報活動としての性格を失うことはなかった。

連合国の勝利と朝鮮戦争以降の日本経済の急速な回復によって、高等教育制度の一環としての日本研究はその基盤を樹立する。日本を近代化の優等生とみる「近代化論」が地域研究を席捲したのは冷戦が全世界を覆う既成事実として成立するこの時期であり、近代化論が日本を近代化の見本として称揚した背景には冷戦の現実があった。社会主義にたいして寛容な民主主義勢力が日本国内で政権に影響を与えることをいかにして防ぐか、日本が中国やソ連に接近しないように合州国の側に繋ぎ止める方策は何か、脱亜入欧の行動原理をいかにして敗戦後の日本に維持させるかが日本研究の重要な課題になったのはこの時期である。日本占領のために天皇を利用することを戦争中に提言して、天皇制温存の推進役であったエドウィン・ライシャワーが日本大使として東京に赴任したのも安保闘争直後の一九六一年であった。この時期には、近代化論の優れた仕事として注目されたロバート・ベラの『徳川時代の宗教』などが出版されている。ベラの仕事は、国民性研究が近代化論へ変身する過程を洗練された仕方で示している。近代化論は、いわゆる「伝統」社会がいかにして進歩の軌道に乗りあるいは乗り損ない、近代化を成就するあるいは近代化に失敗するかを、社会科学的な方法論を駆使して論じていて、冷戦下の自由主義経済圏正当化の歴史観を見事に表明している。

近代化論が地域研究を席捲した理由として、地域研究がその基本構造としてアメリカ合州国の世界戦略の正統化の任務を引き受けている点を挙げなければならない。さらに、世界中の社会を伝統的傾向と近代的傾向の二つの対立する要素によって分類し、伝統的社会は資本主義的合理性を受容する能力に欠けるとし、近代的社会は伝統的傾向を近代的合理性が克服することによって進歩を実現したとする露骨に植民地主義的な世界観を肯定した点も挙げなければならないであろう。しかし、このような史観は、戦後の日本の近代主義史学ととくに齟齬するものではなかったのである。

戦前の世界史が西ヨーロッパを人類の発展史の頂点に位置づけたとすれば、近代化論は近代化の可能性をもつ全ての社会は、いずれは、アメリカ合州国社会のようになるとする歴史観を臆面もなく提示したのである。地域研究の知識生産には、このような西洋中心主義とアメリカ合州国の国民的自慰の性格が構造として内在していたので、一九七〇年代には少数の研究者による批判が現われてきているが、[6]大多数の日本研究者は在来の研究姿勢に疑問をもたなかった。それは、一般的にいって地域研究者には理論的批判能力が欠けていたからであり、地域研究が合州国の研究者にとって愛国的な知的作業であったからであった。中国や日本、インドといった地域を研究しつつ、地域研究者を内面で支えていたのは、合州国の国民として合州国同胞の理想や利益をいかにして促進するかという愛国主義の願望であったのである。地域研究は合州国の一元的な世界支配を原理として保持している。つまり、合州国という国民国家の主権が全世界に波及し、おのおのの地域に国民としての自律性を許す見返りとして、各地域の国民的な統合性は合州国の広域支配に奉仕するものとなる。これは、第二次世界大戦後の古い植民地主義がつぎつぎに崩壊するこの時期に、民族主義から反植民地主義の牙を抜くために必要な操作であった。この意味で日本は、合州国の広域支配の体制にとって最も優等生的な無害な国民・民族主義を作り出してくれたといってよいだろう。

人文学の危機

しかし私たちは、いまや、「パックス・アメリカーナ」の黄昏を迎えている。それだけではない、国際社会の「学歴社会化」に促されて人文学の国際化が起こっているのである。「地域研究」は斜陽産業である。この事実から出発して、私たちは、現在の合州国における人文学の課題を考えてみよう。そこで地域研究に起こっている改編を考えてみよう。

人文科学の国際化は、優秀な学生を世界の各地から合州国の大学に引きつける結果を生む。地域研究にとって、優秀な学生を「地域」から獲得することは学問の再生産にとって死活問題になるだろう。ところが、「地域研究」と地域でおこなわれている「国民史」や「国民文学」は、同じ資料・同じ文献を研究しているにもかかわらず、構造的な違いがあった。例えば、日本文学を専門とする地域研究者は源氏物語から夏目漱石、村上春樹に到るテクストを読み、日本人研究者の仕事を参照する。そのかぎりでは、彼らは、同じ文献・同じ研究に携わっている。しかし、地域研究者と日本在住の日本人研究者のあいだには基本的な態度の違いがあった。日本の「原住民」の研究者が日本史や日本文学の言説に加担しているのに対し、地域研究者は常に余所者として、地域の原住民の言説からは疎外されることを選びとっていた。それは、地域研究者が自らを常に「地域」の外に位置づけていたからである。そこには、スチュアート・ホールの言葉を借りるなら、「西洋」と「その他」あるいは「残余」の分離があった。もちろん、「西洋」と「その他」の分離は地政的なものと考えられているが、実は形而上学的なものであって、この分離によって普遍的な理性を担う「ヨーロッパ人という人間性」「人間性一般」の区別が想定されていたのである。地域研究者が自らを「西洋人」（あるいはヨーロッパ人）(7)と自己画定するかぎり、地域研究者と原住民の研究者のあいだには「人間としての差異」(anthropological difference)が想定されなければならないことになる。ヨハネス・ファビアンの言葉を用いて言えば、地域研究者は原住民の研究者とは違った時間を生きていることになる。[8] その結果、地域研究者は原住民の研究者を「土着の情報提供者」とみなす習慣から抜け出せないのである。このような地域研究者と土着の研究者の分離は、たんに合州国の人文学だけでなく、戦後の日本の人文学をも長く支配してきた。戦後に発表された『現代政治の思想と行動』や『忠誠と反逆』に収められることになる諸論文では、[9] 丸山眞男は西洋を理念化して、日本社会の後進性と非近代性を、理念化された「西洋」との対比によって語ることになる。つまり、「西洋」と「その他」の構図が見事に受け容れられていて、西洋と日本の違いが、丸山の日本社会の分析の枠組みとなるのである。まさに地域研究が依存していた植民地主義的な知の構図を、原住民の研究者が自ら補完的に裏打ちすることになるのである。このような補完的な関係を私は「文明論的転移」と呼んできたが、一九六〇年代から七〇年代にかけて流行った日本人論は、国民性研究（一九五〇年代から六〇年代の地域研究で全盛時代を迎える）との転移的な関係を露骨に示していた。

とくにここで注目しておかなければならないのは、西洋人という自己画定に伴って獲得するとされた「西洋人という人間性」である。西洋人には科学を支える合理性の精神があり、「その他」からやってきた原住民の研究者には備わっていない理論的な理性があるとされてきたのである。西洋人も原住民もともに知識を求める。しかし、原住民が経験的な知識を収集し、先人の築いた知識を踏襲し蓄積するのに対し、西洋人の知識の求め方には特徴がある。それは、獲得した知識を反省しかつ批判して、知識の求め方そのものをたえず検討するのである。自分の先輩や教師の言辞に反しても、西洋人は知識に対する批判的な関係を維持しようとする。つまり、「西洋人という人間性」には理論的な理性が備わっていて、「その他」からきた原住民の研究者には、知識を求める能力はあっても、知識を反省し批判し、批判することを通じて知識のあり方そのものを変えてゆく理論的な理性への使命感が欠けているのである。この理論的理性は、一昔前まで、哲学と呼ばれた学問に集中的に表現されていて、このような理性のあり方から、西洋だけが哲学を生み出すことができ、また「西洋人という人間性」が哲学の伝統を支える歴史的使命を表わしている、[10]とされてきたのである。第二次世界大戦後には、哲学と西洋を表立って結びつけることはおこなわれなくなったが、にもかかわらず、理論を西洋の独占物と考える根強い習慣は、地域研究という制度のなかに逆説的な形で生き続けることになる。

ところが、一九八〇年代に始まる人文学の国際化は「西洋」と「その他」のあいだの分離を維持することを、ますます困難なものにしてしまう。「地域」から学生がやってきて地域研究に参加し始める。始めは「土着の情報提供者」として従属的な地位におかれていたが、やがて、原住民の研究者のうちでもエドワード・サイードやガヤトリ・スピヴァックやレイ・チョウのような優れた研究者が輩出することになる。これらのいわば「原住民の」優秀な研究者が「地域研究」ではなく「比較文学」で登場したことは、記憶されるべきだろう。サイードも、スピヴァックも、チョウも、他の研究者に比べて理論的な能力において劣っているなどと主張することは全くできない。むしろ、これらの「原住民」研究者の登場によって、それまで看過されてきた事実が理論的に白日に曝されたのである。このために、地域研究者のなかには、これらのポスト・コロニアル理論の研究者たちを排除しよう、彼らが導入する理論的反省を無視しよう、という傾向が驚くほど強くなる。

一九七〇年代から九〇年代にかけてのこれらの「原住民」研究者の活躍は次のような事態を開示してしまった。「西洋人」の研究者が理論的な能力をもっているのに対し、「その他」からやってきた原住民の研究者は実証的な知識の蓄積しかできない、理論的な反省を通じて学問のあり方そのものを変えてしまう力がない、などという「西洋」と「その他」の分離を支えていた「人間の違い」にはなんの根拠もないという事態である。「人間の違い」には、近代国際世界が植民地主義によって統合されたという歴史的な来歴以外にその説明を見いだすことはできない。理論的な理性は潜在的に世界の全ての人々に分配されていて、哲学が西洋特有の学問形態でなければならない必然性はどこにもないし、理論が西洋人の得意技である必要もない。確かにイスラム社会やヨーロッパで古典ギリシャ以来の哲学という制度は温存されてきたわけであるが、そこには西洋を特権化する理由は見つからない。西洋人が理論的でなければならない歴史的な理由を見つけることはできないのである。むしろ事態は逆であって、「地域研究」で西洋人として自己画定してきた研究者に理論的な能力が欠けている場合が多く、彼らの知識を求める仕方は、まさに「その他」のそれであって、経験的な知識を蓄積し先人の築いた知識を踏襲するのに急なあまり、知識のあり方への反省も批判もおこなわれないのが実情ではないか。東アジアからやってきた学生の多くが、彼らの教師よりずっとよく人文学の理論になじみをもっていて、学問に対してずっと批判的な態度をとれるといった、「西洋」と「その他」の役割分担が逆転するような事態が、ますます頻繁に起こるようになってしまったのである。いまや保守的な地域研究者の多くを特徴づけるのは、奇妙な仕方で物神化された「理論」への恐れであり嫌悪であるといってよい。つまり、「西洋」と「その他」の分離そのもののもつ欺瞞性が、ここにきて隠しようもなく露呈してしまったのである。(11)

「地域研究」が直面しているこの危機から、二つの重要な帰結を導き出すことができる。その一つは、当初の地域研究が前提としていた、合州国を西洋の中心として位置づけ、合州国の遠隔統治（あるいは帝国主義政策）の対象として「地域」を設定する構図がいまや維持できなくなってきているのである。もし、これからも地域研究が生き延びるとしたら、まず「西洋」と「その他」の分離そのものを基本から考え直さなければならないだろう。「地域研究」がパックス・アメリカーナに従順に奉仕する学問であるのなら、その余命は長くないだろう。と同時に、「西洋」で生み出された理論的な知識を地球の周辺部の「地域」に応用するという発明―応用の構図から、理論的理性を解放しなければならない。つまり、理論が生み出されまた理論が改編される現場として、「地域」を再定義しなければならない。ということは、西ヨーロッパも北アメリカも「西洋」という特権的な位置を剝奪されて改めて「地域」として登場できるようになるだろう。ということは、地域研究だけでなく、人文学一般について、「西洋」と「その他」の分離はいまやその有効性を失ったといわなければならない。

スピヴァックは「ある学問の死」を語っているが、[12] ここで「ある学問」とは比較文学のことである。私たちは、同じように、「地域研究の死」を語らなければならないのではないだろうか。しかし、その死を語るからといって、「地域研究」の価値を一方的に否定することはできない。なぜなら、「地域研究」は、第二次世界大戦後に一方で新しい衣装で現われた植民地主義の統治技術であったにもかかわらず、すくなくとも人間の多様性の自覚を表わしていたからである。人間には多くの生き方や考え方があり、ある地域の人々の生は、多くの努力なしには理解することができない。人と人とは理解できない者として出会うのであり、人と人の社会性の始まりは非共役性である。人と人が出会い社会的な生を打ち立てるためには、だから、お互いが非共役的にあることを克服するための知的な努力が必要であり、知的な努力の上にしか永続する社会関係を打ち立てることはできない。しかも、これらの地域はその多様性にもかかわらず、あるいはまさに多様性があるゆえに、お互いに交渉しお互いから学ぶことを止めることはないだろう。すなわち、「地域研究の死」とその再生の鍵を握るのは、一言でいってしまえば、「翻訳」の問題系なのである。(13)

しかし、アジアからの研究者が積極的に理論を学びつつある傾向を一面的に謳歌するわけにもゆかない。というのは、「西洋」と「その他」の分離がもう一つの分離によって代置されつつあるからである。「地域研究」で、実証的な知識を蓄積しつつ同時に知識の批判と反省をおこなうことのできる人々がそのような批判的な理論的能力をもたない人々と弁別されるのは、西洋人とアジア人、ヨーロッパ人と非ヨーロッパ人、白人と有色人といった文明や、文化、民族、人種の同一性による区別とは無関係であることが次第にわかってきたからである。ある文化的環境におかれ一定の躾や教育を受ければ、学生たちは学問的な素養を身につけてくる。そこでは民族的な出自やどの文明で育ったかということよりも、文化的な環境を享受する条件があったかどうか、知的な関心を奨励する雰囲気があったかどうか、さらに本を読むとか音楽を聴くといった贅沢な時間の使い方を許してくれる人々に囲まれていたかどうかのほうが、個々の学生の理論的な感受性を決定するうえで文明や人種よりずっと大きな役割を果たすことになる。一昔前は、例えば、「本棚のある家庭」に育った生徒と「本棚のない家庭」に育った生徒の学業における進歩の早さの違いとして語られた「文化資本の差異」がここにきて、国際的な規模で、顕在化しているのである。

国民社会の学歴社会化ではなく、国際社会の学歴社会化を考えなければならないのはこのためである。白人であることやヨーロッパ系であることが、人々の理論的な潜在的能力を決める度合いが少なくなるに従って、「地域研究」は国際的な階級格差をその選別の原理とする学問へと変身しつつあるように思われる。中国であろうとインドであろうと、ある種の文化資本を与えられた学生は、実証的な知識を獲得する能力だけでなく理論的な能力も獲得する。古典中国語から普通話はもちろんのこと広東語や上海語にも習熟した合州国生れの中国研究者が、中国からやってきたばかりの大学院生に「オリエンタリズム」について質問を受けて窮するといった事態が頻繁に起こりつつあるが、地域研究者の多くは実証的な知識を蓄積してきたにもかかわらず理論的な議論を消化するために必要な文化資本を欠いていたからなのである。地域研究者はサイードもスピヴァックもチョウも読んでこなかったのであり、読んでも了解することに困難を感じていた。ところが、東アジアではサイードもスピヴァックもチョウも一定の知識人のあいだに膾炙していて、西洋中心主義の批判が常識となってしまっているのである。

「地域研究」の現状を考える時、この学問分野では、人種主義のバックラッシュが起こってもおかしくはない。地域研究者の多くはいまだに西洋人として自己画定しているが、その実質はすでに失われているのである。「西洋」と「その他」の分離を維持するために、彼らは、自然化された文明、文化、民族、あるいは人種の自己画定へ向かうかもしれない。人文学の現状を判断するうえで人種主義の考察がますます重要になってきているのはこのためである。「地域研究」を考慮せずに現在の人文学を理解することはできない。と同時に、「地域研究」の改編なしにこれからの人文学を構想することもできないのである。

（1）日本では入学審査をより計量化可能な形態――ペーパーテストに過度の重点を置き論文審査や推薦状を軽視ないしは無視する――にすることでその公正さを担保したのに対し、合州国では入学審査に論文や推薦状等の計量化しにくい要素を残存させた。

（2）ちなみに、著者の住むニュー・ヨーク州では、人文関係の学部で、いわゆるアイビー・リーグの私立大学であるコロンビア大学やコーネル大学で年の学費が四三、〇〇〇―四五、〇〇〇ドルであり、ニュー・ヨーク州立大学で州居住者は一五、四〇〇、州非居住者は三〇、〇〇〇ドルとなっている。もちろん、ビジネスや法律専門の実学プログラムとなると、学費はもっと高くなる。

（3）一流の私立大学が世界中から優秀な学生を集められるのも、これらの奨学金（大学院の場合学費の全額免除のうえに月額二〇万円程の生活費がつく）によるところが大きい。

（4）USA Today (9 September 2012) によると、二〇一一年の合州国の大学基金の総額は四〇八〇億ドル（三二兆二三二〇億円）以上に及ぶといわれており、二〇〇八年に始まった不況時の損失から完全に回復したといわれている。

（5）スチュアート・ホールは、近代的な知の成立に世界の地政的な区分が決定的な役割を果たすことを指摘している。近代の植民地主義の成立は、同時に、「西洋」と地球上から「西洋」を差し引いた「非・西洋」あるいは「その他」あるいは「残余」(the Rest) のあいだの線引きの成立でもあった。Stuart Hall "The West and the Rest" in *Modernity An Introduction to Modern Societies*, Stuart Hall, David Held, Don Hubert, & Kenneth Thompson ed. Blackwell, 1993

（6）日本研究に限っていえば、一九七〇年代以降の、ジョン・ダワー、ハリー・ハルトニアン、マサオ・ミヨシ、テツオ・ナジタ等の人々による地域研究批判は注目に値する。

（7）ヨーロッパと西洋を同一視することはもちろんできないのだが、西洋中心主義（Eurocentrism）という視座からは、とりあえずヨーロッパと西洋を同一視しておく。ヨーロッパと西洋の歴史的差異については、稿を改めて論じたい。

（8）Johannes Fabian, *Time and the Other - How Anthropology Makes its Object*, New York, Columbia University Press, 1983.

（9）戦中に「国家学会雑誌」に掲載された『日本政治思想史研究』では、丸山眞男のスタンスは少し違っている。そこでは、日本と中国の違いは、西洋と非西洋の違いに重ね合わせて理解されているのに対し戦後の丸山は日本を非西洋の側におくことになる。戦前の丸山は、日本の帝国的国民主義の正当化の立場から、近世日本思想史を構想したのである。

（10）例えば、エトムント・フッサールの現象学には、このようなヨーロッパ的人間性の使命として「理性の目的論」の構想が描かれているし、ヨーロッパ的人間性の運命はマルティン・ハイデッガーの哲学的な当為の全体を貫くテーマであった。ヨーロッパ的人間性への関心は、もちろんその基調は戦前のものとは異なっているが、ミシェル・フーコーやジャック・デリダにまで続いている。

（11）このような現状で、人文学でいまだに「西洋」あるいは「ヨーロッパ」という文明論・人種論的範疇を用いなければならない理由はなくなってきている。「西洋」が多義的であり、戦略的にそのつど違った意義をもつことを歴史的に解析する作業が必要だろう。この作業を私は「西洋の脱臼」（Dislocation of the West）と呼んできた。

（12）Gayatri Chakraborty Spivak, *Death of a Discipline*, New York, Columbia University Press, 2005.

（13）「地域研究」と文化理論の接点を目指して構想された多言語シリーズが『トレイシーズ』である。現在、日本語、中国語、韓国語、英語、そしてスペイン語で発行されているが、近い将来ドイツ語での発行も始まる予定である。このシリーズで中心的に扱われているのが翻訳に関する問題系である。

アメリカの文化戦争にみる「哲学」への問い――「哲学を愛すること」と「ポスト哲学」

藤本夕衣

1　はじめに

「ポスト・モダン」という概念が使われるようになって久しいが、それ以降、さまざまな場面において近代社会への反省が進んでいる。大学においても、「西欧」の価値に疑いの目が向けられるようになり、それとともに非西欧文化の価値を積極的に認めていこうとする動きが活発になっている。日本でも、西欧文化を輸入する傾向は弱まり、日本の文化、さらにはアジアの文化を再評価する傾向が強くなってきた。多様な文化への関心が高まり、大学は「文化」をめぐって新たな局面を迎えているのである。

本稿では、アメリカの大学において展開した「文化戦争」を題材にして、大学における「文化」概念の変容と、それへの諸批判を考察する。とくに「古典」をめぐる議論に焦点を当て、従来は西欧文化と結びつきの強かった古典論が、どのような形で展開しているのかを考察する。そして、その根底にあった問題を検討することで、現代の大学において「哲学の可能性」をいかにかたることができるのか、ということについて考えていきたい。

2　「文化戦争」におけるキャノン論争

言うまでもなくアメリカは、多様な人種や民族の集まる国である。しかし、では、歴史の浅いこの移民の国において、いったい何が「アメリカの文化」だと言えるのだろうか。

この問いを巡って、一九八〇年代後半から全米を二分する議論が巻き起こった。宗教と世俗の関係や、中絶の賛否、アファーマティブ・アクションの是非など、さまざまな「価値」をめぐり、論争が繰り広げられたのである。「文化戦争（culture war）」と呼ばれるこの一連の論争は、アメリカの文化についての根深い問題を提起した。

大学教育も、この問題と無関係ではなかった。一九六〇年代の公民権運動後に導入されたアファーマティブ・アクションの結果、学生の人種や民族の構成、男女の比率が変わった。アファーマティブ・アクションとは、「積極的差別是正措置」と訳されるように、歴史的に不平等に扱われてきたマイノリティを、大学入試や企業の就職などにおいて優遇する制度のことである。そうした優遇が図られた結果、それまで大学に進学することの難しかった多くのマイノリティが、大学に通うようになった。ところが、それまでの大学で教えられていたのは、ほとんど西欧の文化に裏付けられた知識ばかりであった。そうした当時の状況に、マイノリティの側から異議が申し立てられるようになっていく。学生の文化的背景が多様になるとともに、大学において教えられる知識の文化的側面が問い直されるようになったのである。

なかでも最も知られているのが、スタンフォード大学におけるカリキュラム改革である。スタンフォードでは一九八〇年から、新入生の必須科目として「西欧文化」コースが設置されていた。しかし一九八七年、このコースの必読文献が西欧中心に編成されていることが問題となる。黒人やヒスパニックなど、マイノリティの学生が異議申し立てを行ない、カリキュラム改革を求めたのである。翌年、大学側は「西欧文化」コースを「文化、思想、価値（Cultures, Ideas, and Values）」コースに改編することを決定した。

このスタンフォードのカリキュラム改革を受け、当時のレーガン政権下で教育長官を務めていたウィリアム・ベネットは、「西欧文化」コースの改編を批判し、西欧文化は政治や経済などにおいてアメリカの精神的支柱であり不可欠なものだ、と主張した。スタンフォードの改革は、西欧文化に加えて、非西欧の文化やジェンダーなど多様な文化の視点を取り入れるものであり、西欧文化を完全に排除したわけではない。しかし、ベネットのような保守的な立場からすると、たとえ排除したわけではないにしても、西欧文化を数ある文化のうちの一つとみなすことがすでにして、共通文化としての西欧文化の重要性を貶めている、ということになるのである。

かくしてスタンフォードのカリキュラム改革は、西欧文化の重要性を強調する保守的な立場と、非西欧の文化への配慮を求める立場との論争を引き起こしていく。この論争はその後、「保守派」対「多文化主義」という構図のもと、全米の大学を巻き込んでいった。それぞれの文化を擁護するために、それぞれの古典が称揚され、「西欧」対「非西欧」の文化的な覇権争いが激化していったのである。それゆえ、この論争はやがて「聖典（canon）」をめぐる論争と呼ばれるようになった。

論争が激化した背景には、マイノリティの要求の変化がある。つまり、一九六〇年代の公民権運動における主張から、さらに一歩進んだ問題提起がなされたということである。先に触れたように、公民権運動のあとには、アファーマティブ・アクションによってマイノリティの進学率は格段に上がった。しかし、たとえ大学に進学する「権利」が保障されたとしても、そこで教えられる内容が西欧の価値を中心にしたものであれば、マイノリティの文化を「承認」したことにはならない。文化的背景にかかわらず平等に権利を保証せよ、という段階から、それぞれのマイノリティがもつ文化に応じて個別の文化の価値を承認せよ、という段階に、マイノリティの要求が進んだと言えよう。

たとえば、アフロセントリズムの立場からは、西欧を中心にした知識がマイノリティの自尊心を奪っている、と主張された[1]。大学教育のカリキュラムの在り方が、マイノリティのアイデンティティの問題として問われたのである。多文化が承認されるためには、単にマイノリティの学生が自文化を学ぶ機会を得るだけでは十分でない。そのためには、すべての学生が文化的な多様性について学び、多様な文化を承認することまでもが求められるのである[2]。

こうした多文化主義やアフロセントリズムといったマイノリティの主張は、キャンパスにおけるポリティカル・コレクトネス運動、いわゆるPC運動とも歩調を合わせていた。PC運動とは、人種や民族、性、障害などにかんする差別的な呼称をできるだけ公平な表現に変えていく運動である。たとえば、黒人についてはBlackをAfrican Americanと呼び換え、障害のある人についてはdisabledではなくdifferently abledと呼び換えた。同様の事例は「看護婦」を「看護師」とするなど、日本でも身近なこととなっている。しかし、こうした運動がとくにアメリカの大学内で広まっていった背景には、マイノリティによる承認の要求があったのである。どのように呼ばれるのか、ということは、社会においてどのように位置づけられ、認識されるのか、というアイデンティティの問題と深くかかわるからにほかならない。

こうしたPCの動向にたいし、保守派は「言葉狩り的な風潮は言論の自由を奪う」と反論した。[3] つまり、PCが広まることによって、表現の自由が侵害される、ということである。しかし「表現の自由」の主張の背後には、実のところ別の抵抗感がある。そもそもPCは、多文化主義の主張と同様に、西欧の価値基準を疑問視し、「ヨーロッパ白人男性中心の規範や制度」を批判する。[4] ゆえに、保守派の立場からすると、伝統的な価値基準を相対化することになるPCは認めがたい、ということになるのである。

保守派にとっては、個別のアイデンティティの擁護よりも、西欧文化を共有することのほうが重視される。なぜなら西欧文化こそが、アメリカの政治や経済そして文化の支柱であると考えるからである。大学教育のカリキュラムにかんする論争と同じく、PCについても、多文化主義と保守派の主張は、平行線をたどる。

しかしながら、論争が平行線をたどる一方で、具体的な改革は次々に進められた。スタンフォード以外にも、コロンビア大学、シカゴ大学、ブラウン大学、ペンシルベニア大学、ミシガン大学、インディアナ大学などにおいて、スタンフォードと同様の改革が進められていった。[5] なかでもウィスコンシン大学では、学生に「西欧文明」や「アメリカの歴史」といった科目は課さずに、「エスニック研究」という科目を課すようになった。いずれも多文化主義の主張に沿ったものである。

多文化主義の主張が受け入れられた事例は、個別の大学の取り組みだけにとどまらなかった。たとえば、西欧の古典のリストを「グレート・ブックス」として編纂したモティマー・J・アドラーもまた、多文化主義の主張を受け入れている。彼は、この論争を受けて「グレート・ブックス」の古典のリストに、非西欧の文献を加えることを提唱したのである。[6] このように、多文化主義の主張は、保守派からの反発を受けつつも、大きな流れとしては賛同を得て、具体的な改革をもたらしたと言えよう。

3　カルチュラル・スタディーズによる「文化」批判

ただし、多文化主義の主張にたいしては、保守派とは異なる立場からも批判が寄せられた。それは端的に言えば、多文化主義の想定している文化が「本質主義に陥っている」という批判である。[7]

こうした批判は、もっぱらカルチュラル・スタディーズの流れを汲む「文化」概念をよりどころにしている。カルチュラル・スタディーズにおける「文化」の解釈は、従来の文化人類学などにおける解釈とは異なっている。文化人類学における古い解釈では、文化を特定の人種や民族などと結びつけて、実体的かつ客観的に扱ってきた。それに対して、カルチュラル・スタディーズにおける新しい解釈では、文化を主観的に構成されるものとして扱うようになった。それゆえ、客観的に区分される単位として文化を扱う文化人類学とは異なり、カルチュラル・スタディーズは、あるエスニシティを共有した集団のなかにもさらに複数の「文化」を見出し研究対象にする。あるエスニシティを共有する集団のなかにも、たとえば「女性文化」に自己規定している人もいれば、「ゲイ文化」に自己規定している人もいる。そのように、人々の主観のうちにある「文化」が考察の対象となり、エスニシティに基づかない「文化」が議論の俎上にのせられるのである。こうした「文化」観からすると、保守派の擁護する西欧文化だけでなく、多文化主義の擁護する「黒人文化」や「ヒスパニックの文化」といった非西欧の文化も、依然として実体的かつ客観的にしか文化を捉えていない、ということになる。多文化主義において擁護されている「文化」の多様性は、アフリカ系やアジア系、ヒスパニック系など、「伝統的な肌の色」に基づいて区分されており、それらのなかにある差異を軽視していることが批判されるのである。(8)

以上のような大学の「文化」をめぐる状況について、『廃墟のなかの大学』で知られるビル・レディングズは次のように述べた。

大学全体にとって、文化という概念が、きわめて重要なものを意味しなくなったときに、カルチュラル・スタディーズの概念が現れてきたように思われる。人文科学は、文化を用いて好きなことができる、つまり、カルチュラル・スタディーズをすることができる。なぜなら、文化は、大学のための理念としてはもはや重要ではないからである。(9)

レディングズは、近代の大学の役割を、国民文化の創出にあったとみている。国民文化を創出するという理念を掲げることによって、大学の諸学問は統合されていた。換言すれば、「文化」という概念は、近代の大学の諸学問を統合する理念であったということである。しかし、グローバル化が進むとともに、次第に国民文化が揺らぐようになっていく。そのため、国民文化の創出という大学の理念の力も弱まり、「文化」概念は大学を統合する力を失う。カルチュラル・スタディーズという学問の登場は、文化という概念が大学を統合する力を失い、単なる一学問分野の研究対象になりさがったことを象徴している、というのである。そして、そうした状況だからこそ、文化戦争のような論争も生じたと考えられる。レディングズは、文化戦争における二つの立場を次のように説明した。

明らかに手掛かりをうしなった国民文化のアイデンティティを、単に再主張することによって、大学の社会的使命を守り復活させることを模索するか（保守的立場）、文化的アイデンティティを、変化する状況に適応させて再創造するか（多文化主義的立場）[10]。

このように文化戦争だけでなく、その後のカルチュラル・スタディーズの批判も視野に入れると、現在の大学において古典の意義を見出すことの困難がいっそう理解されるに違いない。キャノンをめぐる論争が繰り広げられたあとには、当然、従来の古典論は説得力を失う。もはや、西欧の古典を共通の文化として称揚することはできないからである。そのうえ、マイノリティのアイデンティティを守るものとして非西欧の古典の重要性を指摘したところで、そこで想定されている文化が本質主義に陥っているという批判を免れない。現在の大学は、そうした状況にあるのである。

しかし、こうした状況にあってなお、というより、こうした状況だからこそ、古典の重要性を再提示する議論がある。その一つは、通常であれば文化戦争の火付け役にして西欧中心主義の権化とみなされるアラン・ブルーム（Allan Bloom: 1930-1992）の「グレート・ブックス論」である。もう一つは、ブルームとは反対の立場、すなわち左派の代表的な哲学者として知られるリチャード・ローティ（Richard Rorty: 1931-2007）の「偉大なる文芸作品論」である。二人は、全く異なる立場にたちながらも、文化戦争から展開した「文化」をめぐる大学の状況について改めて問題を提起しつつ、そうした状況に対応するために不可欠なものとして古典の重要性を主張した[11]。そして、その先に現代における哲学の可能性を見出したのである。そこで次に、両者の古典論の背後にある文化批判を読み解いていきたい。

4 「哲学を愛する」ということ――A・ブルームの文化主義批判

先に触れたようにブルームは、文化戦争の火付け役となり、さらには西欧中心主義を唱える保守派の代表格であるとみなされる論者である。もともとブルームは、プラトンの『国家』の英訳に取り組むような政治哲学の研究者であって、教育学者であったわけではない。しかし、彼のリベラル・エデュケイション論が『アメリカン・マインドの閉塞』において提示され、この本がジャーナリスティックな場面で注目を集めた結果、ブルームは文化戦争の渦中の人となった。(12)『アメリカン・マインドの閉塞』は、政治哲学の素養や、彼の師であるレオ・シュトラウスの思想的な枠組みを知らなければ読解が難しい書物である。それにもかかわらず、アカデミックな場面よりもジャーナリスティックな場面で読まれ、全米のベストセラーにまでなった。そうした状況のなか、西欧の古典をグレート・ブックスとして重視すべきである、というブルームの主張のごく一部がクローズアップされ、「西欧中心主義者」というレッテルが貼られたのである。

しかしブルームがくりかえし主張しているように、彼自身は、西欧の古典を「グレート・ブックス」として擁護するからといって、西欧の「文化」の覇権を擁護しようとしたわけではなかった。たとえばブルームは、『アメリカン・マインドの閉塞』の後に書いたある論文において、「本当の争点は、西欧と非西欧の間にあるのではなく、哲学の可能性にある」と述べている[13]。また『アメリカン・マインドの閉塞』以前の論文においても、「私たちは皆、ある程度正確に商業とは何かということは知っている。それに対して、少なくとも私は、文化とは何かを理解していないし、これまで文化という言葉を一度も使ったことがない」と言っている[14]。

これら『アメリカン・マインドの閉塞』前後の記述を考慮すれば、彼が文化間の対立よりも「哲学の可能性」を問題にしているということ、また、そもそも自分の立場を表明する概念として文化という概念を用いていない、ということがわかるだろう。しかし、それにもかかわらず従来は、西欧文化を擁護することこそがブルームの第一の関心であるかのように解釈されてきたのであった。

ブルームは、西欧の古典をグレート・ブックスとして擁護する際に、文化相対主義を批判している。文化相対主義は、あらゆる文化を同等に価値あるものとみなす立場だと言えるだろう。西欧の古典を擁護するブルームがそうした立場を批判しているからには、西欧の価値を擁護しようとしているように受け取られかねない。ゆえに、彼のグレート・ブックス論は、西欧文化の覇権を守るために相対主義を批判する議論であると解釈されやすいのである。しかし、注意深く読解すると、ブルームが「文化」という観念そのものを批判していることがわかる。

政治思想の専門家であり、シュトラウスの研究者でもある添谷育志は、ブルームの文化相対主義批判について、従来の解釈とは異なった見解を示している。添谷によれば、ブルームの文化相対主義批判は、西欧文化の優位を守るために展開されているのではない。添谷は、「ブルームの批判は文化相対主義という教義に対してだけでなく、『文化』という観念そのものに対しても向けられている。ブルームは『反文化相対主義者』というよりも『反文化主義者』である」と言う[15]。ここで添谷が強調しているのは、ブルームの文化相対主義批判を相対主義一般への批判とみなすことは厳密にいえば誤解である、ということにほかならない。ブルームの批判の力点は、相対主義にあるのではなく文化主義にあるということである。

こうした文化主義についてのブルームの指摘は、次のようなニーチェについての見解にも表われている。

ニーチェは文化相対主義者であった。彼には、それが何を意味しているのかが分かっていた……ニーチェの長所は、文化的・歴史主義的にものごとを処理する際に、哲学的思索が根本的な問題であることに気付いていた点である。……彼の思索の中心にはいつも、「私がいまおこなっていることをなしうるのはいかにして可能か」という問いがある。(16)

ブルームは、ニーチェが文化相対主義者であるからといって、それだけで直ちに批判してはいない。ニーチェが文化相対主義に陥っていることを認めつつも、その問題をニーチェ自身が自覚していることについて肯定的に評価している。

とすれば、やはり添谷が指摘しているように、ブルームは文化相対主義を批判しているのではないと言えよう。ブルームは、西欧文化が他の文化と同列視されることに抵抗しているわけではないし、西欧文化が相対的なものとして捉えられてしまうことを批判しているわけでもない。そうではなく、「文化」という観念を重視するあまりに相対主義を絶対視してしまう傾向が出てきている、ということを批判したのである。

たとえばブルームは、現代では文化という概念が「何か高貴な、深遠で尊敬すべきもの――その前にわれわれが額づくもの――を意味している」と言う[17]。もしさまざまな文化があることを前提にしたうえで、文化を至上の価値があるものだと考えるのであれば、それぞれの文化を同等に認めることになる。とすれば文化主義は、文化相対主義を招来するだけでなく、それを絶対視する傾向をもたらさざるをえない。すなわち、文化主義は相対主義を「吟味する」視点を奪いかねない、と言えよう。まさにこの「吟味する」視点を失った状態こそ、ブルームが批判したことなのである[18]。

ニーチェはこの視点を失わなかった。なぜなら「哲学的な思索が根本的な問題であることに気づいていた」からである。彼は常に「私がいまおこなっていることをなしうるのはいかにして可能か」ということを問い、自らの思索の足場を「吟味する」視点を失っていなかった。ゆえにブルームは、たとえニーチェが文化相対主義者であったとしても彼を肯定的に評価するのである。したがってブルームは、文化相対主義を擁護すること自体を批判しているのではなく、あくまでも「本当の争点」である「哲学の可能性」を問題にしたと言えよう。言い換えれば、「哲学の可能性」を問い、文化を絶対視する傾向を批判した、ということである。

では、なぜ文化という概念を絶対視する傾向は生まれるか。この点についてブルームは、近代における文化概念の来歴をカントやルソー、そしてニーチェの思想を手がかりにして描きながら、次のように説明している。

ブルームによると「文化」は、「哲学史上で初めて、自然とは異質でいっそう高いものが、人間のうちに発見された」ときに登場した概念である[19]。つまり、文化という概念の根拠は「人間性における自然的なものに対して、獲得されたもののほうが優位していること」にある、ということである[20]。自然は、あらゆる人間が生来もっているものであるのに対して、文化は、それぞれの環境のなかで人間が生み出す人工的なものである。それゆえ、文化が自然よりも上位の概念として理解されるということは、すなわち生来のものよりも、人間が作り出したもののほうに価値がおかれるということを意味する。

このことからブルームは、文化が「人権」と対立するものであることに注意を喚起する。人権は、「人間性における自然的なもの」に基づいている。すなわち人権は、すべての人々が共有しているものを重視する「世界主義的」な考えに基づいている。それに対して文化は、人々が共有しているものを低級なものとみなし、それぞれが個別に有しているものを重視する「個別主義的」な考えに基づいている。(21)

このような「文化」理解のもとに、ブルームは同時代における文化主義への批判を行なった。ブルームの理解にしたがえば、人権を主張することと、多様な文化の価値を尊重せよと主張することは根本的には両立しない。しかし、アメリカで多様な文化を守らなければならないと主張される場合には「〔人権に基づく〕自由主義社会と文化の間の基本的な対立についての自覚が欠如している」(22)。こうしたブルームの見方からすれば、先にみたマイノリティの主張の変化、すなわち権利から承認へという要求の進展は、まさにこの人権と文化の間にある対立について自覚が欠如していることの実例になるだろう。

さらにブルームは、次のように述べる。

新世界のなかに様々な古い文化を保存しようとする試みが皮相であるのは、それが以下の事実を無視しているからである。すなわち、人々の間の真の差異は、善と悪、もっとも高貴なもの、神――これらに関する根本的信念に含まれた真の差異に基づいているものだ、という事実である。衣服や食べ物の差異は、より深い信念とは何のかかわりもないか、このより深い信念の二次的な表現であるか、どちらかである。合衆国にみられる「エスニック」な差異は、我々の祖先が殺戮しあう原因となった古い差異の、衰えつつある追憶にすぎない。それらの差異の魂、差異に生命を吹き込んでいた原理は、それらの差異から消え失せてしまった。(23)

ブルームは、アメリカにおいて擁護され保存されている多様な文化が、表面的な差異を誇張し、より「深い信念」を見失わせてしまっている、と指摘した。これはすなわち、多文化主義を批判するカルチュラル・スタディーズが擁護しようとする「文化」概念までをも、ブルームが批判しているということである。文化そのものを絶対視することによって、差異が細分化され、結局その差異が「深い信念に基づく差異」を見失わせてしまっている、ということである。カルチュラル・スタディーズのように、文化を人々の主観によって構成されるものであるとだけ考えていては、差異の細分化が進むばかりで、ますます「深い信念に基づく差異」は見過ごされてしまう。

したがってブルームは、多文化主義の「文化」にせよ、カルチュラル・スタディーズの「文化」にせよ、どちらに対しても矛先を向けている、ということになるだろう。ブルームからすれば、文化戦争における多文化主義の主張は、人権と文化との間にある対立に無自覚であることの証左であり、また、多文化主義を批判するカルチュラル・スタディーズも、差異を細分化することによって、「深い信念に基づく差異」を見失っている、ということになるのである。ブルームがこうした問題を指摘するのは、西欧文化の覇権を守るためではなく、彼が「文化」概念そのものの抱える問題を見出し、「本当の争点」である「哲学の可能性」を追求したからにほかならない。

ただし、ここで注意すべきは、ブルームが「哲学の可能性」について楽観していたわけではないということである。現代は、間接的な形でしか哲学にかかわることができないという困難な状況にある、と彼はみていた。たとえばブルームは、哲学の祖であるソクラテスの「哲学」が忘れられている状況について考察している。(24)

こうしたブルームの見解には、師シュトラウスの思想をみることができる。シュトラウスは近代以降、自然を探求するという意味での哲学が不可能になっている状況について考察した。そのうえでシュトラウスは、「哲学をすることはできないが、哲学を愛することはできる」と述べた。(25) そして、現代において哲学を愛する方法として、哲学者の書物（グレート・ブックス）を読解することの重要性を説いたのであった。グレート・ブックスという古典は、哲学者の問いを知る手がかりであり、それは間接的な形で哲学に触れる、すなわち「哲学を愛する」手がかりになるからである。

ブルームもまた、ソクラテスの哲学が忘れ去られている状況だからこそ、大学で学生が古典を通して「哲学的な問い」に触れることの重要性を主張した。

したがって文化戦争のなかで、古典が文化の産物とみなされ、文化戦争の単なる火種とみなされるようになることは、こうしたグレート・ブックスのもつ可能性、すなわち「哲学を愛する」ということの可能性を見失わせることになる。また、カルチュラル・スタディーズのように、文化の差異化を進め、「深い信念に基づく差異」を見失うこともまた、グレート・ブックスに見出される「哲学的な問い」の重要性を埋もれさせてしまう。

ブルームの哲学への視座をこのように読み取るのであれば、彼のグレート・ブックス論が、西欧の文化的な覇権を擁護するためではなく、「哲学を愛する」ということの可能性を追求するなかで展開されている、ということがわかるだろう。

5　ポスト哲学の決裂——R・ローティの文化左翼批判

これまでみてきたように、文化戦争のなかで保守派とみなされたブルームは、多文化主義やカルチュラル・スタディーズが規定する「文化」にたいして批判的な考察を行なうとともに、哲学の可能性を問うていた。一方ローティは、ポスト・モダニストあるいは左派の立場をとりながらも、つまりブルームとは逆の立場をとりながらも、文化戦争以後の大学における「文化」を批判し、やはり哲学の可能性を追求した。そこには、ブルームとは違った現代の「哲学」が描かれている。そこで以下では、ローティの大学論を手がかりにして、彼の文化批判とその背後にある哲学の可能性についてみてみよう。

ローティは、教育にかんする右派と左派の見解の対立を解消すべく、自身の大学論を展開した。彼は、論争の対立点を明らかにし、両者の主張を調停させる形で、自身の大学教育論を展開したのである[26]。その議論をまとめると次のようになるだろう。

右派は、教育にとって重要なのは、伝統的な価値規範を内面化すること、すなわち「社会化」であると考える。それに対して左派は、そうした伝統的な価値規範が自由の実現を妨げているとみなし、伝統的な価値規範から解放されること、すなわち「個性化」を重視する。そこでローティは、この対立図式を乗り越える策として、教育を二つの段階に分けた。すなわち、右派が重視する社会化を初等・中等教育で担うべきこととし、左派が重視する個性化を大学教育で行なうべきことだと規定したのである。具体的に言えば、初等・中等教育は、伝統的な価値規範など、現在の社会で共有されている事柄を学ぶ段階であり、大学教育は、それまでに身につけてきた価値規範が暫定的なものであると気づく段階である。

このように、どちらの立場にも与しない議論を展開したうえでローティは、大学教育において個性化を重視した。そのため、先にみたブルームのグレート・ブックス論は批判の対象とならざるをえない。ブルームは、グレート・ブックスのなかにある「哲学的な問い」を共有することを重視した。ゆえに読者は、まず、著者の声に聴き従わなければならない、と言う。この点からしてローティは、ブルームのグレート・ブックス論を社会化の段階、すなわち高等教育以前の段階のものであると考え、大学教育としては不適切だと批判するのである。

こうしたローティの大学論をみるかぎり、彼が大学において古典を重視しているとは考えられない、ということになるだろう。ところが一九九〇年代に入るとローティは「偉大なる文芸作品論」を展開し、古典の重要性を主張するようになるのである。

聖典（canons）の正統性が一時的なものであることを、私たちは快く認めるべきである。しかし、だからといって、私たちは偉大さの観念を放棄すべきだ、ということにはならない。(27)

ポスト・モダニストとして知られるローティが「偉大」という概念を用いるのは意外に思われるかもしれない。なぜなら、偉大という概念を使うからには、その偉大さをはかる価値基準をどこかに求めなければならなくなるからである。「偉大」という概念を使えば、即座に、何が偉大であり、何が偉大でないのか、その価値判断をする基準をどこにおくのか、ということが問われる。価値基準の相対性を重視するポスト・モダニストの立場は、こうした問いに積極的に応えることはできず、したがってローティが、何故あえて「偉大」という概念を使い、古典の重要性を主張したのかということが、にわかには理解しがたいのである。

ローティが晩年に古典論を展開するようになった背後には、文化戦争が激化した一九九〇年代の大学における「文化」批判があった。

ローティは、一九九〇年代に入り、「改良主義的左派」の立場を表明し、大学内で勢力をもつ「文化左翼」を批判するようになっていく。[28]「文化左翼」は、従来のラディカルなマルクス主義者とは異なる。彼らは、ポストモダニズムの思想的な影響を受け、大学内で「差異の政治学」や「アイデンティティの政治学」などを専門とし、経済的な不平等よりも、隠された権力構造や文化的な「承認」について関心をもっている。[29]差異を重視するという点において、カルチュラル・スタディーズも文化左翼にほかならない。また「承認」の重視という点においては、先にみた、「権利から承認へ」という多文化主義の主張の展開に理論的なバックグラウンドを与えたのが、この文化左翼であった。

ローティは、文化左翼を批判するものの、一部の功績はみとめている。彼は、アメリカのマイノリティにたいするサディズムが減少したと述べ、それは文化左翼が広まった結果であると積極的に評価しているのである。

この文化左翼は多大な成功を収めてきた。この文化左翼が創った大学の新しいカリキュラムは、真に独創的な学問の中心となる以外に、半ば意識的に果たそうとしてきたことを十分に果たしてきた。そのカリキュラムによって、アメリカ社会のサディズムの総量は減少してきた。特にカレッジ卒業生の間で、軽い気持ちで相手を侮辱することは、六〇年代以前よりもはるかに社会的に認められなくなっている。教育ある男性が女性について語る口調、教育ある白人が黒人について語る口調は、六〇年代以前とずいぶん異なっている。(30)

そのような評価すべき点を挙げながらもローティは、文化左翼を次のように批判する。まず第一に、彼らは政治的な事柄にたいして「行為者（agency）」ではなく、「傍観者（spectatorship）」の態度をとっている。(31) ここでいう政治的な事柄とは、たとえば貧困の解消のための政策など、具体的な政策を意味する。文化左翼の人々は、たとえ政治に関心をもったとしても、「アイデンティティ・ポリティックス」や「差異の承認」など、大学内における一部の聴衆に向けた言葉ばかりで議論している。そのため彼らは、具体的な政治に関与することができない。ローティは、そうした文化左翼のアクチュアリティの欠如を批判したのであった。

また、ローティの批判は、文化左翼が依拠する思想家にも及ぶ。たとえば、ミシェル・フーコーやジャック・デリダ、あるいはエマニュエル・レヴィナスが俎上にのせられる。もちろん、彼らの功績については「啓蒙主義的合理主義を批判する点でおおむね正しい」と評価する。しかしローティは、公私の峻別の重要性を説きつつ、彼らの限界を指摘した。たとえばレヴィナスやデリダが展開する思想については、次のように言う。

「無限の責任」という観念は、私的な完全性を個人的に追求する場合には有益だが、公的責任の問題に関しては、無限なものや表象不可能なものは有害なだけである。[32]

彼らの議論は、「正義の不可能性」の主張にまで及ぶため、「民主政治を無力と見なそうとする誘惑」になってしまう。[33] したがって、デリダなどを拠り所とする時点ですでに、文化左翼は公的な領域への姿勢が消極的にならざるをえない。

第二の批判は、文化左翼の強調する「差異の政治」においては国家レベルにおける共通性を見出すことができない、ということに向けられている。たとえば多文化主義の議論に象徴されるように、国家の内部の「差異」に着目する議論は、国家レベルの「連帯」を支える枠組みをもちえない。[34] ローティが、国家レベルにおける共通性を見出しえないことを批判するのは、彼が、経済的な不平等を解消するためには、当面は国家というレベルにおける政治の取り組みが不可欠である、と考えるためである。[35]

このようにローティは、傍観者であることと、国家レベルにおける共通性を見出せないこと、この二つの批判を文化左翼に向けた。それと同時に、彼らに行為者であること、国家の「共通性の意識を創造する新しい方法」を見出すことを要求したのであった。[36]

改良主義的左派は、ラディカルなマルクス主義とは異なる立場として提示されている。つまり革命によってではなく、日々の「改良」によって、経済的な不平等や貧困の問題を解消しようとする左派の立場を表わすものなのである。ただし、ローティが文化左翼を批判したのは、単に彼が改良主義的左派の立場をとったからだけではない。背後には、彼が『哲学と自然の鏡』において考察した「ポスト哲学」の可能性についての問題がある。

ローティは、形而上学的哲学を放棄することを求め、その形而上学としての哲学が終焉したことを「ポスト哲学」と捉えた。ここで言う形而上学とは、プラトンのイデア論を継承するプラトニズムや、デカルトに始まる近代の認識論などである。つまり「真理」を問うたり、「真理」を把握する「理性」とは何かを明らかにし、それを体系的な知識として提示する哲学を意味する。したがって「ポスト哲学」の時代とは、このような「形而上学」が無効となった時代を意味するといえよう。

このような「ポスト哲学」の時代においてローティは、新たな哲学として「啓発的な哲学」の可能性を論じていた。ローティは、解釈学の発想を拠り所としながら、「啓発」を次のように定義している。それは「慣れ親しんだわれわれの周囲世界を、新たな発想による見慣れぬ用語によって再解釈しようとする試み」である。[37]「ポスト哲学の哲学」に求められるのは、真理を探究すること、ではない。すでに親しんでいる解釈の枠組みに、これまでになかった新たな解釈を加えること、である。形而上学的な哲学は、真理を探究しながら体系的な枠組みを構築し、社会を基礎付ける役割を担った。しかしポスト・モダンの時代にあっては、そうした役割を放棄せざるをえない。新しい「ポスト哲学の哲学」は、普段「会話」のなかで使っている語彙を再解釈し「啓発」していくこと、そしてそうすることによって現代の問題について「治癒的」な役割を果たすものなのである。

ローティが改良主義的左派の立場を表明し、文化左翼を批判する背後には、こうした哲学観があった。形而上学的な哲学を放棄するという点においては、文化左翼も同様の立場にたつ。つまり、「ポスト哲学」の時代認識については、ローティと文化左翼は一致していると言えよう。しかしでは、その後どのように新たな「哲学」の可能性を模索するのかといえば、その点において両者の方向性は異なっていた。「傍観者」の態度をとっていては、社会の貧困や不平等といった具体的な問題にたいして「治癒的」な役割を担うこと、すなわち啓発的な哲学に取り組むことはできない。したがってローティは、文化左翼を批判することを通して、「傍観者」ではなく「行為者」であることの重要性をあらためて提示し、「啓発的な哲学」の可能性を開こうとした、と考えられるのである。

ローティによると、社会を改良するということに関心をもたない「傍観者」に、新たな社会への希望やインスピレーションを与えるものこそ、「偉大なる文芸作品」という古典にほかならない。ローティは、啓発的な哲学というポスト哲学の可能性を追求するからこそ、文化左翼を批判し、多くの傍観者にたいして古典の重要性を説いたと考えられるのである。

ローティがあえて「偉大」という言葉を使い、古典の重要性を主張した背景には、こうした文化左翼への批判、さらには「ポスト哲学」の哲学の可能性の希求という課題が見出されるのである。

6　おわりに　「文化戦争」の奥にある問い

西欧文化は、近代化の過程において圧倒的な影響力をもち、あたかもそこに普遍的な価値があるかのようにみなされてきた。そうした状況への反省が高まるなか、大学においても「多文化」の価値が再評価されるようになっている。多様な文化を尊重せよ、という要請は、西欧の価値を絶対視する視座を相対化させ、あらゆる文化に同等の価値を見出す。かくして、それまで軽視されてきた諸文化に光が当てられるようになった。その点では文化戦争における多文化主義の主張、さらにはカルチュラル・スタディーズの功績は積極的に評価される。実際、「西欧」対「非西欧」あるいは「保守派」対「多文化主義」の対立は、大学のカリキュラム改革などにおいて、どちらかといえば後者の主張が受け入れられている。

しかし文化戦争を西欧か非西欧か、といった文化の対立として捉えていては、文化の覇権争いの様相しかみえてこない。大学における古典論についても、何を古典とすべきなのか、という問題を、同様の枠組みのみで考えていては、古典自体が文化の覇権争いの火種としてしか受け止められなくなってしまう。

重要なのは、「文化」をめぐる対立のその奥にある根底的な問いを見出すことであろう。本稿でみてきたようにブルームやローティは、異なる立場に立ちながらも、「文化」が争われる地平の問題を掘り下げつつ、「文化戦争」の奥にある問い、すなわち哲学をめぐる問いを抉り出していた。あらゆる文化に開放的になっているかにみえる大学のなかで、「哲学の可能性」への道が静かに閉ざされつつある。ブルームとローティはその問題に光をあて、それでも現代の大学において「哲学」は可能なのか、と問うている。そしてその可能性を開くものとして古典に注目し、新たな形で古典論を展開した。「多文化」という大学の文化の新たな局面は、従来の古典論の危機であるとともに、新たな古典論の好機である。その好機をつかめるかどうかは、文化の表層的な争いにとどまることなく、「いまおこなっていることをなしうるのはいかにして可能か」を問い続けることができるかどうか、にかかっていると言えよう。

付記　ブルームとローティの古典論の詳細については、拙著『古典を失った大学――近代性の危機と教養の行方』（NTT出版、二〇一二年）を参照していただきたい。本稿では、主に「文化戦争」に焦点を当てたが、同書では、大学における古典の可能性に重点を置いている。

（1）Asante, M. K., "Multiculturalism and the Academy" *Academe-Bulletin of the AAUP*, 82 (3), 1996, p. 20.

（2）松尾知明は、「西欧中心の知識体系に対する批判が進むなかで、文化的な多様性の学習がすべての学生に共通する知的経験として保障されなければならないという形で問題にされるようになってきたのである」とまとめている。松尾知明『アメリカ多文化教育の再構築――文化多元主義から多文化主義へ』明石書店、二〇〇七年、七八頁。

（3）辻内鏡人『現代アメリカの政治文化――多文化主義とポストコロニアリズムの交錯』ミネルヴァ書房、二〇〇一年、四五頁。

（4）同前。

（5）Hunter, J. D., *Culture Wars: The Struggle to Define America*, New York: Basic Books, 1991, p. 216.

（6）アドラーのグレート・ブックス論については、安藤真聡「モティマー・J・アドラーのリベラル・エデュケイション論」『教育哲学研究』教育哲学会、第九六号、二〇〇七年、一四〇～一四一頁を参照。Adler, M. J., *Reforming Education: The Opening of the American Mind*, New York: Macmillan Publishing Company, 1988.

（7）辻内、前掲書、九一～一〇〇頁。

（8）D・A・ホリンガー『ポストエスニック・アメリカ――多文化主義を超えて』藤田文子訳、明石書店、二〇〇二年、一六八頁。

（9）Readings, B., *The University in Ruins*, Cambridge: Harvard University Press, 1996, p. 91.（B・レディングズ『廃墟のなかの大学』青木健、斎藤信平訳、法政大学出版局、二〇〇〇年、一二二～一二三頁）

（10）*Ibid.*, p. 90.（同訳書、一二一頁）

（11）古典論の具体的な内容については、拙著『古典を失った大学――近代性の危機と教養の行方』NTT出版、二〇一二年、において論じている。

(12) 日本語訳では『アメリカン・マインドの終焉』となっている。けれども訳者も指摘しているとおり、この "closing" は「閉塞」を意味する概念と解釈することもできる。閉塞という訳語のほうが、内容に即していると考えられるため、本稿ではこの著書のタイトルとして『アメリカン・マインドの閉塞』という訳語を用いる。A・ブルーム『アメリカン・マインドの終焉——文化と教育の危機』菅野盾樹訳、みすず書房、一九八八年、四三〇頁。他に「閉塞」を用いているものに次の文献が挙げられる。高田康成「アラン・ブルーム『アメリカン・マインドの閉塞』の衝撃」「英語青年」研究社出版、第一三四巻、第九号、一九八八年、四八〇〜四八二頁。

(13) Bloom, A., "Western Civ - and Me: An Address at Harvard University" *Commentary*, 90 (2), 1990, p. 20.

(14) Bloom, A., *Giants and Dwarfs: Essays, 1960-1990*, New York: Simon & Schuster, 1990, p. 277.

(15) 添谷育志「L・シュトラウスとA・ブルームの『リベラル・エデュケイション』論」「法學」東北大学法学会、第五五巻、第六号、一九九二年、一〇〇一頁。

(16) Bloom, A., *The Closing of the American Mind: How Higher Education has Failed Democracy and Impoverished the Souls of Today's Students*, New York: Simon & Schuster, 1987, pp. 202-203.（A・ブルーム、前訳書、二二〇〜二二二頁）

(17) *Ibid.*, p. 185.（同書、一九九頁）

(18) このことは『アメリカン・マインドの閉塞』以後の論文でも述べられている。Bloom, A. "Western Civ - and Me", p. 17.

(19) Bloom, A., The Closing of the American Mind, p. 187.（同訳書、二〇一頁）

(20) *Ibid.*, p. 190.（同訳書、二〇五頁）

(21) *Ibid.*, p. 191.（同訳書、二〇六頁）

(22) 〔 〕内筆者注。*Ibid.*, p. 192.（同訳書、二〇七頁）

(23) *Ibid.*, pp. 192-193.（同訳書、二〇七〜二〇八頁）

(24) ブルームによるソクラテスの哲学についての理解については、拙著、六〇頁〜七三頁において詳しく論じている。

(25) Strauss, L., *Liberalism Ancient and Modern: Foreword by Allan Bloom*, Chicago: The University of Chicago Press, 1989, p. 7.（L・シュトラウス『リベラリズム　古代と近代』石崎嘉彦、飯島昇藏訳者代表、ナカニシヤ出版、二〇〇六年、一〇頁）

(26) Rorty, R., "Education, Socialization, and Individuation" *Liberal Education*, 75 (4), 1989, pp. 2-5.

(27) Rorty, R., *Achieving Our Country: Leftist Thought in Twentieth-Century America*, Cambridge: Harvard University Press, 1998, p. 136.（R・ローティ『アメリカ　未完のプロジェクト――20世紀アメリカにおける左翼思想』小澤照彦訳、晃洋書房、二〇〇〇年、一四九頁）

(28) ローティは、改良主義的左派を表明するのと同じ時期に、「ポストモダニズム」という言葉に対して否定的なことを述べている。彼は「ポストモダニズム」という概念が「幾多の異なった事柄を意味すべく用いられたことによって、ほとんど無意味な語になってしまった」と言う。実際、たとえば「ポストモダニズム」という概念は、文化左翼の立場と、ローティのような立場の違いを表わすことができない。Rorty, R., *Essays on Heidegger and Others: Philosophical Papers, volume 2*, Cambridge: Cambridge University Press, 2001, p. 1. および Peters, M. A., "Achieving America: Postmodernism and Rorty's Critique of the Cultural Left" in Peters, M. A. and Ghiraldelli, P. Jr. (eds.), *Richard Rorty: Education, Philosophy, and Politics*, Lanham: Rowman & Littlefield Publishers, INC., 2001, p. 184. を参照。Rorty, R., "Pragmatism, Pluralism, and Postmodernism" reprinted in Rorty, R., *Philosophy and Social Hope*, London: Penguin Books, 1999, p. 262.（R・ローティ『リベラル・ユートピアという希望』須藤訓任、渡辺啓真訳、岩波書店、二〇〇二年、三〇一頁）

(29) Rorty, R., *Achieving Our Country*, pp. 76-78.（同訳書、八二～八三頁）

(30) *Ibid.*, pp. 80-81.（同訳書、八六頁）

(31) *Ibid.*, pp. 105-106.（同訳書、一一三～一一四頁）

(32) *Ibid.*, pp. 96-97.（同訳書、一〇三～一〇四頁）

(33) *Ibid.*, p. 97.（同訳書、一〇三～一〇四頁）なお、ローティは、「デリダは哲学を尊重しすぎている」と述べている。Mendieta, E. (ed.), *Take Care of Freedom and Truth will Take Care of Itself: Interviews with Richard*

Rorty, Stanford: Stanford University Press, 2006, p. 22. その他、デリダに関するローティの考察は、Rorty, R., *Consequence of Pragmatism: Essays, 1972-1980*, Minneapolis: The Harvester Press, 1982, pp. 90-109.（R・ローティ『哲学の脱構築――プラグマティズムの帰結』室井尚、加藤哲弘、庁茂、吉岡洋、浜日出夫訳、御茶の水書房、一九八五年、二二七～二六一頁）にある。また次の文献にはデリダの反論が収められている。Mouffe, C. (ed.), *Deconstruction and Pragmatism*, London: Routledge, 1996.（C・ムフ編『脱構築とプラグマティズム――来るべき民主主義』青木隆嘉訳、法政大学出版局、二〇〇二年）

（34）Rorty, R., *Acheiving Our Country*, p. 101.（同訳書、一〇八頁）なお、多文化主義へのローティの批判としては、次の文献を参照。Rorty, R., "The Demonization of Multiculturalism" *The Journal of Blacks in Higher Education*, 7, 1995, pp. 74-75.

（35）このように国家の枠組みを重視するローティの議論は、近年、注目されているリベラル・ナショナリズムの議論に類似していると考えられる。リベラル・ナショナリズムについては、施光恒「リベラル・デモクラシーとナショナリティ」施光恒、黒宮一太編『ナショナリズムの政治学――規範理論への誘い』ナカニシヤ出版、二〇〇九年、六六～八六頁を参照。

（36）Rorty, R., *Achieving Our Country*, p. 101.（同訳書、一〇八頁）なお、ローティのこうした国家内の分裂についての見解は、Rorty, R., "The Unpatriotic Academy" 1994, in Rorty, R., *Philosophy and Social Hope*, pp. 252-254. も参照。

（37）Rorty, R., *Philosophy and Mirror of Nature*, New Jersey: Princeton University Press, 1979, p. 360.（R・ローティ『哲学と自然の鏡』野家啓一監訳、産業図書、一九九三年、四二〇頁）

ネオ・リベラルの大学改革と人文学の危機——ドイツの現状報告

小林敏明

ＥＵの経済基盤の統一化を図ってユーロが正式に発足したのは二〇〇二年の一月一日のことだったが、ユーロそれ自体はすでにそれに先立つ一九九九年一月一日から決済用仮想通貨として試用されている。じつは同じ年ＥＵを中心にしたヨーロッパ諸国はもうひとつの「ユーロ」を発足させている。それは大学制度における「通貨」とも言える履修単位の統一化に向けての正式取り決めである。アカデミズムにおけるグローバル化現象を象徴するこの取り決めは「ボローニア宣言」として知られていよう。だが、この宣言の目標とするのはむろんたんなる単位の互換程度にとどまるものではなかった。それは加盟諸国における高等教育ないし大学制度そのものの統一化を基本目標としていたからである。このいわゆる「ボローニア改革」ないし「ボローニア・プロセス」の詳細は紙面の制約上ここでは詳述できないが、この改革がここ一〇年の間にドイツの大学制度を大きく変えた。では、何がどのように変わったのか。

それまでのドイツの大学は基本的にマギスターとディプロームと呼ばれる二つの修了資格システムに基づいて運営されてきた。前者はおおむね文系の学科、後者は実用知識を目的とする理系の学科や経済学などに適用されていた。どちらも入学から修了まで七、八年を要し、修了資格はほぼ日本の修士に対応する。つまりそれまでドイツには今日英米圏やアジアで一般化されている学士（バッチェラー）

はなかったわけである。ボローニア改革がもたらした第一の大きな変化は、この旧来のシステムを英米圏にあわせて学士（以下BAと表記）と修士（以下MAと表記）の二段階システムに切り換えることであった。報告者自身も教員側の当事者としてこの切り換えに伴うさまざまな問題を経験したので、以下その実際経験に基づいて報告する。

まず利点を挙げれば、BAとMAの二段階制度によって単位のみならずシステム上の互換性ができたため、たとえばBA修了の資格をもって他の国のMAに移るということが可能になった（それ以前はマギスターの修了までは高卒に当たるアビトゥア以上の資格はもたないので、他の国で学習を続ける場合、当地のBAに入るのかMAに入るのかが不明瞭になるなどの問題があった）。またこの二段階システムは卒業率を高めるのにはっきり有効であった。旧来のマギスターないしディプローム制度では学習年数が七、八年かかるので中途退学者が多く、卒業率は、哲学科の例で言えば一〇％、報告者の所属する日本学科でも二〇％ほどであった。これがBAの導入によって飛躍的に高められ、ライプツィヒ大学の場合で言えば、このところBA卒業率は哲学科が二五％、日本学科では六〇％ほどに上昇している（ただし、ドイツの大学では転学科が頻繁におこなわれており、当初の学科を放棄しても他の学科で修了する場合も少なくないので、実際の卒業率はもっと高くなるのだが）。

とはいえ、この新しいBAには日本などにはない制約がいくつかある。まず卒業までのカリキュラムが四年ではなくて、三年で組まれているということである。このためこのシステムが発足した当初、アメリカのエリート大学が連名でドイツのBA修了資格を認めないと発表したため、急遽担当大臣などが説明に飛んだというようなことがあった。これにはアメリカだったら四年かけて履修する全カリキュラムを三年間に詰め込んでいるからという理由付けがなされている。

さらにカリキュラム編成上の大きな問題となっているのは、かつてはひとつひとつの授業やゼミナールがそれぞれ単独に履修できたのが、新制度ではそれらは原則として三つの関連授業をセットにした「モデュール」と呼ばれる形で提供され、履修者はそれらをすべて満たしてはじめてモデュールとしての成績がつけられ、それが正式の単位として認められるということである。言い換えれば、自分で好きな科目を選んで組み合わせて履修する幅が大きく制約されるようになったのである。たとえばかつてであれば、数学科を主専攻としつつ、副専攻として哲学科や日本学科に来て学習できたのが、新制度では主専攻でのモデュール履修が必修となっているため、実質は他学科との共存が困難になっているのである。

またドイツに特徴的なこととして、この三年間の短い履修期間中に学生は数ヶ月の実習（プラクティクム）が義務づけられており、これが満たされないと他の単位が揃っても卒業が認められない。日本学科の場合を例にとって言えば、日本に関係する施設や企業などでの無償の実習ないし研修である（極端な話が、日本企業でお茶汲みをして来てもよいことになる）。これは今回の改革のなかに、職業志向的な学習という目標内容が入っているためである。これは私見によれば、応用科学や応用社会科学、および医学、法学などの専門科学の発想を全学科に適用しようという発想から来ているものと推測される。そのマイナスのしわ寄せが哲学や文学などの修学時点でかならずしも実習を必要としない人文科学に来ている（象徴的に言えば、なぜ大学まで来てお茶汲みの練習をする必要があるのか、その分の時間を日本語学習にでも割り当てた方が有意味ではないかという疑問）。

さらに日本のBAに見られない条件として挙げられるべきは、成績評価を内部評価と外部評価の二重にするという方針である。具体的に言えば、まずそれぞれの学科で担当教師による学生の成績評価がおこなわれるのだが、この結果が全国を統括する評価センターのような機関にもたらされ、それがあらためて承認されるという形である。ところが、この承認作業は他大学の該当学科の教授たちにふりわけられるので、教授たちは自分自身の大学での成績評価と他大学の該当学科の評価をしなければならなくなる。しかもこれには各学科が自分たちの予算のなかから一定額を評価センターに供出しなければならないので、時間的にも経済的にも二重手間となり、現在その存在意義がもっとも疑問視されている問題である（実際には外部評価に関してはすでにして形骸化していると思われる）。

MAもほぼこのBAに準ずる形で編成されており、もはやBAのような実習はないものの、モデュール方式や二重評価システムは同じである。履修年数は日本などと同様二年で可能だが、実際は海外留学や修士論文執筆のために一年ほど延長する学生が多い（ちなみに、MA修了後のドクターの学位取得に関しては従来と基本的に変わらず、指導教授の下でのドクター論文の審査およびそれに関連する口頭試問が中心となる）。

こうした履修上の制度改革に並行して出てきたのが「エクセレント」とよばれる特別研究予算システムである。日本のいわゆる「科研費」やCOEなどと同じ発想で、エリート研究の助成と大学の国際評価を高めることを狙いとしたものである。これはドイツ学術振興協会（DFG）と学術審議会によって運営されているが、基本的には大型研究費を必要とする理化学、工学、医学等々の自然科学のためにつくられた制度と言うべきで、これらの学科に比べれば、人文諸科学はそのおこぼれに与る程度にすぎない。その一方で各大学を管轄する州政府からは緊縮財政の名の下に定期の学科予算が削減されつづけているため、人文科学系からすれば、態の良い予算削減に見える。この背景にネオ・リベラリズムの実学優先政策があるのは言うまでもない。ザクセン州のような保守党が政権を握る州ではこの傾向が著しいと言えよう。一時期「民営化」の名の下に日本でドラスティクに進行した実用専門学科の重点的な育成とそれと並行する一般教養の廃止といった事態と同様のことが現在ドイツの各地でも起こっているということである。

こういう事情のなかで人文科学のおかれた状況はかなり深刻である。それはまず教授ポストの削減という露骨な形で出てきている。私見ではこのトレンドの被害をこうむっているのが、人文科学のなかでも比較的大所帯をなしている哲学科やゲルマニスティク（ドイツ学・ドイツ文学）、それに通称「蘭学科（オルヒデー・ファッハ）」と呼ばれる弱小諸学科であり、日本学科もこれに入る。この間フランクフルトなどでは哲学色の強い社会科学も同じ扱いを受けている。一時期世界的に名を博したフランクフルト学派が衰退してきた背景にはこういう制度および政策上の問題が関係していることを知っておいてもよいだろう。こういうところでは前任の退官とともにそのままポストが削減されてしまうか、まったく違う応募条件が課せられるという事態が進行しているのである（一例を挙げれば、フランクフルトで学派の周囲から後継を約束された若い研究者が大学の審査で第一候補に選抜されたにもかかわらず、当時保守政権だったヘッセン州がその人物の教授就任を拒否してスキャンダルとなったというようなこともある）。日本やアメリカのような私立大学がまったくないと言ってよいドイツでは、ただでさえポストの数が限られており、そこにこうしたポスト削減政策が加わるので、ドクターの学位や教授資格を取ったあとにも失業状態を余儀なくされている研究者の厳しさはおそらく日本の比ではない。

この事態に対する苦肉の策として打ち出されたのが、従来の正教授方式をやめて、特典をもたず給料も安い教授や期限付き講師などを少しでも多く採用するという政策であるが、どう見ても付け焼刃の感を免れない。かつてのドイツの大学教授がC4、C3……というランクで格付けされていたのが、改革とともに新しく採用された若い教授たちがほぼひとしなみに俸給の安いWランクの教授として扱われているのは、そういう事情による（将来的にはCランクの教授は消失することになる）。では、こうした大学の改革が個々の学科にどのような変化をもたらしたのか。報告者が関わりをもった哲学科と日本学科を例にとりながら、以下に私見を述べてみよう。

言うまでもなく、「哲学」はカント以降ドイツの専売特許であるかのように機能してきた。少なくともドイツのアカデミズムのなかには依然としてそのような「イデオロギー」が存在している。「哲学科」のみならず「哲学学部」というものがあり、多くの人文科学のドクターの学位が「哲学博士」と称される国である。やや誇張して言えば、この間の大学改革の最大の「犠牲」となったのがこの「哲学」であったと言ってもよいかもしれない。それはたんなるポスト削減以上の意味をもっているからである。

かつての制度では学生は二つの主専攻学科を履修するか、またはひとつの主専攻学科と二つの副専攻学科を履修するという方式がとられていた。その場合哲学科は第一主専攻の学生にくわえて、これを二つ目の主専攻ないし副専攻として履修しようとする学生を多く抱えていた。言い換えれば、哲学を専門とする者にも、またあくまでそれを「教養」として学習する者にも、非常に人気の高い学科であった。それはこの学科が文系理系を問わず、実質上諸学科のための「基礎学科」として機能していたことを意味する。学生は専門の学習をしながら、その専門知のベースにある発想法やそれを相対化したり批判したりする反省知の学習機会が与えられていたのである。これはとくに今日常態化した「専門バカ」の大量生産を防ぐ意味でも重要な役割を果たしてきた。ところが新制度によってこうした哲学の並行学習が難しくなり、反省力をともなわない知の専門化実用化に拍車がかかっているのが今日の実情である（日本の「原発ムラ」を見よ）。アメリカではまだ哲学が副専攻扱いになっているのに対して、イギリスではそれがなく、早期専門化が一般的傾向だが、その点では現在の改革はイギリス・スタイルに倣っていると言える。

この傾向を象徴しているのが哲学科教職課程の形骸化である。かつて哲学科ではマギスターを取るとともにギムナジウムなどの教職に就くための国家試験を受ける学生が多く、しかもそのレベルもかなり高かった。ところが新制度の導入とともに履修科目の選択が制約されたり、時間的余裕がなくなったりしたこともあって、哲学の専門研究だけに力を注ぎ教職用の国家試験を受けない学生が増加し、しかも今では後者の方のレベルが上がり、前者の質が落ちてしまったと言われる。その結果はどうなったかというと、さしあたり就職を目標としない専門研究の学生が増えるに至った。これは制度上の必然であって、改革の謳う「職業志向」と矛盾する皮肉な結果をもたらしているのである。つまり副専攻制度を通して一般教養（知の相対化、批判能力）の役割を果たしてきた哲学がその役割を奪われて、システム上やむなく自ら「専門化」しながらも、そこに大量の履修希望者が押し寄せてくるため、アカデミズムにおける限られた専門分野での就職はもとより、国家試験にパスしたギムナジウムなどの教職機会も得られず、もっぱら若年失業者層を生み出すだけという悪循環に陥っているのである。

この皮肉な結果は全体的な大学志望傾向からも出てきている。ドイツ人学生の多くが大学に集中する一方で、職業に直結する専門大学や職人修業施設では実質上外国人学生ないし外国出自の学生が増え、両者の間に格差が進行しているという事態である。これもまた「職業志向」の目標と矛盾した例であると言えるだろう。

こういう事情を背景に哲学の「内容」においても変化が起こっている。それは広い意味でのプラグマティズムの流布である。日本で哲学科が解消されて生命倫理や環境倫理といった学科が新設されていったように、ドイツでも哲学の内容自体が少しでも実用的になることがトレンドとなってきているように思われる。そのためドイツ哲学の十八番とも言うべき認識論や存在論といった原理的思考分野は減少し、それに並行するかのように学生の批判能力も減退してきているという印象が否めない。

また制度のアングロ＝サクソン化に並行して、内容面においても分析哲学など英米系の哲学がよく読まれるようになってきている。これはギムナジウムにおける第一外国語学習として英語が圧倒的な比重を占めるようになったこととも関係していると思われる（ライプツィヒなど旧東独圏では旧世代の第一外国語はロシア語であったが、それが東西統一とともに英語に切り換えられている）。だからドイツでおこなわれる国際シンポジウムでは英語が中心になる場合も稀ではない。この傾向は日本学科のようなところでも顕著で、難しい日本語の原典を読まないで英語の翻訳や解説書を使ってレポートを発表したり、論文を書いたりする学生が増えている。ＢＡでのわずか三年の日本語学習で日本文学や日本思想の書物をまともに読みこなすことができないのは当然のことだからである。そのせいもあってか、内容面でもカルチュラル・スタディーズ系の研究などが増えている。

以上を要約すれば、この間のドイツを含むヨーロッパの大学改革はグローバル化の名の下に、英米型ネオ・リベラルのプラグマティズムを普遍化しようとする動きであり、比喩的に言えば、ユーロや円を尻目にドルがアカデミズムという市場を席捲しているということになるだろうか。その中で旧来の哲学を初めとする人文学科のおかれている状況は深刻である。再び過去に回帰しようとするのか、新たな変容を遂げるのか、それとも解体消滅してくのか。事態は将来におけるそういう学科そのものの存亡にも関わってくるような問題をはらんでいると思われる。

なお、本報告を執筆するに当たっては、ザクセン州学術アカデミー（ライプツィヒ）会長でライプツィヒ大学哲学科主任教授でもあるP・シュテーケラー＝ヴァイトホーファー氏とのインタヴュー内容を参考にした。謝してここに記す。

社会人文学の地平を開く——その出発点としての「公共性の歴史学」

白 永瑞（文 景楠訳）

1 問題提起——なぜ社会人文学なのか

延世《ヨンセ》大学校の国学研究院が「人文韓国（Humanities Korea: HK）」プロジェクトの課題として「二一世紀の実学としての社会人文学（Social-Humanities）」に着手したのは二〇〇八年だった。[(1)] 本プロジェクトの期間は一〇年なので、二〇一二年現在、すでに中盤に入ったことになる。社会人文学という用語が新しいだけに「それは何ですか」という問いをしばしば耳にすることがあったが、そのつど「人文学」の前に「社会（social）」を付けて新しい用語を創案した理由を強調してきた。[(2)]「社会」と「人文学」を結合させることは社会科学と人文学の単純な出会いを意味するわけではない。両者を結合させたのは、「人文学の社会性の回復」を通じて、人文学本来の姿である「一つの人文学」、つまり統合的学問としての性格を新たに蘇らせることで、社会の人文性の回復に寄与するという発想を浮き彫りにするためである。[(3)]

この点をもう少し説明するためには、簡潔ではあるが、人文学の歴史の軌跡を振り返らざるをえないだろう。いま、韓国社会で通用している人文学の概念は、東アジアの伝統的な意味[(4)]ではなく西洋の用法[(5)]に由来している。とくに、一八世紀末あるいは一九世紀初めにすでに始まっていた人文学と科学

——呼び方によっては哲学と科学——の分裂以後の、専門分化された学問としての人文学がいま全世界に影響を与えている。

人文学と科学の分離が招いた問題点については多くの人たちが議論してきた。そのなかでもいわゆる「スノーとリーヴィスの論争[6]」にとくに注目する必要がある。この論争の全容は、作家・科学者のC・P・スノーが一九五九年にある講演で「二つの文化」論を提起したことに対し、文化批評家のF・R・リーヴィスが激しく批判したというものである。その後、人文学と科学の分裂、すなわち「二つの文化」問題は近代の人文学の性質を理解するための核心的争点として浮上し、この議論に言及しつつ知識の構造を探求しようとする研究が続いた。

イマニュエル・ウォーラーステインはこの「二つの文化」という問題を、資本主義という歴史的社会体制の生成と維持、およびその切迫した崩壊過程における核心的な要素とみなして、議論をよりいっそう前進させた。彼の議論は、二つの文化の分裂を超克し刷新された一つの「科学（scientia＝学問・知）」として「歴史的社会科学（Historical Social Science）」を打ち立てるためのものである[7]。白楽晴《ペクナクチョン》はこうした主張を基本的に支持しながらも、それをさらに進めて、人間の学問活動が原則的に「単一の科学」であり、「一つの人文学」でなければならないという観点から、適切な「人生の批評（criticism of life）」の役割をとくに強調する。彼の言う「人生の批評」とは、イギリスの文学者マシュー・アーノルド[8]から借りてきたもので、ここでの「生」という言葉は個人的次元に留まらず社会的次元までを含み、文学のみならず政治的な含意も備えている。彼のこのような趣旨は、ウォーラーステインとは異なり、「現在に対する批評的・人文的な介入こそが人文精神の本質」であるとして「一つの人文学」の実践的な特性を強調することからきたものである。

このことは、すべての学問は過去に関するものであり「歴史的社会科学」は過去の時制で書かれなければならないというウォーラーステインの主張への批判につながる。白楽晴は、「批評」は現在の視点から判断を下すことなので原則的には現在形の陳述であると考えるが、同時に「その実践はつねにあまりにも危うい冒険であるがゆえに、過去の最善の事例を最大限に活かすことから助けを得」なければならないとも考える。それゆえ、人文学は過去時制で書かれる学問的性格と人間らしさを具現する現在時制の実践的性格を兼ね備えることになる。人文学を「人生の批評」として革新しようとする彼の主張の骨子は、「各自の『批評的』で『政治的』な訓練だけでなく、この訓練を裏付けるより全面的な心の学びや修行を要求」するにまで至る。

ウォーラーステインと白楽晴が強調する通り、「一つの学問」という問題意識は私たちが社会人文学の方向を設定するうえで非常に役立つ知的資産である。二一世紀に私たちが追求しなければならない人文学は、前述した「二つの文化」のあいだの分裂を甘受する人文学（または、人文科学）ではないという点をはっきりしておかねばならない。だからといって、分離が起こる以前のかつての人文学へただたんに回帰するわけにもいかず、徹底的に革新されるべき統合的な学問、総体的な人文学が必要なのである。すなわち「元来の人文学から分離し発達した近代の自然科学の知識と成果を受容するだけでなく、近代科学の後発の産物であり、問題児とも言える社会科学」をも包括する新しい人文学が必要なのである。(9)

2　「危機の人文学」の代案

総体的な学としての人文学という視座から見渡してみると、市場万能主義的なグローバル化が進む世界の至るところで、人文学本来の理念である人間らしい生の高揚を忠実に実現するべく、真剣な試みがさまざまな形でおこなわれていることがはっきりと見えてくる。しかしながら、人文学の理念、すなわち人文精神に深い関心をもち、それに高い価値を与えると、今度は一九世紀以来の（自然科学はもちろん、社会科学からも分離された）専門分化された学問として制度化された人文学を批判する傾向が生まれてくる。大学制度のなかにいる人文学者たちの第一の関心事が「知」それ自体を追究することにあるので、人文学の世界など生の問題を解決するために何の役にも立たないという批判を一般市民から受けることになるのである。要するに、生と知の分離が指摘されているわけだが、それを解決するための新しい代案もまた多方面から模索されており、注目を集めている。

その一部の事例を挙げるならば、張《チャン》 会翼《フェイク》は自らが「生を中心とする（life-centered）学問」と名づける道を提案する。「知が中心となる」学問に基づきながらも、その内実を生の意味と関連づけることによって再構成するという彼の発想は、生との疎通の回復という根源的価値を真剣に省察するものである。[10] アメリカで儒家思想のもつ現代的な効用を広めることに専心する杜《トゥ》 維明《ウェイミン》によれば、人文学が周縁化したのは、計量化された学術評価制度が人文学の発展する余地を狭めたからである。しかしながら、二一世紀の世界のいたるところで文化に対する関心は高まっており、人文学が発展する可能性が残されているので、個々の専門的知識をもとにして社会の公共領域に積極的に参加しようと彼は呼びかける。それは言ってみれば、公共領域に参与する「公共知識人」の役割を通じて、人文学と社会との疎通の道を模索する試みである。(11)

一方、アール・ショーリス(12)は社会的弱者に寄り添う人文学の道を提案する。彼は疎外された階層の人々のために、正規の大学での人文学の教育課程に匹敵する「クレメント・コース」を創立した。彼によれば、人文学の効用は、「人間は自らの人間性を享受する能力をどの程度備えているのか」という問いを際限なく投げかける点にある。まさにこの点において、疎外された階層は人文学を通じて、自分たちを抑圧する者以上に人間らしくあることができるのである。(13)このように、疎外された階層をはじめとする大衆を求めて大学の外でおこなわれている人文学の実験は、韓国社会でもすでにいくつかの団体（例えば、スユ＋ノモ、多衆知性の庭園、哲学アカデミーなど）(14)によって試みられている。さらには、大学もキャンパスの外へ出向いて疎外された階層と出会い、新しい人文学を求めて熱い体験を積み重ねている（例えば、慶熙《キョンヒ》大学校・実践人文学センターの事例）(15)。

このように制度の外で知識と生、または職場と生活空間を結びつけようとする「実践人文学」モデルは、現在「危機の人文学」の出口としてこれまでにない注目を集めている。だが、こうしたオルタナティヴな人文学の実践が知識の再生産という点で不安定であることも事実である。その不安定性を逆手にとって柔軟性の基盤として活用すればよいのだろうが、組織化はされるが制度化はされない（organizing without institution）知的な実験がもし制度を模倣する道を選んでしまえば、その新鮮な魅力が弱まり、機動力が落ちてしまうのではないかということが憂慮されている。(16)より深刻な問題は、プロジェクトを中心に事が進められ、知識の生産よりも流通すなわち社会教育に重点を置くあまり、市民との出会いが知識生産の過程でどのように作用しどのような具体的な成果を出しうるのかを明確に示すことができていないという点である。この点からすれば、彼らの試みは大学の替わりとなる「代案」というよりは、「臨時的」なものだという評価も可能だろう。しかし、彼らの出版物などが既存の学会や学術団体の慣行を揺さぶるという間接的な効果をもたらしていることは確かである。[17] 筆者は、こうした成果が教育のみならず研究の領域でも少しずつ蓄積されていくと同時に、そのような動力が局地的な活動に留まらず大学内部の人文学を革新するほどにまで影響を及ぼすことを願っている。大学という制度は、保有している資源の規模から見れば依然として重要だからである。

3　人文精神と社会人文学の構想

私たちの「社会人文学」プロジェクトは大学という制度の内部にある研究所を中心として推進されているが、既存の学問体系の革新を優先しているため、アカデミックな人文学に対する大学内外の要求に当然、耳を傾けなければならない。そのもっとも強力な要求は、現在の人文学が専門分化されているあり方を変えなければならないというものである。近代の学問が確立された時期に必要とされた「学問は細分化されるほどますます精巧になる」という考え方は修正されねばならず、今後は各学科の境界を横断しながら創発的な知識生産の火花を散らさなければならないという指摘がなされている。言わば、人文学全体の統合的な性格（通学問性[18]）が代案として提起されているのである。

そのような方向が正しいなら、今度は分化された学問体系において統合人文学がいかなる立場を獲得できるかが問われてくる。韓国社会においてその可能性を示している事例として地域研究（Area Studies）とカルチュラル・スタディーズ（Cultural Studies）があり、一部の大学ではすでに人文学の個別学科を改編してこのような研究をおこなっている。また、統合的な学として朝鮮王朝後期にあらわれた新しい思潮である「実学」がもつさまざまな特徴に注目しながら、その勉強法と為学の態度を現代の韓国学の基礎原理へと関連づけるかもしくは昇華させようという提案もなされている[19]。これらの試みは、現段階においてそれぞれ一定の可能性と限界を同時に表わしている。地域研究とカルチュラル・スタディーズについてはすでに少なからず議論されているのでここでは措き[20]、統合的な学問としての韓国学についてのみ簡単に言及しておこう。韓国の学問的伝統との連続性において新しい学問の道を模索する試みは十分に支持されるべきだが、韓国学が韓国を素材とするだけの研究としてしばしば理解（本当は「誤解」）されるという罠に陥らないようにすべきであるという点を指摘したい。そのためには、韓国で生産された知識が普遍性を確保する道を模索しなければならない[21]。

また、それぞれの統合的学問への試みが共通して抱えている問題点として強調したいのだが、統合的な学問は大学制度のなかで、さらなる分化された学問分野として定着することに甘んじてしまうことがありうる。そうなってしまっては、たとえその出発点が分化された学問を統合する人文学の制度化への多様な道を模索することにあったとしても、人文学をその「危機」から脱却させるような本当の代案にはなれない。こうした点においてこそ、人文学の価値に対する深い省察が伴われなければならない。

さらに、人文学の価値に対する省察と関連して、人文学を正当化するにあたってその価値あるいはその魅力として批判的思考と想像力の育成が強調されることがしばしばあるが、こうした力がとくに人文学においてのみ習得できるものなのかを一度考えてみたい。あらゆる文献を深く読み込む訓練を通して批判的な目が養われることが、通常考えられる人文学の主な強みであることについては他言を要しないだろう。しかしそれは社会科学などの他の分野においても可能なものであるし、文学・哲学・歴史のテクストに精通する訓練に満足するだけでは、人文学本来の理念である人間らしい生の高揚に忠実な学問の道へと進むことはできない。また、人類共通の規範の典型である古典を時代と世代を横断し疎通することを可能にする礎として研究し学習することも、人文学の魅力として大切だと思われている。だが、そうした態度にも問題はないかどうかを検討してみるべきである。とくに古典の価値があまりにも強調されすぎて、古典に込められた人文精神を蘇らせれば現在のすべての問題が解決できるかのように主張されることがある。そうした「人文権威主義」へと陥る傾向を自問しなければならない。また、人文学のテクストに関する知識が蓄積される過程で、生に対するそれなりの洞察とそれに伴う特有の喜びが得られるが、これを著しく強調しすぎると「人文エリート主義」に陥る危険があるという点にも注意しなければならない。

もちろん、筆者は計量的な指標としての評価の対象にはなりえない人文学そのものの秘密の一つは、人文学から得られる「感興」であることを認める。[22] 人文学を学習することで人間らしく生きる方向性に気づくときの感興は大切である。ここで、東アジアの伝統における儒教的な学問観を思い出してみよう。学習や研究のプロセスがもつ情緒的側面を強調し、人は学びを通じて何かを感じ、どこか変わらなければならないという主張は吟味に値する。[23] もちろんそのような人文主義的伝統が余暇を享受できる人々、つまりある意味で特権を享有した階級（士大夫）の教養であったことは間違いないが、実はこれは西洋でも同様であった。しかし、このような特権をより広い範囲の社会階層にまで拡大しようとする努力のなかで、人文学の理念と制度が今日まで発展してきたことを認めるならば、人文学が進むべき未来の方向はすでに提示されているといえる。

その方向とは人文学の各専門分野の知識を習得することに留まるのではなく、学問を通じて人間らしく生きる道に気づくことの喜びを大学という制度の内外で共有できるように努力することである。私たちの社会人文学が追求する道がこれである。

もう一度強調しておくが、社会人文学は単純に人文学と社会科学を結びつけようとするものではない。私たちが追求する人文学は、学問の激しい分化という現実に立ちむかい、断片と化した知識を総合し、生（または人間のさまざまな可能性）に対する総体的な理解と感覚を養い、「人生の批評」の現代的な役割を適切に果たす総体的なものとしての人文学、すなわち学問それ自体である。

社会人文学はいまやっと出生届けを出し終えたところだが、自らの存在理由を確立するために、次のような省察・疎通・実践をその主な課題とする。すなわち、（一）まず省察として、人文学が社会的産物であることを確認するための、自らの歴史と社会に対する二重の省察、（二）次に疎通として、学問間の疎通とその学問の生産者とそれを受容する国内外の読者との疎通、（三）最後に実践として、制度の内外における疎通の拠点の確保を重視するが、それでも文化を商品化することはしないような社会的実践、以上の三つが課題となる。

社会人文学は新しい学問領域であるため、いまだ完結してはいない。それは、実践の過程において補充されていくだろう内実によってその枠組み自体も修正されていくような、一つの方法論や視座に留まろうとする。この意味で、社会人文学とは「運動としての学問」だと言える。「運動としての学問」は、近代的な学術制度によって排除され抑圧された知識の生産と流通のことを指す。その重要な特徴は、支配的な学術制度と慣行や（これを支える）支配的な社会的現実の閉鎖性を批判しつつ、生活世界に基づいて多数の民衆に向かって開かれた学問を進める志向をもつことである。そこでは三つのレベルが折り重なっている。もっとも広い意味でこの「運動」を捉えるなら、制度圏の内側からのものであれ外側からのものであれ、制度圏内の学問を変化させようとする脱制度的な流れをことごとく運動としての学問と総称しうるだろう。もう少し狭義でなら、新しい批判的な学術運動を運動としての学問と呼ぶこともできる。最後にもっとも狭い意味では、社会運動の一領域としての学術活動がそれである。[24] ところで、私たちが追求する「運動としての学問」には、それが大学制度の内側でおこなわれている限り、個別の専門分野がそれぞれもっている方法論に対応するような独自の方法論をもつことが要求されるので、この点に対する明確な立場をもたなければならない。社会人文学は社会科学との結合（土着化）を試みながらも、学術的な議題に応じて適切な方法論を選別的に受容し、変容しようとする。そして各課題の研究プロセスで体得された方法論の融合を試み、過度に包括的であることを目的としない中間程度の規模での理論化を目指すことを戦略的ポイントとする。

新しい学問領域において、方法論に加えてもう一つ明確にしなければならないものはその研究対象である。前記においてすでに社会人文学の主な課題として社会との疎通や社会的実践を強調したが、そのためには社会的な議題を学術的な議題とすることや、研究成果を絶えず公共の批判と討議に曝しこれを研究に反映させることが重要になる。[25] この場合、「公共性」が核心的な研究対象として浮かび上がってくる。公共性は社会人文学の研究範囲を規定するだけでなく、当の公共性そのものに関する研究と教育がおこなわれる公論の場、すなわち制度の内外の疎通領域でもある。

このような特性からすれば、社会人文学は既存の人文学の場を手つかずの状態にしたまま、もう一つの新しい学科や協同課程[26]を創設するものになってはならない。人文学の個々の専門分野が存在する場の構造を再編するための、実験室であることを進んで引き受けなければならないのだ。この試みが具現化されるためには、専門分野の外で新しい人文学を追求する作業と専門分野のなかでの革新作業が連動されなければならない。[27]

次に論じる「公共性の歴史学」は、人文学の個別の専門分野において起きている革新作業に該当する一つの事例となるだろう。それを、社会人文学へと近づくための一つの出発点として提示してみたい。

4　社会人文学と「公共性の歴史学」

大学の外で歴史に関する教養書やドラマが人気を博しているのとは裏腹に、大学のなかで生産され伝播される歴史の知識はあまり関心を集めていないのが韓国の現状である。これは歴史に対する一般人の興味と制度としての歴史学のあいだに距離があることを表わしている。なぜこのような現象が起きるのだろうか。

この疑問に答えるためには、一般人が興味を感じる歴史と制度としての歴史学との関係について考えてみなければならない。前者は「生としての歴史」、後者は「科学としての歴史」である。前者は歴史を物語り、後者は歴史を分析するのである。[28]

歴史学者である私は、ここから「科学としての歴史」にどのような問題があるのかについて振り返り、議論を繙いていこうと思う。

一九世紀末から二〇世紀の初めに西欧から導入され東アジアに定着し始めた科学的歴史学、別の言い方をすれば近代歴史学は、国民や国家を歴史の主体とし、その歴史が進歩し発展するという観点から歴史を叙述する自国史本位の学問である。この学問は大学の歴史学科や研究所、関連学会が設置されることによって科学化・標準化され、制度的に定着した。その過程で近代歴史学は、国民が同一の集団的記憶をもつように歴史の知識を生産し伝達することで、国民統合に一定の役割を果たしてきた。こうしたことから国民国家は歴史学の制度化を積極的に支援してきた(29)。

だが、近代歴史学が科学的なものになればなるほど、それが人間の生から遠ざかるという問題が生まれた。また、近代歴史学が採用する叙述の形式が人間の生の物語から遠ざかっていくという問題もある。近代歴史学は国民や国家の発達史を時代区分論・国家論・社会構成体論などの観点から構造的に説明し、とくに近代国家の主要領域、つまり政治・経済・社会・文化の歴史的淵源に遡って、それらを年代記的に叙述する。このような形式上の特徴は、近代歴史学の典型的な文章である、脚注をつけた特定のテーマに関する論文や通史において顕著である。しかしこうした記述法では、歴史上の個々の人物の物語は事実上不在となってしまう。

このような近代の歴史学は革新されなければならないという声が、二一世紀最初の一〇年を過ぎた現在、しだいに高まりつつある。歴史学の内外から大きな変化が起こっているが、そのような変化が歴史学自体の生まれ変わりを要求しているのである。

まず歴史学の内側においては、ポストモダン歴史学への転換を要求する人々が増えている。彼らは近代歴史学が依存している進化論的な観点と法則的歴史観を拒否し、歴史の主体を国民国家を超えたさまざまな主体――個人・民族・サバルタン（下位者集団）・ディアスポラ（離散者）など――に拡張しなければならないと主張する。近代歴史学の存立基盤である事実の客観性・実在性についても懐疑の目を向け、虚構（fiction）と事実（fact）が結合した「ファクション（faction）」に立脚することを主張する者までいる。また歴史学の外では、新自由主義的グローバリズムの衝撃を受けて国民国家の役割が弱まるなかで、国家が二〇世紀のように歴史学を重視し支援することはなくなり、その代わりに市場原理が歴史学に深刻な影響を与えている。

このような歴史学の内外の変化を踏まえると、歴史学のアイデンティティを問い直さずにはいられなくなる。歴史学はいったい何のためにあるのだろうか。

筆者はその要求に応えるために「公共性の歴史学」という発想を提案したい。

まずは、「公共性」に対する筆者の理解について簡単に整理することから始めよう。「公共性」は（「社会人文学」プロジェクトの核心的なテーマでもあるが）近年韓国社会で重視されているトピックの一つである。一九八〇年代後半以降、軍事独裁政権が終結し政治の民主化が進むなか、国家だけが公共性の担い手なのかという問いが提起され、それとともに市民社会の役割への期待が高まった。しかし同時に市場万能主義がはびこり、社会全般が市場の論理で再編成されるという現象が目撃された。その過程で国家、市民経済、市民社会の区別が可能となり、私たちはこれら三つの主体の関係を新たに調整し直す視点が民主主義理論の深化のために緊要であることを痛感した。その結果、公共性の概念は非常に重視されるようになった。「公共性」は一般的に、（一）国家に関係する公的なもの（official）、（二）あらゆる人々と関係のある共通のもの（common）、（三）誰にでも開かれている公開のもの（open）といった意味で知られている。だが、英語の「public」概念とは異なり、漢字圏で「公共」

は「公」と「共」の合成語であり、「公」が「共」を圧倒する事例が多いようにみえる。そして、この「公共」がナショナリズムや国民国家によって再定義されれば、公共性は往々にして、そのまま公益や国益と等価なものとみなされてしまう。とくに「公」がそのまま「官」とみなされる思考と慣行の伝統が強い東アジアでは、そのような事態が招かれやすい。しかしここでは、「公」と「共」を分解し再結合するために、国家と区別される市民社会独自の意義だけでなく「市民社会における開かれた疎通の空間」という公共性の意味も強調しておこう。疎通の空間としての公共性は、まずは人々が共有する問題への開かれた関心に依拠しつつ、言語活動を媒介として他者と疎通する公共圏、つまり言説の空間を意味するのである。(30)

さらに一歩進めて、日常生活を送る個人を中心に公共性概念を再構成することで、疎通の空間の射程を広げてみよう。すなわち、それは生や生命に対する配慮を通じて形成される人格的（inter-personal）な関係が日常生活のなかで経験され実践される親密な空間（言説の空間であり感性の空間でもある親密圏）を意味するということになるが、まさにそこから個々人の自己アイデンティティが形成されるのである。(31) このように公共性の意味を拡大するなら、「公共性の歴史学」はなによりも、過去の事実との親密な出会いを通して他者との疎通のきっかけを提供するものであるということになる。

現在筆者が試論として練り上げているところの公共性の歴史学は、疎通の公共圏はもちろん、そこで討議される内容の正当性を判定する基準としての公共性をも重視するものである。そのような理由から私は、純粋に学術的な目的から離れて社会における歴史的知識の有用性を増進する実践作業である「公共の歴史学（Public History）」や、公共圏（public sphere）を主な関心とする「公共圏の歴史学」からそれを区別している。(32) 今後、より精緻なものとして彫琢してゆく必要があるが、ここではまず「公共性の歴史学」のもつ四つの特徴を提示したい。

第一に、いままでの「科学としての歴史学」を過去の原因と結果に関する知識を追究する「分析としての歴史」と呼ぶならば、公共性の歴史学はむしろ「同一化（identification）としての歴史」という性格が強い。両者はいずれも私たちが過去と出会う仕方である。だが「同一化としての歴史」は想像力や共感による過去との親密な出会いを意味する。とくにそれは、過去に生きた人々と共感的な関係を結ぶ一体化を通して、現在を生きる私たちのアイデンティティ（identity）を見つめ直し、現在の生を映す鏡として過去と対話することを可能にする。[33] ここで注意しておきたいのだが、「分析としての歴史」と「同一化としての歴史」はもちろん二者択一的なものではない。人文学は原則的に現在形の陳述であるけれども、それは過去時制で用いられる学問的性格と人間らしさを具現する現在時制の実践的性格を兼ねているものでもあるとする白楽晴の指摘をもう一度想起していただきたい。

この第一の特徴は、叙述の形式として物語を重視するという第二の特徴とつながっている。東アジアでも西欧でも、歴史学の起源が物語であることはよく知られている。だがレオポルト・フォン・ランケ[34]によって確立された近代歴史学は、新しい一次史料（おもに公文書）に依拠した因果関係の分析を通して一般的な法則を追求する歴史学、すなわち科学的歴史学となった。科学的歴史学はマルクス主義的な経済モデル、フランスのアナール学派、アメリカの計量史学に支持されて構造的・分析的・計量的歴史研究へと発展し、歴史学を主導した。しかし一九七〇年代を経て科学的歴史学に対する幻滅が広がるとともに、歴史の（社会経済的な）構造よりも歴史を生きる個々人に対する関心が高まり、歴史学の研究成果を大衆一般と関連づける方法と、大衆の生の経験と関連づけられた歴史が重視されるようになった。いわゆる「物語の復興」である。[35] このような歴史学の趨勢を振り返るまでもなく、人間が物語を通じて他者と疎通しようとする欲求を抱くものである以上、疎通の空間をつくり出す公共性の歴史学が物語の役割を重視するのは当然である。歴史家は過去の客観的叙述に留まらず物語を通じた過去の表象（representation）を目標とし、それを通して意思疎通の領域をさらに根本的に広げつつ読者に深く接近しなければならない。ここで我々は東アジアの伝統的な歴史の叙述が人物中心の物語で構成されていることを想起してみる必要があるだろう。その代表的な例が、人物を中心とし個人の歴史上の役割を叙述することに重点を置く紀伝体という歴史叙述の様式だといえるだろう。もちろん、本紀・表・志・列伝の四部で構成された昔の紀伝体は、英雄が歴史を創造するという英雄史観を表現したものであったため、今日から見ればその限界は明確であり、そのまま活用することはできない。[36] しかし、紀伝体が（構造ではなく、個々人の生における）物語の重要性を私たちに気づかせてくれる知的資産であることにちがいはない。

　第三の特徴として、歴史批評を重視するという点を上げることができる。歴史批評を主張するのは筆者が最初ではない。歴史に対するメタ批評としての歴史批評が必要となる理由として「歴史の大衆化と大衆の歴史化」を唱えつつ、その課題を具体的に提示した金基鳳《キムキボン》の試みがすでにある。[37] 彼は、事実を科学的に究明することに専念した近代歴史学を大衆の生から遠ざかったため危機に陥っているとして批判し、歴史の大衆化が求められているという状況において、歴史の文学性を強調するポストモダン的な歴史理論にもとづき、歴史の生産者である歴史家とその消費者である大衆の境界を打ち消そうとする歴史批評の役割を強調する。しかし筆者は、そのような試みがたんにポストモダン的な歴史理論の影響のみによって生じたわけではないと考える。筆者は、彼が主張するところの歴史批評に該当するものとして、すでに東アジアの伝統的な歴史学において「史評」というものが存在していたと考えており、それを今日において新しく蘇らせる必要があると主張する。(38) 早くから、史評は歴史自体に対する批評であると同時にその叙述に対する批評でもあり、二重の意味を有していた。もちろん当時の史評は、儒教的価値に基づく道徳的・倫理的判断に従って歴史における賞賛や非難（いわば褒貶）の対象を明らかにすることに重点を置いたものであった。よって、それが歴史の真相をぼかしてしまうのではないかという議論は昔からなされており、とくに近代歴史学が導入されてからは否定的な評価が主流を成している状況である。しかし、中国で初めて史評に関する本格的な著書を出した劉知幾(39)のように、そこにおいては道徳上の価値判断と知識上の事実判断の合一がなされていると主張する向きもあった。(40) さらに、近代歴史学の限界を超えようとする立場から伝統的な時代の史評の意味を再考しようとする作業(41)もやっと現われ始めている。

筆者は、公共性の歴史学がこうした東アジアの歴史批評の伝統を継承するものであるということを強調したい。歴史学界の学術成果（論文や著述）に対する批評はもちろんのこと、とくに歴史学の外で流行している「物語としての歴史」——歴史ドラマ、歴史小説、歴史を素材にした映画、各種歴史関連の人文教養書など——についても二重の意味での批評を加え、公論の場に介入することを課題としなければならない。さらに根本的には、社会人文学が追求する「人生の批評」の姿勢を貫かなくてはならない。言うまでもなく、ここで「批評」とは「批判」というよりも、（前述した）現在の視点からの「判断」や「解釈」であり、現在形の陳述に該当するものである。つまりそれは、生に対する「非難」や「合理的分析」ではなく、「解釈・評価・感情（feeling）・共感の共有（sympathetic sharing）」なのである。(42)

第四の特徴は、修養論または教養としての歴史学の役割である。近年、教養は往々にして人文学の核心として重視される。機械化・産業化社会で要求される実用主義的な学問が優勢になるにつれ、ますます学問の分化が深まっているという現実に立ちむかって、断片的な知識を総合し生に対する総体的な理解と感覚を育む人文的教養の理念はその重要性を増している。奴隷的・機械的な知識の習得ではなく、自由人を育てることこそが公共性の歴史学が志向する教養である。[43]

最後の特徴として、公共性の歴史学が、専門的な訓練を受けた歴史研究者集団のみによって担われるのではなく、誰でも参加できるように開かれていることをその前提としているという点を挙げることができる。過去について語ることよりも、誰もが過去をもちいて未来のために考えることが重要である。これを筆者は「歴史する」という新しい語彙で表現する。[44]実は韓国語の表現に「哲学する」はあるが「歴史する」はない。今後、「歴史する」――変化する時間の流れのなかで事物を把握し、記録を重視する――という姿勢が多くの人々の体に馴染めば馴染むほど、公共性の歴史学はそれだけさらに内容が豊かになり、さらに広く共有されるものとなるだろう。

ここで述べた五つの要素の（衝突と補完の可能性を含んだ）相関関係はもちろんのこと、他の新しい要素についても今後さらに議論がなされなければならないだろう。ただし現在、歴史学という個別の専門分野における革新作業といえる「公共性の歴史学」が、たとえその名の下でなくともすでに実践され、徐々にその姿を現わしていることには注目すべきである。その過程で人は歴史的な過去と出会うことになるが、重要なことはどこまでが事実に符合する真実（truth）なのかを議論することではない。むしろ、過去に対する思慮深い態度、つまり真摯さ（truthfulness）にこだわりながら、[45]人間らしく生きることとの方向性に気づくときの感興を体感する人が増えることが重要なのである。

このように「公共性」を媒介にして自らを刷新する学術活動が、歴史学に留まらずさまざまな専門領域でおこなわれ、お互いに連動しつつ個別化された学問分野（の陳腐な思考形態）が存在する場を再編していくとき、社会人文学の実現はさらに早く日の目を見るだろう。

社会人文学は私たちが大学の内外で知識を生産し伝播するという活動に方向性を示すための一里塚である。「社会人文学の地平」を切り開いていこう。天と地を分かつ仮想の線である地平は近づいて行けば行くほどより遠ざかっていき、到達しにくくなる。同じように、「社会人文学」はまだまだ到達できていない新しい経験の世界である。しかしその地平は私たちが見ることのできる世界、私たちが生きている空間であり、そのなかで私たちが転換の可能性と限界を受け入れてお互いに疎通し、知と生の共同体を形成することを可能にする土台なのである。

（1）〔訳註〕人文学を経済的に支援するための韓国政府主導の大規模長期プロジェクト。
（2）〔訳註〕一七世紀から一九世紀にかけて現われた朝鮮王朝の儒学思想。当時主流だった朱子学に対抗して、実事求是をスローガンとする、現実に即した学問をおこなうことを目指した。
（3）社会人文学は人文学のもつ場所性と歴史性を重視し、韓国語でおこなわれる人文学に対する省察をその優先的課題とする。この課題を遂行する過程で、韓国語でおこなわれる韓国学に新たな地位が人文学の言説（discourse）空間の内部で与えられるだろう。その結果として、地域研究としての韓国学の周縁性が克服され、社会人文学の一部として再構成された韓国学の成果が普遍性を獲得することが期待される。これが、社会人文学が追求する具体的な目標の重要な一部である。韓国学の再構成と社会人文学を連動させるプロセスについて、筆者はその構想の一端を「地球地域学（Glocalogy）としての韓国学の（不）可能性——普遍的言説に向かって」（「東方学志」第一四七輯、延世大学校国学研究院、二〇〇九年）〔백영서「지구지역학으로서의 한국학의 (불) 가능성 : 보편담론을 향하여」「동방학지」147 집、2009 년」に記している。

（4）東アジアにおける「人文」という言葉は、儒教経典である『易経』の一節「人文を探り、天下を変化させる（観乎人文以化成天下）」にその淵源を見出だすことができる。宇宙の道理（天之理）を意味する「天文」と対をなす「人文」は、人間が歩むべき道（人之道）であり、先の一節はまさにこれを探り天下を教化するという意味で解釈された。儒教における学問的理念と目標は「道または聖人を学ぶこと」であるため、「人文」は広義の学問を表わすといえる。このような特性のために、「humanities」の翻訳として「人文」学という語が当てられたのであろう。ところで、東アジアの伝統的学問はそもそも、修身と教学、政治の三位一体（修己治人）であり、道徳的な自覚で武装した知識人による政治を実現するためのもの（内聖外王）であるという点に、西洋近代の人文学の概念との違いが見られる。

（5）「人文学」は英語で「humanities」と表わされ、「studia humanitatis」というラテン語に由来する。英語やフランス語では、単数（humanity, humanité）で表記すれば「人間性」または「人間らしさ」を、複数（humanities, humanités）で表記すれば「人文学」を意味することから、人文学とは「人間性や人間らしさとは何かを探求する学問」であるということになる。

（6）〔訳註〕C・P・スノー（C. P. Snow: 1905-1980）は、人文学と科学という二つの文化の間の断絶を主題にした一九五九年の講演において、どちらかというと科学を重視する立場から議論を展開したが、これに対してF・R・リーヴィス（F. R. Leavis: 1895-1978）は人文学の知識人の立場から反論した。この論争はそのテーマのもつ影響力だけでなく、リーヴィスの激しい論調によっても広く知られることになった。詳しくは、C・P・スノー『二つの文化と科学革命』（松井巻之助訳、みすず書房、二〇一一年）の解説を参照されたい。

（7）彼の論旨を理解するためには、Immanuel Wallerstein, *The Uncertainties of Knowledge* (Philadelphia: Temple University Press, 2004) を参照されたい。

（8）〔訳註〕マシュー・アーノルド（Matthew Arnold: 1822-1888）はイギリスの詩人・評論家。科学教育に対する古典教育の重要性を主張した。

（9）以上の議論については、白楽晴「近代世界体制、人文精神、そして韓国の大学――「二つの文化」問題を中心に」（『大東文化研究』六三号、二〇〇八年）〔백낙청「근대 세계체제, 인문정신, 그리고 한국의 대학：'두개의

문화, 문제를 중심으로」「대동문화연구」63 집、2008 년〕のとくに一二、二三、二四頁を参照されたい。本稿の韓国語版を執筆した当初、筆者は社会人文学が自然科学を包括するという着想にまでは関心が及んでいなかった。ところが科学史家・金永植《キムヨンシク》の批判を受け、この点を今後より深く考慮しなければならないと考えるようになった。彼によれば、人文学は複数形「humanities」でなく、単数形「humanity」つまり「人間性」「人間らしさ」「人間愛」という言葉として、名詞よりもむしろ形容詞として用いられるべきである。また、人文学は一つの学問を追究するものというよりも、すべての学問を包括するものでなければならない。彼は、過去の統合的な人文学は非常に有用であり、このような人文学的精神と方法の追究こそが過去の人文学の有用性を回復する道だと言う。人文学は無用で科学は有用とみなす傾向があるが、人文学もまたそもそも有用なものだったので、人文学と科学の新しいつながりが要求されていると彼は主張しているのである（金永植「科学技術と人文学――分離と連結」「創作と批評」二〇一一年夏号〔김영식「과학기술과 인문학 : 분리와 연결」「창작과비평」2011 년 여름호〕）。

（10）張会翼「人間的学問――『生を中心とする』学問の復元のために」「知識の地平」二号、アカネット、二〇〇七年〔장회익「인간적 학문 : '삶 중심' 학문의 복원을 위하여」「지식의 지평」2 호、아카넷、2007 년〕。

（11）杜維明「人文学的危機」「当代」二二八期、二〇〇六年八月。

（12）〔訳註〕アメリカの作家・社会批評家アール・ショーリス（Earl Shorris: 1936-2012）は、一九九五年、社会的な弱者層が文学や哲学などを学ぶことのできる「クレメント・コース」を開設した。人文学による反省的・批判的思考の実践を通じて「精神的な充実感」をもたらすこの人文科学療法は、現在、七ヵ国に広がり、約六〇のコースが開かれている。

（13）Earl Shorris, *Riches for the Poor: The Clemente Course in the Humanities*, New York: W. W. Norton, 2000.

（14）〔訳註〕この三つは、韓国において大学に属さない形で人文学の教育活動を繰り広げている代表的な団体。

（15）実践人文学のさまざまな試みについては、「創作と批評」〔「창작과비평」〕二〇〇九年夏号に掲載された呉昶銀《オチャンウン》、高奉準《コボンジュン》、林玉熙《イムオッキ》、李玄雨《イヒョヌ》の文章を参照されたい。

（16）実践人文学に対する評価については、「創作と批評」二〇〇九年夏号に掲載された崔元植《チェウォンシク》と筆者の対談「人文学

の／に道を訊く」〔최원식、백영서「인문학의／에 길을 묻다」「창작과비평」2009년 여름호〕を参照。

(17) 金元《キムウォン》「民族―民衆的な学問共同体の変化と代案的な知識共同体」社会人文学叢書三『知識の現場、言説の風景――雑誌に見る人文学』ハンキルサ、二〇一二年、一三〇頁〔김원「민족-민중적 학문공동체의 변화와 대안적 지식공동체」사회인문학총서 3『지식의 현장、담론의 풍경：잡지로 보는 인문학』한길사、2012년、130면〕。

(18)〔訳註〕これは通常「interdisciplinary」の翻訳として学際性と表記されるようなものであるが、筆者はいわゆる「学際的」と呼ばれる学問が韓国の現状においては統合学問として機能していないという認識のもと、自らが目指すものをそれと区別するためにこのような独特な用語を用いている。

(19) 地域研究とカルチュラル・スタディーズに関する議論については、あえて出典を明らかにする必要もないほどよく知られているので、韓国学についてのみ典拠を提示する。朴熙秉《パクヒビョン》「統合人文学としての韓国学」翰林《ハルリム》大学校韓国学研究所編『二一世紀の韓国学、いかにすべきか』青い歴史、二〇〇五年〔박희병「통합인문학으로서의 한국학」한림대 한국학연구소 편『21세기 한국학、어떻게 할 것인가』푸른 역사、2005년〕。

(20) アメリカの地域研究とカルチュラル・スタディーズに関する議論は多いが、筆者の主張と比較的共通する立場だけ紹介しておこう。Harry Harootunian, *History's Disquiet: Modernity, Cultural Practice, and the Question of Everyday Life*, New York: Columbia University Press, 2000. 黄東淵《ファンドンヨン》「二一世紀前夜アメリカ地域研究（Area Studies）の運命――グローバリゼーションとそれに伴う地域研究の方向に対するアメリカ学会における批判的議論」「東アジア歴史研究」六号、一九九九年〔황동연「21세기 전야 미국 지역연구의 운명：전지구화와 그에 따른 지역연구의 방향에 대한 미국 학계의 비판적 논의」「동아시아역사연구」6집、1999년〕。

(21) 筆者はこう主張したことがある。「西欧中心の普遍主義を批判すると同時に、韓国という場所を重視しながらもその特殊性に埋没せず普遍性を追求するという二重の課題を担う学問の道こそが、新しい韓国学が歩むべき道である。このためには韓国が置かれた空間的な位置の覚醒を通じて、西欧中心の既存の知識構造を再構成することがなによりも切実である」（「地球地域学（Glocalogy）としての韓国学の（不）可能性」三頁）。このような筆者の主張と似通った論調として林熒澤《イムヒョンテク》の論考がある。彼は韓国学の方向として次の三点を強調する。第一に、一国史的な視座を超えて東アジアを一つの全体として思考し考究しなければならないこと。第二に、私たちの学

問的思考は人類の普遍をつねに考慮し「世界的な地平」に立たなければならないが、世界的な地平を獲得する過程で東アジア的な視野が必要であること。そして第三に、ナショナリズムは近代主義と表裏の関係にあるので、近代主義の克服を通してナショナリズムを克服しなければならないこと、である（林熒澤「二〇世紀の東アジアの「国学」――東アジア的な視野を切り開くための反省」「創作と批評」二〇〇四年夏号〔임형택「20세기 동아시아의 '국학'：동아시아적 시야를 열기 위한 반성」「창작과비평」2004년 여름호〕）。

(22) この発想と表現は、西山雄二の発表「大学における評価と批判」（国際学術会議「批評と政治」延世大学校国学研究院人文韓国事業団と東京大学・共生のための国際哲学教育研究センターの共同主催、ソウル、二〇一〇年三月三日）より示唆を得たものである。彼は日本語で「情動（affection）」、つまり「内面からの自発的な感情の噴出」と表現したが、ここでは当発表文の韓国語翻訳や本論文の韓国語版でも使用され、より韓国人の語法にふさわしいと思われる「感興」を用いた。

(23) 宋朝の朱熹は『論語集註』の序説で程子の言葉を引用し、学問には段階があり、その最高の境地は学びの楽しさのあまり、自分でも知らないうちに舞い踊ることだと語った（「讀論語：有讀了全然無事者／有讀了後其中得一兩句喜者／有讀了後知好之者／有讀了後直有不知手之舞之足之蹈之者」）。

(24) これら三つのレベルが互いに絡まり合っている以上、非制度圏でおこなわれるすべての知識活動がそのまま「運動としての学問」であるとは言えない。制度の外で起こる知識活動であっても、主流の学術言説や慣行に対する批判的機能を果たさない限り、運動としての学問にはなりえない（例えば、商業化された知識）。同様に、制度内でも、批判的な学問が可能ならば運動としての学問が成立する。筆者としては、制度としての学問と運動としての学問を対立的に見るのではなく、両者を統合的に把握したい。運動のなかで制度を考え、制度のなかで運動を考える仕方で、制度と運動の関係をよりダイナミックに把握しようというのが筆者の基本的な趣旨である。

(25) 社会人文学の発想と似た議論をおこなうグループとして、日本で山脇直司や金泰昌《キムテチャン》らが主導している公共哲学研究チームがある。山脇直司がいう「公共哲学」とは、新しい統合的学問である。彼は「『社会分析』と同時に社会を構成する人々の『価値意識の考察』が社会研究に不可欠という見解にもとづいて、『事実』の分析にのみ目を向け『価値』の問題を真剣に論じようとしない社会科学を批判」しつつ、人文学と社会科学の分断を乗り越えようとする。彼のこのような主張は、基本的に社会人文学の趣旨に通じる（山脇直司『公共哲学とは何か』筑摩書房、二〇〇四年、二六―二七頁）。

(26) 〔訳註〕韓国の大学における、いくつかの学科または産学が協同して運営する、専担教員をもたないコースを指す。

(27) 孫歌《スングー》は、細分化された学科間に横たわる目に見える塀だけを取り除くという仕方での「学科超え」は偽りの知識を生産する恐れがあると警告する。というのも、分化の限界を形式的に打開するだけでその陳腐な思考形態を変容させないならば、そのような「学科超え」は学術生産において何の役にも立たないからである（白永瑞「新自由主義時代における学問の召命と社会人文学――孫歌との対談」「東方学志」第一五九輯、延世大学校国学研究院、二〇一二年九月〔백영서「신자유주의시대 학문의 소명과 사회인문학：쑨꺼와의 대담」「동방학지」159 집、2012 년〕）。

(28) 金基鳳《キムキボン》『歴史たちが囁く』（プロネシス、二〇〇九年）〔김기봉『역사들이 속삭인다』프로네시스、2009 년〕、とくに一五一頁。

(29) より詳しい説明は、拙稿「『東洋史学』の誕生と衰退――東アジアにおける学術制度の伝播と変形」（「韓国史学史学報」一一号、二〇〇五年）〔백영서「'동양사학'의 탄생과 쇠퇴：동아시아에서의 학술제도의 전파와 변형」「한국사학사학보」11 호、2005 년〕を参照。

(30) 山脇前掲書、山口定ほか編『新しい公共性――そのフロンティア』（有斐閣、二〇〇三年）、斉藤純一『公共性』（岩波書店、二〇〇〇年）を参照。

(31) 斉藤前掲書。

(32) 「公共性の歴史学」という用語は、佐藤卓己『歴史学』（岩波書店、二〇〇九年）においても使われている。その内容については、とくに第二、三章が詳細に論じている。しかし彼は、歴史学の社会的使命の一つを「事実関係の整合性を検証することで他者とのコミュニケーションが成立する環境をつくること」とみなし、「こうした理性的な討議の空間を生み出す公共性の歴史学」をまさに「メディア史」と呼ぶ（一〇〇頁）。結局、彼の「公共性の歴史学」はすなわちメディア史を意味するという点で筆者とは多少距離がある。また、筆者が本稿において

「公共の歴史学」や「公共圏の歴史学」とは言わず「公共性の歴史学」と言う理由は、「正当性の基準としての公共性」を重視するためである。公共性がそこで形成される場である公共領域や公共圏という空間概念と、そこで議論される内容の正当性を判定する基準としての公共性を区別することについては、山口前掲書（一八―一九頁）より示唆を得た。

(33) テッサ・モーリス＝スズキ『過去は死なない――メディア・記憶・歴史』（田代泰子訳、岩波書店、二〇〇四年）のとくに第一章を参照されたい。

(34) 〔訳註〕レオポルト・フォン・ランケ（Leopold von Ranke: 1795-1886）は一九世紀ドイツの歴史家。実証主義にもとづいた科学的歴史学を確立したとされる。

(35) Lawrence Stone, "The Revival of Narrative: Reflections on a New Old History," *Past and Present* 85, Nov. 1979. この論文は、「物語の復興」という歴史叙述の根本的な変化が起こった欧米の歴史学界の背景と特徴、問題点をうまく整理している。

(36) 紀伝体を今日の歴史叙述として蘇らせようとする努力に関しては、羅爾綱《ルオアルカン》「紀伝体の現代的応用」（閔斗基《ミンドゥギ》編『中国の歴史認識（下）』創作と批評社、一九八五年）〔羅爾綱「紀傳體의 현대적 응용」민두기 편『중국의 역사인식 하』창작과비평사、1985 년〕を参照。

(37) 金基鳳「メタ歴史としての歴史批評――その必要性と課題」「歴史と現実」四〇号、二〇〇一年〔김기봉「메타역사로서 역사비평：필요성과 과제」「역사와 현실」40 호、2001 년〕。

(38) 史評の始まりというべきは、最初の史論書である唐代の劉知幾による『史通』である。その刊行以降、宋代から史評という用語が実際に使われるようになり、さらに一つの独立した項目として格上げされるようになったので、『宋史』「藝文志」においては多数の史評が史鈔類という名称のもとにまとめられた。しかし、当時においても史評は広く流行していたわけではなかった。史評が中国の学問分類において独立したものとして確固たる地位を得たのは、清朝の時代の『四庫全書総目提要』に「史評」という項目が設定され、その後、ほぼすべての書目がこれを模範とするようになってからである（高柄翊《コビョンイク》「劉知幾の史通と史評理論」閔斗基前掲書、五四三頁〔고병익「劉知幾의 史通과 史評理論」민두기 편『중국의 역사인식 하』창작과비평사、1985 년、543 면〕）。

(39)〔訳註〕劉知幾（六六一―七二一）は唐の歴史家である。中国において歴史叙述や歴史理論を学問的に考察した最初の人物とされる。

(40) 以上の理解は、劉知幾において真と善は分離されないと主張した志野好伸の論考（「他者の言語をどう扱うか――『史通』の歴史叙述批判」『中国哲学研究』一一号、東大中国哲学研究会、一九九八年）にもとづいている。

(41) 前掲の志野好伸の論考や、李紀祥《リージィシャン》「中國史學中的兩種「實録」傳統――『鑒式實錄』與『興式實錄』之理念及其歴史世界」（『漢学研究』二一（二）号、二〇〇三年）など。李紀祥は、劉知幾が事実に立脚した歴史叙述の正確性（実録直筆）を強調したのは、むしろそれが倫理的効果を強めるからだと主張する。

(42) 尹志寛《ユンチグァン》『近代社会の教養と批評――マシュー・アーノルド研究』創作と批評社、一九九五年、二三二―二三三頁〔윤지관『근대사회의 교양과 비평 : 매슈 아놀드 연구』창작과비평사、1995 년、232-233 면〕。

(43) 加藤周一、ノーマ・フィールド、徐京植『教養の再生のために――危機の時代の想像力』（影書房、二〇〇五年）を参照。

(44) この語彙は閔斗基の随筆（「歴史するということ」『一輪の野花と出会うとき』知識産業社、一九九七年〔민두기「역사한다는 것」『한 송이 들꽃과 만날 때』지식산업사、1997 년〕）から引いたものである。筆者はこの語彙をさらに入念に洗練させようとしているところである。これは英語で「doing history」、日本語では「歴史する」に該当する。中国語にはこれに対応する用語がないようだが、中国人に聞く限り「做歴史」が妥当なようである。

(45)「歴史への真摯さ」については、テッサ・モーリス＝スズキ前掲書の三三―三六頁を参照。彼女は、過去の出来事と人物のあいだに、開かれた発展的な関係が必要であると主張する。「歴史的出来事と、その出来事の記録や表現にたずさわる人たちと、その表現を見る、聞く、あるいは読む人たちとのあいだの関係の連続」として歴史知識の伝達プロセスを理解するという意図に基づいて彼女が提起したものが「歴史への真摯さ」である。

＊本稿は백영서「사회인문학의 지평을 열며――그 출발점인 '공공성의 역사학'」（『동방학지』149 집、2010 년〔『東方学志』第一四九輯、二〇一〇年〕）として発表された原稿を部分的に加筆・修正したものである。

不穏な人文学宣言

鄭 晶薫・崔 真碩（今政 肇訳）

まさに「人文学の復興期」がやって来た！　孤高の象牙の塔に閉じこもっていた大学が大衆を啓蒙する場であることを標榜し、企業家のための人文学を標榜する大学院課程を新たに設け、ＣＥＯ（最高経営責任者）たちを入学させようと血眼になっている。銀行や有名百貨店、文化センターや公共機関がわれ先に古典講座を開設し、知識と教養という潤いに喉が渇いた大衆に誘惑の手招きをしている。国家は「人文韓国（Humanities Korea: HK）」という大仰な復興プロジェクトを掲げて、年間四〇〇億ウォン（約二八億円）に達する予算を投入することで人文学の危機を訴えてきた者たちに資本の「命の水」を注いでくれている。博士失業者を逃れえなかった数多くの非常勤講師たち、大学院生たちは懸命に研究計画書と報告書を作成し、実績を証明してくれる論文を粘り強く刷り上げ続ける。ここに人文学復活せり！　いまや人文学研究者の理想は、独り枯死するような実直な学者ではなく、プロジェクトの受注に生命をかける有能なマネージャーである。国家というミダス[2]の手をもつ最強のパトロンも得た。かくて人文学が新しい国学、二一世紀の国風の旗印のもとに再生産されているのだ。

かつて人文学の危機が語られ、その死滅の徴候が憂慮すべきであるという診断が下された時代があった。就職専門の予備校に転落した大学で、人文学が力なく病に臥し死に絶えようとしていたときがあった。アカデミアの長たちが人文学に対する関心を促し、国家や企業、あるいは社会の援助を切実に訴えていた時期があった。しかし、いまやそれが何時のことだったのかわからないほど、人文学は華麗な生まれ変わりを謳い、いたるところで復活の鐘の音を鳴らしている。商品広告のアイディア作りに注ぎこまれ、人文学は「カネになる」というような賛辞を受け、新知識人たちはテレビに出ては、人文学がいまや知識市場で流通する最新の「商品」であることを誇らしげに語る。

しかし、まさにこのとき我々は「人文学の復興」という時代現象こそが、逆に人文学が陥っている危機と没落の徴候であることを冷ややかに見つめる。国家と資本によるありあまる関心と後援は人文学再生のための土台ではなく、人文学のゾンビ化を進める泥沼にほかならない。国家と資本の月給取りになった瞬間から、人文学は権力と金に対して「見ざる、聞かざる、言わざる」の生ける屍となってしまった。今日、人文学の復興とはいかなるものだろうか。利潤の創出のための資本蓄積と支配の効率化のための国家統治戦略のソフトバージョンにほかならないのではないか。

人文学を論ずる前にまず、いま－ここの生を顧みよ。大学生たちが卒業と同時に信用不良者となり[3]、清掃労働者たちがトイレで弁当を食べなければならず、開発による利益に目がくらんだ国家と資本が、貧しく疎外された人々に対して「公権力」という暴力＝テロを思うがままに行使している。「グローバル・リーダーシップ」と「グローバル・スタンダード」を達成するという名目のもとに、小市民の日常が犠牲にされている。このように破壊された生の現場で、泰然と「人間」や「文化」を口にする人文学がいったいどのような希望の根拠になるというのだろうか。

状況が問題含みであることは明白である。昨今の支配秩序と価値体系への批判あるいは問題提起をやめた人文学は、よくて教養のある市民育成にライフワークであるかのようにしがみつくのがせいぜいである。「情報産業社会の有能な人材を育てるために」と人文学的な創意性が注ぎこまれ、せちがらい競争社会で人間的なゆとりを見出すようにと人文学的教養を提供し、浮浪者やホームレスのような社会に適応できない者たちを再び市民として養成し直すために人文学的な知識が動員されている。社会的有用性と適合性の培養、あるいは順応する市民の養成こそが真の人文学の使命なのだろうか。人文学が刑務所や病院で囚人と患者たちを「正常人」に教育するために考案されたという、かの哲学者の洞察が正確にあてはまるのではないだろうか。ならば、かえって人文学はいま、その誕生の目的と使命を忠実に履行している最中だと言わざるをえないのではないだろうか。

他方、人文学の「実用主義的流行」に抗い現実を超越した至高の精神的価値にこそ人文学的本質があるのだと強調する人文主義者たちもいる。彼らは人文学が実用的な効用や実利的利益を得るための手段ではなく、人間の本質を探究し、世界の原理を究め、人格を完成する至高の生の指南役であると主張する。古くからの指南役である「古典」の重要性を強調するのもそのような理由からである。したがって、人類のいにしえの知恵が詰まった書物、古典を守り再生産することこそが、人文学の存在理由であるというのが、理想主義的人文主義者たちの主張である。しかし、堅固なすべてのものが大気中に溶けていくというこの世界でどのような古典が永遠を謳歌できるというのか。

我々は決して擬古主義的人文学に見られる没歴史性と脱社会性に同意するものではない。ゆえに「格調のある生活の品格を楽しむために古典を読む」というCEOたちの真心も、すんなりと耳に入ってこない。彼らが社員たちに古典を「味わいなさい」と突きつける瞬間、古典はそれが生み出された歴史と社会の脈絡から抜け出し、強制と暴力、順応と諦念の道具となる。純粋な人間性の陶冶という名目で古典の学習を受け入れることができないのもそのためである。古典にたいする盲目的な崇敬は国家と資本に対する物神主義的崇拝とそれほど距離のあるものではない。古典を不滅の正典とし、生の尺度とするとき、知識、権力、資本の三者同盟が勝利する日を見ることとだろう。

資本と国家の利益に便乗したおかげで羽振りのよくなった順応主義者の人文学。大衆的な生の地平から乖離して古典のなかだけに蟄居したナルシスト的人文学。これらの人文学は別々でありながら同じものであるかのように、現実直視を拒否し自分たちだけの幻想に没頭したまま、世界と自らを騙している不毛の人文学に他ならない。人間と生を美しく豊かに変えるという美名の裏に広がる生《せい》の赤裸々な矛盾と桎梏を叱咤することを知らない人文学は、人間のためのものでもなく生のためのものでもない。そのような幻想のために世界と自らを中毒にする人文学はむしろ解体したほうがよいのではないか。新しい人文学を提案するならば、それは国家と社会を富ませ強くしたり、普遍的ヒューマニズムを具現しようとするものでも、人文学の失われた価値を回復するものでもない。それはむしろ、いま－ここの現実を打破し、「他の」現実を、我々の感覚や知識、あるいは常識の基盤を揺らがせ、我々を「見知らぬ」辺境に投げ込むものでなければならない。

しかし、我々はこの探求の旅程を何と名づければよいのだろうか。我々は人文学から出発した。けれども、その到着地は人文学ではないはずだ。「不穏性」――それは既知の生の形態をより堅固に確認し、正常化するものではなく、我々自身が慣れ親しんだ安穏な生に対する見知らぬ鋭い感覚の名であり、われわれ自身を切られ傷つくがままにすることで、以前とは違った生の形態と強制的に遭遇させる過程の名である。感情的な言い方ではあるが、我々の探求を「不穏な人文学」と名づけるとすれば、それは「真正なる」人文学を教えたり、人文学のもうひとつの「再生」あるいは「反復」のためのものではない。ただ、それは我々の旅程の出発点がどこにあり、その過程がどこにどのようにつながるのかを地図上に描いてみるための道しるべになるものなのだ。不穏な人文学はいわゆる人文学ではない。それは人文学とは異なる新しい種であり、どこかで、つねに＝すでに始まっている見知らぬ出発点を指し示す指標である。

「復興期」の人文学は、世界を変える転覆の力も、慣れ親しんだものを未知のものとして眺める不穏さも去勢された剝製にすぎない。時代の支配的通念を論争の対象とし、これに火をつける急進的批判、安逸に受容し反復するだけの習俗の道徳に堂々と背を向け立ち去る思惟の勇気、排除され虐待されたものたちを括弧のなかに入れてしまった教養の油気の多い海にあえて火種をまく行動力、これこそが「すでに来てしまった」人文学ではなく、「到‐来する」人文学、あるいはいまだ名づけることのできない新しい思惟と活動の嚆矢となるのだ。

いま‐ここで新しい知と感受性、思惟と活動が、私たちにとって意味あるものとなるために必要なのは、人文学復興の旗を高く掲げることではない。いまはむしろその旗を折ってしまうことで、現行の人文学に対する反対を宣言すべきときである。国家と資本、ヒューマニズムという価値を掲げた人文学に対決を宣言すべきときである。「危機」を叫び、助成と保護を乞うのではなく、むしろ危機をさらに深めることで、ついにはこれを爆破してしまうこと。そのときにこそ、やっと人文学という名称で呼ばれていた知識は既成の価値と通念から離脱し、新しい生に向かって道を開くことができる。

いまや我々は「人文学」という名によって飼いならされた領土を去ろうとしている。その第一歩は現行の「人文学の配置《アレンジメント》」に異議提議し、亀裂を引き起こすことから始まる。そうすることで、私たちは国家と資本の統制を受け、ヒューマニズムの名目のもとに領有されてきた死んだ知識を、いま‐ここの解放的実践のための知として再び専有することになるだろう。

新しい知と知の方式を創案する活動は、問題意識に共鳴する他の苦悩たちとの出会いのなかで、さらに先鋭化し増殖するものだと信じよう。我々はこうした出会いを待とう。この出会いを通じて我々の問題意識が、我々の思惟が、我々の活動が多様な方式で変奏され、また別の離脱の動力を得ることを希望しよう。私たちは混沌と不安を生み、ついに転覆の危険な喊声を呼び寄せる「不穏な思惟」を歌う。きっと「不穏な人文学」とはその日のための刹那の閃光にすぎないのだ。

不穏な思惟の大地へ去ろうとするすべての者たちとともに

（1）〔訳註〕韓国では金大中政権下の一九九九年、「世界的水準」の大学院の確立および研究人材養成のために「BK21（Brain Korea 21 頭脳韓国21事業）」の第一段階（一九九九―二〇〇五年）が開始され、総額一兆三〇〇〇億ウォン（約一三〇〇億円、訳註の為替レートはそれぞれ当時）が投入された。しかし、人文社会科学系の採択率は理系の一割ほどにとどまった。二〇〇六年から約二兆ウォン（約二二〇〇億円）に予算を増額してはじまった第二段階では、人文学の危機を叫ぶ声が全国の大学教授の間に高まり社会イシュー化されたことから、急遽、二〇〇七年から別枠で「人文韓国（HK）」事業を打ち出し研究プロジェクトを募集、人文学と地域研究をあわせて一五三件の応募のなかから三〇の研究所への支援が決定された（支援期間一〇年）。HK事業に特徴的なのは、各研究機関が受ける支援一億五〇〇〇万ウォンあたり専任研究員一人を雇用すること、一〇年後の事業終了時には彼らを大学の正規教員に組み込むことを義務化したことである。

（2）〔訳註〕ギリシア神話に登場するペシヌスの王で、触れたものをすべて黄金に変える力をもつ。

（3）〔訳註〕韓国では、学費を納入するために銀行などから学資金を借りる大学生が多いが、大卒者の約半数が職に就けないなか、金融機関に一定金額以上の滞納をすると、各種の金融取り引きの制約を受ける「信用不良者」になってしまう。二〇〇七年に三七八五人だった大卒「信用不良者」は二〇一一年には約三万三千人と約九倍に増加しており、社会問題となっている。

＊本稿は최진석、정정훈 외 지음『불온한 인문학：인문학과 싸우는 인문학』휴머니스트、2011（崔真碩・鄭晶薫他著『不穏な人文学——人文学と闘う人文学』ヒューマニスト、二〇一一年）の序文として書かれた原稿を編集・加筆したものである。

人文科学と制度をめぐって

小林康夫

以下に続くものは、「人文科学と制度」という問題設定に対してわたしがいつか書くかもしれないテクストのための予備的なメモにすぎない。この問題設定の今日的な必然性については疑う余地がない。大学という「現場」にいて日々経験していることは、まさに「人文科学」と「制度」とのあいだの不適合の経験以外のなにものでもないし、極端な言い方だが、少なくともわれわれの分野においては、現在の大学院の、教員が勝手な講義やゼミを行ない、学生がこれまた自分が関心をもつ勝手なテーマについて勝手に論文を書くだけという、基本的に〈責任不在〉の体制がもう機能しないのではないか、と日頃口に出している以上、加えて専攻制度とは異なった国際的な研究連携組織としてのUTCP（21世紀COE／グローバルCOEプログラム）を一〇年間にわたって運営してきて、「人文科学」の展開の新しい可能性をそこに見出したようにも感じてもいる以上、もちろんこのテーマについて語るべきことはたくさんあるのだが、だからこそいっそう、なめらかなディスクールにそれをまとめて差し出すよりは、異なった水準にまたがって散乱するファクターをそのまま投げ出しておくことにする。

＊

1　まず原則の問題──「人文科学」という表現がすでに対立を内包しているのではないか。この表現は、「人文科学」、「社会科学」、「自然科学」という構成原理に従っている。「人文」的観点からして、これでいいのか。「人文」と「科学」とは、実はある種の〈ディフェランス〉の関係にないか。「人文」的観点からすれば、「科学」（これについても歴史的展開を考慮しなければならないが、とりあえず現在われわれが了解しているような意味での「科学」）が統括的原理として君臨するようになるのは、比較的最近のことではないか。すなわち、実は「科学」とは本来、むしろ「人文」のひとつの形態にすぎなかったのではないか。そして「大学」という理念は、本来的には、「科学」にではなく、むしろこの「人文」のうちにこそその存立の根拠を見出していたのではなかったか。だが、そうであれば、「人文」のなかの「科学」に回収されないものは何だったのか。たとえばレトリック。たとえば音楽。だが、わたし自身は、それを「フィロソフィア」philosophiaと呼んできたと思う。これを「哲学」と翻訳したくはない。その訳語に含まれる「学」（それはまさしくscienceの訳であるのだから。だが、ここでは「学」の構成史の文献学的な考証を展開するつもりはない。問題となっているのは、あくまでも今日の事態なのだ）のゆえである。そう、「共生のための国際哲学研究センター」と日本語では言われたUTCPの活動を、わたし自身はつねに「哲学」よりは「フィロソフィア」の実践として考えてきた。その二重性を保持することが重要な課題であった（これについては『いま、哲学とはなにか？』〔未來社、二〇〇六年〕を参照のこと）。

2　だが、この「人文」的思考が「科学」という理念に接近した時代があったことを想起しておくべきだろう。それこそ一九六〇年代以降フランスを中心とした「構造主義」という名のもとでの展開。

言語学、文化人類学、精神分析を軸にして、それに「知」の「考古学」という歴史、文化論としての記号学・記号論などへと拡がった「新しい知」の衝撃である。ついに「文化」「文学」にも「厳密な学」が可能になるという展望が垣間みられたのだ。なにしろわれわれはとうとう「言語に手をつけた」のだから。だが、その興奮は長くは続かなかった。八〇年代には、すでに「厳密な学」への指向は、自然言語の範囲を超えて、むしろ「脳科学」や「認知科学」へとシフトするようになり、他方では、資本主義の成熟とともに飛躍的に増大し拡充した文化現象が大量に「人文」的思考のなかに流入してくる。しかもそれは、ジェンダー・スタディーズ、ポストコロニアルなど従来の「人文」的思考の支配への対抗運動でもあって、それまで「学」の対象とならなかったものからの「学」への権利要求でもあった。注意しておかなくてはならないのは、こうした運動が、しかし最終的には「学」の再構築として完成するのではなく、むしろ「学」ではない「論」あるいは「スタディー」へと向かうことである。「カルチュラル・スタディーズ」、あるいはわが国では、わたし自身がそれにコミットしたともいえる「表象文化論」といった「運動」！（わたし自身はそれを「科学」や「学」ではなく、「批評的な運動」として考えていた）がその代表ということになるだろう。そこでは「学」の原理主義ではなく、むしろ「文化」の「多様性」の権利要求が問題となっていた。そしていわゆる「学」の基盤である普遍性の基準そのものが現象論的に問い返されていたとも言えるのだが、しかしもしそのようなクリティカルな問いかけが失われてしまえば、途端に、それは単に「自分の興味があるものについて多少スノッブにお喋りすること」に成り下がる。「人文科学」の「カルチャー・センター化」である。あるいは「マーケット化」とまで言い過ぎてもいいかもしれない。こうした「ポップ・サイエンス」現象に対してどのように「人文科学」を、その使命を再定義するかを問い返さないかぎり、いったい何のために制度を問うているのかがわからなくなってしまうだろう。

3 さらに「制度」の観点からも、現在の日本の大学制度において、「人文科学」がなによりも外国語教育と強く連関していることを直視しなければならない。わたし自身もそうだが、きわめて多くの「人文科学」の研究者が「外国語教育」を担当することにおいて、大学という制度のなかで存在を保証されている。そのことを無視した制度論は、現実を見ない夢物語である。しかも、現在のグローバル化・情報化のもとで、外国語教育ほど近年その与件に大きな変化があったものはない。にもかかわらず、本能的な保守主義からか、誰もそのことを問い直すことはしない。大学にとって、今後ありうべき「外国語」(外国文化)教育研究とはどのようなものなのか、真剣に問うべき時であるとわたしは思う。「人文科学」の基盤のひとつが「文化」の理解、しかも「異なるもの」、「他なるもの」としての「文化」の分有にあることは疑いなく、だからこそ「外国語」としての「言語」がその根幹にあることははっきりしているが、その教育と研究のあいだに大きな不整合が起きているのが現実ではないだろうか。では、どうしたらいいのか。わたし自身がはっきりとした考えをもっているわけではない。極端に言えば、いっさいの「外国語」教育を大学から余白化するという極論と、英語を除いた世界二十くらいの言語を、強制的に！　文系学生に「教育」する(すなわち、文系の学生であれば、英語以外に自分が望んだわけでもない外国語をひとつ「必修」強制される)というこれまた極論のあいだで揺れ動いていると言っておこうか。

4 これと関連するより根源的な問題は、「人文科学」の「言語」である。そこには、普遍言語はない。ということは、自然言語のあいだの絶え間ない「翻訳」、そしてそこに剔き出しにされる自然言語の「境界」にこそ、「人文科学」の重要な核があるということだ。だが、同時に、はっきりしていることだが、この「境界」への問いかけ、「境界」からの問いかけは、双方向的でなければならない。しかも、普遍言語はないにもかかわらず、現象的には、この三〇年くらいのあいだに、「英語」がグローバル言語として機能することが完全に定着してしまった。善し悪しの問題を超えて、この現実にどう対応するかを問題として考えないいかなる「人文科学と制度」の思考もすでに失効していることは明らかだ。しかも日本語は、小さいとはいえそれなりの「マーケット」を形成している。まさにガラパゴスである。この閉鎖空間のなかに「世界」のすべてのものを「翻訳」し「移入」するが、ついにみずからの「言語」そのものを問い返すことはしない。あるいはそのような場面にみずからの「言語」を立たせることだけは避ける。けっして「発信」も「対話」もしない「輸入文化」。「世界」への「窓」は開かれているが、「扉」ではなく、具体的な人の出入りがない。このことは「外国語」教育のあり方とも密接に関連していて、多くの場合、それを教える教員は、何年ものあいだ、自分が教えている外国語の文化とはまったく直接に触れ合わないという不思議なことが起きている。つまり、みずからが「実践」することもない言語を、ただ形式的に、教えているということになる。ここにはモラルがあるのだろうか。このように「外部」とはけっして「つきあわない」まま、しかし日本語マーケットのなかでは、「外部の文化」の権威ある代表者として君臨する、それが伝統的な図式である。つまり翻訳者・解説者が「権威」を構成する。この特殊日本的な「人文科学者」像を、どのように引き受け、どのように解体するのかしないのか、そのことを実践において問うことがなければ、自分の安全を確保して棚にあげたうえでの議論にすぎないことになる。（わたしがＵＴＣＰでやろうとしたことは、最終的には、実験的にこのような「態度」を反転すること、逆方向の流れをつくり出すことに尽きる。）

5　前項への補足だが、これは「人文」だけに限らない問題なのかもしれないが、大学という場に研究者として存在しているということの意味、いや、パッションを生涯にわたって保持しつづけるということは自明ではない、ということをあえて指摘しておこう。前項の外国語教育について述べたことは、実は専門についてもあてはまる。研究と教育とは両輪でなければならないのに、生涯にわたって真正な研究へのパッションを持続させていると素直に納得させられる同僚は実はそんなに多くはない。現今では、博士論文を書かなければ職を得られないので、必死にそれを書き、さらには「業績をつくる」ためだけに学会で発表し、しかしそのなかで「人文科学」者として自分がどう生きるべきかについての確信を見失ってしまう（あるいは、はじめからそんなものはなかったということなのかもしれない。つまり単に「職」がほしかっただけなんだ！　というケース）人が少なくないように思える。

　だが、それも当然かもしれない。「紀要」などというところに論文を発表しても誰も読んではくれない。いかなる反応もない。まるで暗闇に石を投げているように手応えがない。自然科学なら、それでもその時々の課題の共通の「地平」は一応開かれている（ように思える）が、「人文科学」にはそのような「共通地平」はあらかじめ与えられていない。いや、その度ごとに、われわれは、それがどのように小さくとも、どのように特異的であっても、自分の思考から、つまり自分の「孤独」から出発して、「共通の世界」を生み出そうとするべきであり、それだけが「人文科学」の根拠であるのに、その「孤独な根拠」を生涯にわたって引き受ける覚悟ができている人はそう多いわけではない。

博士論文は制度が書かせるものだ。それがなんらかの助成金を得て出版されることも最近ではよくある。だが、わたしがわたしのまわりの若い人たちによく言っているのは、次の第二作目こそが問題である、ということ。そこでこそ、制度が押し付ける「義務」ではなく、その人の「自由」において、いったいどんな「世界」が打ち立てられるのかが問われているのである。その世界は究極的にはどのようにあってもいいのだ。そこには形式の強制はない。それだからこそ、そこではその人間の「自由」が問いただされている。そう、「人文科学」の根拠は「自由」なのだから。その「自由」への責任を自覚できない人間には、ほんとうは「人文科学」を教育する資格などないとわたしは思う。（だが、ここでもわたしは、そうした「ひとつの世界」をやはり「書物」という形で考えている。しかし、それはあるいは、わたしの「限界」であるのかもしれないという思いはある。つまり、「書物」というものが、どれほど断片的であろうとも、いや、断片的であるからこそ、「つねに未完のひとつの世界」であるというのは、あるいはすでに終りつつあるモデルニテの「夢」であるのかもしれないのだ。「書物」なしの「人文科学」――そのことをもう、考えなくてはいけない時なのだと思うのではあるが、それはわたしの歴史的な守備範囲を超える。）

6　世界の「人文科学」の現状では、すでに、それがどのような専門分野を標榜するものであれ、

（a）英語をグローバル言語として認める

（b）言語のボーダーを超えて、異なる文化間の双方的、積極的な「対話」に基づいた国際的な研究ネットワークを形成する

（c）それを通じて個人の「孤独」のうちになされる達成に対する「敬意」あるいは「友情」が共有される
（d）社会科学が扱う社会という現場、自然科学が扱う脳科学や心理学動物学さらには情報理論などと「人文科学」が分有する「境界領域」への強い関心をもち、他分野との相互関係を通じてそこでの研究共同体を形成する

といったいくつかの新しい顕著な方向性がすでに確立しており、世界規模のこの激しい運動にどう対応するのか、が問われているということを忘れてはならない。（UTCPを一〇年間運営して世界の「人文科学」の研究者とおつきあいをさせていただいたわたしの現在の危惧は、このままでは、あと五年もしたら、世界の「人文科学」の場において「日本」のプレザンスはまったく失われ、アジアは「中国」「韓国」ほかの研究者たちによって代表されることになるだろう、ということである。先日、われわれが招いたロバート・ベラ先生も、講演で、「世界のなかでいったい日本のプレゼンスはどこにあるのか？」と心底から叫んでいらした。）

7 だが、旧来の制度では担うことのできないこのような新しい試みには資金が必要である。わたしがこの一〇年間、

（a）明確な実質のある国際研究交流
（b）日本からの海外への直接的な発信

（c）そこに若い研究者をはじめから巻き込んだ教育

という相互に連携した活動を行なうことができたのは、あくまでもCOEという競争的な資金が獲得できて、それをかなり思い切った裁量によって使うことができたからである。

しかし、そのことは、同時に、大学の研究教育が資本主義的な「競争」原理に屈服しているとも言いうる。だが、これは単なる現象論的な問題なのではなく、本質的な問題である。すなわち、いま、大学は、いままで以上にはっきりした形で、資本主義的な原理（競争、評価、それに応じた報酬）と突き合わされているのだ。これは、避けて通ることのできない歴史的な問題なのであって、これに対して、「人文科学」の普遍性などという実証なき幻想に埋没して問題そのものを忘却するというのでなければ、いまこそ、「人文科学」的に資本主義そのものを問わないわけにはいかないだろう。「人文科学と制度」を問うことは必然的にそこに辿り着かないわけにはいかないと思われる。それは、わたしの考えでは、このグローバルな、あまりにグローバルな資本主義の非人間的なダイナミズムに対して、われわれが、「人文」つまり、「人」と「文」との名において、いったい何を擁護し、どのように抵抗するのか、を問うことにほかならない。いま、「人文」的思考は、それを言明するべきなのだとわたしは思う。そして、そこから出発して、あらゆる面で自然科学的、かつ資本主義的な「実効性」の支配がより強化されつつある大学研究制度に対して、いかなる「制度」を提案をすることができるのかが考えられなければならないだろう。

以上、この問題を考えるときに、わたしの思考にすぐに浮かびあがるプロブレマティックのいくつかをそのまま列挙した。そのうえでだが、「人文」が擁護するべきものが、はたしてなんらかの「制度」の設計において「擁護」されるのかどうか、わたし自身は懐疑的である、と述べておきたい。というのも、おそらく、けっして「制度」になじまないものをこそ、われわれは「擁護」しなければならないのではないか、とわたしは考えているようだから。

＊「擁護」という言葉は、わたし自身の記憶のなかでは、かつて東京大学教養学部がいわゆる「中沢・西部」問題で揺れていたときに、蓮實重彥さんが学内で発した「魂の唯物論的擁護」という「合い言葉」〈mot d'ordre〉と強く結びついていることは言っておかなければならないだろう。

人文学の現状と将来・私見

熊野純彦

はじめに

人文系諸学は、現在、世界的にみても国内的に考えても、出口の見えない窮状に置かれている。この事態そのものは、人文系諸学の研究者たちがほぼ一致してみとめるところだろう。とはいえ、現状をどのように認識するかについては、研究機関、研究分野の相違、各研究者の経歴・経験の差異にも応じて、かなり認定がわかれることと思われる。さらに、窮状を脱する方途、人文系諸学の将来像にかんしては、見解は現在のところ区々さまざまに分岐することが想像される。

筆者自身は国立大学文学部に籍をおく哲学系の研究者であり、また過去、三年間は学部内の教務関係の責任者を、一年間は将来構想関係の主査をつとめた。二〇一二年四月からは学部執行部の一員となっている。以下にしるすことがらは、そうした立場と専門、経験と経歴を背景とするものであるとはいえ、学部執行部という現在の職務を反映するものではない。この一文ではむしろ、身近なところから材料をとって、ごく個人的な見解をしるしておきたい。

或る会話

筆者が在籍する大学では、入学時には文科系三系統、理科系三系統で学生を受けいれ、入学後一年半ほどで専門学部への進学を決定するシステムとなっている。学部・学科（文学部の場合なら、さらに研究室に対応した「専修課程」）への分属はそのさい、教養課程三箇学期間の成績をもとに決定される。そのけっか、人気学部、学科、専修課程には高成績者が集中し、不人気分野に低成績者があつまるか、あるいはそもそも定員を充たさないことも多い。文学部では、ここ十数年、学部全体としても定員割れの傾向がつづいており、専修課程によっては、進学者がゼロというところもある。全体の傾向としては、語学・文学分野への進学者が激減しているのが、近年のとくに顕著な情勢である。とりわけ、ある時期は文学部の「花」であり、定員を大きく超える進学者をむかえていたフランス語学・文学分野が、ここ数年はわずか数名の学生をむかえるにとどまっている。

以上の状況をめぐって、若手のフランス文学研究者（当時は助教）と話しあっていたときのことである。こんな会話がかわされた。

「語学・文学の落ち込みに対して、なにか対策があるかなぁ」と私は話を振った。「ありませんよ、もう」、と助教は答える。「どうしてそう思う？」と聞いた私に対する、若手フランス文学研究者の答えは、きわめて興味ぶかいものだった。

かれによれば、学生たちのあいだでいまや「小説を読むこと」が特殊技能と化しつつある、というのである。現在でも、たとえば楽譜を見て、そこからメロディーを思いうかべること、とくにオーケストラのスコアを読んで、楽曲をイメージすることは、とくべつな訓練をへて獲得される技能であって、それを身につけている者が多いとはいえない。おなじように、活字を見て、文字として認識し、文章として読解する、というだけではなく、たとえば情景を想いうかべ、登場人物の心理に寄りそってゆくこと自体が、いまや一箇の特殊技能と化しつつある、とかれはいうのだ。

技能としての知

たとえば遠いところから例をとれば、数式をフォローし、その流れの正しさを確認したうえで、数式の列が意味するところを理解するためには、数学の一定の分野にかんする訓練を必要とする。特定分野にぞくする最先端の論文を理解する者は、数学者のなかでも数がかぎられてくるだろうし、それ以前に（とくに文系の教員・学生の双方には）初歩的な数学で挫折して、数式そのものに対してアレルギーをもつ者もすくなくない。

人文系でも、ちかいところから実例を挙げれば、ある種の哲学的文献、思想書のたぐいは、最終的には「万人向け」のものとは言いがたいものだろう。とくべつな概念的構成と思考の文体、論理展開の傾向をそなえているそうしたテクストについて、はじめから抵抗感を示す学生は、文学部生のなかでもめずらしくなく、ときには哲学系に進学したのちに適性の欠如にはじめて気づく学生も存在する。特殊技能とまでは言わないまでも、哲学書を読解し、理解することは、すくなくとも一定の嗜好、傾向と、ある期間におよぶ訓練とを必要とするいとなみであることは否定しがたい。

それればかりではない。たとえば日本史学や日本文学研究を学修し、研究する者たちには、一次資料としての古文書、写本類を解読する能力がもとめられる。いわゆる崩し字、時代と個性によって揺れのある表記に習熟することは、一定ていど以上の訓練と努力を要求する。また、いわゆる行動系の分野で、調査や実験、数値処理や統計処理が必要となる場合であっても、それぞれの研究ツールを使用するためには、ある期間の学習・実習が必須となることだろう。そのような意味では、人文系諸学とはいっても、特定の技能の習得と無縁ではなく、人文知にもまた、その基礎には、各分野の特性に応じた「技能としての知」というレベルが存在している。

だが、さきに紹介した一若手研究者の見解には、そういった一般的次元を超えた問題がふくまれているように思われる。当の見解は、あるいはなお一種の極論かもしれないが、一部教員の日びの経験と、部分的にはかさなるところもあるだろう。かんたんに言えば、「いまの学生は本を読まない」「読めない」という実感である。ことは専門書ばかりではなく、いまや小説や文学書一般にまでひろがっている、ということだ。

漱石を手がかりに

右のような傾向がじっさい存在するとして、その背景にあるものは、それじたい多様であろう。大学教員の側からしばしば持ちだされるのは、高等学校にいたるまでの教育の「歪み」であるけれども、この件については若干の責任逃れのけはいがしないでもない。いまひとつ挙げられるのは、全世界的な動向と、それを反映した文教政策の国内的な傾向である。大学教員がこのむクリシェを使用するなら、単純にいえばグローバル化と連動した、徹底した経済主義、実利主義がその背景にある、ということになるのだろう。そうした分析のすべては、おそらくはそれぞれに正当である。ここでは、しかしそうした状況の解析に立ちいることはしない。むしろ夏目漱石の卓越した予言をふりかえってみることにする。

漱石は、その小説群のなかでは抽象的で一般的な議論をことさらに持ちだすことを嫌い、その思考はつねに特定の物語のなかで登場人物に寄りそうかたちであらわれている。これに対して、文学理論をめぐる講義・著作群をいまべつとしても、講演等にあらわれる漱石の思考は高度に抽象的で原理的な次元について、日本近代を代表するこの知識人が相当ていどに習熟していた事情をも窺わせる。べつの場所（『日本哲学小史』中公新書）でも引いておいたとおり、たとえば講演「文芸の哲学的基礎」で夏目漱石はつぎのようにいう。「元来此私と云う――こうしてフロックコートを着て高襟《ハイカラ》をつけて、髭を生やして厳然と存在して居るかの如くに見える、此私の正体が甚だ怪しいものであります。フロックも高襟も目に見える、手に触れると云う迄で自分ではないに極っている。此手、此足、痒いときには掻き、痛いときには撫でる此身體が私かと云うと、そうも行かない」。漱石は、哲学的な思考につうじていたばかりではなく、哲学的なしかたで語りだすすべをもこころえていたのである。

夏目漱石の一般向けの講演のなかでも、とりわけて知られているものといえば、まずはたとえば「現代日本の開化」だろう。明治四四年の八月に和歌山でおこなわれた講演である。この講演についても、とはいえ西欧の「内発的」開化と日本の「外発的」開化という、やや図式的な対照だけがひとり歩きして人口に膾炙したかたむきがある。漱石はこの講演のなかでも、いくつかの論点について興味ぶかい原理的考察を展開しているのである。

「開化」の二面

「現代日本の開化」は、たとえばまず「開化」の定義を問題として、つぎのようにいう。定義というものは、しばしば事象のもっともたいせつな側面、すなわち「その物の変化」を取りのがしてしまう面がある。たとえば汽車の写真を撮影したとする。「丁度汽車がゴーッと駆けて来る、その運動の一瞬間即ち運動の性質の最も現われにくい刹那の光景」を写真に撮って、これが汽車だといい、「あたかも汽車の凡てを一枚の裏《うち》に写し得た如く吹聴する」ことはできない。「汽車に見逃してはならない運動というものがこの写真のうちには出ていない」からである。あるいは「騎兵とは馬に乗るものである」のはたしかであるにしても、「いくら騎兵だって年が年中馬に乗りつづけに乗っている訳にも行かない」だろう。

開化という事象も汽車や騎兵とおなじく、「動いている」ものである。だから、「開化の一瞬間を取ってカメラにピタリと」おさめるわけにはいかない。それでも以上を承知のうえであえて定義をくだすとすれば、開化とは「人間活力の発現の経路である」と漱石はいう。問題としておきたいのは、そのさきである。

この開化をかたちづくってゆくものには、「根本的に性質の異った二種類の活動」がある、と漱石はみる。ひとつは「消極的」なもので、「勢力の消耗を出来るだけ防ごうとする活動なり工夫なり」のことであり、いまひとつは、これとは反対に「積極的」なものであって、むしろ「勢力の消耗を意味する」。

前者は比較的わかりやすいところであろう。「活力節約の方からいえば出来るだけ労働を少なくしてなるべく僅かな時間に多くの働きをしようと工夫する」方面がそれである。この動向は、郵便から電話にいたる通信の制度を生み、自転車から自動車へと発展する交通の手段を生んだ。マルクスなら「時間による空間の絶滅」と呼び、ハイデガーならば「距離の取りさり Ent-fernen」と名づけるはずである。

和歌山から和歌の浦まで「使いに行って来い」と言われたら、たいていのひとなら、できるだけからだは使いたくないと思うだろう。人力車にでも自転車にでも電車にでも乗りたいと思うことだろう。「これに反して電車や電話の設備があるにしても是非今日は向うまで歩いていきたいという道楽心の増長する日も年に二度や三度は起こらないとも限りません。好んで身体を使って疲労を求める。われわれが毎日やる散歩という贅沢も要するにこの活力消耗の部類に属する積極的な命の取扱方の一部分」なのである。後者を漱石は一般に「勢力の消耗」をめざす「積極的」な活動と呼ぶ。それは趣味からはじまり、実利をはなれた学問へといたる活動にほかならない。

夏目の講演のポイントのひとつは、ここに「一種妙なパラドックス」をみとめるところにある。つまり、人間は「以上二種の活力を発現しつつ今日に及んだ」ものの、その開化は人間をすこしも幸福にせず、むしろ「競争が益劇しくなって生活はいよいよ困難に」なってきた、ということである。だから今日ひとびとの多くが神経を衰弱させているのも無理はない、と漱石は考える。講演そのものは、いよいよここから佳境に入り、この国の近代の命運としての「外発的」開化の問題へと立ちいることになるのだけれども、この稿ではこれ以上はそのあとは追わない。ここで注目しておきたいのは、漱石のいう二種類の活動そのものなのである。

手段としての知と目的としての知

漱石は学問を一般に「積極的」な活動のほうへ分類したけれども、じつは学一般のなかでも「消極的」なそれと「積極的」なそれとが存在することは見やすいところである。総じて実際の効用や必要とむすびあった学は前者であり、そうしたむすびあいが薄い学は後者にぞくすることだろう。人文系諸学は、いうまでもなく、後者に所属しているものと見なされている。

前者の学は、一般的にいって「手段としての知」にぞくするものと考えられる。文系諸学のなかでは法学系や経済学系の諸学問がこれに当たることだろう。後者の知の典型は、おそらくは文学研究であり、あるいは哲学研究となるように思われる。それらの学はそれ自体としては特定の目的のために有用であるのではなく、むしろそれ自身が目的となる傾向があるからである。

そう考えれば、なぜこんにち典型的な人文系諸学の領域が惨状を呈しつつあるかは、たやすく理解されるだろう。現在の私たちは多く手段はもとめるけれども、目的はもとめないからだ。そのとき見失われているのは、目的は手段を与えるとはいえ、後者が前者を与えることはないという簡単な事情である。それでよいのだろうか。とくに外発的なかたちで「皮相上滑りな開化」を余儀なくされたこの国にあって、それですむのだろうか。

たとえば小説を読むのは、たんなる暇つぶしでありうる。ごく素朴なことを言っておくならば、文学作品を読むことで、とはいえ私たちは世界の見かたを学び、世界のできごとに対して意味を与えることを学ぶ。小説が読めない、あるいは文学作品を読むことが特殊技能と化してしまう時代とは、世界のなかで目的や意味について思考することを忘れてしまう時代なのではないだろうか。そう考えると、げんざい進行している状況は、ことのほか深刻であるように思われる。

人文知の未来？

状況に対して即効性のある対策があるわけはない。状況を構成する因子は多様であり、その背景は膨大なものであるからだ。とはいえ、人文系諸学を教育し研究する現場にいる者が、外的要因に責任のすべてを帰することはゆるされない。たほうまた（じつは潜在的には多く見られる反応なのだが）じぶんが在籍する期間だけ人文系の教育研究が持続すればよい、と割りきることも許容されないことだろう。ある位置を占めていることはひとつも既得権ではないけれども、特定の場所は、それが必要であり、あるいはかけがえのないものであるならば、つぎの世代へと手わたされなければならないからだ。「わが亡き後に洪水は来たれ」は資本の原則ではあるが、人文知の原理ではありえない。

即効性のある方策が存在するわけがない。いまもそう語ったところである。とはいえ、情況を座視して滅亡を甘受することも、とりあえずはゆるさない。そうもしるしたところであった。

ネガティブな意味では、してはならないことがらがだいたいは見えてきている。たとえば「目的としての知」を総体として「手段としての知」に切りかえてゆく（あるいはそのふりをする）ことである。哲学が時事問題のみを語ったり、倫理学のすべてが応用倫理となることは自殺行為であるばかりではなく、その耐用期間も存外みじかいものであることが分かりはじめている。ポジティブな意味でなにをなすべきかについては、なお見とおしがついていない。私が所属している機関では、とりあえず人文系諸学への入り口を複数化すること、各領域をへだてる壁をより低く薄くして、分野の境域を超えた知の流動化をこころみようとする動きも一部ではじまっているとはいえ、その将来を見とおすことは困難である。たしかなのはなにかをなさなければならないということだけなのである。

日本のキリスト教大学における神学と制度――青山学院大学の場合

西谷幸介

はじめに

企業倫理学（Business Ethics）は一九八〇年代に本格化した、いまだ若い学問だが、その倫理的価値観の実践的応用の喫緊性の認識から、すぐさま企業内および公共領域でのその制度化を要請し、実際、ある程度の成果を得てきた。しかし、現実的適用の必然性の認識というのみならず、その価値観にたいして容易に起こりがちな企業関係者自身による軽視・無視への恐れという面も、この制度化を要請させた要因の一つであると思われる。

そうした事情、とくに後者の点は、人文学と制度との関係にもある程度共通すると思われる。大摑みには、大学における人文科学はより観念的・理念的なものを扱い、社会科学やとりわけ自然科学はより現実的・具体的なものを扱う、と言えよう。そして、後者の要素は可視的な意味での制度というものにつながりやすいであろう。工学の牙城たるマサチューセッツ工科大学の正式名称は Institute であって、その初期はまさに実験研究教習所とも言うべき施設制度そのものであった。

しかし、「制度」とはその核心の理念と、そこから派生する諸規範およびそれを具現するための機構や施設によって成り立つものであり、制度を考える場合、後者の可視的側面にのみ目を奪われるべきではない。その意味で、大学において人文学が要する教育研究上の制度の重要性が、今日、あらためて質的に深く認識されなければならないと考える。人文学が向かう理念的・普遍的なものが直接的効用や実用的価値を実感させるものではないということが、愚かにもその軽視につながってはならない。人文科学に関わる制度は量の加法においてではなく、質と量との乗法においてとらえられねばならないのである。

さて、大学史において人文学を代表する哲学は学術全体を統合する機能を担ってきた。神学も哲学との対論をもって自己研鑽し、同様に真理全体を探究するその本質により、必然的に学術一般を統合する役割を帯びてきた。ゆえに、そうした統合機能を遂行するための制度的保障は大学における人文学には必須である。問題は、わが国の近代的大学がそうした学術の統合機能にはほとんど無頓着でこれを制度化せず、官僚や技術者の養成といった目先の実利を求めて成立し、それが大学の本来の在り方を覆い隠す方向に作用してきた点にある。ＭＩＴの設立は一八六一年であったが、東大は創立の九年後、一八八六年に早くも工学部を設置した。しかも総合大学に工学部を置いたのはこれが世界の嚆矢であった。

しかし、一九九一年のいわゆる大綱化以来――遅きに失した感はあるが――人文学が大学教育の基礎であり、その学術研究全体の統合機能に関わる責務をも担うという、大学本来の在り方への自覚が従来に優って深化してきたと思われる。「人文学と制度」というテーマが真剣に取り上げられ掘り下げられるべき所以である。

ところで、前述した企業倫理的価値観の制度化に関して、日本の大企業のリーダーには、欧米の制度を模倣し導入したとしてもいかがなものか、要は配置される人間の質の問題であろう、といった主旨の発言も少なくない。こうした視点に一定の真理契機は認められるとしても、そこに自らに利する従来の在り方に固執するリーダーの自己欺瞞の要素も同時に認められるべきであろう。社外取締役の法制的導入にあらゆる理屈を持ち出して執拗に反対するわが国の企業リーダーに、日本的経営における隠れた利己心（self-interest）の契機は皆無か。

たしかに制度は制度でしかない。これを運用する人間の良質と実力とが相俟ってはじめて制度は生きる。しかし、制度が設定されてはじめて脆弱で移ろいやすい人間の意志が堅固化され、理念への運動が担保されることもたしかである。「エートス」すなわち「倫理的に培われた性格」を表わすギリシア語の語源は、「し慣れている」という動詞や、住み慣れた所すなわち「棲家」という名詞に遡る。そして、その住処を表わす英語stableやstallからstability「安定性」とかinstallation「施設制度化」といった意味の言葉が派生してきたのは故なしとしない。制度の実現はその核心たる理念への満腔の賛意と承認の表現なのである。もちろん、制度の細部は時代の条件により適宜変更すべき面も覚えられなければならない。

さて、以上のごとき観点から、以下は、わが国のキリスト教大学の一ケースとして「青山学院大学における神学と制度」の問題として、その歴史を振り返りつつ筆者なりに論じてみたい。キリスト教的建学精神すなわち特定の宗教的価値観の標榜により統合《インテグリティ》を保持しようとする一大学の例であって、わが国の従来の大学観に馴染んでこられた向きには異質な感じを与えるかもしれないが、全国大学数・就学生数において優に一割を超える勢力中の一例であり、また大綱化による各大学の自由な個性的展開への奨励を俟たずとも元来それに努めてきた例でもあって、読者に何らかの参考になれば幸いである。

1　青山学院大学の統合に関わる問題の構図――神学科、キリスト教概論、大学宗教主任

まず、問題に関わる歴史事項を簡潔に押さえておきたい。青山学院の起源は一八七四(明治七)年の麻布での女子小学校開設であるが、青山学院大学(以下、「青学」と略記)の実質的前身はその五年後、七九年に横浜山手に開校された「美會《みかい》神学校」(神学科、普通科)である。前年に創設された「耕教学舎」もこれに合流した。これが八三年に青山に移転し「東京英和学校」となり、九四年に「青山学院」と改称する。一九〇四(明治三七)年には専門学校(神学部、高等科)として認可される。〇六年に「青山学院財団法人」を設立し、その「寄付行為」第二条には「青山学院の教育は永久にキリスト教の信仰に基づき行なわれなければならない」旨が記され、これは現在にまで継承される。

一九四二(昭和一七)年に大学開設計画を発表するが、いったん中止。戦後、四八年、あらためて設置認可申請書を提出し、翌四九年認可される。旧専門学校を改編したこの新制大学の学部学科構成は、

文学部――基督教学科、英米文学科
商学部――商学科
工学部――機械専修、土木専修

であった。その後、他学部学科、大学院研究科が増設されていくが、省略する。そこで、以後のキリ

スト教関係学科・研究科および関連の事項のみを記せば、次のごとくである。

一九五〇年　文学部第二部基督教学科設置（六一年廃止）
　五三年　文学部基督教学専攻科設置（五六年廃止）
　五五年　文学研究科聖書神学専攻修士課程設置
　五九年　文学研究科聖書神学思想専攻修士課程設置
　六〇年　大学宗教主任会・大学宗教委員会規則制定
　六一年　文学部基督教学科を神学科と改称
　六四年　大学キリスト教教育協議会（於・大磯クリスチャン・アカデミーハウス）
　六九年　学部長のクリスチャン条項緩和（キリスト教徒であるべきとする条件の削除）
　七一年　東京神学大学生編入問題、文学部による基督教概論の選択科目化、大学長クリスチャン条項緩和
　七二年　大学宗教部長・大学宗教主任規則制定、理工学部基督教概論選択科目化、理事会による神学科学生募集停止決定、文学部による神学科廃止への不同意
　七三年　文学部以外の全学部による基督教概論の一般教育科目の枠外必修科目化
　七四年　文学部も基督教概論枠外必修科目化
　七六年　文学研究科聖書神学専攻修士課程廃止
　七七年　文学部神学科廃止
　八一年　文学研究科聖書神学思想専攻修士課程廃止

八二年　理事会はキリスト教学科・神学科・神学部再設置せずと決議
八三年　理事会は東京神学大学に青山学院奨学金協力基金設置を決定
八四年　大学宗教部長・大学宗教主任規則改正（両職を本部所属から大学所属とする）
九〇年　全学部におけるキリスト教概論の必修化
二〇〇三年　キリスト教概論の青山スタンダード教養コア科目（必修）化

これら事項の列挙だけでは読者には意味不明ゆえに説明していくが、ここに織り込まれているのは、①神学諸科目を教え牧師を養成する「神学科」、②青学の建学精神に基づく教育研究の象徴的必修科目としての「キリスト教概論」、③学内のキリスト教行事と活動を掌《つかさど》り、キリスト教概論を担当する「宗教主任」、という相互に絡み合う三つのテーマである。そこで、それらの関連を意識しつつ、問題の状況を簡潔に辿ってみよう。

神学科

まず神学科の問題から始めるが、既述したように青学は神学校つまり牧師養成の専門学校として出発した。その伝統がリベラルアーツ大学を指向した新制大学においては文学部基督教学科として再現される。しかし、学部四年間の教育ではアメリカでなされているような大学院レヴェルの三年間の課程を経ての牧師養成という条件は満たされないため、学部四年に博士前期課程（旧修士課程）二年を加えるという工夫がわが国ではなされた（これは現在でもそのまま継承されている）。それが一九五五年の文学研究科聖書神学修士課程設置に表わされている。六一年の基督教学科から神学科への改称もこの牧師養成の線に沿ったものであった。

しかし、青学のこの牧師養成教育は七六年の神学専攻修士課程の廃止および七七年の文学部神学科の廃止の措置によって終焉する。

なぜそうした結末を迎えたか。これを考えることが「人文学と制度」の問題、より特定的には哲学ないし神学による現代の大学の統合という問題の急所把握につながっていくと思うが、いましばらく青学の歴史に沿ってさらに問題を追ってみよう。

じつは、戦後の新制大学設置に至る以前、戦時下の宗教統制という時局に加え、財政上の問題も手伝って、青山学院神学部は四一（昭和一六）年のプロテスタント諸教派合同による日本基督教団の設立になる神学校（四九年より現在の東京神学大学）に合同し、自らは四三年に閉部していた。ここから、大学設立のさいには、やはり往年の牧師養成機関を復活させるべきだとする方向と、それは東京神学大学に委託し、青学の基督教学科は大学における一般的なキリスト教の研究・教育の場として社会事業従事者の養成等を目指すべきだとする新たな方向が現われ、基督教学科をめぐる考え方は二分したのである。

事実としては、第一の方向の勢いが当時は優り、これが継続されたが、やがてその神学科自体において「永久にキリスト教の信仰に基づきその教育を行なう」とする青学の姿勢に抵触する方向が顕著となり、この方向にたいしては理事会がそれを封じる形で、前記七七年をもっての神学科廃止となったわけである。そのさいの理事会の考え方は、前記の第二の方向を継承しつつ、なおキリスト教的建学精神を堅持しようとするものであった。

キリスト教概論

青学の神学科廃止は、外部から見て、六九年の大学紛争とその余波が直接の要因であろうとの印象が抱かれていたかもしれないが、たしかにそれが触媒作用程度は及ぼしたとしても、事の本質は大学紛争勃発以前、すでに六四年の大磯での大学キリスト教教育協議会における必修科目「キリスト教概論」をめぐる議論に象徴されていた。神学科教員自身が青学開学以来の必修科目であったキリスト教概論を選択科目化するという提言を行なったのである。建学の精神を自ら選んで入学してきたわけではない大半の学生にこれを必修化することは不適切との主旨である。これが「抵触する方向」の発端であり、大学紛争期を経て、それは実際、七一〜七二年の文学部等における同科目の選択科目化という形に結果した。

これにたいして理事会は、キリスト教概論は「本学の建学の精神に基づき設置された」、「キリスト教の知識を与え、可能な限り宣教的意味をもって教導するという特殊の任務をもつ学科目」であり、「大学設置基準に基づく一般教育科目（たとえば宗教学など）と同一に取り扱われるべきでない」として、その選択科目化を認めなかった。その結果が、全学部におけるキリスト教概論の一般教育科目の枠外必修科目化という特別な措置となった。この特別措置は九〇年度に解除されるが、それはキリスト教概論が一般教育科目の枠内で再度必修化されたからである。

大学宗教主任

以上が、青学における「キリスト教概論」というそのキリスト教的建学精神の象徴的必修科目が深く絡んだ「神学科廃止」の顛末である。しかし、そこに並行して登場してくる大学宗教主任《チャプレン》なる役職についても説明を要するであろう（なお、大学宗教部長とは、宗教主任たちのリーダーシップを担う役職である）。キリスト教では、教会（church）以外の病院、学校等の諸施設に付属する礼拝堂をチャペル（chapel）と称する（そのラテン語原語 cappella は聖職者のガウン＝cappa が保存された礼拝堂の意）。このキリスト教諸施設の付属礼拝堂《チャペル》の活動に責務を負う仕え人（minister）がチャプレン（chaplain）であり、キリスト教大学の礼拝その他の宗教的・教育的活動に責務を負う者を日本語では大学宗教主任《チャプレン》と呼んでいる。

　この大学宗教主任に関する青学の理解――従ってまたそれに関する規定――は、開学以降の五〇年代、またそれに続く前記の神学科およびキリスト教概論の取り扱いが混乱した六〇年代は、概して言えば、曖昧であった。その間、実際には学長が学部に所属する教員を数名、宗教主任として委嘱していたが、七二年、理事会は当時の状況において「宗教主任が学問研究の教師である」場合に現実には「牧師の職責を果たしていない」という判断のもと、開学以来はじめて「大学宗教部長および大学宗教主任に関する規則」を正式制定し、大学教員に準ずる特別職として学長が推薦し院長が委嘱する者を宗教主任に任じるという規則を定めた。学院宗教センターに所属し、各学部教授会には列席者となるが、同時に「キリスト教概論専任の担当者となる」という骨子である。要するに、宗教主任人事はキリスト教的建学精神を堅持しようとする大学設置者たる理事会主導の案件とするということである。

こうした規則の背景には、前述の判断のほか、前年の学長のキリスト教徒条項削除への考慮もあったと思われる。

しかし、これが理事会が証言したとおりの「一時的措置」であったことは、八四年に改正された同規則では「大学宗教主任は各学部に所属し当該所属学部教授会の構成員とする」と謳う点に明瞭である。この規則はまた、宗教主任は「大学教育の根幹をなすキリスト教信仰を堅持し、かつ学生・教職員に対する宣教の使命の達成、及び大学におけるキリスト教教育の徹底をはかる」というその目的を明示する。その後、九五年の改正規則では宗教主任の任用手続きを学部の一般専任教員と同じくし、また「原則として、三年以上の牧会〔教会牧師職〕経験を有する者」、「授業科目を担当するにふさわしい学識を有する者」との条件を付した。その後さらに、学部長はこの任用手続きにおいて大学宗教主任会を代表する大学宗教部長の同意を得るべき旨が加えられ、今日に至っている。

現在、青学では宗教部長も含み一〇名の宗教主任が、学内のさまざまな宗教活動に加え、キリスト教概論I・IIのほか、自身所属の「学部の学問領域に関連させて講義しようという努力」のもと、「青山スタンダード科目」等で多様なキリスト教関連科目を担当している。

2　大学の統合をめぐるいくつかの留意点――青学の例から

以上、青学のキリスト教的建学精神に沿う統合《インテグリティ》の保持の努力を、いささかその内状に立ち入って紹介した（なお、本稿では個人名の言及は不要と考え、一切挙げていない）。これを、ガチガチの宗教的確信に立った一大学当局の、大学の何たるかもよく弁えないゴリゴリの大学統治の例として、辟易感とともに読んでいただいた向きもあるかもしれないと想像する。しかし、あの大綱化は各大学の自由な個性的展開の奨励であったとの理解に立てば、以降、それぞれの建学の精神や理念に基づき自覚的な大学統合に赴こうとする場合、この青学の例は参照に値する諸要点を有しているのではないかと思う。

ベルリン大学哲学部の問題との類比

そこで想起するのは、近代の大学の模範とされたベルリン大学（一八〇九年創設）における哲学部の問題である。この大学が、上級三学部すなわち神学部・法学部・医学部と下級学部すなわち哲学部より構成された従来の大学像を打破して、形式的には四学部が対等化し、実質的には哲学部が真理探求の立場から他三学部の学問的営為を検証し統御するという考え方（哲学はもはや神学の侍女ではない）に基づいて創設された、その意味でも近代的大学であったことは、周知のごとくである。これはカント『学部の争い』（一七九八年）により提示された大学論であり、初代学長フィヒテがカントの後継者を自任する哲学者であったことはこの大学のそうした理念を証左する。

しかし、晴れて従来の上級三学部と並ぶのみならずそれらの主導さえ志向したこの哲学部が自ら問題を醸し出す。簡単に言えば、この大学の諸学問を関連づけその統合に努めるというその一方の責務を疎かにし、自学部内での哲学固有の諸分野諸主題の深化の方向に走ったということである。要するに、上級三学部と肩を並べることに懸命となったわけである。対等化政策がかえって仇となった。哲学部としては統合の契機すなわち学問体系論への取り組みのほうがよほど重要であったと思われる。

ここに大学統合という課題の遂行者につきまとう自己二分化のパターンの問題がある。キリスト教概論に絡んで青学の神学科が惹起した現象も同様のパターンにとらえられたものであった。しかもその選択科目化も自覚があって選んだ道というよりは、問題認識の稀薄さがもたらした事態であったように思われる。理事会は、キリスト教概論は「宣教」のため、というもっぱら宗教的な表現のみを用いてこれを堅守したが、しかし、大学の理念に従う統合という視点から解釈すれば、意味ある姿勢を貫き通した、と言えるであろう。大学における「キリ概」のクラスは学問講義の場であり教会と同じ伝道の場ではない、といった、したり顔の発言が現在でもなされるが、いささか視野狭窄であり、問題把握の十全さに欠けるであろう。理事会も「広い意味での宣教」と性格づけていたのであり、けっして学問性を無視するようなファンダメンタリスト的理解を振りかざしていたわけではない。

以上、青学神学科によるキリスト教概論選択科目化をベルリン大学哲学部による大学の学問統合課題の放棄との類比において見てみた。青学のこの経験がもたらす教訓は、一定の建学理念に基づく大学形成においてはこうした二分化の問題が随伴するということが自覚され、その問題は建学理念に沿う仕方で克服されるべきだということである。

建学の理念の担い手の制度化の必然性

こうして、青学においてはキリスト教的建学精神を堅持しようとする理事会と他学部と同じ発想に傾こうとする神学科との間に一つの陥穽が生じたのであるが、青学においてその陥穽を埋めるために強化されたのが大学宗教主任制度であった。そこで、その意味をあらためてキリスト教神学の観点から押さえておきたい。

現代の神学は組織神学・歴史神学・聖書神学・実践神学の四部門から成るが、ここで取り上げたいのは組織神学であり、その三分野、教義学・弁証学・倫理学のうちの弁証学である。簡単に言えば、教義学は三位一体の神の啓示の真理をその主要証言者たる聖書本文に依りつつ体系的に探究し叙述する。弁証学はそれを教会外の哲学等の知的営為との対論において弁証する。倫理学は前二者に基づきもっぱらキリスト教的行為規範を探究し提示する。

ここからキリスト教大学の象徴的科目たるキリスト教概論のほか、所属学部で関連科目を担当する宗教主任の機能を性格づけるとすれば、やはりそれは弁証学的営為であると言えよう。神学部自体は神学全般を教授し、牧師（神父）を養成する。総合大学に設置された場合も、その本務は聖職者養成である。総合大学の学生全般にたいするキリスト教教育への関与を要請された場合はそれに携わるべきであろうが、その本務はやはり自学部における教育研究であろう。そこで、総合大学の学生へのキリスト教教育、教職員への宣教、教員との知的対論に専従する存在が必然化する。これが日本のキリスト教大学における宗教主任の役割である。

青学は、見たごとく、牧師養成を単科大学大学院としての東京神学大学に全面的に委託し（同大学に青山学院奨学協力基金を設置している）、これをもって神学科・神学専攻科を廃止した。実際、青学を卒業し東京神学大学に入学する学生は少なくない。これはたとえばアメリカにおいて四年制大学を終えて三年制の神学・法学・医学大学院（Divinity School, Law School, Medical School）で聖職者・法律家・医師の専門職資格を得るという制度に倣うものと言えよう。このように牧師養成を東京神学大学に託して神学科を廃止したゆえに、青学はあらためて総合大学のキリスト教的統合の役割を担う制度として大学宗教主任制度を置いたわけである。すなわち、先に見たあの二分化すなわち神学的営為の分業が、ある決断のもとに制度として敷かれたのである。

わが国のキリスト教大学で神学部を有する場合も並行して宗教主任を置く例がほとんどであり、神学部がない場合は青学と同様の宗教主任制度を取っている。それらとの比較で青学の制度の特徴を挙げるとすれば、宗教主任が各学部毎に一名配属されているということであろう。その意図は――繰返すが――宗教主任における弁証学的課題の自覚と遂行への期待と保障ということである。これに対応しているのが、所属「学部の学問領域に関連させて講義しようという努力」という表現である。

以上のごとく青学の宗教主任制度に即して述べてきたことを、一定の建学の理念に基づく大学形成という課題に移して考えれば、絶えずその理念と各教員の教育研究との対話が行なわれ、相互の関連づけがなされ、そのうえで理念の堅持と展開がなされるべきであるということである。神学はその弁証学の領域においてキリスト教以外の思想学問との対論を怠ってきたことはなかった。むしろギリシア古典哲学、ローマ・ストア哲学等との対話こそがキリスト教神学の足腰を強めた最大の要因と言って過言ではない。そして、キリスト教が大学、とりわけ総合大学を営む場合、この弁証学の精神と伝統はこれまでも自覚的に堅持されてきたし、現にいまも堅持されているのである。

おわりに

以上は「人文学と制度」という主題をめぐる私立キリスト教大学としての青学における一視点から

の報告であるが、最後に、あの大学紛争で神学部が解体された一キリスト教大学のその神学部教員によって紛争中に提示された大学観と対論しつつ、一言しておきたい。

それによれば、大学を制度として統合する理念は、大学が本来もつ普遍性・公共性のゆえに、特定のイデオロギーや信仰であるべきでなく、「真理」という普遍的なものであるほかはない。しかもその真理の把握の仕方は大学の研究者個々人の自由に委ねられるべきである。個人や一定の制度（教会や政府）がその真理理解を普遍的と主張することはありうるが、大学はそうすべきではない。官吏養成の理念に立った日本の国立大学にたいし、独自の理念を掲げた私立大学の存在は一定の意義をもったが、それで特定の信仰を私立大学の「統一原理」としてよいわけではなく、それは「正しく非宗教化」された場合にのみ容認しうる。要するに、大学の制度はキリスト教信仰を理念とする研究教育方針とは相容れない。

筆者はこれも一つの大学観として許容されうるし、そこに謳われるような大学があるのであれば、それはそれで結構なことだと考えるが、ここで注意を喚起したいのは、そうした大学も含めて多様な理念による大学の存在を可能ならしめているのが、日本もそれを擁する、政教分離を原則とする（近代プロテスタンティズム発の）民主主義憲法だということである。そして、それに則れば「個々人の自由」のみならず「結社の自由」も承認され、それを基盤として「私立大学」も含めた自発的結社《ヴォランタリー・アソシエーション》としての「中間団体」（デュルケム）も可能であって、これがじつは社会を活性化する中心勢力となっているという事実である。ジャック・デリダがその創設に携わった「国際哲学コレージュ」もまさにこうしたアソシエーションそのものなのである。

私立大学を考える場合、以上の認識はきわめて重要である。先の大学観に違和感を覚えるのは、それが依拠するであろう「学問の自由」の観念がいささか古色蒼然とし、以上の認識に欠けたものに映るからである。政教分離原則がその一つの代価としてもたらした「非宗教化」すなわち教育に必須の――と筆者は信じる――宗教的次元の禁忌化は、当然のことながら、私立ではなく、国立・公立学校にたいするものであった。それゆえにこそ宗教立私学はその理念がそれぞれに示す公共性をもって存在意義を発揮すべきなのであり、社会は賢明にも――私立学校教育に係る実質的な二重納税にもかかわらず（それを均衡するのが私学経常費補助金である）――それを要請しているのである。そもそもキリスト教総合大学としての青学の素地そのものが以上の法制的土壌から生い立ってきたものなのである。

さて、こうした私立大学も含めて、大学における人文学の重要性の認識は今後さらに大学制度の中に反映されていくべきであろう。制度はとくに危機にさいしてその意義を確認させる。わが国のキリスト教は、キリシタン排除を主たる理由とするあの約二五〇年間の鎖国政策以降も、ずっと危機の中に置かれてきた。本稿では継続するその流れにおける一キリスト教大学の現代的局面を紹介させていただいた。

参考文献

青山学院大学五十年史編纂委員会編『青山学院大学五十年史　資料編』（二〇〇三年）
青山学院大学編『青山学院大学五十年史〔通史編〕』（二〇一〇年）
森本あんり編『人間に固有なものとは何か――人文科学をめぐる連続講演』（創文社、二〇一一年）
拙論「ベルリン大学創設前後のドイツの学問論・大学論の状況」、青山学院大学総合研究所研究プロジェクト「キリスト教大学の学問体系論」編 *Credo Ut Intelligam*, Vol. 2（二〇一二年）

高尾利数編著『キリスト教主義大学の死と再生』（新教出版社、一九六九年）
西山雄二『哲学への権利』（勁草書房、二〇一一年）

第二部　哲学と大学

大学——知と非-知

ジャン＝リュック・ナンシー（西山雄二訳）

すでにここ二〇年以上のあいだ、いや、詳細に分析しようとすれば、もっと長い期間にわたって、ある変動が世界中の大学に浸透し、「高等」の名称に適した水準の研究教育機関に押し寄せている。この変動はありとあらゆる国々に浸透しており、なるほど、大学が長きにわたって存続してきた地域ではとりわけ顕著な形で現われている。大学はときにきわめて長いあいだ存続してきたが、例えば、歴史の古いヨーロッパにおいて大学は一一世紀あたりに誕生しているのだ。比較的最近になって大学が創設された地域では、往々にして大学は、本稿で問われる変動をすでにある程度前提とする基盤の上で確立された。この変動とはつまり、高等教育段階における専門的職業教育のことであり、この考え方は程度の差はあれ公然たる事実と化している。

かつて大学は、イタリアのアカデミーのような別種の機関と同様に、職業訓練の高等段階と考えられてはいなかった。民衆の普遍的教育という発想すらなかった時代において、こうした考え方はおよそ整合的な意味をもたなかったことだろう。

大学はさまざまな知の総体をまとめ上げる可能性という思想に相応する。それは少なくとも、「知」とみなされうるものの知性的、さらには精神的な卓越性をあらかじめ形成するとされるさまざまな知の総体、いわば、「科学」、「学問」、認識や論証の方法の習熟である。（見習い期間を前提とする）職人技やその他の実践（例えば、農業、商業、軍事）はまさにその現場作業を通じて十全に伝承されるが、これらの実用的な技術の習熟と大学での知の総体は区別される。この文脈においてこそ、「自由技芸《アルテス・リベラーレス》」と「機械技芸《アルテス・メカニケー》」といった区別(1)が価値をもち、たんなる「仕事」「労役」「任務」とは区別される数々の「技芸」の総体が意味をもつのである。「職人仕事《メチエ》」という名称は職務や任務、特殊な任務や役目の完遂と似通っているが、それはまだ、ノウハウの側にあると考えられていた。すなわち、場合に応じてその実践に必要とされうる知識ではなく、むしろ行為を通じて習得されるノウハウである。

この同じ状況において、もっとも高尚な意味での知は聖職者の役職と密接に結びついていた。かつてはこの役職を通じて知的な活動実践がおこなわれていたからである。聖職者は信徒共同体の法的、社会的、精神的な運営に必要な知識と才能を兼ね備えた人物だった（古典古代においては、論証、法律、思考を扱うためのあらゆる形式を習得した教師がこの役目を果たしていた）。

二つの大規模な変化がこうした状況を揺るがした。

一つ目の変化は、ずっと後になって——一九世紀において——やっとその近代的な意味を獲得するある言葉によって象徴されうるだろう。「技術者《エンジニア》」である。あらゆる種類の作品や機械を考案し、実現し、維持し、完成させる人物は（この場合、建築家、水力技師、弾道学専門家などを同列に並べることができる）、なんらかの知に基づいて育成される者ではなく、職人仕事を通じて自分で技術を習得する者としてまず表現される。実際、こうした人物は往々にして特殊な腕前を磨き、創意を豊かに膨らませる職人である（こうした特徴づけからこぼれ落ちるのは医者である。医者は特別な知識、つまり秘教的な部分を含む知識を意のままに駆使するとされるからである。そのため、きわめて早い時期に、とくにイタリアで医学の学派がいくつか成立したのだった）。

逆に、技術者とは実生活――技術、社会、経済、政治――の状態をかなり明瞭に象徴する近代的人物である。日常生活で用いられる用具の大半は、職人仕事を通じて習熟を遂げた職人によって生み出されているわけではない。専門的な技術者集団のみならず、社会、経済、財政、政治の専門家らが相互に依存し合う集団、さらには、当該の活動領域を完成、変容、刷新させるべく働く人々がいて、彼らの考え方や計算が職人らに先行しているのだ。二〇世紀に発案された「エンジニアリング」という言葉はある知の状態を特徴づけている。すなわち、大量の知識を保持することが活動の大半を占めている状態、これら知識の伝承と発展が互いに、社会が期待する用途によって、少なくともかなり広範囲で磁力のように引きつけ合う――「一点に集中する」とは言うまい――ほかない状態である。

その結果、社会で通用している地位や役職に就くために、そのほとんどの場合、一定の「蓄積」された知識が必要となってくる。こうして知識習得のさまざまな水準が規定され、「初等」「中等」「高等」といった教育段階の区別が生まれたのである。


第二の変化は「市民」という形象によって生じる。市民とはもはや君主の臣民ではなく、主権――人民の総体――の成員のことである。こうした表現におけるそれぞれの言葉はその定義づけを必要とするだけでなく、法的、社会的、政治的であると同時に、哲学的、精神的、宗教的な意味での洗練、議論、省察をも必要とする。市民はその市民としての資質を十全に備えて生まれてくるわけではない。だがこうした資質のおかげで、市民はその職業的かつ市民的な活動――例えば、芸術、スポーツ、思索、想像といった実践――を越えてあらゆる可能性を見い出し、この可能性をその人間的生活を通じて発揮させることができるはずである。

その結果、なんらかのエンジニアリングの手段を市民に習得させつつ、知と思考の生活のもっとも高尚な次元において、その市民生活や人間的生活を意味するあらゆるものへとアクセスする手段を市民に提供する必要性が生じることになるし、生じなければならない。

かくして、ある責務が明らかになってくるのだが、容易にわかるように、この責務はきわめて複雑であるだけでなく、少なくとも矛盾の可能性を秘めている。技術者の育成が市民の育成と調和するのかどうか、さらには、私たちが本稿で「人間」と呼ぶものと調和するのかどうか、定かではない。思考や芸術の自由な行使へのアクセスがつねに望ましいのかどうかさえ疑わしい。こうした行使がもっとも実験的、そして、実存的、不安定、冒険的な意味で含意する「研究」の次元全体もそうである。こうしたアクセスの場所への標識を示してくれる聖職者はもはやいない。聖職者が知や社会においてかつて維持していた役割を宗教がもはや果たしていないからという理由だけに限った話ではない（宗教が政治権力を握っている場合でさえ、技術者は宗教の側につく）。宗教がその役割を失ったのは、知の総体や知の合目的性の総体が変容したからであって、その逆ではないのである。

だがたしかに、技術者、市民、人間を互いに切り離すべきではないだろう。こうした分離こそが、かつて大学と名づけられたもの（明確にしておくと、それはほとんどの場合、大学という名称を掲げる諸制度、多様なエンジニアリングの人材育成センターとは異なる）を場違いなものにし、解体する運動を密かに作動させているのである。

エンジニアリング的なものにアクセスする手段を、どこで、いかにして、市民や人間に提供すればいいのだろうか。逆に、市民や人間をないがしろにはしない手段を、どこで、いかにして、技術者に提供すればいいのだろうか。

ここで解答を提示しようとは思わない。問題は途方もなく複雑なので、「大学」という制度的理念のような何かを積極的に保存しなければならないなどと先走った判断を下したくはない。おそらく、エンジニアリングや合目的性を欠いたまま、何かが無根拠に探究される、そんな知的生活のまったく異なる形が考案されることになるのだろう。反対に、おそらく、市民や人間といったものにかならず心を開きながら技術者を育成する方法も見い出されることになるのだろう。

いずれにせよ、次の二点は確実だ。技術者は、知や彼の仕事たるノウハウが、市民や人間のあいだで何に関与しているのかをまったく知らない。他方で、市民や人間という観念について、私たちは結局、たいしたことを知らないし、おそらく何も知らない。

ここから単純な要求が生じてくる。「大学」の諸機関が結集し交流していくとされる「知」はどこにも実在してはおらず、ましてや、理想として、幻像としてさえ実在してはいない。私たちは、自分たちの知の宛先＝使命に関して明らかに〈非‐知〉の状況下にいる。この〈非‐知〉から出発してこそ、〈非‐知〉から開始されうる省察を起点としてこそ、「大学」という言葉がかつて何を意味しえたのか、もはや何を意味しえないのか、あるいは、何を意味しうるのかを省察するというなんらかの意味が生まれてくるのである。

明らかに「大学」という言葉が、思考が行使されうる場をもはや意味しなくなっているのであれば

（思考はさまざまな活動のひとつにすぎないとはいえ）、この言葉がさらに何を意味するのかと問う必要もあるだろう（「大学」は数多くの場所で「エンジニアリング高等研究所」のコード・ネームと化しており、もうすでに何の意味も示していない）。だが、思考することを諦める必要はない。思考の他の形が、他の活動的な場がすでに生じているのだ……。それでもなお、聖職者のいない世界において、精神の働きを保証する責務をまさに社会全体で負わなければならないのである。

（1）〔訳註〕「自由技芸（artes liberales）」と「機械技芸（artes mechanicae）」は古代ローマにおける技芸の区別で、前者は自由人のための高貴な技芸、後者は手仕事を通じた下位の技芸である。「自由技芸」はローマ時代末期に文法、弁証術、修辞学の三学と、算術、幾何学、天文学、音楽の四科からなる「自由七科」として規定された。ヨーロッパで大学が誕生したときに、自由七科は学修されるべき科目とみなされ、その伝統が今日のリベラルアーツ教育にまで至っている。「機械技芸」は手工業や商業、農耕作業、芸術的活動など、奴隷を含む下等な働き手による技芸である。

＊本稿は、本論集のために書き下ろされたJean-Luc Nancy, «Université: savoir et non-savoir» の翻訳である。

技術と人文主義について(1)

テオドール・W・アドルノ（横山 陸訳）

みなさんの学祭日に、みなさんの関心を引く問いにごく手短にですが立ち入ってみようとする前に、私は、みなさんと私とのあいだでの意思疎通を容易にするため、二言、三言、前置きをしたいと思います。〔工科大学で学んでいる〕みなさんの多くは実務家です。そうしたみなさんが、実務的な生活という他律的な営みに対して不満を強く感じています。それは〔人文・社会研究者である〕私たち理論家が、自らの思想の無力に対して不満を抱いているのと同じほどです。しかし他方で、〔みなさんが実務において行為するのではなく、思考しているときにも〕その思考のアプローチと構造の点では、みなさんは実務との関係から離れることがほとんどできません。みなさんに与えられる問題は、それに対する的確な解決策が〔最初から〕期待されていて、そうした事態に、みなさんは慣れてしまっているのです。しかしそうした問題が、〔人文主義に関する〕今日の論点ではありません。というのも、今日の論点は、自己の内部に閉ざされた、よく定義されているような対象領域に由来するものではないからです。そうした対象領域のうちでは、問題として生じることに対しては何でも、少なくとも典型的な解決の可能性があらかじめ見通されているのですが。〔今日の論点である〕人文主義とは何であるか、あるいは何であるべきかを定めるために、私たちはわずかな力しか持ち合わせていません。それは、設計され組み立てられるべきものを発見するというエンジニアや建築家や化学者の力に比べて、比較できないほどはるかにわずかなものです。しばしば私たちは、こうした相異を見誤って、問われている問いを総じて技術的な問いと見なす誘惑に曝されています。このことは〔人文主義が目指す〕教養の危機のひとつの兆候ですらあります。してみれば、みなさんは、とりわけ次のような見解に注意すべきです。すなわち、ここで私たちが議論している〔人文主義に関する〕事柄はみなさんの専門分野にではなく、哲学者や人文・社会研究者たちの専門分野に属している。そして〔これについて〕哲学者や人文・社会研究者はみなさんに一義的な解答を提示することができ、この解答をみなさんが自分自身の学問分野のうちで探究しても無駄である、という見解には注意すべきです。〔そもそも〕いったい誰が、自らを哲学者だと本気で名のる権利をもっているのでしょうか。今日〔人文・社会研究者である〕私たちは、人文主義という複合観念に、さしあたりみなさんと同じように、まさになんの頼りもなく直面しているのです。このことを、まず第一にまじめな謙虚さをもって口に出すことが、慎ましく誠実であろうとする要求だと私は考えます。〔人間主義としての人文主義に関する問いのように、人間の〕生の全体のあり方が懸かっているような根本的な問いが、さまざまな専門領域に委ねられるということは、人間が互いに疎外され、また個々人が自己自身から疎外されているという仰天すべき状態のひとつの兆候ですらあります。したがってまず初めに、私はみなさんに、少しも疑うことなく分業を信頼し、また教養や人文主義に職業的に従事する人々から、それらについての説明を期待することがないよう切に勧めます。教養と人文主義が、特定の職業と専門知識に自動的に結びつくことは、まさにそのことによって物事が上手く行っていないことを暗示しているのです。みなさんはとりわけ〔人文主義とは何であるかという〕明確に定式化された問いに対して、同様に明確かつ一義的なテーゼを期待してはなりません。たいていの場合、私は厳密な〈イエス〉と〈ノー〉では答えないのですが、それは、煮えきらなさと気後れを表現しているわけではありません。むしろこうした問いは、〈イエス〉か〈ノー〉に従っては、全く処理することができないほど錯綜した現実と関係しているのです。〈処理する〉という概念自体が、こうした問いにはふさわしくないのです。

〔〈イエス〉か〈ノー〉で答えられないという〕このことは、とりわけ、今日の技術が自律的なプロセスとして理解されうるかどうか、つまり技術が固有の法則を有しているのかどうかという問題にも当てはまります。それは〈イエス〉でもあり〈ノー〉でもあります。一方で、厳密に自己の内部に閉じた、数学的自然科学の法則に従って編成されたプロセス、しかも精神的でありまた現実的でもあるプロセスが、技術的な問題を規定しています。いかに家が倒壊しないように立てられるべきかという問題は静力学によって決定されます。静力学は自己の内部に閉じたテクノロジー的諸連関を定立するので、この連関に自律性を認めないということは、ほとんど不可能でしょう。もし、たとえば或る社会学者が何か発言することで、みなさんをこうした解決策の諸連関のなかへと導き、みなさんの〔専門分野の自律的な〕諸公式に不当に手を触れようとするならば、みなさんは当然、彼を自分の仕事場から即座に遠ざけることでしょう。

しかし他方で、やはりこうしたプロセスは真空状態のなかで生じているわけではありません。社会に関わらないようなテクノロジーの課題は存在しないのです。みなさんの課題は社会からの委託という形でみなさんに与えられているのです。みなさんは自らを家の主だと思っている場合でさえ、社会的な要求に直面しています。こうした要求とは、たとえば、みなさんに求められる解決策が金銭的に可能な範囲に留まらねばならなかったり、採算が取れることが示されねばならなかったり、またしばしばこうした解決策が決められた時間内に見込まれたりする類いのものです。しかしさらには、テクノロジー自体の全体的発展が社会的に規定されています。近代初頭以来、社会と技術は複雑に絡み合っています。それは〔社会〕経済と技術のどちらに優位があるかという問題が、鶏と卵のどちらが先にあったのかという問題を思い起こさせるほどです。私の思い違いでなければ、このことには、技術的労働の内的構成がまた関係しています。〔技術の〕社会的目的とは、たんにみなさんが頭に入れておかねばならないだけの、外的なものではありません。私たちの時代の決定的に重要な技術的発展が、〔戦争という〕破壊のための手段の社会的需要という逆説から直接生み出されてきたことについて話しているわけでは全くありません。私には、技術と社会の絡み合いはよりいっそう深いもののように思えます。それは、たとえば経済力の或る一極への集中化が、技術自身を一面的に、或る一極への集中という方向へ急き立てるということです。あるいは、技術的合理化という措置がこれまで労働者よりもむしろ労働の生産性に役だってきたこともそうです。〔こうした社会が技術の発展を規定するという事態とは〕反対に、近頃とりわけフランスの社会学者ジョルジュ・フリードマンが強調したように、最近の社会心理学の発展は、今日の技術的生産の形態に広く依存しています。〔社会と技術の〕こうしたもろもろの連関は、これまでまだ十分に分析されていません。このことは、私がすでに話した学問の分業における非常に致命的な諸相のひとつです。とりわけ欠如しているのは、技術的な生産過程自体の社会的研究です。つまり社会的な動機づけ、特に経済的な動機づけが、いかなる技術運用の具体的な形態を取るのかに関する研究が欠けているのです。私たち社会学者は、技術と技術者であるみなさんについてほとんど理解していないのです。というのも、時代の要求がそのような事柄について反省するのを許すことは滅多にないのですから。

おそらく私は、技術に関する素人として、この技術の自律性に関する問いに対する私なりの解答を、音楽の領域において最も簡単に説明することができるでしょう。というのも、〔技術ということで〕私に容易に思いつくのが音楽だからです。歴代の著名な作曲家たちによる作品を見てみると、或る作曲家において解決されずに、あるいは等閑にされてきた問題が、彼に続く時代の作曲家によって着手され解決されるということが繰り返し見出せるでしょう。音楽の歴史とは、とりわけマックス・ウェーバーが説明したように、合理化の進展の歴史、したがって素材を支配することの進展の歴史なのです。もしお望みなら、自然を支配することの進展の歴史と言ってもよいでしょう。こうした傾向において、音楽とは、自律的な仕方で内部に閉じた完全な一領域だと言えます。作曲する人間は、〔素材という〕作曲されうるものに関して、自分自身が、あるいは他の大家たちさえもが、本来どれほど限られたことしか成し遂げられないのかを知っています。そして、素材によって彼が直面するもろもろの困難を克服する際には、どれほど欲を出さずに満足せねばならないかも知っています。しかし音楽の歴史、あるいはまた個々の作曲家の仕事をいわば外から観察してみると、こうした自律性にも関わらず、音楽はその社会的な相を明らかにしています。音楽における合理化の進展は、労働過程の合理化が純粋な形で発現したものとして姿を現わしています。こうした労働過程はマニュファクチャー時代から伸張し続け、不断に貫徹されてきたのですが。個々の作曲家の作品は、彼らがどれほど強くもろもろの技術的な解決策に骨を折っているのだとしても、彼らの時代の社会精神のなかに息づいています――ベートーヴェンにおける市民革命の思想を誰が押し隠すことができるのでしょうか。あるいはワーグナーにおける膨張した帝国主義の思想を、そしてシュトラウスにおける、いわゆる文化財との〔それを過去の遺物とみなすような〕博物館的な関係と結びついた後期自由主義の思想を押し隠すことができるのでしょうか。或る様式から別の様式への移行は、同時に社会構造の移行でもあるのです。もちろん、技術の場合、その内在的な法則が、音楽や他の芸術の場合よりも明瞭であり、またその結びつきが強いので、この点で〔技術と音楽の〕類似には限界があります。しかし私が思うに、やはり、テクノロジーにおける〔そうした自律的で内在的な〕必然性でさえも、それがどれほど強いものであろうとも、つねに同時に社会的な必然性が現象する仕方なのです。それは、たとえばライプニッツにおけるモナドが全体を「表象」するのと同じぐあいです。

〔けれども〕技術と社会は同一であると同時に、〔まるで〕深淵によって互いに切り離されているようでもあります。このことは、社会状態が、突き詰めると非合理的で無計画かつ無秩序であることを証していいます。もし自己自身を支配し、現実に合理的であるような社会があったとしたら、この社会においては、技術はその社会的本質に気がつき、社会は自らのいわゆる文化が技術による成果と絡み合っていることに気づくかもしれません。〔しかし現実には〕技術から引き離された精神文化というものが構想されるわけですが、こうした構想自体、社会が〔技術と同一であるという〕自己自身の本質を知らないことによってのみ生ずるのです。精神的なものはすべて、技術的な契機をもっているのです。精神をたんに観察者として、すなわち消費者としてしか知らない者だけが、精神的な所産は空から降ってくるとでも思い込むのです。それゆえ人文主義と技術の硬直したアンチテーゼに留まり続けるべきではありません。こうしたアンチテーゼは誤った意識に属するものなのです。分裂した社会のなかでは、この社会の異なる部分は、自分たちが何であるかを知りませんし、他の部分が何であるかも知りません。技術と人文主義の断絶自体は、それがどれほど修復不可能な断絶であるかのように思われようとも、社会的に生産された仮象の一部なのです。

さてまた、機械あるいは工場の本質を、エンジニアの製図板や工場のホールから遠く離れた立場からだけで規定できるのかどうかという問いについても、私は一義的に決定することはできません。〔こうした問いに答えるには〕おそらく現場にいながら同時にそこから距離をとる必要があるのでしょうが、それは想像力には少し酷な要求です。私自身の発言にも言えることなのですが、たしかに私たち哲学する者が語るそのような対象の内実は、対象からあまりにも遠く離れていて、対象との結びつきという契機がありません。反対に、〔技術者である〕みなさん自身が考える対象の内実は、芸術家が自分の作品について抱く見解がそうであるように、しばしば近くのものにあまりにも囚われていて、あまりにも無反省です。〔こうしたことに関する〕対処法は存在しません。最善だと思われる提案でさえ限界があります。そうした限界とは、自らを人文学者だと思っている人々が事柄に対する理解を欠いていることや、時間がないこと、そしてしばしばまた或る種のやる気のなさや、技術者の側への或る種の不信という類いのものです。〔他方で技術者である〕みなさんは、思考することを漠然として決まり文句のように中身の空虚なものと見なしがちです。しかし思考することは物象化された規範に従って推移するのではなく、物象化された意識を批判するものなのです。何にもましてやはり、技術者が〔こうした思考という〕自己省察を為すことが、彼らの労働にさらに役立つように私には思われます。また私たち技術者ではない者が果たすべき貢献とは、技術者に外からあるいは上から、技術の哲学を提供をすることだとは思いません。こうした技術の哲学について彼らがしばしば真面目に取り合わないのも故なきことではないでしょう。そうではなくて、私たちが果たすべき貢献とは、私たちの概念的な手立てによって、彼ら技術者が自己省察を行なうきっかけを作るよう試みることだと思います。ところで、こうした〔技術者の自己省察とそれを促すための私たちの貢献の〕行く手を、きっとみなさんのもとでもまた、若干の困難が塞いでいることでしょう。私はそうした困難のひとつだけを挙げることにします。〔もちろん〕それが他の困難と同様に問題として上位にあるわけではありませんが。一方でみなさんの仕事は、非常に厳密で合理的な性格をもっています。他方でみなさんは、この合理性の一面性、冷淡さ、非人間性の契機に非常に悩まされています。それゆえ、直接に技術労働の領域ではないあらゆる領域において、〔思考と自己省察の契機でもある〕理性と批判というバラスト[2]を投げ捨てようとする誘惑は、みなさんにとってとりわけ大きなものです。しかし私たちは自らの生活を、半分は職業という理性的な部分、もう半分は余暇という責任を負わない部分へと分割することで満足するべきではありません。技術と文化の問題は、きっと次のようなことにもあります。すなわち技術者が文化というものを〔実際よりも〕重く捉えて、これを息抜きの機会とは見なさず、とりわけ文化産業が私たちに提供する山積みの商品によっては丸め込まれないということです。こうした商品のひどい例のひとつは第一に映画ですが、他方では、テレビという身の毛のよだつようなものがいよいよ私たちに迫り来ています。私は素晴らしい能力をもった自然科学者やエンジニアそれに産業プランナーを知っていますが、彼らは、余暇にはレーンス[3]やガングホーファー[4]の本を読むなんてことをしていました。私が思うに、もし彼らがこうした落ちぶれたロマン主義の代用品に満足する代わりに、自らの営為の場と意味と目的について気にかけていたならば、彼らは文化というものにより親しんでいたことでしょう。今日支配的な消費文化における多くのものは抹消されるに値する[5]ものなのですが、それらを抹消するための一切の権利を技術はもっていることでしょう。人文主義の要求はカビの生えたものや、文化的に時代遅れのものへの言い逃れであってはなりません。こうした過去と現在の自己満足的な文化的残滓を私たちは餌としてふんだんに与えられているわけですが、まさに最も進歩的な思想家や芸術家は、もっとも強力にこうした残滓との関係を断ち切ったのです。そして、それはしばしば十分に——私はバウハウス[6]のこと念頭に置いているのですが――技術の名のもとに為されたのです。この点では、技術者自身は前衛芸術《アヴァンギャルド》より劣っているはずはありませんし、むしろ前衛芸術《アヴァンギャルド》が技術者に長らく憧れているのです。技術者は前衛芸術《アヴァンギャルド》の助けとなるはずでしょう。

〔さてまた〕技術者の責任という問題について、二言、三言だけ述べたいと思います。そのために、中身のない決まり文句以上のことを言うには現実の状況から話を始めなければなりません。〔こうした現実の状況である〕労働において、私たち、すなわち私たちの各人は概して私たち自身ではなく、私たちにあらかじめ指示されている機能の担い手です。ただ低俗な小説のなかでのみ、偉大な医学的発見が人間への愛から、あるいは偉大な戦争技術の発見が愛国心から生みだされるのです。私たちの人格的な動機と、したがってまた倫理と呼ばれるのが常であるような領域は、私たちが職業活動として行なうもののなかへと入り込むことはほとんどありませんし、〔あるとしても〕とりわけ媒介された形でしかありません。まるで原子力研究者が、この研究を行なっているドクターX氏という個人と直接に同一であって、そのうえ彼の個人的な確信が、自らの学問的労働を或る仕方で制御しなければならないかのように振る舞うならば、それは時代遅れの考え、つまりある種の機械破壊運動をより高次に展開するようなものです。もし〔原子力研究といった〕認識にブレーキをかけるような〔研究者個人の人格的・倫理的な〕エートスが存在したとしても、それは非常に不確かなものでしょう。社会的な理性と技術的な理性の分裂は、人々がこうした分裂を否定することによっては克服されえないのです。こうした理性の分裂の否定とは反対に、たしかに次のことは適切でしょう。すなわち技術者の発明は、その予測不可能性によって今日人類を脅かしているわけですが、その予測不可能性に対して、まさに技術者が警告を発するということです。技術者の権威、つまり彼がこうした潜在的可能性を素人よりも、いっそうよく見積もることができるという事実は、彼の警告に部外者による警告以上の重みを与えます。しかしながら、私はこうした警告が事柄を決定するとは思いません。人類の近代的な技術が最終的に安寧をもたらすのか、それとも災いをもたらすのかということは、技術者に懸かっているわけではありませんし、まして技術自体に懸かっているのではなおさらありません。そうではなく、社会による技術の使用に懸かっているのです。こうした使用は〔人格や倫理のような個人の〕意志の善悪に関する事柄ではなく、客観的な社会全体の構造に依拠しています。技術はただ〔国家から〕解放されるだけではなく、人間にふさわしく組織された社会において自己に還帰することでしょう。もし今日、技術者が自分の発明によって起こるかもしれないことに対する戦慄にときおり襲われるならば、きっとこの戦慄に対する最善の反応は、人間にふさわしい社会に何事か貢献することを理解することでしょう。

最後に、みなさんと一緒に新しい教養の理想の到来について問うてみましょう。人文主義的な教養の理想が失敗であったことは、みなさんの大半がほとんど疑わないはずでしょうし、私もその点についてはみなさんと同じ意見です。そうした失敗、つまり文化が自らの固有な人間性を陶冶することに成功しなかったのは人間の責任のみならず、文化の責任でもあります。現実の人間性という思想から切り離されることで、文化は〔教養によって陶冶されるべき理想的な人間性について〕非真理や仮象の契機をもちます。しかし、人間が自ら文化を投げ捨てることによって、いまや文化の持つこうした契機に報復が為されています。それゆえ新鮮で朗らかな気持ちで、新たな教養の理想を要請することはできません。〔とはいえ〕たんに技術へと適応するだけでは、新しい理想を打つ立てることはできないでしょう。たしかに、変化において持続する実体的なものの契機なしに〔そもそも変化について考えられないのと〕同様に、こうした適応の契機なしに教養は考えられません。しかし、教養とは技術への適応ではないのです。

それは、文化が技術よりも高次で洗練されたものであるということではありません。文化がそう見なされるのは、文化がすでに失われてしまったときだけです。しかし〔反対に〕技術が〔教養よりも〕第一の社会的な本質であり、事象そのものであり、人間性であるというわけではありません。技術とは派生的なものにすぎず、つまりは人間の労働が組織された形式なのです。〔それゆえ〕たとえば人文主義的な人間と技術的な人間の総合といった、新しい教養の理想を具体的に描くことは、どんな文化の総合もそうであるように、あまり生産的なことではないと私は思います。〔このように〕教養をあれこれのものだと指示して与えることができないのは、誰もが知っている常識です。しかし、〔問題に対して〕或る基準を定めることが全能であるという迷信があるだけに、〔この迷信に対して〕常識は反復されねばなりません。教養は客観的な歴史的諸制約から生じねばならないのです。私たちがここで取り組んでいるもろもろの問いは社会の原成岩のなかへと及ぶものなのです。しかし、もしこうした問いを、教育的にあるいは人間を制御する類いのことによって解決しようとするならば、それはきっと幻想でしょう。というのもこうした人間の制御ということ自体が、技術が盲目的に支配的であることから生じてくるのですから。もし私がみなさんに、存在しているもののうちで、新たに結晶化した或る実体的な教養を、単に傾向にすぎないにしても、観察することができると言おうとするならば、私は間違いなくみなさんに嘘をつくことになるでしょう。私が思うに、私たちに残されているのは、最高度に批判的に目覚めていることと、十全な意識において教養を助けて越冬させてやること、つまり〔さまざまな〕教養のうちで私たちにとって実現可能なかぎりのものを固く保持することだけなのです。しかし、その際に、教養でもって世界の編成に関する事柄を決定するような何事かが生じたと思い込んではなりません。今日、一方では教養を批判することにおいてのみ、他方では技術を自己批判する意識と、私たちが巻き込まれている社会的連関への洞察においてのみ、教養の〔新たな〕形態への期待は表明されるのです。しかし、こうした教養の形態は、もはやフンボルト的な人格の育成――それは長らく影のようにぼんやりしたものになっているのですが――を使命とはしません。私たちが今日ここで、もしかしたら現実に人文主義を経験することができるかもしれない形式は、思想がなにものにも左右されないこと、そして非人間性に直面してもひるまないことなのです。ところでしかし、こうした非人間性は、技術に由来するわけでも、個々の人間に由来するわけでもありません。そうではなく、人間各人である全世界の私たちすべてが引き入れられている〔社会的な〕ものの致命的性格に起因するのです。

（1）この講演は一九五三年一一月一〇日、カールスルーエ工科大学の学祭日に行なわれた。

（2）〔訳註〕バラストとは、船の船底やタンクに積む砂利や水などの積み荷のことで、これによって船体はバランスを取ることができる。

（3）〔訳註〕ヘルマン・レンス（Hermann Löns, 1866-1914）は、ドイツの小説家。オーストリア、スイスなどを遍歴した。自然描写に優れ、民謡調の叙情詩や動物物語を書いた。三十年戦争を背景にした『人狼』（一九一〇）が代表作。

（4）〔訳註〕ルートヴィッヒ・アルベルト・ガングホーファー（Ludwig Albert Ganghofer, 1855-1920）は、ドイツの作家。特にオーバーバイエルン地方の農民生活や風物を描き映画化された作品も多い。『森の沈黙』（一八九九）が代表作。

（5）〔訳註〕「抹消する」と訳したドイツ語 liquidieren には、「抹殺する」「殺害する」という強いニュアンスがある。例えば、「ナチスはユダヤ人をガス室によって『抹殺した』」といったように。本文の文脈では、「抹消する」とは行き過ぎた表現とも思われるが、この行き過ぎは、直前で「身の毛もよだつもの Greuel」と言われるテレビのような大衆文化・消費文化に対する、アドルノ自身の激しい嫌悪の表れだと解したい。

（6）〔訳註〕バウハウス Bauhaus は、一九一九年にワイマールに設立された、絵画、彫刻、建築、工芸芸術に革新的な方法を用いたドイツの総合造形学校。建築家ミース・ファン・デル・ローエ、画家カンディンスキー、クレー、ファイニンガーなど当時の多くの革新的な芸術家が指導者であった。

（7）〔訳註〕産業革命の際に、失業の原因は機械の導入にあるとして、直接に機械を憎悪・破壊した運動。いわゆるラッダイト運動のこと。

（8）〔訳註〕ここで述べられている技術者としての原子力研究者と、その人格や倫理の関係性をめぐる問題については、その歴史的背景として、この講演の前年一九五二年にアメリカが水爆実験に成功したこと、さらに講演と同年の一九五三年には今度はソ連が水爆実験に成功したことが推し量られる。また、一連の水爆実験に対して、一九五五年に、科学者たちによる核兵器廃絶および原子力の平和利用を宣言した「ラッセル＝アインシュタイン宣言」がなされている。こうした科学者の反核兵器運動は、遡ってすでに一九四九年の原子力研究者オッペンハイマーの態度にも見受けられる。同年にソ連が原爆実験に成功したことで、アメリカ政府は水素爆弾開発を急ぐのだが、これに対して、アメリカの「原爆の父」オッペンハイマーは、当時原子力委員会の諮問委員長であったにも関わらず、公に水素爆弾開発に反対を表明している。ちなみにこれが伏線になってか、オッペンハイマー自身は「ラッセル＝アインシュタイン宣言」の前年一九五四年に、政治的に抹殺されることとなる。いわゆる「オッペンハイマー事件」である。もちろん一連の経緯を、アドルノ自身がどれほど念頭に置いていたのかは定かでない。

＊本稿は Theodor W. Adorno, "Über Technik und Humanismus", Deutsche Unversitätszeitung 8, no. 23, 1953, pp. 7-9 の翻訳である。

特権としての教養——大学の統治と自律をめぐる争い

大河内泰樹

「大学とは、地理的・歴史的経緯を背景に様々な仕方で組織された社会の核心にある自律的制度であり、研究と教育を通じて文化を創造し、検証し、評価を行ないそれを伝えていくべきものである。

　この課題に関する世界の要求に応えるため、大学での研究と教育はすべての政治的権威と経済的権力から、道徳的にも学問的にも独立していなければならない。」

（「大学憲章」基本原則一、一九八八年）(1)

はじめに

　ウェーバーがすでに二〇世紀初頭に冷徹に見通していたように、研究者は、自律的な知性を行使する主体ではなく、資本に従属し、資本増殖を要求されるプロレタリアートと化した。(2)特に自然科学を中心とした研究の多くは、膨大な資本を必要とするようになり、研究者は資本に取り込まれることになってしまった。長いあいだ進行してきたこうしたプロセスのなかで、日本における国立大学法人化であれ、ヨーロッパにおけるボローニャ・プロセス(3)であれ、特にフランスの「大学の自律法(4)」であれ、各国の最近の高等教育政策は、さらに大学の運営と研究・教育自体を資本の論理のなかに包摂させつつあったのである。

二〇一一年三月一一日の東日本大震災にともなって生じた福島第一原発の事故の背景にあったのは、そうした学問と大学をめぐる状況であった。それは、科学的知と社会との関係について、われわれに大きな反省を迫るものとなった。科学が、いかに資本と権力によって歪められたものであったか。あえてこの語をもちいるならば〈人間性〉を忘れた単純に技術的な知が、いかに危険なものであるのか。少なくとも「大学」との関係でいうならば、「知」がいかに権力と資本に組み込まれているか、技術が単なる科学の応用ではなく、科学のあり方そのものを規定するものであるのかを顕在化させたと言えるだろう。

本論集がその続篇となる『哲学と大学』（未來社、二〇〇九年）に筆者が発表した「世俗化された日曜日の場所」が明らかにしようと試みたのは、大学と人文学をめぐる状況にかんする、ヘーゲルの時代と私たちの時代の奇妙な同時代性であった。今日、大学において職業と結びつくような実用性が重んじられ、人文学もまた一種の実用性の名のもとでのみその生存をゆるされているとすれば、ヘーゲルが直面していたのも、古典教育を否定し、職業教育を学校の役割とする、当時「啓蒙主義 Aufkläarung」と呼ばれた教育思想の台頭であった(5)。それは教育を技術的・経済的な有用性のための手段とするものであり、現在われわれが直面しているのもこうした潮流がより強固になったものであろう。ヘーゲルによる古典的教養の強調は、哲学の黄金期であったはずの一九世紀初めのドイツで人文学と哲学がいかに弱々しいものであったかを逆説的に示すものであり、まさにそうした状況であったからこそ、これに抵抗すべく、ヴィルヘルム・フォン・フンボルトをはじめいわゆる新人文主義の哲学者や教育思想家たちは論陣をはったのであった。

ヘーゲルが見ていた国家、特にプロイセン国家と、われわれが見ている国家も、その弱さにおいて共通していると言えるだろう。たしかに、一方の国家がいったんは没落しながらもその後成立するネイション・ステートの中核となる力をつけつつあったのにたいして、ポスト・グローバル化状況におかれた他方の国家が、ふたたび強力な主体となることはないだろう。しかし、ヘーゲルは、まさにナポレオンによって破壊された国家の復興の過程において、ベルリン大学設置を決めたプロイセン国家に哲学の生存を賭けたのである。ヘーゲルは、哲学の守護者となるという、世界的使命を果たすことをプロイセン国家に要求することで、ひとつの「文化闘争」を闘った。それは、夕闇に飛び立つミネルヴァのフクロウであるどころか、むしろ未来へと先駆けて状況を作り出していく行為《パフォーマンス》であった。

歴史を後から眺めているわれわれからみれば、それは多くの大科学者を輩出し、近代大学のモデルとなるベルリン大学の創設の時期であったわけだが、ヘーゲルが哲学のためにベルリン大学に要求したのは、「避難場所」の確保にすぎなかった。「エンチュクロペディ」が、諸学問を統一し、知を自ずから基礎づけるという要求を掲げていたとしても、そうした「大きな物語」をもつ哲学が当時の世界史的、政治的状況のなかでゆるされた場所は慎ましいものにすぎなかったのである。

1　バラストとしての人文学（アドルノ）

「しばしば私たちは、〔工学と人文学の〕こうした相異を見誤って、問われている問いを総じて技術的な問いと見なす誘惑に曝されています。このことは教養（Bildung）の危機のひとつの兆候ですらあります。」
アドルノ（AGS 20, 310〔本書二〇八頁〕）

アドルノが一九五三年一一月に、カールスルーエ工科大学の学園祭で「技術と人文主義について」と題する講演を行なったのは、東西冷戦下、米ソが核開発競争をすすめるさなかでのことであった(6)。それはまさに彼がホルクハイマーとともに『啓蒙の弁証法』で批判した「啓蒙」ないし道具的理性が、原子からエネルギーを取り出すことによって、途方もない破壊力を手にした時代であった。

目の前の聴衆――その多くは工科大学の学生であっただろう――にたいしてアドルノは、非常に慎重に、人文学と思想の無力さをみとめることから出発する。「人文主義〔人文学〕とは何であるか、あるいは何であるべきかを定めるために、私たちはわずかな力しか持ち合わせていません。それは、設計され組み立てられるべきものを発見するというエンジニアや建築家や化学者の力に比べて、比較できないほどはるかにわずかなものです。」（AGS 20, 310〔本書二〇七―二〇八頁〕）それゆえ、アドルノは聴衆が彼に人文学について用意された明確な解答を期待することをまず戒めるのである（「いったい誰が、自らを哲学者だと本気で名のる権利をもっているのでしょうか。」〔ibid.（本書二〇八頁）〕）。それは一方で、人文学の「慎ましく誠実」な態度であるが、しかし他方でむしろ、「典型的な解決」を求め、イエスかノーしか認めない技術者の態度こそが、物象化されていることを指摘するものである。彼・彼女らは「思考することを漠然として決まり文句のように中身の空虚なものとみなしがち」であるが、思考するとは「物象化された規範〔規準〕に従って推移するのではなく、物象化された意識を批判する」(AGS 20, 314〔本書二一三頁〕)ものなのである。技術は近代資本主義における資本増殖への要求、ひいては西洋文明における合理化、啓蒙の進展と無関係ではない。技術を思想から引き離し、分業を前提とし、自然支配の発展にしか興味をもたないのだとするならば、そこにあるのは資本主義社会のイデオロギーである。控えめな態度とは裏腹に技術に携わる者たちの意識は物象化されているとアドルノは(ある意味で高慢にも)言い放ったのである。社会における資本と人間性との闘争が、自律をめぐって大学にも現われるとするならば、その闘争は学問分野の間でも、さらには、同じディシプリンのなかでも現われるだろう。同様にここで、アドルノは、核時代における「学部の争い」(それは同時に社会一般における技術と人間性との闘争でもある)を、工科大学[7]といわゆる人文学の間に見出したのである。

しかし、アドルノはそこで、工学に人文学を対抗させるにとどまらない。むしろ、「人文学と技術の強固な反立」をイデオロギーとして批判し、両者の間に接点を見出すことが社会的に必要であるとする。専門家たちの信じる技術の自律性、技術と人文学の断絶は、技術が物象化された社会全体のなかに位置づけられていることによって生み出される、「社会的に生産された仮象の一部」(ibid.〔本書二一二頁〕)にすぎないのだ。しかしまた他方でもちろん、人文学そして哲学が、工学を含めた知の全体を見通して、これを統一することができるような知を提供しうると考えられているわけではない[8]。むしろ彼によれば、そもそも人文学内部、哲学内部ににおいてさえ、私たちは全体を見通す知などもつことはできない。右で見たように、その点において人文学は、工学に劣ってさえいるのだ。われわれ人文学者は、技術者が自らの専門分野を規定するようには、人文学そのものを規定することもできない。こうした認識においては、技術の哲学は不可能である。もはや、厳密な「方法」も予備学としての「批判」も「超越論的現象学」も「基礎存在論」も「エンチュクロペディ」も学問に統一を与えはしない。「こうした技術の哲学について彼ら〔技術者たち〕がしばしば真面目に取り合わないのも故なきことではない」（ibid.〔本書二一三頁〕）のである。しかし、アドルノは、この講演を聴いている工科大学の学生たち自身がじつはそうした自らの物象化された意識形態に苦しんでもいるという（ibid.〔本書二一四頁〕）。

では、それほど非力な人文学が、物象化された技術者の意識にたいして、いったいいかなる役割を果たしうるというのだろうか。どのようにして人文学は彼らの苦しみを癒すことができるのだろうか。アドルノは、人文学と教養をまさに技術的なたとえを用い、船のバラスト〔脚荷〕にたとえている。そして物象化されがちな技術者がもつのは、まさにこうしたバラストを投げ捨ててしまおうという衝動であるという。「それゆえ、直接に技術労働の領域ではないあらゆる領域において、理性と批判というバラストを投げ捨てようとする誘惑は、みなさんにとってとりわけ大きなものです」（ibid.〔本書二一四頁〕）。人文学は、技術者にとっては、それ自身は価値をもたない無駄な積み荷であろう。だから技術者はこれを投げ捨てようとする。しかし、そのバラストこそが、われわれの乗る船に安定を与えているのである。こうしたバラストとしての理性と批判を与えることが人文学の課題となる。「私たちが果たすべき貢献とは、私たちの概念的な手立てによって、彼ら技術者が自己省察を行なうきっかけを作るよう試みること」(ibid.〔本書二一三頁〕)である。アドルノはこうした自己省察がもっとも容易に「彼らの労働にさらに役立つ」とさえ述べる。

ヘーゲルが「人生の日曜日」としての大学に求めたのも「自己省察」の場であった。大学は、(ウィークデイの)世俗的労働を離れて、自己へと目を向ける時間を確保するものであり、そこでわたしたちは直接的な自己をはなれ、自己を対象化し、疎外することによって、自分自身へと目を向けることができる。まさにヘーゲルにおける「教養＝陶冶 Bildung」はこうした外化を意味していた(それゆえに「古典語」は必要とされていたのだった)。しかし、ヘーゲルが行なった、職業生活と人文学的研究との時間的区分をこそアドルノは否定する。「私たちは自らの生活を、半分は職業という理性的な部分、もう半分は余暇という責任を負わない部分へと分割することで満足するべきでは」ない(AGS 20, 314f.〔本書二一四頁〕)。

自己省察が技術者(あるいは労働市場へと投げ出された卒業生たち)のウィークデイにおける労働に影響を与えないならば、社会は結局、仮象としての技術の自律性にしたがって、つまりは資本の論理によってのみ進行するだろう。現代にとって必要なのは、日曜日とウィークデイの、あるいは理性の公的使用と私的使用の区分ではない。それはまたカントが行なった下級学部と上級学部の区別についての再考も要求するだろう。むしろ、人文的生活の全面化の不可能性を自覚しながら、日常的な仕事のなかで、バラストとしての自己反省を保ち続ける態度、日々、意識の物象化と向き合い、資本主義体制における分業を否応なく受け入れつつも同時にこれに抵抗する矛盾した態度を可能にすることが、人文学に求められているのである。

2　ポリツァイと大学の統治

アドルノは一九五六年に行なわれた別の講演「成人教育のアクチュアリティについて」でも「大学の危機という名のもとで語られていることは、（……）教養（Bildung）一般の全社会的危機の表現以外のなにものでもない」（AGS 20, 328）と述べている。ここで「教養」の全社会的危機とはまさに、社会において自己省察の場所がなくなっていることを意味しよう。アドルノは、人文学や教育について論じる際に「教養（Bildung）」にこだわり続けていた。しかし、それはもちろんかつての人文主義的教養を称揚するものではない。「ヴィルヘルム・フォン・フンボルトがしたように、人格性を中心に据えることによっては、古い教養理念は救済され得なかった」（ibid.）。むしろその破綻のあとに可能な「新しい教養の理想の到来」（AGS 20, 316）をアドルノは問うのであり、そのために大学も人文学も救済されなければならない。

ここで再び、ヘーゲルを出発点にして、近代の大学というものをとらえる一つの見方を考えてみたい。ヘーゲルの大学論は、自らの職務上の必要性から書かれたもので、そこにはヘーゲルの哲学観が打ち消しようもなく現われているとはいえ、大学に体系的な位置づけを与えているわけではなかった。しかし、歴史的な視点から、ヘーゲル自身がそこで働き、思索し、講義し、運営した近代の大学を分析するに興味深い概念を彼の『法哲学要綱』に見いだすことができる。それはポリツァイ（Polizei）とコルポラツィオン（Korporation）である。

これらは翻訳が困難な概念である。コルポラツィオンは一般に団体を意味するが、ヘーゲルにおいてそれは市民社会における分業化された職業活動にもとづいて成立する団体であるため、「職業団体」などと訳される。それに対しポリツァイは現在では「警察」を意味する概念であるが、当時はより広い含意をもつ概念であり、行政や内政一般を表わしていた。ここで強調したいのは、この二つが、ヘーゲルにおいてはいずれも、「市民社会」において必然的に生じる問題を解決ないし緩和するために市民社会に内在的に発生するものとされている点である。それはいまだ「悟性国家」を形成するものであるにすぎないとはいえ、利己的欲求にもとづいて活動する個人による交換のネットワークがもたらす、負の側面を補うために市民社会はこれらを必要とするのである。さらにまた市民社会において成立するとされるこのコルポラツィオンは、ヘーゲルの「国家」においても重要な役割を果たす。ヘーゲルの国家は、ポリツァイとコルポラツィオンがからみあい、無原則な経済活動に伴うリスクをこうした機関＝器官を通じて軽減する、有機的に構成された国家であった。[9] ここではまずポリツァイについてみていこう。

ヘーゲルをベルリン大学に招聘したのはプロイセンの時の文部大臣アルテンシュタインであった。彼が大臣を務めていた省はより正確には「宗教・教育・医療」省である。[10] 宗教と教育と医療とが一つの省にまとめられていることに今日のわれわれは違和感を感じるかもしれない。しかし、フーコーの概念を用いれば、この組み合わせを理解することは容易である。つまりそれは彼が「統治性」と呼ぶ[11]ものを担う政府機関であり、ドイツにおいて一八世紀よりポリツァイ（Polizey）と呼ばれていたものが扱う対象の少なくとも一部である。ヘーゲルのポリツァイ概念の用法は、この系譜において理解することができる。[12]

フーコーによれば、統治が目指すのは「統治すべき事物をそれぞれにとって『ふさわしい目的』へと導いていく[13]」ことであり、それらの正しい配置がそこで問題になる。一八世紀に発達したポリツァイは、まさに「公共の福祉 bien public[14]」を可能とするための手段の総体であり、彼が引用するユスティの定義によれば「国家の普遍的資産をますます持続的なものとして確立かつ増大させ、国力をよりよく用い、かつそもそも共同体の幸福を促進しうる、内政的措置の一切[15]」であった。

このような統治性の伝統の下に、ヘーゲルのポリツァイとヘーゲル自身が関わったベルリン大学は理解できる。ヘーゲルは市民社会におけるポリツァイの役割として、治安維持、公共事業、取引の監督、公衆衛生、貧困対策などをあげているが、教育もまたそこに含まれている。これらはいずれも「宗教・教育・医療」省ないしは、もともとこれが属していた「内務省」の任務であったろう。近代国家プロイセンは、国民の安全と健康に配慮するのと同時に、その教育＝陶冶＝教養（Bildung）にも配慮しなければならない。それは直接に国民に教養を与えるのと同時に、この大学が官僚養成機関でもあったことに鑑みるならば、こうして養成された官僚を通じて間接的にも、国民の安寧への配慮を担う組織であっただろう。

他方、フーコーは一九七八―七九年の講義「生政治の誕生」においては、こうした「ポリツァイ」および官房学において見られるような統治性とは別の、統治性のもうひとつの発展形態として新自由主義を描いていた[16]。それはむしろ、「自己を制限する」統治である。現在進行している大学の新自由主義化は統治の戦術の一つであるといえるだろう。権力は大学を構成している人と物（大学はそのネットワーク以上の何であろうか）を「正しい配置」に導こうとする。しかしそこで二〇〇年前とは権力が目指すものが変わってしまっているのである。二〇〇年前は人文学的教養を含めた国民一人一人の「陶冶（Bildung）」が、統治の目指すものであった、いまはまさに諸個人を新自由主義的経済体制のなかに場所をもちうる有用な人材として養成すること、一方でこうした経済を主導するエリート、他方でこうした体制に疑問を抱かずに黙々と働き、あるいは解雇されてもそれに甘んずる人々（そこには規律訓練も働いていよう）、この二つの意味で有用な存在を製造し、配置することを目指しているのである。したがってヘーゲルの時代には、まがりなりにも人文主義的高等教育を託すことのできた統治、そしてその機関としての大学は、今日、ヘーゲルが憂えた状況を補強するものとなった。そしてこうした大学の新自由主義化はまさに自律／自立の名のもとに行なわれているのである。

3 大学の法——コルポラツィオンとしての大学

「大学は特権を付与されたコルポラツィオンのすべての権利を有する」
（「プロイセン一般ラント法」第二部・第十二章・第六十七条）

前掲の拙論で述べたように、ナポレオンによる支配はドイツの諸領邦に近代化の契機をもたらしたが、ナポレオン失脚後、各領邦は政治的には反動の時期に入る。ヘーゲルが一八一八年にベルリン大学教授に就任したのは、プロイセンではシュタイン／ハルデンベルクの改革による国家の近代化が進む一方で、メッテルニヒに主導されたウィーン体制のもと、ヨーロッパの保守化が進む時期でもあった。そうした保守化の動きにたいして、自由主義的な学生たちによって、ブルシェンシャフトとよばれる学生団体が各大学に設立され、一八一五年には全ドイツ・ブルシェンシャフトが組織される。一八一七年に開催された集会「ヴァルトブルクの祝祭」においては、全ドイツのプロテスタント系大学から学生が集結し、反動的体制の象徴となっていたドイツ連邦規約や書物が燃やされるということが起こった。

さらに同年に学生K・L・ザントが、ロシア皇帝のスパイといわれていたコッツェブーを殺害するという事件が起こり、学生がこれに関わったことからヘーゲルも巻き込まれることになる。メッテルニヒはこの事件を利用し、各国の担当大臣会議を招集、印刷物の検閲、ブルシェンシャフトの解散、大学の監視などを定めた「カールスバート決議」が採択され、大学に対する権力の統制が強まることになった。

「法哲学」を講義するヘーゲルを取り巻いていたのは、こうした国家権力による大学の強権的な統制という状況であった。しかしまた、大学が急進的な学生組織の温床となり、そしてカールスバート決議によって統制の主要な標的とされたのは、それまで大学に国家から比較的独立した地位が認められていたからである。

ヘーゲルは、自分のコルポラツィオンが中世のツンフトとは異なることをくり返し強調しているが、従来より、その中世的性格が指摘され、このコルポラツィオンを組み込んだ彼の「国家」概念は前近代的なものとたびたび見なされてきた。他方、むしろ近代市民社会における社会問題に積極的に対応する、市民自身の「下からの」連帯としてコルポラツィオンを評価する傾向も存在している。(17) しかし、そうした見方はいずれも一面的なものと言わざるを得ない。それではヘーゲルの議論が当時の文脈においてもっていた意義を十分にくみつくすことはできないし、それが、現在の一定の「常識」に反するものであるからこそ、むしろラディカルな意味をもつのである。

まず、考えなければならないのは、当時、コルポラツィオンがどのように理解されていたのかということである。周知のように同時代のフランスにおいては、大革命が、国家と個人との間にある中間団体一般の解体をもたらした。一七九一年三月二日に布告されたダラルド法と、一七九一年六月一四日に布告されたル・シャプリエ法によって、コルポラシオン（corporation）と呼ばれた中間団体が解体され、その後、国家の統治政策のなかで、部分的に結社が認められたにせよ、結社罪が廃止されるのはやっと一九〇一年のアソシアシオン法の成立によってであった。[18] フランス革命は、個人に権利を認めるとともに、人々を個人へとばらばらにし、中間団体をはさまない個人と国家との直接的な関係だけをみとめることで、国民国家を創出しようとしたのであった。[19] そうしたなか実際に大学もまた一七九三年九月一五日の国民公会で廃止が決定されたのである。[20] またプロイセンにおいても、ハルデンベルクの改革のなかで、一八一〇年にツンフトの廃止と営業活動の自由が発令されるなど、フランスほど根本的な仕方ではなかったにせよ、上からの改革という形で中間団体の解体は進んでいた。ヘーゲルをベルリン大学に招いたアルテンシュタインもまた一八〇七年に執筆した「リガ意見書」において、ギルドなどの特権的中間団体を廃し、平等な市民と国家との直接的関係に基づく中央集権的な国家像を提起していた。[21]

興味深いのは、フランス革命の進行のなかプロイセンで施行されたプロイセン一般ラント法（Allgemeines Landrecht für die preußischen Staaten）が、コルポラツィオンと大学についての規定を含んでいることである。このプロイセン初の近代法典は、一七九一年に「一般法典 Allgemeines Gesetzbuch」として、公布されるが、まさにフランス革命の影響によって、いったん施行が見送られ、手を加えられたあと一七九四年に施行される。

この一九一八七条にも及ぶ包括的法典の第二部において、重要な位置を占めていたのが、第六章「団体、特にコルポラツィオンとゲマイネについて」である。この章においては、国民（国家の成員 Mitglieder des Staates）の自発的な結社を団体 Gesellschaft と呼び、これに法的な地位を与えている（ALR 2. Teil, 6. Titel, §1）。そのなかでも特に、「持続的な公益的目的に」に資するものとして（§25）、国家によって特権を認められた団体がコルポラツィオンである。

ここでは詳しく述べられないが、コルポラツィオンに関するプロイセン一般ラント法の規定は、近代法の形式に則りコルポラツィオンについて、形式的中立的な規定を与えており、すくなくとも条文上は既存の組織に特権を与えようとするものではない。ただし、その実際の運用においては、従来の職業団体がこうした特権的コルポラツィオンとして認可されていたであろうし、この法典自体が補充法としての地位しか与えられていなかったため、すでに法的規定が存在するところではそれが優先される。こうした性格は既存勢力との妥協の結果と考えられるが、いずれにせよ、プロイセン一般ラント法は、コルポラツィオンという既存組織の特権を認めながら、それを国家の監督下におき、同時にその組織の近代化を図ろうとしたものと理解されうる。

ここで注目したいのは、このプロイセン一般ラント法が大学をそのような特権をもつコルポラツィオンの一つとして規定していたことである（ALR II-12, §67）。第二部第一二章「低次および高次学校について」によれば、大学というこのコルポラツィオンの構成員には、「教えるもの」だけでなく「教えられるもの」も含まれている。したがって、学生は職人が制作した製品を購入する消費者のように、大学および教授と相対するのではない。この法典は学生登録（Immatrikulation）についても独自に定めており、学生の入学は、「学ぶもの（die Studierenden）を大学の構成員に加えること」（§74）であるとされる。しかしまたこれは、大学が、学識をもつものとそれを学ぼうとするものの組合（universitas）であったことからみれば、当然のことであった。さらに大学は「学園（Akademien）における平穏と秩序を強力に維持するために」「裁判権」を持つ（§69）。大学は、学生が熱心に勉強しているかどうか、学生の生活をも監督する（§§81ff.）。[22] ただし大学が特殊なコルポラツィオンであるのは、その教授たちが王国官僚でもあるという点である（§73）。

これはもちろんプロイセンというドイツの一領邦国家の事例であるにすぎない。しかし、近代的法典として一八四〇年代まで有効であり続けた、このプロイセン一般ラント法が、このような形でコルポラツィオンについて規定し、かつ大学を特権を有するコルポラツィオンとしていることは興味深い。それは一方ではヘーゲルが『法哲学』において人倫のなかにコルポラツィオンを位置づける歴史的な背景をなしており、他方、カールスバート決議によって統制の対象となったのは、まさにこうした地位を与えられた大学であったと考えられるからである。

4　自由の場としてのコルポラツィオン

「そうではなく、私たちがこうしたことを追求するのは『それ自身のために』でもあるのです。というのもそうしたものは何世紀もの間、私たちを人間的にしてきたものを定義しているからであって、それらが私たちのグローバルな競争力を高めるからではありません」

D・G・フォースト（ハーバード大学学長就任演説「私たちのもっとも野心的な想像を解き放つ」）[23]

ヘーゲルにおいて市民社会は、特殊性を原理とし、アトム化した個人が自己の利己的な利害を追求して活動する領域である。そうした市民社会においてコルポラツィオンは、分業体制にもとづいて、商工業身分の者たちが、自発的に形成する互助組合である。ヘーゲルはこのコルポラツィオンに関して、たしかに大学には言及していない。しかし、当時の法において大学がコルポラツィオンとして認められていたとするならば、ヘーゲルのコルポラツィオンがもつ次の二つの特徴も、大学という組織を考えるに重要な意義をもつだろう。一つは、それが国家権力にたいして相対的な自律性を有する組織であるということである（それがコルポラツィオンの特権である）。もう一つはそれが、市民社会における経済活動が個人にもたらすリスクから個人を保護するという役割をもつものであったということである。

ヘーゲルがコルポラツィオンを組み込んだ有機的国家像を示したのは、ジャコバン独裁による恐怖政治へと顚落したフランス革命に対する反省からであった。かれが『精神現象学』において、「絶対的自由と恐怖」というタイトルのもとに、断頭台における数々の死を「啓蒙」の帰結として描き、これを批判していることは比較的よく知られている。ルソーは『社会契約論』で「部分的社会が存在しないこと」を一般意志の条件としていたが、(24)『精神現象学』のヘーゲルにとって、フランス革命はまさにこの「一般意志」の実現であった。「啓蒙」がすべてを明らかに照らしたとき、自分自身にたいして完全に透明となった自己意識として「絶対的自由」は成立する。それは「即自的には、すべての区別と区別のすべての存立をみずからのうちで抹消する自己意識」(HGW 9, 320) であり、そこで「区別された精神的諸集団 Massen と諸個人の制限された生活」は廃される (aufheben)。こうした自由が「キャベツの玉をたたき割る」かのような無意味な死をもたらしたのである (ibid.)。

したがって、ヘーゲルが一見中世的にも思えるコーポラティヴな国家を構想したのは、こうした形式的理性の専制から市民が保護される必要があると考えたからであった。ヘーゲルは、これに先立つ「ドイツ国制批判」において、中間団体、コルポラツィオンはむしろ国民の自由のために必要であるとしている (HGW 5, 75)。またやや のちのヘーゲルによれば、中世の特権諸団体もまた、古代の王権の統治権力が没落した結果、個人がばらばらとなり、(25)この混乱状態に対処するために、「騎士、自由民、修道院、貴族そして商工業者が、この分散状態に対抗して、自分たちで同盟団体 (Genossenschaften) やコルポラツィオンを形成するに至り、さらにこれらの諸団体が相互にぶつかり合って、最後に一応の共存が見出されるに至った」(HGW 15, 44) 結果として生じたものである。まさにそれが「本格的な国家形成を準備したドイツの国内的な法的諸関係の偉大な起源」(ibid.) であるとされる。

ヘーゲルは、フランスにおいては革命によって解体されたそうした中間団体を、恐怖政治に陥ったフランスの轍を踏まないためにも、近代的な国家概念のなかに位置づけたのであった。また、『法哲学』におけるヘーゲルのこうしたコルポラツィオン論は、ハルデンベルクの改革のなかでツンフトが解体されつつあったプロイセンの近代化に対する一つの牽制であったとも言える。

5　特権としての教養／陶冶

「大学生も、学校の生徒も、その他の多くの人々も、一つのことは共有している。彼女／彼らは自分を陶冶することを望んでいるのだ。(Sie wollen sich bilden.)」（「ボーフム・ルール大学学生総会決議文」[26]）

「私がいま述べたような種類の責任は、特権と責任とを同時に表わしています。」（フォースト、前掲演説）

大学という制度の特異性は、古い特権団体の解体の上に成立したはずの近代国家が必要としたコルポラツィオンであったということである。たしかに、まさにヘーゲルがプロイセンで教鞭を執るようになったころに、ヨーロッパ諸国が大学への統制を強めていたように、それは常に統治権力とこれを退けようとするものとの闘争の場であっただろう。そうしたなかヘーゲルは、大学に言及することなく、フランス革命とハルデンベルクの改革によって否定されたはずの、商工業者の同業者組合であるコルポラツィオンを有機的に組み込んだ国家を構想した。中間団体が解体されたフランスにおいては、大学もまた特権団体としていったん解体される。ナポレオンはグランゼコールを設置し、プロイセンとは異なってフランスでは、官僚は「大学」ではなくこの「専門学校」で養成されることになる。[27] 個別の違いはあるといえ、近代の大学は、自律を一応の原則とし、かつ国家ないしは資本の後見のもと存立を保証される組織として、ポリツァイとコルポラツィオンの微妙なバランスの間に存立してきたし、まがりなりにも存立しているだろう。大学の自律はその庇護者を必要とする。この二〇〇〇年、それは主にネイションステートであった。そして庇護者であることによって、国家はときには大学に強力に介入しようとしてきたし、大学は自律を盾にこれに抵抗しようとしてきた。ところがいま大学の自律のもとに理解されているのは、せいぜい経営の自立でしかない。それは資本への従属を意味する。この世界において、資本へ従属するという自律をこの社会がすべてのアクターに等しく要求しているとすれば、大学が要求すべきはこうした要求から自由になる特権である。こうした特権は権力の庇護のもとにはじめて可能であることはいうまでもない。しかし一つのコルポラツィオンとして大学はそうした特権と庇護を国家と社会にたいして要求する。

人文学そのものもまた、こうした特権と不可分である。[28] アドルノは『否定弁証法』において、哲学的経験の特権性について語っていた。「特権の批判は特権になる」(AGS 6, 51)。なぜなら、「人間性の抑圧された世界」において、アドルノの別の言葉を用いれば「管理統制された世界(die verwaltete Welt)において」、自己省察は誰にでもゆるされるものではなく、特権となってしまっているからである。そしてそうした特権をもつ者たちも、必ずしも正当にこれを勝ち得たのではない。この社会において、そうしたことは不可能である。彼女・彼らは「自分たちの精神的な構成において、現行の規範に完全には自分を適応させないという、身に余る幸運を受けた者たち」（ibid.）にすぎない。しかし、そうした者たちは「彼女・彼らがそれをかたりかけるたいていの人々には見ることができない、あるいは〔……〕見ることが禁じられているもの」を表明する務めを負っている（ibid.）。しかも、彼女・彼らはそれを、語りかけられるその多くの人々を「いわば代表して」「道徳的努力によって」（ibid.）行なわなければならない。

右でコルポラツィオンの二つの意義をあげたが、ヘーゲルはコルポラツィオンの機能としてもう一つ、成員の心術（Gesinnung）の陶冶形成（教養）を考えていた（HGW 14, §§ 268, 269 u. 289）。大学はまさに本来的な意味で陶冶形成（教養）の場である。しかし、大学というコルポラツィオンにおいて、形成されるべき心術（Gesinnung）は国家への忠誠ではなく、自己省察（Selbstbesinnung）の意識であり、「批判的自己意識」である。アドルノによればこれがデモクラシーに貢献する。

> 将来の大学人たちがプロパガンダや強制に抵抗することになるか否かは、適応に甘んじないような精神のいくばくかを彼ら自身のうちに生み出すことに、われわれ、大学が成功するかどうかにもちろん依存している。高等教育におけるデモクラシーへの教育は、批判的自己意識の強化以外のものではあり得ないだろう。（AGS 20, 338）

世界が教養と自己省察をゆるさないがゆえに、大学は教養と自己省察という特権を要求する。しかしこうした特権こそは、この特権がもはや特権ではなくなる将来、デモクラシーへの一つの希望の種であるはずであり、そうであるべきなのである。

略　号

AGS: Adorno, Theodor W.: Gesammelte Schriften. Hrsg., von Rolf Tiedemann unter Mitwirkung von Gretel Adorno, Susan Buck-Morss und Klaus Schultz, Frankfurt am Main, 1986.

ALR: Allgemeines Landrecht für die preußischen Staaten von 1794. Mit einer Einführung von Hans Hattenhauer und einer Bibliographie von Günther Bernert. Dritte, erweiterte Auflage, Neuwied; Kriftel; Berlin, 1996.

HGW: G. W. F. Hegel: Georg Wilhelm Friedrich Hegels Gesammelte Werke. In Verbindung mit der deutschen Forschungsgemeinschaft. Hrsg., von der Rheinisch-Westfälischen Akademie der Wissenschaften, Hamburg, 1968ff.

（1）Magna Charta Universitatum: http://www.magna-charta.org/cms/cmspage.aspx?pageUid={d4bd2cba-e26b-499e-80d5-b7a2973d5d97}（二〇一二年一二月一八日閲覧）

（2）Max Weber, Wissenschaft als Beruf, in Gesammelte Aufsätze zur Wissenschaftslehre. Hrsg. von Johannes Winckelmann. 6., erneut durchgesehene Auflage, Tübingen, 1985 (1. Auflage 1922); 野口雅弘「比較と責任——マックス・ウェーバーの学問論」、西山雄二編『哲学と大学』未來社、二〇〇九年、所収。

（3）かつて大学発祥の地として大学の自律の象徴であったボローニャは、欧州の大学制度を標準化するプログラムによっていまや大学崩壊の象徴となった。次のベックの発言を参照。「一九六〇年代、ゲオルグ・ピヒトとラルフ・ダーレンドルフは『教養の崩壊（Bildungskatastrophe）』を告げた。答えは『すべての者に教養を Bildung für alle』であった。ボローニャ・プロセスは失敗した。その結果として浮かび上がっているのは新たな教養の崩壊である。『すべての者に教養を与えるな Keine Bildung für alle』。二つの世界大戦が成し遂げなかったものがボローニャには達成できるかもしれない。それはドイツの大学を破壊することだ。」（Ulrich Beck, Die

Wiederkehr des Sozialdarwinismus, in Frankfurter Rundschau, 5. Februar 2010: http://www.fr-online.de/becks-globalrundschau/weltinnenpolitik-januar-2010-die-wiederkehr-des-sozialdarwinismus,1838172,2682638.html〔二〇一二年一二月一七日閲覧〕）ボローニャ・プロセスについては大場淳「欧州高等教育再編と人文科学への影響」、西山前掲書、所収。

（4）「大学の自律法」といわれる、フランスの「大学の自由と責任に関する法律」（二〇〇七年）に対する批判としては、Plinio Prado, Le principe d'université comme droit inconditionnel à la critique, Ligne, 2009. プラドはこの著作で大学の「自律」という理念を再生しながら、大学の原理は抵抗の原理であると主張する。

（5）大学における古典教育の危機については、藤本夕衣『古典を失った大学――近代性の危機と教養の行方』NTT出版、二〇一二年。

（6）本書所収、アドルノ「技術と人文主義について」二一九頁注8参照。第五福竜丸が被ばくする、ビキニ環礁における水爆実験が行なわれたのはこの講演の四ヶ月後のことである。

（7）工科大学（Technische Hochschule）は、厳密には大学（Universität）ではない。それはドイツにおいて大学が学問・科学そのものの発展に貢献する綜合的な知の場であると一般に理解されてきたからである。Cf. Gesetz über die Hochschulen und Berufsakademien in Baden-Württemberg, in Gesetzblatt für Baden-Württemberg, 2005, Nr. 1, §2; Gesetz über die Hochschulen des Landes Nordrhein-Westfalen, §3.（https://recht.nrw.de/lmi/owa/br_bes_text?anw_nr=2&gld_nr=2&ugl_nr=221&bes_id=9796&aufgehoben=N&menu=1&sg=#det257703〔二〇一二年一二月一八日閲覧〕）

（8）私たちは3・11以降、多くの非専門家が、必要から専門的な知識を身につけ重要な発言を行なってきたことを知っている。このことは、技術の専門家支配にわずかであれ、くさびを打ち込むものとして、今後一つのモデルを呈示していくことになるだろう。

（9）もちろんヘーゲルが国家の構成要素とするのはこの二つだけではない。とくにコルポラツィオンとの関係でヘーゲルの「身分」概念の検討が必要となるが、本稿の射程を超えるためここでは扱わない。

（10）プロイセンは一八〇八年の行政改革で国防、内務、財務、法務、外務の五つの省を設置した。当初「教育・宗教局 Sektion für Unterricht und Kultus」は、内務省の下位部局であったが、一八一七年に、「宗教・教育・医療省」として内務省から独立する。その初代大臣がアルテンシュタイン（Karl Freiherr vom Stein zum Altenstein）だった。Thomas Nipperdey, Deutsche Geschichte 1800-1866. Bürgerwelt und starker Staat, München, 1998, S. 64; Friedrich Wilhelm Bautz, ALTENSTEIN, Karl Freiherr vom Stein zum Altenstein, in Biographisch-Bibliographisches Kirchenlexikon, Hamm, Band I, 1990, S. 127-128.(http://www.bautz.de/bbkl/a/altenstein_k.shtml: 二〇一一年一二月一日閲覧)

（11）Michel Foucault, La « gouvernementalité », 1978, Dits et écrits II, 1976-1988, Gallimard 2001.（石田英敬訳「『統治性』」、『フーコー・コレクション6』ちくま学芸文庫、二〇〇六年、所収）

（12）ヘーゲルのポリツァイ概念とフーコーの統治性概念の関連についていち早く指摘したのは岩崎稔である。岩崎稔「統治のテクノロジーとしてのポリツァイ——ヘーゲル市民社会論再考」「現代思想」第二一巻八号、一九九三年。

（13）Foucault, op. cit., p. 646.（同訳二五七頁）

（14）Foucault, «La politique de la santé au XVIIIe siècle, 1979», Dits et écrits II, p. 730.（中島ひかる訳「十八世紀における健康政策」、『フーコー・コレクション6』、二八五頁）翻訳では「公安」とされている。

（15）Foucault, Ibid., p. 730.（同右）ただしユスティの原文から訳出した（Johann Heinrich von Justi, Grundsätze der Policey-Wissenschaft in einem vernünftigen, auf den Endzweck der Policey gegründeten, Zusammenhange und zum Gebrauch academischer Vorlesungen abgefasset, Düsseldorf, 1993 (Original: Göttingen, 1756), S. 4)。しかし、ここでの文脈によりよく合致するのはユスティが次の節で行なっている、より狭い意味でのポリツァイの定義であるように思われる。「ポリツァイという概念のもとで、狭い意味で理解されているのは、〈市民生活のよき組織のために必要とされるもの、それゆえとりわけ、臣民のあいだのよき訓育と秩序の保持、および生活の諸規則と快適さ、暮らしの改善を促進するものの一切〉である。」（ibid.）

（16）Foucault, Naissance de la biopolitique. Cours au Collège de France (1978-1979), Seuil/Gallimard, 2004.（『ミシェル・フーコー講義集成8　生政治の誕生』慎改康之訳、筑摩書房、二〇〇八年）

（17）後者の代表はホネットであるが、彼は他方でヘーゲルのコルポラツィオンは結局、中世的なツンフトの域を出るものではないと考えている。Axel Honneth, Leiden an Unbestimmtheit. Eine Reaktualisierung der Hegelschen Rechtsphilosophie, Stuttgart, 2001（島崎他訳『自由であることの苦しみ――ヘーゲル法哲学の再生』未來社、二〇〇九年）; Axel Honneth, Das Recht der Freiheit. Grundriß einer demokratischen Sittlichkeit, Frankfurt am Main, 2011.

(18) フランスの「国際哲学コレージュ」も、法的にはこのアソシアシオン法に則るものである。以下を参照。Jacques Derrida, « Privilège. Titre justificatif et remarques introductives », Du droit à la philosophie, Galilée, 1990, p. 23; 西山雄二『哲学への権利』勁草書房、二〇一一年、四九―五一頁。

(19) ただし高村学人は、ロザンバロンを引きながら、この間の国家が、（すでに第一帝政期から）上から諸団体を設立し、統制する「国家コーポラティズム」であったことを指摘している。高村『アソシアシオンへの自由〈共和国〉の論理』勁草書房、二〇〇七年、七六頁。

(20) クリストフ・シャルル、ジャック・ヴェルジェ『大学の歴史』岡山茂・谷口清彦訳、白水社、二〇〇九年、一〇〇―一〇一頁。

(21) アルテンシュタインの「リガ意見書」および、ハルデンベルクの改革と中間団体についての歴史的研究として田熊文雄『近代ドイツの国政と市民――地域・コルポラツィオンと集権国家』増補版、御茶の水書房、二〇〇六年。

(22) 第八七条では勾留刑 Gefängnisstrafe は学生たちが講義に出席することが妨げられることのない期間に、執行されなければならないとも規定されている。学ぶことはまさに学生の特権だったのである。

(23) Drew Gilpin Faust, Installation address as President of Harvard University: Unleashing our most ambitious imaginings, 2007.

(24) Jean-Jacques Rousseau, Œuvres complètes. Sous la direction de Raymond Trousson et Frédéric S. Eigeldinger, V-2, Éditions Slatkine Éditions Champion, 2012, p. 494.

(25) 中世のはじまりを古代共同体の解体にみるヘーゲルの見解については『精神現象学』「精神章」における「法状態」を参照。

(26) Resolution der studentischen Vollversammlung an der Ruhr-Universität Bochum (19. November 2009), in

Johanna-Charlotte Horst, Johannes Kagerer, Regina Karl, Vera Kaulbarsch, Johannes Kleinbeck, Elias, Kreuzmair, Anouk Luhn, Adrian Renner, Anna Sailer, Tillmann Severin, Hanna Sohns, Jennifer Sréter, Unbedingte Universitäten. Was Passiert? Stellungnahmen zur Lage der Universität, Zürich, 2010.

（27）フランスの高等教育の特殊性については藤田尚志「条件付きの大学――フランスにおける哲学と大学」、西山編『哲学と大学』所収。

（28）「哲学への権利」が特権であることは、デリダがつとに指摘したことであった。さらにデリダはその権利の主張が、「遂行的矛盾」をはらむものであることも指摘していた（Derrida, op. cit.）。さらにここでアドルノの希望について述べることはデリダの遂行的な出来事としての「約束」とも関係しているように見える（ibid, pp. 40-41）。しかし、デリダのいうように、制度の自己創設が、常に繰り延べられ、来たるべきものでありつづけるという意味でではない。大学という制度はすでに創設されたものとして、資本主義社会に媒介されながら存在している。

大学とグローバリゼーション——近代の大学における三つの変容と啓蒙の放棄(1)

フランシスコ・ナイシュタット（星野 太訳）

われわれは、一八〇〇年から現在にいたるまでの近代的な大学における三つの顕著な変容を、次の点にみとめることができる。すなわちそれは、教養の大学〔*the university of the Bildung*〕、学問的に専門分化する大学〔*the university of the scientific specializations*〕、そして、われわれが本稿で異種混交化する大学〔*the university of the hybridization*〕と呼ぶものである。われわれは大学を単数形で語ってはいるが、その背後に、さまざまな大学に固有の本質的な多様性を還元してしまおうという意図があるわけではない。その伝統、それぞれのモデル、およびその学問的かつ学術的な発展の水準において、大学というものは本質的に多様なのである。しかしここではグローバルな観点から、過去二〇〇年間の一般的な大学の歩みに見られるいくつかの顕著な特徴を描き出してみたい。〔筆者が所属する〕ラテンアメリカの諸大学、とりわけアルゼンチンの大学に対しても明確な言及を行なうことにしよう。

さて、われわれの見解は次のようなものである。すなわち、近代的な大学における近年の二つの変容〔＝学問的な専門分化、異種混交化〕をもたらした歩みは、啓蒙に特有のパラメータの段階的な放棄として把握できるということだ。それは、今日の大学を規定するところにまで至っているひとつの事実である。教養＝自己形成《ビルドゥング》〔*Bildung*〕から学問的な専門分化という慣習＝態度《エートス》〔*ethos*〕への移行においては、真理をその尺度とする知の自律性や、教育と研究の一致という啓蒙的な理念が保持されているにもかかわらず、「知の統合的な習得」や「自己の啓蒙」といったプログラムにもとづく理念――大学の教育を通じた自己解放という使命――は放棄される。つまり専門分化という慣習《エートス》=態度は、啓蒙のプログラムにとって重要な学問と文化との、陶冶〔*Kultur*〕という理想と啓蒙〔*Aufklärung*〕という理想との内的な連帯を放棄しているのだ。これらの一致は、かつて教養《ビルドゥング》の大学が、歴史への投影を通じて実現しようとしていたものだった。すなわちそのような一致は、人間の自由を、知と文化において実現しようとする運動ないし過程の一部として目指されていたものだったのである。

他方、ここで「異種混交化する大学」と呼んでいるものは、真理に対する無私無欲の探求によってのみ知が動機づけられるという考えを放棄し、以下に述べるごく限定された研究‐教育経験の理念をそれに置き換える。すなわちその研究‐教育経験とは、問題解決というパラメータと、〔フランシス・〕ベーコンの言う知の行為遂行性によって規定される経験である――ただしそれは、道具としての力や文脈の掌握、リスクの緩和や不確かなものの支配といったものが有効なかぎりにおいての話だが。この最後の観点から見れば、大学は戦略的な操作主義や組織文化の方へと向かっていると言えるだろう。そしてそこでは教養《ビルドゥング》ある自己も、学問的真理という純粋な慣習《エートス》=態度も、もはやみずからの運命に安らっていることはできないように思われる。

ミシェル・フーコーの「エピステーメー」という表現を借りるならば、われわれの関心は次の事実を示すことにある。すなわち、教養のエピステーメーから異種混交化のエピステーメーへと向かう大学の歩みは、われわれの歴史的文化の変遷となんら無縁ではないということである。その変遷とは、過去‐未来を分節化するマトリクス（「歴史を作るために歴史を知ること」）から、歴史的時間性を脱分節化するマトリクスへの移行である。このような移行は、未来に対する純粋に否定的なヴィジョンとして理解されるだろう。というのもそれは、高等教育をみずからのうちに含める文化的生活の形態へと漠然と向かっており、その途上で最終的に道に迷ってしまうという危険を冒してでも、そのような文化的生活へと順応し、適合していかなければならないからである。しかし他方でわれわれが証明したいのは、このような歩みに沿っているとはいえ、大学が必ずしも無慈悲な宿命を辿るわけではないということである。そうではなく、大学は、一見すでに終わったと思われているモデルの、亡霊のようにくり返される回帰に由来する緊張を宿しているのだ。ただしもちろんそれは、すでに死んだと思われている精霊《デーモン》たちが実は大学の運命のなかに身を潜めているかぎりにおいてのことであり、なおかつ学問や近代文化そのものの運命がどうなるか、という問題はそれとはまた別の話である。

学問の専門分化に対するウェーバーの指摘

『職業としての学問』（一九一七／一九一九年）という講演の冒頭には、ある有名な箇所がある。マックス・ウェーバーは、彼特有の熱烈な調子で、学問の専門化がもつ意味をある定式によって予測している。「今日、本当の意味で素晴らしく卓越した業績は、つねに専門化された業績である。それゆえ、〔他の仕事に対して目を塞ぐための〕目隠しを付けていることができないような人々、ある写本のある一節についての正しい読み方を何とか示すことに全霊を傾けるといったことができないような人々は、学問とは無縁でいた方がよいだろう」[2]。この、近代的なホモ・アカデミクスに特有の「専門家の誇り（*Berufsstolz*）」と「専門家の慣習＝態度《エートス》（*Berufsethos*）」を背景として述べられている内容は、カントからフンボルト、ヤスパースにいたるまで、先に見たような知の一体性を哲学ないし人文学のなかに見ていた人文主義的な大学を置き去りにしつつある。この対極にあるのが学問的な大学であり、それは第二次世界大戦後の北米において真の意味で根を張ることになるだろう。

ウェーバーの見方からすれば、この学問的な大学は、明らかに彼自身が描写したプロセスを辿っている。すなわちそのプロセスとは、近代的な合理化と「脱魔術化（*Entzauberung*）」のプロセスであり、それはフンボルト的な大学のモデルにおいて擁護されていた啓蒙の諸要素の多くを侵食していくことにつながる。その侵食においては、

（a）さまざまな学問分野と研究の露骨な専門分化のために、知が統一的なものであるという主張が放棄される。そしてそこでは、専門分化したそれぞれの知の支脈が、みずからの発見的もしくは認識論的なパラメータを固定することになる。

（b）その結果として、ドイツ観念論にとって重要であった魂ないし精神としての「大学の理念」、もしくは大学機構そのものが放棄される。やがて大学はひとつの官僚機構のようなものとして規定され、競争的なパラメータによって管理されることになる。そしてそのようなパラメータは、近代的な官僚制に特有の合法的‐合理的正統性という形式に依拠しているのだ。

（c）さらに、あらゆる進歩の哲学が放棄される。かつて教養《ビルドゥング》の大学が構造上結びついていた進歩としての歴史は、いまや学問的な基盤を欠くことになる。ウェーバーによれば、歴史の意味とは、皆がそれぞれの価値のためにすすんで政治的な闘いに身を投じることにある。そしてウェーバーは、歴史を異なる神々による多神教的な闘いとみなすのだが、そこではいずれかの神がほかの神々と比べて

優位にあるような真理を保持しているわけではない。「学問の木の実を喰ったある時代において（……）われわれをもっとも強く揺り動かす最高の理想は（……）他の理想との闘いを通して実現されるほかない。そのさい、他の理想が他の人々にとって神聖なのは、われわれの理想がわれわれにとって神聖なのとまったく同等なのである」(3)。

（d）さらにそこから、学問的なものと政治的なもののあいだに存在する、大学のあらゆる一体性が放棄される。学問は、政治に対して道具立ての援助をすることはできる。しかし学問が、われわれが何を望むべきかを教えてくれることはありえない。せいぜい、われわれが望みうることを教え、場合によって、われわれが望んでいることを教えてくれるにすぎないのだ。したがって、学者は自分が分析する現実の価値評価ばかりでなく、事実という土台にもとづいた義務に関する規範的な結論づけからも身を引かねばならないのである。

さて、きわめて基本的な仕方で定義されているからといって、こうしたウェーバーの学問と大学についてのマトリクスを、いまやすべてが許容されるのだといった冷笑的な意見と混同してはならない。ウェーバーによれば、専門分化の時代の学者はある慣習《エートス》＝態度をもっている。それは、真理が歴史的な必然性、政治的な発展性、あるいは認識論的な永続性の不在によって弱められるかぎりにおいて、真理の悪魔《デーモン》に対するファウストの犠牲にいまだ支配されているような慣習《エートス》＝態度である。しかし、学問の悪魔《デーモン》に対するほとんどメフィストフェレス的な犠牲は、より実存的な動機から擁護され、感銘をもって受け取られるものなのだ。というのもそのような犠牲には、学問が闇の力に対するある種の解放として経験されるために〈光＝啓蒙〉の世紀が求めていた道徳的かつ政治的な超越が欠けているからである。ウェーバーによれば、学問によってもたらされる光はいまや脆弱なものになっており、それは決して世界の意味へとつづく小道を照らし出すことはない。この問題に対するウェーバーの立場は、若きウィトゲンシュタインの立場に似ている。『論理哲学論考』の末尾において述べられているように、たとえ学問に関係するあらゆる問題がいつか明らかにされようとも、生の意味は手つかずのまま残されるだろう(4)。

それゆえ、ここには啓蒙された近代性《モダニティ》をめぐる明らかな変化がある。つまり、学問がわれわれの時代の意味を明らかにできないというだけでなく、近代の合理化の過程がもつ意味そのものが、あらゆる学問的説明を超え出てしまっているのだ。それは関係者の目によって点検され、理解されるべきプロセスとしてのみ残っているが、合理的な観点から目的論的に正当化されることは決してない。古くからの光と闇との闘いにおいて、学問と近代的な大学は光の側についているように思われていた。しかしいま、それは別のかたちでの闘いが生じる余地を与えてしまっているのだ。そこでは学問が舞台から退き、人々が互いに荒々しく闘うさまを見つめている。人々は、自分の方が相手のことをよく理解できるということを唯一の慰めとしているが、そこにみずからの立場を正当化しようという意図はない。これこそ、ウェーバーが「価値中立性（*Wertfreiheit*）」と呼ぶものであり、それこそが学問的大学の慣習《エートス》＝態度であるべきなのだ。さて、ウェーバーのこのような考えは学問的真理という理想となおも結びついているのだが、そのような理念はウェーバーにとって、学会を典型とする存在様態の可能性の条件でもある。他方、ウェーバーによれば、歴史哲学を放棄したからといって、それが未来の明らかな抑圧、つまり「逃げられない檻」によって人々をおののかせる官僚主義的な圧力の勝利を招きよせることはない。むしろ未来は、いまだに政治的闘争のなかにはびこり、学問とはなんら関係をもたない価値内容にこそ左右されているのだ。未来はまだ開かれており、ある意味で自由なままである。そこで、近代的な大学における第三の変容、すなわち先にわれわれが異種混交化する大学と呼んだものに話を進めてみよう。

大学の異種混交化をめぐるギボンズの指摘

一九九〇年代にラテンアメリカで始まった大学改革のパターンについて言うなら、それはアカデミズムの専門職化という先の周期にはうまく合致しない。いまから数十年前に、マートンとパーソンズはウェーバーにならって、そのアカデミズムの専門職化という周期のうちに〈学問的な大学〉と〈大学の近代化〉のモデルを見いだした。しかし、九〇年代にラテンアメリカで始まった改革のパターンはむしろ、大学の異種混交化という新たな周期の方に合致している。それは、アルゼンチンとメキシコに深い根を張る十年ほど前に、すでにサッチャー時代のイングランドと、ピノシェト時代のチリにおいて根づいていたものである。この新たなパターンが幾度となく見逃されていたのは、それが卓越性《エクセレンス》と学問の近代化という理想の覆いのもとに提示されていたからだ。他方、〈見えざる手〉というイデオロギーや、統合された知の意味の喪失――これは、単純にここで述べていることと結びつけられるべきプロセスではないのだが――といったアカデミズムの専門職化をめぐる傾向の多くは、この新たな周期と足並みを揃えている。そしてこの事実は、この異種混交化という新たな周期が、その主要な側面において、ほとんど持続的な解決策なしに生まれたのではないかということを薄々と感じさせる。

本稿の目的は、この異種混交化のパターンを描写することではない。そのようなパターンは、最近の大学で多くの交配種を作り上げている。すなわち、公私のそれぞれの領域で、〈アカデミズムの市場〉と〈就労の市場〉、大学の〈制度的な性格〉と〈規範的な性格〉の交配種が生み出されているのである。そしてそのような交配種は、市場経済や社会的領野における戦略的な組織機構に特徴的なものなのだ。また、経営の審級が学部の合意の結果にもとづく場合と、組織環境に準じた官僚的かつ専門家的な意思決定にもとづく場合では、そのような交配はいっそう顕著になる。グローバルな水準における大学の「経営」あるいは「管理行政的《アドミニストレイティヴ》」な転回については、これまでにもすでに多くのことが書かれてきた。それゆえ、ここではその問題の詳細には立ち入らないことにしたい。(5)

今回、われわれはこの問題が含むあるひとつの側面にのみ焦点を当てたいと考えている。それは、われわれが先立つ二つの変容に即して展開してきた学問をめぐる論点である。この論点は、われわれが異種混交化への傾向と呼んでいるものの臨界としての、新たな知的生産のモデルの進歩を検討することに関わっている。その新たな局面が提示している断層を明らかにした論文のなかで、しかもまさしく高等教育の妥当性〔*relevance*〕という名においてこの異種混交化に言及しているのは、高名な科学社会学者マイケル・ギボンズである。(6) 彼はそれを、〈純粋研究〉と〈応用研究〉の、〈発見の文脈〉と〈その正当化の文脈〉の、〈認識論的ないし認知的な教育基準〉と〈行為遂行的ないし技術教育的な基準〉のあいだにあるアプローチとして規定している。(7) 説明的な展望と規範的な展望を混ぜ合わせたような調子で書かれているものの、ギボンズの論文のなかに、科学哲学における構築主義的なイデオロギーの足跡をみとめるのは困難ではない。つまりそれは、研究－業績という組み合わせが、知－真理に損害を与えているということを強調しているのである。事実、ギボンズはブルーノ・ラトゥールに何度か言及しており[8]、研究の理念が学問の理念を損なってしまっている、というこのフランスの社会学者の強調を再び擁護することさえ惜しまない[9]。そこには、妥当性をめぐるギボンズの文章〔二十一世紀における高等教育の妥当性[10]〕から遡ること五年前の、よく知られたギボンズのテクスト〔『新たな知の生産』〕から一貫する何かがある。ギボンズは、〔「妥当性」という〕あるひとつの観念に実質的内容と認知的な装いを与えるためにこの種の構築主義を利用しているが、その利用の仕方は示唆に富むことがわかる。われわれは目下この「妥当性」という観念を話題にしているのだが、それはもともとユネスコの文書に登場する用語であり、それは高等教育の社会的生得性を強調するためのものであったのだ[11]。

さて、ここでギボンズが「妥当性」という言葉、あるいは彼の語彙を用いてより正確に言えば、「妥当性の力学」という言葉で理解しているのは、実際のところ何なのだろうか。ギボンズはこう書いている。それが扱うのは、「応用の文脈によって生み出され、維持されるフレームである。ゆえにそれは、最初に生み出され、のちに複数の遂行者集団によって応用されるようなものではない（……）。その解決策は、すでに存在している知の応用からのみ生じるのではないし、主にそこから生じるのでもない[12]」。この主張をより拡張するために、ギボンズは二つの知のモードのあいだに区別を設ける。そのうちの古典的なモード、もしくは「モード1」は、学問的な専門分化の結果としての諸分野の隔たり、および発見と応用という文脈上の隔たりに基礎を置いている。そして「モード2」は、応用という文脈、超領域的なもの、問題解決へと向かう傾向、そして「複雑なシステム」の理解といったフレームの内部における研究に対応している。

「応用の文脈における」研究という理念は、デリダがかつて「終局化」と呼んでいたもの、すなわち最初に理論的な局面において得られた知が、ついで「終局化されたもの」へと応用されるという考え方を凌駕することを目的としている。ギボンズにとって、モード2の知はすでに応用の文脈によって条件づけられたものであるのだろう。それはちょうど、あるシステムの分析者《アナリスト》が、その研究の最初の周期にあらわれる問題について、あらかじめそれについての深い知識をもっていなければならないのと似ている。このねじれは、複数の理論の文脈のあいだにある認識論的な手続きを見えにくくするだけにはとどまらない。それは、ギボンズが「技術－経済的〔*techno-economic*〕」と呼ぶ「環境」を利するために、分野ごとに分かたれた世界を超越する異質な関係者たちを、研究のために調達してくるのである[13]。

超領域的〔*transdiscipline*〕という観念は、それゆえ、次のような知の原理と結びついている。すなわちそれは、離散的に分解しつつある各分野の貢献を集めた結果ではなく、むしろその元の構成要素に照らし合わせた場合に、それを分割することが不可能な研究を生成する相互作用の産物であるような知の原理に結びついている。この研究は、もろもろの分野の内的な力学ではなく、複雑に絡み合う問題の力学とともに歩みを進める。それは、高度な不確定性と、互いに異質な関係者たち――ギボンズはそこにビジネスや産業界の人々も含めている――との膨大な交渉および熟議の双方から影響を被る、通常の《ポスト・ノーマル》学問以後の学問という考え方の枠組みのうちにある。

このモード2が大学にもたらすであろうインパクト、より正確に言えば、それが査定基準としての大学の妥当性にもたらすであろうインパクトとはいったいどのようなものなのだろうか。ギボンズは次のように指摘している。すなわち、モード2においては、最初は周辺にあったものが知の中心へと移動し、ついでそれが分配可能なシステムを作り出す。そのようなシステムにおいては、大学が知の生産を独占することは不可能になり、他の機関の関係者と協力しなければならなくなる。専門分化と学問分野の均質性は、いまなお組織の力学に首尾一貫した求心力を見いだす、より広い意味での異質性にあとを追われるのである。ギボンズは、やや皮肉を込めて次のように指摘している。「出版せよ、さもなくば滅びよ〔publish or perish〕」という命法は、「協同せよ、さもなくば滅びよ〔*partnerships* or perish〕」という個人的かつ制度的な生き残りをかけた新たな命法に取って代わられている。[14] この新たな研究文化の模範となるのは、もはやウェーバーが言う目隠しを付けた専門家ではない。その模範となるのは、ロバート・ライシュが提唱するシンボリック・アナリスト[15]の事例にならい、ギボンズが軽やかで柔軟な姿によって描き出している主体、すなわち「知識労働者」なのだ。「今日の高等教育に携わる教師の多くは、あるひとつの職務や特別な技能に丸ごと専念するということはない。彼らは、〔職務および専門技能という〕その双方の事柄がしばしば変化し、それに合わせて迅速に動いていくという可能性に備えておく必要がある。そのような場合に迅速に動いていくためには、より負荷を軽くしておく必要があるのだ[16]」。この新たなモードは、知的な仕事が国際的に分業化することなしにはありえない。実際、発展途上国の世界においては、次のことがきわめて重要なのである。すなわちギボンズが言うところでは、研究課題は実際的な問題に基礎を置きつつ規定されねばならず、各専門分野に固有の抽象的な課題に基礎を置いてはならない。こうして新たなモードが、われわれの大学に対して大いに適切なものをもたらすというわけである。[17]

結びにかえて――大学の三つの変容の亡霊的回帰

われわれはここまで、近代の大学における三つの変容を検討してきた。すなわちそれは、〈啓蒙〉の大学、学問的に専門分化する大学、そして異種混交化する大学という三つの変容である。第一のモデルが十九世紀のヨーロッパの大学に、第二のモデルが二十世紀の北米の大学に深く根づいていたのに対し、第三のモデルは前世紀の終わりごろからなんとか影響力を強めようと苦心している。とりわけそれは発展途上国に顕著であり、ラテンアメリカではここ十年ほどのあいだ、大学は六〇年代の学問的モデルに対する熾烈な闘争の空間として作り変えられたのだ。

また、われわれはここまで次の点を指摘してきた。すなわちこの近代の大学の歩みは、別の大学文化のために、啓蒙の慣習《エートス》＝態度が徐々に放棄される過程を示している。われわれは、〈大学の未来〉をめぐる問いに直面して、歴史の問題と、その真理の問いに対する関係を導きの糸として用いてきた。これまで述べてきたように、啓蒙主義においては未来に立ち向かうためのプログラムにもとづく慣習《エートス》＝態度が存在しており、それは進歩としての歴史という考え方、暗く反動的な勢力に対する道徳的、政治的、文化的闘争としての学問という考え方に立脚していた。それに対して、学問的に専門分化する大学が保持していたのは、より控えめな抵抗の慣習《エートス》＝態度だけであった。後者は、アカデミズムの自律性に対立する国家や社会の他律的な進歩に立ち向かうためのものだったが、その強度はと言えばせいぜい前者の数分の一にすぎなかった。その未来へのヴィジョンはもはや意味ある地平であることをやめた。それはただ機会の均等という領域に関わるヴィジョンにすぎなかったのであり、そこでは価値をめぐる政治と非合理的なゲームが、互いの主張する真理を最後の最後まで闘わせていた。このような状況に直面した大学には、もはやその自立をなんとか守り抜くという選択肢しか残されていなかった。ただし大学は、そのすべてを知りながら、当代の神々と悪魔の闘争のどちらにも付こうとはせず、ただ見物人の席にいるだけである。大学はいつも真理の問題に関わる事柄のみに腐心し、未来が無慈悲なものだという幻想を解くことに専心している。つきつめれば、われわれは異種混交化する大学の慣習＝態度《エートス》を、適応の、諦念の慣習＝態度《エートス》として規定することができるだろう。いまや、人間はグローバルな世界に顕著である複雑な環境に対しても適応していけるという雰囲気がある。そのような雰囲気のなかでは、不確かなものや未来の経験を制御することが、あたかも大学の運命の小道を照らし出しているかのようだ。このような文脈においては、真理の問題であれ、歴史の問題であれ、いかなる影響も及ぼすことはない。むしろそれらは「問題解決」と、現在を強固にする方向へと向かう時間の推移の支配にかかわる問題に完全に場を譲っているのだ。

　ここから、われわれが理解すべきなのは次のことである。まず、ここまで示してきた三つの段階にわたる大学の歩みは、歴史的な必然性ないし不可逆性をまったく欠いているということである。それゆえ、これらのモデルは亡霊として、そして〔個々の〕大学関係者たちの意志を超えた周期的な仕方で現実のものとなる。この意味では、約四十年前、大学のためになされた一九六八年の学生たちの苦闘は無駄に終わったわけでも、発展しなかったわけでもない。それは当時の時代により深く関わっていたし、より意味のある文化的介入の方向へと向かっていた。それは無情にも失敗したとはいえ、彼らの苦闘は「啓蒙」と「教養」の諸理念が、あるいは少なくともそのもっとも重要な一部の側面が、大学関係者たちの心のなかで積極的な役割を演じているということを示している。結果的に、現代の大学を決定的な仕方で分節化しなおすという考え方は、ハーバーマスのある考えによれば、メタ批評的なもの、あるいは「言説の倫理」を土台として作り上げられる。そしてそのような考え方は、いまだ啓蒙の問題に内属する何かを示している。時にその大きな重荷を欠いているように見えるこの問題とは、ある歴史哲学の問題なのである。

(1) 本稿の最初のヴァージョンは、二〇〇五年五月にアイスランドのレイキャヴィクで開催されたボローニャ大学顧問委員会において発表された。

(2) Max Weber, *Wissenschaft als Beruf* (1917/19), in Max Weber, *Gesamtausgabe*, Abteilung I: Schriften und Reden; Band 17, Tübingen: J. C. B. Mohr, 1992, pp. 80-81.〔マックス・ウェーバー『職業としての学問』尾高邦雄訳、岩波文庫、一九八〇年、二二頁〕

(3) 〔訳註〕マックス・ヴェーバー『社会科学と社会政策にかかわる認識の「客観性」』富永祐治・立野保男訳、折原浩補訳、岩波文庫、一九九八年、四一頁。なお本稿における引用文献は、原文を参照のうえ、著者による英訳を踏まえて日本語訳に若干手を加えている。

(4) 〔訳註〕ウィトゲンシュタイン『論理哲学論考』野矢茂樹訳、岩波文庫、二〇〇三年、一四八ページ（六・五二）。

(5) この問題については次を参照のこと。Daniel Schugurensky, "*Quo Vadis* Public University? Global Tendencies and the Argentine Case", in Hugo Casanova Cardiel and Roberto Rodríguez Gómez (comps.) *Contemporary University. Politics and Government*, CESU, UNAM, Mexico, 1999, 433-492.

(6) Michael Gibbons, "Higher Education Relevance in the 21st Century", Contribution to the UNESCO World

Conference on Higher Education, The World Bank, Washington D. C., 1998.

（7）つまり、これは教育における認知的な基準と行為遂行的な基準を重ね合わせる傾向であるのだが、それはますます職業訓練に近づく一方、知からはますます遠ざかる。これはロナルド・バーネットの次の文献で批判されている。Ronald Barnett, *The Limits of the Competence. The Knowledge, the Higher Education and Society*, Open University Press, 1994.

（8）ラトゥールの構築主義については次を参照のこと。Bruno Latour, "From the World of Science to the World of Research?", *Science*, Vol. 280, 1998. 次もあわせて参照のこと。Bruno Latour and Steve Woolgar, *Laboratory Life: The Social Construction of Scientific Facts*, London: Sage, 1979.

（9）「科学哲学についてはこれまで多くのことが書かれてきた（とギボンズは結論で述べている）が、ある意味でここまで述べてきたことは、次の試み以上のものではない。それは、ラトゥールが提出する科学哲学にすでに現れていてしかるべきであった、いくつかの要素を特徴づけるという試みである。」（M. Gibbons, op. cit., p. 36.）

（10）次を参照のこと。Michael Gibbons et al., *The New Production of Knowledge. The Dynamics of Science and Research in the Contemporary Societies*, London: Sage, 1994.〔マイケル・ギボンズ編著『現代社会と知の創造――モード論とは何か』小林信一監訳、丸善、一九九七年〕

（11）大学に関する一九九五年のユネスコの文書において、妥当性は次のように定義されている。「それは社会における位置と役割に基礎を置いた高等教育に関する方法である。社会における位置と役割とは、言いかえれば教育、研究、サーヴィスに関わる使命であり、さらにはもっとも広い意味での仕事の世界とのつながり、国家や公共の財源との関係、およびさまざまな水準や形式に置かれた教育との相互作用である。」（UNESCO, "Changement et développement dans l'enseignement supérieur: document d'orientation", Paris, 1995.）

（12）M. Gibbons, "Higher Education Relevance in the 21st Century", op. cit., p. 7.

（13）Ibid., p. 22.

（14）Ibid., p. 55. この仮定は、ナタル大学（南アフリカ）のブレンダ・ガーリー学部長に負っている。これは、「学問の純粋な理念においてすべてに勝る基準」としての自由と孤独、というよく知られたフンボルトの概念と比較される必要がある。また、近年ツヴェタン・トドロフは、「思考は孤独から生じる」という示唆的なタイトルのもと、ある抗議のための書簡を刊行した。そこではまさしく、人文学の研究領域において流行しているアソシエーショニズムの強制に対する抗議がなされている。

(15) 〔訳註〕「シンボリック・アナリスト」とは、ロバート・B・ライシュが『ザ・ワーク・オブ・ネーションズ』で用いた言葉であり、コードやイメージのような広義の象徴（シンボル）を分析することによって問題解決を図る専門化のこと。具体的にはエンジニアや経営コンサルタントなどが挙げられている（原註16も参照のこと）。

(16) M. Gibbons, op. cit., p. 29. 次も参照のこと。Robert Reich, *The Work of the Nations*, New York: Knopf, 1991.〔ロバート・B・ライシュ『ザ・ワーク・オブ・ネーションズ――21世紀資本主義のイメージ』中谷巌訳、ダイヤモンド社、一九九一年〕

(17) M. Gibbons, op. cit., pp. 55-57.

＊本稿は Francisco Naishtat, “University and Globalization. The Three Transformations of the Modern University and the Abandonment of Enlightenment,” *UTCP Bulletin*, vol. X, Tokyo: UTCP, 2007, pp. 17-24 の翻訳である。

婉曲語法、大学、不服従

アレクサンダー・ガルシア・デュットマン（宮﨑裕助訳）

婉曲語法〔euphemism〕は、現代社会の言語的条件であり、大学を通じても他の制度を通じても広まっている。だが、婉曲語法とは正確にはなんだろうか。フランスの言語学者エミール・バンヴェニストは、この《euphemism》の語源となるギリシア語のさまざまな意味に注意をむけ、それらの意味が互いに矛盾しており「婉曲語法そのものの婉曲表現」をもたらしているように思われる事実について考察したのちに、次のように述べている。すなわち、ひとたび言語《ラング》と発話《パロール》の区別が考慮されるならば、この語の「本義」は「疑いもなく積極的なものになってくる」。つまり「自明であるべきことが誤解されてきた以上、euphemein は『吉兆となる言葉を語ること』をつねに、もっぱらそれをのみ意味しているのだと強調する必要がある」[1]。バンヴェニストの説明によれば、婉曲語法は「〔日常の〕他愛のない言葉」さえあやふやなものであることがわかり破局的な転覆に通じてしまう場合に、そうしたリスクや危険、致命的な破綻の脅威をかわすために用いることができる。この意味で、婉曲語法は、受動的というより能動的な言語使用を示すものである。だが、バンヴェニストが強調するのは、発話において婉曲語法からなる言語使用の正確な諸条件を打ち立てる必要性でもある。婉曲語法の機能とその働きを規定するのは「もっぱら状況のみ」である。バンヴェニストが「意味論的な逸脱」と呼ぶもの――さまざまな言語使用の戯れがもたらす逸脱――は、婉曲語法のもろもろの痕跡を消し去るかもしれないし、能動的な言語使用を受動的な使用へと変えてしまうかもしれない。かくしてこの言語学者が示すのは、《tuer》——フランス語で「殺す」を意味するもっとも普通の語——が「婉曲語法的な諸起源」をもつということである。[2] 英語の《killing》は、「大学の死」についてのメアリー・エヴァンズの卓抜な書物のタイトル『思考を抹殺する〔Killing Thinking〕』のなかに現れるが、本書が論じているのは、「議論すること」に代えて、「『正しい』プロセス」を確立すること、ゲームのルールを設定すること、「協力的で同意に応じるプレイヤー[3]」を勧誘することという置き換えが進みつつある事実である。この場合、英語の《killing》は婉曲語法として、いわんや隠喩としてではなく、まったく文字通りに理解されるべきである。バンヴェニストの考察から、次のように結論づけたくなるかもしれない。すなわち、婉曲語法とはなんであるのかを理解できるのが、もっぱら言語《ランガージュ》と発話《パロール》、構造と実際の発言のあいだ、あるいは「本義」と言語使用の個々の状況に依存した意味とのあいだを往来する場合に限られるのであってみれば、婉曲語法は、ひとつの曖昧模糊とした現象にとどまり、能動と受動、記憶と忘却のあいだをさまよい続けるものなのだ、と。あたかも婉曲語法はそれ自体婉曲語法を必要としており、「婉曲語法そのものの婉曲表現」であるかのように。

さて、もし婉曲語法が本当に現代社会の言語的条件であるならば、このことが意味するのは、この条件下にある人々は、みずからの生活の現実に実際に直面することなくこの現実について知っているということである。すなわち、欺瞞やいくばくかの魔力に対する信念が婉曲的な発話のうちに混じり合い、自他双方を欺く能力は宿命的に崩壊して自己欺瞞となる。婉曲語法の使用者は、話し、書き、考えるさいに能動的にみずからの意識の抑圧に貢献していることになる。それゆえ彼らは、みずからがなにを追い払おうとしているかを意識しているだけでなく、みずからが追い払っていること自体を追い払ってしまうことも意識している。彼らが産み出す両義性は、まさにみずからがそこに身を置いている当のものなのである。たとえば、誰もが認めるように、差し迫った民営化の危機に曝されているイギリスの人文科学、教養科目、社会科学を擁する大学の理事会は、大学の未来について熟慮吟味する課題に取り組むための組織を作った。しかし、こうした民営化によって生じた大学の最終的な解体のために、大学教員たちや大学当局の人々はそれらの組織を「絵に描いた餅」と呼ぶのにためらうことがなかった。イギリスの大学教授がトップクラスの高額給与所得者になるためには、教育や研究は決定的な要素ではない。結局、重要なのは経営者としてのプロフィールであり、資金を確保したり経営者らが実権を握っている委員会に仕えたりすることである。つまり重要なのは、大学教員がこのゲームに参加したかどうか、彼が制度の一員や学内政治家になったかどうかにかかっているのである。高額の給与を支払われている大学教授が、理想的な大学教員だということになる。というのは、彼らは知的な能力に富んだ経営者として、大学という全国規模展開の企業の要職に組み込まれているからだ。ヘーゲルの『法の哲学』において、企業は国家を代表する。個人は近代国家の「普遍的目的」〔第二五六節〕(4)に限定的にしか接近できないためである。企業が国家を代表することで、市民社会と国家のあいだの架橋が可能になる。けれども、企業が「惨めな同業組合《ギルド》制度」へとからめとられないためには、国家はまた企業を監視しなくてはならない。大学を規制する経営陣がいて、大学を牛耳る効率と説明責任の原則があれば、大学は、国家の目的に到達するための別のアクセス・ポイントになるのであり、しかしそれはもはや監視の必要もないのである。これまでも理想的な教授陣と経営陣との財政的一体化が、すでに経営陣が大学の支配権を得ていることの明白な兆候であったとすれば、人文科学、教養科目、社会科学の民営化は、あらゆる危機のなかの危機、つまり経営陣の完全な支配へといたる最後の一歩である。そのときには「官僚的なアジェンダ」[5]と、市場や商業に賦活された学問的価値観とがいやおうなく結託することになるのだ。経営陣によるこの支配が、大学解体、つまり効率と説明責任の原則による大学の破滅という結果をもたらしてしまうからには、経営陣が必要としているのは、大学を支配する存在を正当化するための婉曲的な発話である。つまり、ちょうど経営陣が大学教授を実際には経営者、ロビイスト、政治家とみなしていても教授という言葉を使うのと同じように、彼らは「大学」という言葉を使い続ける必要がある。というのも彼らはこの言葉からあらゆる意味をはぎとって「大学」を最高額のお金を支払ってくれる顧客に売りに出さねばならないからである。それゆえの両義性なのである。

一九五〇年代半ば、アドルノはイデオロギーが重要な変質を被ったということを看て取っていた。つまり「存在することとの承認を除いてはイデオロギーにはなにも残されていない。残されているのはただ、既存の条件の威圧的な権力に屈服するふるまいの多様なモデルだけなのだ」[6]。承認が能動的なふるまい、すなわち確認だけでなく創造を伴うかぎりで、またしたがってイデオロギーが社会支配の有力な形態をただ見せかけたりその外観だけを変装したりしなくなったかぎりで、今日イデオロギーの効果を達成するものは婉曲的な発話の発明である。というのも、このイデオロギーの効果は、社会支配の諸形態を容認することにあるからだ。婉曲語法を使用することはしかし、それ自体が根本的な容認に由来するようなひとつの抵抗の合図を送っている。あらゆる容認は、究極的に潜在的な抵抗である。少なくとも容認することに抵抗の能動的要素があるかぎりで、あるいは純粋な受動性ならけっしてなにものも容認できなくなってしまうかぎりで、そうなのである。したがって「こうした抵抗が顕在化しないように」婉曲語法が行なうことは、言語の領域における容認のさまざまな資源を搾取することである。ときにこの容認は、無遠慮に要求される。たとえば、いまでは学術的な研究も大学の外部での「インパクト」の観点によって評価される。近年では、あるイギリスの大学の研究科長が次のようなメッセージを発していた。それによれば、われわれの同僚は好まないかもしれないが、「インパクト」なるカテゴリーはもう浸透してしまった以上、彼らはそれを上手に処理し、所与として受け容れる方がよいのだ、と。多くの場合では、アカデミックな研究の「インパクト」、つまり大学で教鞭をとる誰かが繰り広げた独自のアイディアの「インパクト」を確かめることはきわめて困難である。すなわち、容易に認識でき測定できる「インパクト」をもつことに抵抗するアイディアにこそ、定義上剰余がつねに存在する。反対に、そのような直接的な「インパクト」をもつアイディアはあとかたもなく消え去ることが少なくない。ちょうどアドルノが教師と学生との関係についての論考で、教育や教養は「そのための正しいやり方など存在しない」[7]と書いていたように、またメアリー・エヴァンズが「もっとも素晴らしい教育は目的なき、目標なき教育である」[8]とみなしているように、さらにはまたアドルノがあらためて示唆したところでは、ダメ学生がとりわけ試験や成績評価のさいに規律や規範や指針をみずから絶えず探し求めることで、かえってたんなる学生以上の者になるように、アイディアの「インパクト」は、アイディアがアイディアであるために予測できないままでなければならない。それゆえ、研究のカテゴリーとしての「インパクト」は単純化を伴い、過度に単純化されたアイディアを産み、一種の婉曲語法として働く。それが助長するのは「専門家の事実信仰」、つまりアドルノがそうした「科学精神」の補完物とみなしているもの、つまり「威厳ある表現や呪術的な言い回しをありがたがる信仰」[9]である。ロンドン大学ゴールドスミス校では、いわゆる研究生、すなわち博士課程の学生たちの研究の進展もまた「専門家ではない」聴衆に研究成果を発表できるかどうかによって決まる。アンナ・ジーラスは「フランクフルター・アルゲマイネ・ツァイトゥング」での記事を次のような文章で締めくくっている。「イギリスにおける人文学の未来は例外的な研究にではなく、説得的な広報や活発な口コミにあるように思われる」[10]。

婉曲語法が言語の領域において容認の諸資源を搾取することとして理解しうるのであれば、また婉曲的発話をする者がすべての他者に対して自分がゲームのプレイヤーであることを明らかにするのであれば、明確にすべきは、なぜ大学にはそのための場がないのかということである。婉曲的発話を用いること、それは、なにかを言うのにそのように言う意図をもたないで言う仕方である。今日それは、なにごとかを言う意図をもってそれを言わないという仕方でさえある。あたかも婉曲語法がそれ自身に抗して用いられるかのようにである。殻を割ったら殻だったというわけだ。大学とは、しかしながら次のような場である。すなわち、ジャック・デリダが「条件なき大学」という理念についての講演で指摘しているように、大学とは「すべてを言うという根本的な権利[11]」、フィクションの装いのもとであれ知の実験としてであれ、公的に発言するという根本的な権利によって、教育が授けられ研究が企てられねばならない場のことである。条件なしのこうした逆説的な条件につけ込むことで、婉曲語法の限定的フィクションが、教育や研究を権力に従属させて大学から排除し、大学の理念そのものを破壊するにいたっているのである。大学はみずからの名を市場の操作と支配に引き渡すことになる。結果として、婉曲的発話が行なう操作は、言葉とそのアイディアのあいだのつながりを断ち切ってしまう。言葉が婉曲語法へと変質するのは、特定の意味内容をそれとは別の意味内容に置き換えることによってのみならず、置き換えそのもの、形式的な手続きそのものによってである。あたかも言語と個々の発話、構造と実際の発言が分かちがたく絡み合っているかのように当の言葉は婉曲表現に変質してしまうのである。ひとたび大学が婉曲的話法によって支配され、またひとたび「大学」という言葉がその理念から分離されると、それはすでにして婉曲表現であり、学問的、政治的、社会的、どの特定の文脈であれ、どのように使用されるかは関係がない。七年前、メアリー・エヴァンスが述べていたように「現代のイギリスにおいて『大学』という語は曖昧で、あてにならない言葉である」(12)。

なぜ大学の条件は逆説的な条件なのか。この条件は大学やその言説を婉曲的発話のなかに閉じ込めるおそれはないのか。ひとつの条件として、それは権力を大学の中心に据え付けるおそれはないのか。たしかに、大学の条件が逆説的であることを示すために、無条件性が大学に帰属するものであることを指摘するだけでは十分ではない。というのも、少なくとも無条件性という条件は、条件を条件づけられたものから、形式をその内容から分離することの不可能性を指示しているにすぎないからである。つまりこうである。無条件の大学においては、理念が現実から分け隔てられていないため、いかなる婉曲語法も存在しえない。しかし、大学は実際にはひとつの制度――より大きな社会的および政治的な文脈に位置づけられた制度――であり、また歴史をもっているのだから、無条件の大学がそうした文脈から独立しうる力は、文脈に依拠しえないという不能にもなるのであり、理念と現実、条件と条件づけられたものは単純に一致しなくなる。だからこそ、大学の条件が実際に逆説的であることが明らかになる。もし大学ないしその言説が原則的に婉曲的発話の餌食になりうるとしたら、それはこのパラドックスに基づいているからなのだ。すなわち大学の条件は〔無条件性そのものを条件としているために〕、その無条件性と異なり、かつ異ならない。このことは、無条件性という属性が大学にとって外在的ではありえないという事実を強調することによってまた別様にも表現されうる。つまり、外在的だとすれば大学は、たんに諸部分の集積でしかないような全体、すなわち、大学で教えられている諸科目の集積、各学部と図書館のなかで産み出され、蓄積され、達成されるような知識の集積でしかない全体となってしまうだろう。このような、たんに外在的に達成された全体性の場合には、条件と無条件性とは、けっしてひとつのものではありえないだろう。

それゆえ、大学がひとつの全体としてあるために無条件性が大学にとって内在的でなければならないとすれば、その基準は、まずもって全体をひとつの全体へともたらすものに求められなければならない。すなわち、その包括的な性質に求められなければならない。つまり「すべてを言うことのできる」場としての大学、したがって開かれたものと開放性の場としての大学、もう一度デリダの言葉を引けば「権力原則とは異質」のままである場としての大学である。[13] しかし、大学教育の本質がたんに既得の知識の反復、復誦、想起、回顧にすぎないというようにすべてがすでに言われていると考えるのであれば、「すべてを言うという根本的な権利」などなにもないだろうし、大学が根底的な開放性を有する全体ともなりえないだろう。総体として、[14] 大学は、デリダの言うように「出来事の名に値する」場、そうした出来事の場、婉曲語法に抵抗する場でなければならない。[15] なぜなら、さもなければ大学は、自分自身に敵対することになるからである。つまりそうでなければ大学は、研究が必要な未知のものはなにも残されていないと主張せざるをえなくなってしまうだろう。また大学は、教育から研究を分離することになってしまうだろうし、それ自身を余分的なものとするか、それ自身の物象化に屈することとなるだろう。大学とは、全体性とその無条件性のパラドックスを抱えた場、おそらくはその唯一の場なのである。かくして大学は「すべてを言うという根本的な権利」としての無条件性そのものの基準ないし指標である。「すべてを言うこと」は「根本的な権利」でなければならず、たんなる事実ではありえないという事実は、大学の条件性と無条件性とのあいだのギャップを開くのであり、そうすることでこの事実は、かえって婉曲語法と権力原則の可能性が大学を牛耳る余地を残してしまうことにもなるのである。このことが生じうるさいには、「誰の大学なのか」という問いがもち上がることになる。つまりデリダが、無条件の大学、「条件なき」大学を、大学の内部、「今日大学と呼ばれているものの囲い」[16]の内部に位置づけていないということによって示されるのは、この問いの必然性であり、あるいは大学の内部から大学にとり憑いている権力と婉曲語法の亡霊なのである。

しかし、同じ思想を表現する別のやり方は、次の二つの開放性を区別することによってなされる。それによれば一方は、デリダが手放そうとしない「中立的な理論主義」[17]という性質によって条件づけられている開放性と、他方は、理論の中立性と理論それ自体に同伴し続けることを拒否する開放性、つまり理論を「批判的かつ批判以上の無条件性」[18]に曝すような開放性である。たしかに「批判的かつ批判以上の無条件性」のような「チャンス」は「中立的な理論主義」にあると言えよう。だが、それを示威し表明すること自体に、理論に挑戦するところが残るのであり、そうすることは理論の中立性に容易には順応しえず、その中立性を変質させずにはおかないのである。「中立的な理論主義」は「批判的かつ批判以上の無条件性」の側よりも諸条件や条件づけられたものの側にある。なぜデリダは「中立的な理論主義」のような考えを堅持するのだろうか。おそらく二つの理由のためである。デリダが「中立的な理論主義」を堅持するのは、理論の「中立性」のみが触媒作用の機能をもちうるからであり、この機能は「批判的かつ批判以上の無条件性」が硬直化しないかぎりで要求するであろう当のものだからである。つまり、いかなる非中立的な言説や実践も、無条件性が有する「批判的かつ批判以上の」趣旨を歪めることなしには触媒作用の効果を獲得しえないだろう。しかし、デリダが「中立的な理論主義」を堅持するのはまた、「理論」が「無条件性」の要請している特定の制度的枠組みの旗印となるからであり、また、より大きな文脈に置かれた大学の仕組みの旗印となるからである。「無条件性」は「批判的」であることなしには無条件ではありえず、理論や理論の中立性に批判的に言及することなしには無条件ではありえない。かくして「すべてを言うという根本的な権利」は「なんでも言うという根本的な権利」と取り違えられるべきではない。そうではなく、大学で言われることはなんであっても、理論の中立性と無条件性――まさにその本性上「批判的かつ批判以上」であるところの――の試練を経なくてはならないのであり、無条件性を定義すると同時に斥ける苦闘であるような両者間の抗争においてこそ、大学は婉曲語法やいかさま、権力の簒奪にみずからを曝すのである。ここに現れているのは、無条件的な大学は、本質的にリスクに開かれた大学、転覆させられるリスクに曝されている大学だということである。他方、権力やいかさま、婉曲語法によってすっかり支配されている大学は、みずからを曝すのをやめてしまった大学であるか、そのような曝け出しを最小化しようとする大学なのである。

理念の行なうことが物事を提示することとそれ自体であるならば、また大学の理念が大学をそのものとして、総体として提示することであるならば、そして大学の全体が〈いまここですべてを言うこと〉と〈すべてを言う権利〉とのあいだで分断された発話のパラドックスのうちに存しているならば、大学の理念とは他にも数ある理念のなかの一理念であるだけでなく、ある意味ですべての理念のなかの理念、あるいは理念そのものである。つまり大学の生、大学の理念の現実性は、全体の理念とパラドックスをめぐるものである。というのは、もう一度言えば、全体はひとつの全体になるために開かれ、自身を曝け出さなければならないからである。この視角からすれば、デリダが講演の終わりで《comme〔〜として／ように〕》の問題に注目したということは驚くべきことではない。[19] 全体自体がひとつの開放性を要求するならば、またデリダがカント的な口調で規定したようにすべてを言うことや公にそうすることが、潜在性と顕在性へと分裂するならば、いかにして大学の全体は「そのものとして」理念に即して提示されうるのだろうか。

デリダがこの講演のなかでひとつの婉曲語法について言及している点は興味深い。それは、どの程度「研究機関や教育機関」は支援されるべきか、「すなわち、直接的であれ間接的にであれ、商業や産業の利益のために〔……〕どの程度統制されるべきか」とデリダが自問したさいのことである。そして、直接的ないし間接的な統制の形態に言及したあとにデリダはこう付け加える。すなわち「たとえば、婉曲語法で言えば『支援される』べきなのか」[20]。のちにデリダが「低賃金で周縁化された」大学の非正規雇用の大学職員の増加を指弾したさいに、彼が聴衆に喚起したのは次の事実だった。つまりこの増加は「柔軟性や競争と呼ばれるものの名において」[21]正当化されがちである、と。かくして大学における言語の婉曲的使用が露見することになるのである。純粋にそうしたことに連なる観点から、デリダは短く婉曲語法に言及したすぐあとで、人間性の脱構築と彼が結びつけて考えている「市民的不服従の原理」[22]についてほのめかしている。よく知られているように、『市民的不服従』はおそらく不適切な題名である。というのもこれは、当初『市民政府への抵抗』と呼ばれていたソローの論考の再版にあたって彼の死後に選ばれた題名だからである。ソローは「無政府主義者」と呼ばれることを拒否しつつ「一市民として実践的に」[23]語ることを望んだのだが、彼が主張した抵抗とは、一市民による国家への抵抗ではなく、まさしく一個人の市民権それ自体がそこで問題になっている当人による抵抗なのである。その抵抗の個人は「実際に国家から離れた」ところに身をひいて超然と「国家への忠誠を拒否する」のである[24]。そういうわけで、スタンリー・カヴェルはこの抵抗を「世界総体の変革を要求する力」[25]と描写している。これは『ウォールデン』の諸感覚のひとつを要約している次の簡潔な指摘と共鳴する記述である。すなわち「国家がそれ自身を認識し、それ自身と隣人関係を築き続けようとするならば、国家はまたどこまでも弱まっていくにちがいない」[26]。大学とはまた全体の問いでもあり、全体を物象化することへの抵抗の問いである。しかしながら、ソローの論考とデリダの講演に共通するのは「持続するもの」や堅忍不抜のものをあれこれ強調することではなく、むしろ多数派が「専制形態」を確立するさいに「公共の危機」のうちに現れるものである。つまり、カヴェルが「市民的不服従」との関係において強調するのは「受け身の力」ではない。そうではなく、彼らの両方に共通するのはむしろ差し迫ったことへの訴えなのである。こうしてデリダは、条件なき大学の可能性の問い、そうした概念の有意義性や理解可能性の問いを提起したのち、ひとつの呼びかけ《アポストロフ》によって講義を締めくくる。デリダは聴衆に対して時間をかけて自分の問いの答えを見つけるようにと伝え、次のように言う。「しかし、急いでください。なにがあなた方に取って置かれているのか、あなた方は知らないのですから。あるいはたぶん、より文字通りに言いかえれば、なにがあなた方を待ち受けているのか、あなた方は知らないのです」[27]。訴えの切迫性は、無条件の大学が曝されているところの破綻的な出来事が予想不可能で説明不可能であるということ、つまりそれが徹底して効率に反したものであることに由来している。大学がひとつの総体を構成するのに大学の全体はこの出来事に依存するが、と同時にこの出来事は総体としてこの全体化を妨げもする。それはまた、真に革新的であることがわかる理念ないし思想の出来事、また実践ないし研究の出来事でもあるのだ。しかし、訴えの切迫性は、大学のリスクにも由来している。リスクというのは、効率や説明可能性の原理によって課された諸条件に屈することで、婉曲的発話が大学を完全に浸食してしまう、そういうリスクである。大学教員がみずからに取って置かれているものについてもっと知るということがいまなお無視され続けている以上、この訴えは聴き取られないままなのだろうか。「教授はまったく無口で、本質的には集合的な声として存在しない」[28]。このことは、合衆国の現状について論じた「高等教育における危機」（『ネイション』二〇一一年五月四日付）という記事で述べられている。こうした連帯の不在は、大学教員たちが自由に判断を下すかわりに、経営に奉仕する機械にすぎないことの徴候なのだろうか。

ソローの考察は「市民的不服従」から始まっており、そこでの彼の信念は、最良の政府は「なにものも統治しない」政府だというものである――ここで、類推による説明が許されるならば、現代の大学教員たちは、大学の最良の経営はみずからを気づかれえないものとすることだという信念を述べることができよう。なぜなら大学経営が遍在的になったからではなく、むしろそれはほとんど余分なものだからである。切迫性への訴えがソローのテクストにはじめて現れたさい、それは「ただちに〔at once〕」という表現のかたちをとった。それは、ソローがくり返し用いた表現である。政府は「ただちに」変わらなくてはならない[29]と彼は主張する。このとき次のように反論するのは誤りであろう。すなわち、不正な法律に「ただちに」刃向かい侵犯するよりもむしろ、新たな多数派が形成されるまで待つべきだ、と[30]。問題なのはまさに時間であり、いわば生まの時間なのであって、飼いならされた時間、時間の重みを失った時間といったものでもなければ、策略、交渉、妥協といった手続きなのでもない。あたかも変化は「ただちに」ないし直接に起こるのでなければ、けっしてもたらされえないかのようである。あるいは、あたかも訴えの切迫性は、変化それ自体に書き込まれた切迫性、荒々しさ、激発性を反映しており、その機会は変化が必要なそのつど把握されなければならないかのようである。「悪をただすために国家が用意した方法を採用することはどうかというと、私はそうしたやり方など関知しない。それらの方法はあまりにも時間がかかり、こちらのの寿命が尽きてしまうだろう。私には、気にかけなければならない他の仕事がいろいろとあるのだ」[31]。

次のようなソローの指摘にアイロニーなど感じられるだろうか。すなわち「ひとはあらゆることをしなくてはならないわけではなく、なにかひとつでもすればよい」。また「ひとはあらゆることをしているわけにはいかないからといって、なにかまずいことをするはめになるというわけでもない」。この点で、大学との類推、少なくとも条件なき大学の理念との類推を行なえば、こうなるだろう。すなわち、すべてを言うという学者の権利、公にそれを言う権利は必ずしもなにか間違ったことを言う権利ではない。というのも、すべてを言うことができず、なにかを言うことを余儀なくされているからといって、なにか正しいことを言う必要はないからである。要するに、なにかを言うことと行なうことの切迫性は、言ったことと行なったことがあとでまずかったことがわかるという事態を招くわけではない。そうではなくまったく逆に、「一度でも立派に行なわれたことは永遠になされたのである」[32]し、また一度でも立派に言われたことは永遠に言われたのである。「行なうことについてよりよく語ろうと望むこと」で言うことと行なうことの両者を台無しにしてしまうのであってみれば、言うこと自体がひとつの行なうことですらありうる。手順、方法、陳情、躊躇や遺憾の意、請願、「世論の」対立形成にかかる時間は一種の婉曲語法である。というのもこれは、そのような切迫性が必然的でありリスクをも孕んでいるということを覆い隠すからである。つまり、まさになにかを思考し行なうことを表明する切迫の必然性やリスクを覆い隠してしまうのである。だが、そうした切迫性によってこそなにか――新しいなにか、投機＝思弁的ななにか――を思考し行なうことのチャンスがもたらされる。というのもおそらく、思考ないし「原理原則に基づく行動、つまり公正さの察知と実行」[33]だけが

「事態および関係性」を変化させる以上、それらはなにかを言うことと行なうことの切迫性に緊迫感を加えるにちがいないからである。そのような行動は、いかなる所与の条件とも袂を分かたねばならず、物事の流れやすでに確立された諸関係への依存も中断せねばならない。

みずからを市場へとおおむねないし全面的に委ねることを強いられた大学は、事態の容認に基づく大学であり、批評や新しいことに原則的に敵対する大学である。もっとも、批評や新しいことといっても、それらが消費財になることなく、それによって潜在的なクライアント、パトロン、スポンサーに媚びるようなことにならないかぎりでの話だ。大学は、程度の多寡はあれ、条件づけられた、無条件ではない大学であり、管理統制下にある大学である。言語において容認を引き出す搾取としての婉曲語法は、そうした制度の言語学的条件なのである。ただちに生じることとしての不服従は、理念へと、あるいは条件なき大学へとコミットする唯一のやり方である。それゆえに不服従がまた、婉曲語法に抵抗する唯一のやり方であるならば、大学教員や経営者は物事をそれらの名のとおりに呼び始めるべきである。この実践であれば、あらゆる容認に内在する抵抗を起動させ、その抵抗を、婉曲語法の限定的フィクションに対して、またみずからを偽装しつつ示すような「距離を置くこと」に対して刃向かわせるであろう。この場合「距離を置く」といっても、けっしてなにかを可視化するためにではなく、いつもなにかを容認可能にするために距離を置くような場合のことである。一方で、物事がひとつの名以上の名をもち、また「さまざまな語法の戯れ」がつねに予想以上に先へと拡がり、「本義」とみなしているものを超えて拡がりうるかぎりでは、他方で、フィクションが「距離を置く」効果をもつかぎりでは、この名指しの実践はもっとも常軌を逸したフィクションの創造となるだろう。つまりこのフィクションは、もはや現実と異なるものではなく、「あたかも〔as if〕」と「そのものとして〔as such〕とがもはや互いに区別されえず、同時に一致してしまうような、無‐差異の点を構成するであろう。したがって、このフィクションは、大学教員や学生を婉曲語法そのものから距離を置くようにさせ、ただ彼らを、婉曲語法がそうと言うことなく言うことへと、つまり恐るべき真理へと曝すのであり、しかも真実と虚構がもはや対立しえないような極限においてそうするのである。メアリー・エヴァンスの著書のタイトル『思考を抹殺する』は〈物事をその名のとおりに呼ぶ〉ことの実例である。というのもこれは、思考が殺されるという恐るべき真理の露呈と不可分な、常軌を逸したフィクション――いかにしてひとは非‐身体的な対象を殺すのか――を創造することとみなされうるからである。結局のところ、大学の名に値する大学とはどのようなものにならねばならないのかを明確に述べることはさほど困難ではない。すなわち大学は、誠実さ――方法論的な検証に対して柔軟に対応できる徳、力、価値――をもってみずからの教育と研究を追求する不服従的な学者を積極的に支援するために、大学がなしうる一切のことをしなければならない。大学は、彼に委員会の委員を強いてはならず、きりのない会議に出席させてはならず、学内政治に従事させてはならず、行政的な文書の作成や二重三重の採点に時間を割かせてはならず、「ゴール」や「目標」の達成を強いてはならず、「応用可能な技術」を教えさせてはならず、膨大な資金の確保を迫ったり、規定数の著作や論文の発表を強制したり、大学外での「インパクト」をもつように仕向けたりしてはならないのである。

（1）Émile Benveniste, "Euphémismes anciens et modernes," in: *Problèmes de linguistique générale*, volume I, Paris: Gallimard 1966, p. 309.〔エミール・バンヴェニスト「古代と現代の婉曲語法」『一般言語学の諸問題』

岸本通夫監訳、みすず書房、一九八三年、二九六頁〕

（2）Ibid., p. 314.〔同書、二九七頁〕

（3）Mary Evans, *Killing Thinking*, London and New York: Continuum 2004, p. 62.

（4）G. W. F. Hegel, *Grundlinien der Philosophie des Rechts*, in: Theorie-Werkausgabe, volume 7, Suhrkamp: Frankfurt am Main 1970, p. 397.〔ヘーゲル『法の哲学』下巻、上妻精・佐藤康邦・山田忠彰訳、岩波書店、二〇〇一年、四二四頁〕

（5）Evans, *Killing Thinking*, p. 42.

（6）Theodor W. Adorno, “Beitrag zur Ideologienlehre,” in: *Gesammelte Schriften*, volume 8, Suhrkamp: Frankfurt am Main 1972, p. 477.

（7）Theodor W. Adorno, “Philosophie und Lehrer,” in: *Eingriffe, Gesammelte Schriften*, volume 10. 2, Suhrkamp: Frankfurt am Main 1977, p. 485.〔テオドール・W・アドルノ「哲学と教師」『自律への教育』原千史・小田智敏・柿木伸之訳、中央公論新社、二〇一一年、五六頁〕

（8）Evans, *Killing Thinking*, p. 124.

（9）Adorno, “Philosophie und Lehrer,” p. 483.〔アドルノ「哲学と教師」五三頁〕

（10）Anna Gielas, “Philosophie, die dem Tourismus nicht nützt, ist entbehrlich,” in: *Frankfurter Allgemeine Zeitung*, 18 May 2011, section “Forschung und Lehre,” p. 5.

（11）Jacques Derrida, *L’université sans condition*, Paris: Galilée, 2001, p. 16.〔ジャック・デリダ『条件なき大学』西山雄二訳、月曜社、二〇〇八年、一三頁〕〔フランスの大学の「自律性」を制定する新たな法をめぐって、近年のフランスにおいて、デリダの大学論がどのように使用されているのかについての考察は、下記を参照。Barbara Cassin and Philippe Büttgen, “The Performative Without Condition: A University *Sans Appel*,” *Radical Philosophy* 162, July/August 2011, pp. 31-7――初出での「ラディカル・フィロソフィ」編集部による補註〕

（12）Evans, *Killing Thinking*, p. 18.

（13）Derrida, *L'université sans condition*, p. 18.〔デリダ『条件なき大学』一五頁〕
（14）〔訳註〕大学（university）という言葉の由来となる、ラテン語の universitas（ウニウェルシタス）は、制度として「組合、ギルド」を意味する一方で、理念的には、宇宙（universe）などと語源を共有する「全体、全一性」を意味している。デュットマンは本論においてこうした語源的な連関を念頭に置きながら、「すべてを言う根本的権利」から大学の無条件性を唱えたデリダの大学論を踏まえ、大学が定義上有している総体（whole）、全体性（totality）の概念から大学の理念を練り直そうとしている。
（15）Derrida, *L'université sans condition*, p. 74.〔デリダ『条件なき大学』六八頁〕
（16）Ibid., p. 78.〔同書、七二頁〕
（17）Ibid., p. 42.〔同書、三九頁〕
（18）Ibid., p. 43.〔同書、三九頁〕
（19）Ibid., p. 74.〔同書、六八頁〕
（20）Ibid., p. 19.〔同書、一六頁〕
（21）Ibid., p. 58.〔同書、五四頁〕
（22）Ibid., p. 21.〔同書、一八頁〕
（23）Henry David Thoreau, *Walden and Civil Disobedience*, New York: Penguin Books 1983, p. 386.〔ヘンリー・ソロー『市民の反抗』飯田実訳、岩波文庫、一九九七年、一〇頁〕
（24）Ibid., p. 407.〔ソロー『市民の反抗』四四頁〕
（25）Stanley Cavell, *This New Yet Unapproachable America*, Albuquerque: Living Batch Press 1989, p. 115.
（26）Stanley Cavell, *The Senses of Walden: An Expanded Edition*, Chicago: Chicago University Press 1992, p. 116.〔スタンリー・カベル『センス・オブ・ウォールデン』齋藤直子訳、法政大学出版局、二〇〇五年、一四〇頁〕
（27）Derrida, *L'université sans condition*, p. 7f9.〔デリダ『条件なき大学』七一頁〕
（28）William Deresiewicz, "Faulty Towers: The Crisis in Higher Education", in: *The Nation*, 4 May 2011.

（29）Thoreau, *Walden and Civil Disobedience*, p. 386.〔ソロー『市民の反抗』一一頁〕
（30）Ibid., p. 395.〔同書、二五頁〕
（31）Ibid., p. 396.〔同書、二七頁〕
（32）Ibid., p. 398.〔同書、二九頁〕
（33）Ibid., p. 395.〔同書、二五頁〕

＊本論は当初、以下の短縮版で発表された。Alexander García Düttmann, "Euphemism, the University and Disobedience," *Radical Philosophy* 169 (Sep/Oct 2011), pp. 43-47. ここに訳出したものは、著者より送られてきた完全版を底本としている。

哲学への権利と制度への愛

西山雄二

脱構築とは制度という概念がつねに問題となる制度的実践である。
――ジャック・デリダ

脱構築と批判――権利問題

一九八三年、「日本人の友への手紙(1)」において、ジャック・デリダは「脱構築」の定義づけを消去法的に列挙していく。

まず、脱構築は単一の要素や原点への遡行を目指さないので、「分析」とは異なる。分析はある対象を分解不可能な要素群へと解体し、その諸関係を解釈しようとする態度だからだ。脱構築は全体と部分の整合的な組成の読解ではない。例えば、デリダが構造主義的手法に対して抱く違和感も、構造には現前する原点が作用しており、この起源としての中心が構造を方向づけているからだ。

また、脱構築は「方法」となりえない。脱構築は論理の一定の筋道をもたず、思考のノウハウや手順、技法ではないからだ。教育的観点から言えば、デリダは脱構築の方法を伝授する特権的な師にはなりえず、私たちはデリダとともに脱構築の出来事を目撃し、これを証言し、自分なりの仕方で再発明するしかない。なるほど、デリダ以後、数多くの脱構築的な読解が豊かな成果を挙げているが、それはデリダの方法を正当に継承したからとは言えない。「脱構築はひとつの方法をもたない、だが、複数の仕方で方法化の途上にあるもの」であるがゆえに、その手法はつねに変形されつつ継承されていくのである。

そして、デリダがしばしば参照する比較だが、脱構築は「批判」とは異なる。批判には「決定、選択、判断、識別の審級という前提」があり、対象の外部から判断を下す特権的な立場が想定されているからである。「批判というものは、つねに判断のあとの、あるいは判断を通じた決断のためにおこなわれます。判断や批判的評価の権威は、脱構築の最終審級の権威ではありません。脱構築は批判の脱構築でもあるのです。これはあらゆる批判や批判哲学がその価値を失うということではなく、歴史において批判的審級の権威が何を意味するのかを考えようとすることなのです(2)」。デリダは西欧形而上学のロゴス中心主義を問い直すなかで、超越論的な最終審級をとくに問題視してきた。カントの批判哲学に関して言えば、デリダはその法廷モデルを退ける。カントは、いかなる権利において私たちはこのように思考することができるのか、という権利問題を掲げる。その場合、哲学はしかじかの対象を前にした個別の判断であるだけでなく、あらゆる判断を判断する権利そのものである。そうした批判とは異なり、脱構築は外在的な審級に立脚して判断を下すわけではない。脱構築は外部からの構築体系のたんなる破壊ではなく、ある構造のなかで当の構造に則した「位置ずらし」の実践にとどまり続ける。旧来の構造を転覆させようとする手法を当の構造自身から借り受ける点で、脱構築は寄生的な戦略と言えるだろう。脱構築する主体と脱構築されるべき客体という区別を前提としないがゆえに、脱構築は「行為」とも言い難い。脱構築は、対象そのものに住みつく点で内在的であると同時に、対象の構造を根底的に問いに付す点で外在的でもある。バディウの表現を借りれば、それは「つねに裏返った狩猟と呼べるような操作」であり、「捕らえられるべき獲物が健康な動物、消え去ってしまう動物であり、動物が外部へと飛び去ることを捕らえようとする狩猟なのだ。だからこそ、その動物にできる限り近づかなくてはならない。もしかしたら、動物を撃つときよりも近づかなければならないかもしれない」[3]。安全地帯から距離を置いて獲物を狙うわけではないので、脱構築には自らも傷を負うという危険をともなうのである。

脱構築と批判――制度的実践

デリダは一九七〇年代にGREPH《グレフ》（哲学教育研究グループ）の活動をしていた時期、絵画論の余白に脱構築と批判の区別に関する決定的な指摘をしたことがある。

> 脱構築が分析や「批判」とつねに区別されるのは、それが言説や有意の表象だけではなく、堅固な構築物、「物質的な」制度に関わるからである。そして、妥当性をもつために、脱構築は、哲学的なもののいわゆる「内的な」配列が、（内的かつ外的な）必然性によって教育の制度的な条件や形態と連接するその場所において、可能な限り厳密な仕方で作用するのである。制度の概念そのものが、同じ脱構築的な処理をこうむるところまで[4]。

脱構築にとって制度の問いは二次的なものではなく、その主要な要素である。[5] 例えば、哲学的テクストを内在的に考察する場合であっても、これをその諸制度との関係において問うことが重要となる。哲学の自然状態などなく、哲学がつねに諸制度のなかで実在している以上、この場の総体（一般的テクスト）を問う必要があるのだ。「脱構築が諸制度のなかにある『以前』に、諸制度一般は脱構築のなかにある」。[6] それゆえ、脱構築は狭義の哲学や文学のテクストに限定されはしない。政治、宗教、法、芸術、建築、教育などのさまざまな領域で脱構築は作用する。脱構築が狭義のテクストや作品の読解ではなく、それらの社会的な諸制度を射程に入れ、その効果がさまざまなコンテクストに及ぶのである。

現代フランスの哲学者のなかで、実際、デリダは研究教育制度に関する活動をもっとも積極的に展開した人物である。彼は一九七〇年代には、政府による哲学教育の削減に反対してGREPHを結成し、哲学的教育をめぐる共同研究を進めた。GREPHは高校と大学の教師の共同、学生と親の支援、フランス国外との連携といった重層的な運動を展開し、中学段階までの哲学教育の拡大を提案した。一九七九年には「哲学三部会」をソルボンヌ大学で開催し、哲学の現代的可能性を一般市民とともに自由に討議し、世論を喚起することに成功している。

そしてデリダは、一九八三年には哲学の領域横断的な可能性を引き出すための学府として、フランソワ・シャトレらと国際哲学コレージュの創設に尽力した。ミッテラン政権の後ろ盾を受け、高等研究教育省などに財政支援されながらも、コレージュは一九〇一年のアソシエーション法に基づく市民団体である。哲学を学び教える権利を十全に開放する場、哲学が場所を得ると同時に哲学が問いにかけられる場として構想されたコレージュは、デリダの脱構築思想が込められた制度的冒険だった。一九八九年、デリダと分析哲学者ジャック・ブーヴレスは政府の依頼を受けて、「哲学と科学論に関する委員会報告」を起草する。彼らは伝統的な哲学教育を改善するために、試験制度の改革、初等教育で学際的な哲学科目の新設、教員養成での哲学教育の導入などを提言した[7]。

一九九一年、デリダはユネスコで講演「世界市民的見地における哲学への権利[8]」をおこない、男女を問わずあらゆる人々にとっての哲学への権利の擁護と拡張、研究教育制度の場所、哲学の国際性や普遍性といった問いを浮かび上がらせながら、ユネスコの哲学的な社会参加《アンガージュマン》の役割を称揚する。また、彼は晩年、各地でおこなった講演「条件なき大学[9]」でグローバル化時代における大学、とりわけ人文学の将来を問うている。このように研究教育制度とのかかわりが深いデリダだが、彼は次のように語っている。

> お分かりのように、私はきわめて保守的な人間です。私は制度を愛し、ときにうまくいかないこともありますが、新しい諸制度に参加することに多大な時間を使ってきました。それと同時に、私は制度そのものではなく、むしろ所与の制度のうちにあるいくつかの構造を解体しようと努めています。あまりに柔軟性のない構造、もしくは教条的な構造、あるいは将来の研究にとって障害となるような構造を解体しようとしています[10]。

自伝的な事実を紐解くならば、デリダと研究教育制度の関係は必ずしも幸福なものではなかった。デリダは高校時代に厳しい選抜試験への不安から「学校酔い」とも表現されるほどの精神的かつ身体的苦痛を感じていた。また、脱構築の論理と伝統的な博士論文の形式との齟齬を感じて博士号の取得を長いあいだ留保した。そして、デリダはアメリカなどの海外の大学では早くから名声を獲得したもののの、フランスでは伝統的な大学制度の門外漢にとどまり続けた。創設準備に携わった国際哲学コレージュでは初代議長を務め、「理性や根拠律の本質を問い、根本的なもの、原理的なもの、根底的なもの、アルケー一般といった諸価値を問う」「思索の共同体」(11)とあえて表現して期待をかけたものの、事務仕事の過度の負担、創設メンバーのジャン＝ピエール・ファイユとの深刻な対立、セミネール活動の内容や質への失望により一年間で議長職を辞退してしまう。

そんなデリダが抱く制度への愛はきわめて微妙な情動で、制度に対する彼の態度は実に両義的である。たしかに、デリダは既存の制度に批判的な場合であっても、その解体を目論むわけではなく、あくまでもその基調にあるのは制度への愛である。この意味で、デリダは伝統主義者だと言える。ただし、彼の眼には批判すべき対象と保守すべき対象は二重に映っており、両者のあいだで交渉を強いられる。制度の脱構築の方向性は「超克」や「終焉」ではなく、つねに「再開始」へと開かれている。それは制度の破壊ではなく、制度の内在的かつ外在的な変形である。制度の脱構築は過去の遺産を異なる仕方で相続しつつ、当の制度の諸条件にしたがって絶対的に新しい出来事を到来させるのである。

法権利から哲学へ／哲学への権利について

研究教育や大学をめぐるデリダの理論と実践は約六五〇頁もの論集 *Du droit à la philosophie*

(Galilée, 1990) に集約されている。巻頭のマニフェスト的論考「特権——正当化のタイトルと導入的注釈」は一九八四年に社会科学高等研究院などで実施されたセミネールをもとにしている(担当講座名は「哲学の諸制度」)[12]。前年に創設された国際哲学コレージュの可能性の条件を問いながら、デリダは宛先の問い(哲学は誰のためのものか。誰が哲学を正当化するのか。誰が哲学に評価を下すのか)を法権利[13]と制度の考察に絡めて論じている。この錯綜した問いを指し示すために、論集の表題 Du droit à la philosophie は哲学と制度の関係をめぐる差異と遅延を多元的に孕んでいる表現である。以下本稿では、これまでさほど研究されてこなかった重要論考「特権」の論理的射程を明確にしつつ、デリダがいかに脱構築の制度を構想していたのかを考察していく。

Du droit à la philosophie という表現はまず、前置詞 à を「移行」の意味に解するならば、「法権利から哲学へ」と解釈される。大学や研究機関などの制度は学問や思考を権利上、その成員に保証するのだが、その場合、ひとはいかにして「哲学」への参与を認められるのだろうか。既成の制度やプログラム——哲学教育、哲学研究、哲学の学位、哲学史、哲学のテクスト等々——による根拠づけを経て、哲学はいかにして正当化されるのだろうか。また、前置詞 à を「宛先」の意味で解するならば、droit à la philosophie は「哲学に対して権利を」と解釈することもできる。哲学が自明の営みではなく、つねに社会的制度によって成立してきたことを当の哲学者はどの程度意識しているだろうか。哲学者(と称する人々)に向けて、哲学を成立させる権利の社会的、政治的、歴史的な諸問題への自覚をうながす必要がある。そして、動詞を添えて avoir droit à la philosophie (哲学への権利をもっている) とするならば、この表現は哲学へのアクセスの「権利」を提示する。哲学への権利を有する当事者とは誰だろうか。教育、研究、出版などといった諸制度によって哲学へのアクセスは制限され、正当化されているが、その布置はいかなるものだろうか。いったい誰が哲学への合法的な権利を要求する立場にあるのだろうか。

かくして Du droit à la philosophie という表現から三つの文が派生する。

一、法権利から哲学へという関係とはいかなるものだろうか。

二、哲学に対して、それゆえ、哲学者に対して権利を語らなければならない。

三、誰が、いかなる状況において、哲学への権利をもっているのだろうか。

つまり、この表現は、①法的な根拠づけがあってはじめて哲学が成り立つという法権利と哲学の原理的考察、②哲学の制度的な存在根拠をめぐって、哲学者に宛てられた行為遂行的な問いかけ、③哲学に関わる人間と諸制度の関係から浮き彫りになる、哲学への合法的なアクセス権の問い、を要約的に示すのである。

デリダはさらに、droit を副詞とみなして、droit à la philosophie より「哲学へと真っ直ぐに」と第四の文を提示する。たしかにギリシア語で「知への愛」を意味する「フィロソフィア」は真理を欲望する人間の無媒介的な欲求を意味しているかもしれないが、しかし、私たちは「哲学」なるものへといかなる媒介もなしに到達することはできない。私たちが哲学へと達するのは研究や教育の諸制度を介してである。デリダは、哲学への権利があらゆるひとに保証され尊重されるべきだとするが、しかし、「人間誰もが哲学者である」という素朴な態度を信奉するだけでは不十分である。そうした自然主義的な発想に制度的条件がいかに関係しているのかを問い、哲学がいかなる歴史的・社会的な制度や状況によって制限されているのかを検討する必要がある。[14] デリダからすれば、仮に哲学なるものが現存するとするならば、それは所与の自然状態としてでも、人為的な社会状態としてでもなく、「制度化された痕跡」[15] としてであろう。

このように、哲学の法的正当性や哲学へのアクセス権をめぐる差延的な表現 droit à la philosophie はきわめて回りくどい。実際、デリダ自身、読者が感じるであろうこの表現の遅さへの苛立ちに共感している。しかし、哲学の制度的な根拠づけや哲学への権利を慎重に問うためには、事象そのものへと真っ直ぐに、無媒介的に到達しようとしないこうした迂回の遅さが必要なのである。

制度への対抗署名

一九七六年、デリダはヴァージニア大学にて「アメリカ独立宣言」の哲学的かつ文学的なテクスト分析に関する講演[16]を依頼される。ヴァージニア大学はまさに、独立宣言の起草者トーマス・ジェファーソンによって創立された大学である。デリダは独立宣言にもとづいて、政治的制度のみならず学術制度も考慮しつつ、制度を創設するさいの根拠づけの構造を分析する。「誰が署名するのか。そして、いわゆる固有のいかなる名において、制度を根拠づける宣言行為がなされるのか」(DI16)。起草者ジェファーソンはたしかに宣言の草稿を執筆したが、彼は真の署名者とはいえない。彼自身の意図のみによって宣言が起草されたわけではないからだ。彼は大陸会議の意向や思想を汲み取って、宣言案の執筆という責務を果たしただけだ。では大陸会議のメンバーはどうかというと、彼らはアメリカの連合諸邦の代表者にすぎない。彼らは「植民地の善良な人民の名において、そしてその権威において」という名目で宣言し署名する。ただし、該当する「人民」はいまだ存在しておらず、宣言のあとで、宣言によって誕生する。事後的に「署名こそが署名者を創出する」（DI22）という逆説が生じているのである。

「法権利の一撃（力の一撃と言うように）に固有な時間である前未来形は宣言され、言及され、考慮されてはならない。それはあたかも存在しないかのようである」（DI22-23）。署名者と署名される対象が一致する原初の時間は存在しない。宣言のその瞬間においていまだ真の人民は実在しておらず、「人民の名において」署名したあとに、事後的にこの署名者の主体性と同一性が生成するのである。「要するに、このプロセスにおいては数々の副署＝対抗署名〔contresignature〕しか存在しない。副署＝対抗署名がおこなわれている以上、差延的プロセスが生じており、すべてはこの瞬間のシミュラークル〔模像〕のうちに集約されなければならない」（DI24-25）。副署とは本書名に添えられた別の人物の署名のことで、二つの署名によって文章の真正さが保証される。ただこの場合、真正な署名行為と事後的な副署の乖離は埋め合わせることができない。**institution**（制度）と**instant**（瞬間）は語源的に見ると、ともに**in-stare**（内に・立っている）というラテン語を共有している。だが、制度設立の端緒において明らかになるのは、依拠するべき時間的な内的起源の不在である。そこで、この充溢せざる原初の瞬間を正当化し、人民の自己現前を確保するためにある種の力が加えられることになる。「『あることとあるべきこと』。この『と』はここで、あることとあるべきこと、確認と命令、事実と権利という二つの言説様式を連接し、結合している。『と』とは神である。自然の創造者であると同時に、存在するもの（世界の状態）や、存在するべきもの（私たちの意図の正しさ）に関係するものの審判者でもある神なのだ」（DI27）。人民の権利を生み出す力を得るために引き合いに出されるのは神である。この絶対者は国家制度の創設が宣言されるさいの起源の不在を隠蔽し、言説の事実確認と行為遂行のずれを虚構的に解消するのである。

だが、デリダが制度の起源に見い出すのは、署名によって事後的に署名者が生じる以上、むしろ起源の代補こそが制度を作動させるという点である。こうした差延的プロセスは制度をその自己現前へと目的論的に方向づけることなく、その他者へと開く契機をもたらす。「歴史を欠いた絶対的な契約のようなもの、契約以前の誓約《アンガージュマン》への忠実さによって、制度的な契約をその前提、そしてその契約の本質という点で問うこと」（DP35）によって、国家や大学などの制度化された審級が宙吊りにされるのである。

デリダは脱構築の運動性を示す接頭辞 contre を好み、「contrepartie 反論」、「contre-exemple 反例」「contre-aller 側道」などを用いている。デリダは一九九六年のインタヴューで、六八年五月革命の学生らが唱えた制度批判に違和感を表明する。既存の党派や教育機関、資本主義体制などからの解放と自発的で直接的なコミュニケーションの獲得という当時の政治的主張に対して彼は疑念を抱いたという。レーニンの『何をなすべきか』を再読して自然発生性の批判を見い出したデリダは、制度からの解放の問いに関しても次のように語る。

> 抽象的かつ一般的な用語を用いるならば、この問いに関する私の思索でつねに残っているものは、たしかに制度の批判です。しかし、それは野生的で自発的な制度以前の状態や制度のない状態といったユートピアからではなく、むしろ対抗－制度〔counter-institutions〕から生じます。「制度なら

> ざるもの」が存在する、あるいは、存在すべきであるとは思いません。私は制度の批判と別の制度の夢のあいだでいつも板挟みになっているのです。別の制度は終わりなき過程を経て、抑圧的で暴力的な機能不全の諸制度にとって代わるでしょう。自発的でも野生的でも直接的でもない対抗-制度という考えは、仕事においてある意味で私を導いてくれるもっとも永続的なモティーフです。〔……〕私たちは、制度が制度自体に対して反抗する、制度を倒錯させる権力の濫用に対して反抗するようにするのです。[17]

接頭辞contreは「対抗」を意味すると同時に、「近接」をも表わす。既存の制度に不満があるからといって、制度を無化して「自然状態」へと回帰しようとする発想は素朴すぎる。デリダはあくまでも既存の制度の論理や条件に即して制度を改変しようとする。既存の制度に対抗するために、制度を破壊し、制度の無い状態を志向するのではなく、既存の制度に即した内的かつ外的な変革が問われるのである。「対抗-制度」とは制度がその創設の根拠や論理を確立することなく、制度自身が自らに抵抗する力、そして、制度が自らを再開始させる力を示すのである。

哲学と大学

デリダのこうした制度論は大学という学術制度にはいかに適応されるのだろうか。デリダはカントの大学論を参照しながら、自身の考察を進めている。

カントは大学制度と哲学の独特な関係を定式化した最初の哲学者である。彼は大学の自由を学問の自由と重ね合わせ、哲学部の役割と意義を強調した。カントの時代において、大学は上級学部（神学部、法学部、医学部）と下級学部（哲学部）に区別されていた。上級学部において、神学部は各人の永遠の幸福を、法学部は各人の市民的な幸福を、医学部は肉体的な幸福を保証する。これに対して、哲学部（現在で言うところの人文学部に相当する）は国家や社会の利害からは距離をとり、その教説は理性のみにもとづく。たしかに、哲学部は国家の関心に応えることも市民の幸福に奉仕することもなく、一見無益であるようにみえるが、しかし、真理の自由な探求という根本的な役割を担う。逆に言うと、哲学部の理性的な学術活動が息づいていれば、社会的有用性を第一とする上級学部も適切に統御され、ひいては国家理性の調和にも寄与することになるのだ。このようにカントは各学部の建築術的な構図にもとづいて、真理と有用性や権力との関係を描き出し、大学における人間理性の働きを尊重したのである。デリダはカントの大学論を重視しながら、その可能性を肯定する。とりわけ、哲学部が国家や社会へのたんなる対抗権力ではなく、理性の自由な行使という「非－権力」の場となっている点は重要だろう。国家権力とは異質な論理を国家の内部で作用させるのが、理性の府たる哲学部の使命なのである。(18)

ただし、カントにおいて、哲学部と大学の関係は捻れている。大学の一部分である哲学部が大学全体に影響を及ぼすとされるのだ。全体よりも大きな部分たる哲学は制度のなかでいかなる位置を占めるのだろうか。理性の自律性が制度化されるとき、その根拠はいかにして保証されるのだろうか。カントにおいて哲学は大学のなかにありながらも、大学を統括するものとされるが、その根拠律はいかに確保されるのだろうか。

デリダはカントの行論に賛同しつつも、真理を語る絶対的な権利という哲学の特権とは異なる立場をとる。いかなる最終審級をも排してあらゆるものを問う脱構築は、純粋理性に立脚した哲学部の根拠さえ問う。それは虚無主義的に理性を無効とすることではなく、理性と呼ばれてきたものに対してさらに責任を負う行為である。しかじかの学部に大学の理性的根拠を据え、外的な諸権力に抵抗するのではなく、この根拠律がいかに不合理を孕んでいるのかを検討しなおすことである。デリダは啓蒙主義の遺産を継承するが、ただし理性概念をも問うという「大学の新たな啓蒙主義の光」（DP466）に賛同するのである。

デリダはコーネル大学での講演「大学の瞳――根拠律と大学の理念」（一九八三年）で、その歴史と眺望に即して印象的な説明を施す。コーネル大学は市街地を見下ろす小高い丘の上に創設され、社会からの一定の孤独と自由を確保している。デリダは「大学からの眺望とはいかなるものだろうか」（DP463）と問い、コーネル大学の別の地形的特徴に触れる。この周辺は渓谷地帯であり、大学キャンパスは断崖の渓谷にかかるいくつかの橋で結ばれている。これらの渓谷では教員や学生の自殺が発生しており、対策として防護柵が設けられている。社会的な価値観から一線を画しつつも、大学は自らの理性的自律を確保できるわけではなく、むしろ自らの内にある種の深淵を宿している。デリダは渓谷の風景がもたらす深淵の問いを喚起しつつ、理性が理性自身を基礎づけるという循環のなかには実はこうした深淵が介在しているとする。社会を眺望する大学の理性の瞳はこうした無の深淵を宿すのであり、重要なことは開放と閉鎖のあいだで大学の問いを考察することなのである。

先ほどの権利問題と絡めて言えば、デリダはカントの大学論における哲学部の立場に「超司法主義」をみる。哲学こそが人間のあらゆる判断を判断し正当化する特権を担う。真理を探求し表現する絶対的な権利は哲学部に保証されなければならない。つまり、法に関する真理は法学部ではなく、国家権力によって際限なく哲学部に付与されているのである。「哲学はたんに権利のある一様式や一契機でもなければ、さらには、個別の正当性を権威づける個別の正当性、数あるうちの正当化の権力でもない。哲学は自己表象の反省的形式における法の言説、あらゆる正当化の絶対的な源泉、権利の権利、正義の正義そのものなのである」（DP97）。

デリダはさらにこうした「超司法主義」の傾向に哲学の誇張法的伝統とのつながりをみる。プラトンにおける「存在の彼方」から、フッサールの超越論的哲学、ハイデガーの存在論に至るまで、あらゆる存在、あらゆる知を超えた誇張法的論理が哲学に認められる。なるほど、存在の彼方にある過剰さを指摘する誇張法的論理は哲学に必要なのかもしれないが、ただ、この権利の伝統は大学制度における百科全書的な知の円環的統一を象徴的な仕方で確証するものでもある。全体性概念に批判的だったレヴィナスをも念頭に置きながら、デリダは近代的な大学における哲学の権利がつねに「全体化のテロスからの視座」を有しているとする。「たとえ全体化の不可能性を証明するとしても、全体性や全体主義の悪を告発するとしても、全体の彼方にある問いを要求するとしても、哲学者とは権利問題の伝統のなかで、存在者の全体性を語り、全体をその彼方と結びつける象徴的かつ誇張法的な、超‐誇張法的な関係を語る人物なのだ。この超‐誇張法的な関係によって、まさにこの関係について語ることが可能となり、これに関する発話の権威を得ることができる。哲学者とは全体について、つまり、あらゆることについて語る権威をもった人物なのである」（DP99）。

そして、デリダはやや辛辣な診断を導き出すのだが、あらゆる知を超越論的に根拠づける当の哲学者は、程度の差はあるが、すべての学問分野に精通しているわけではないし、またそもそも精通する必要もない。哲学部に所属する哲学者は他の分野の歴史化された知を展望することはできるだろうが、限られた事例を除けば、彼らはある種の無知にとどまっていられる。哲学者は知の裁判官としてあらゆる事象を一望し総合しつつ語る権利を有するとはいえ、大学の個々の学問分野の特殊な知に対する無能力への権利をも有しているかのようである。ここに見られるのは、「権利を備えた立場にある哲学者の能力と無能力、本質的に哲学的な場である近代的な大学の無能力的な能力、脱構築可能なその生命力と不安定さ、終わりがあるようでないようなその持続的な死」（DP101）であるだろう。哲学は大学の百科全書的な知を概観する特権をもつが、それ自体は個別の学問分野にすぎず、ある種の無知を許容されている。個別の学問分野としての哲学と哲学的制度としての大学との捻れた共犯関係を踏まえつつ、デリダは別の仕方で哲学的制度を構想しようとするのである。[19]

破壊不可能な責任＝応答可能性

一九八四年のセミネールでの Du droit à la philosophie「法権利から哲学へ／哲学への権利について」という表現をすでにみたが、デリダは同形の表現を用いて、一九八九年に Du droit à la justice「法権利から正義へ／正義への権利について」という講演をアメリカ合衆国のカルドーゾ・ロー・スクールでおこなっている。[20] のちに『法の力』に収録されるこの講演は「脱構築とは正義である」というその力強い発言から、デリダの政治的転回をなす講演だとされている。この講演では、一方で、法権利は変革され、改修されうるものとされる。法権利の次元では既定の条件や規則にしたがって物事を計算することが可能である。諸制度の条件や規則、協約などはつねに再解釈され改変されうるのであり、そうした構造こそが歴史的進歩をもたらす契機となる。つまり、法権利は脱構築可能である。デリダは他方で、法権利と正義をさしあたり区別し、後者を脱構築と関係づける。「正義それ自体はというと、もしそのようなものが現実に存在するならば、法権利の外ないしは彼方にあり、そのため脱構築しえない。脱構築そのものについても、もしそのようなものが現実に存在するならば、これと同じく脱構築しえない。脱構築は正義である」[21]。

一方で、脱構築可能な法権利があり、他方に脱構築不可能な正義がある。ただし、両者はつねに混交しており、正義の脱構築不可能性こそが法権利の脱構築を可能とする。正義それ自体が現前するわけではなく、法権利と関係するかぎりにおいてしか、脱構築不可能な正義は作用しない。法権利における制度的な条件や規則には適用しえない仕方で、正義はある種の決断とともに生じる。正義は法権利に到来するべきものとして作用するのである。それゆえ、脱構築が生じるのは、互いに相容れない法権利と正義の関係においてである。「法権利から正義へ」という分離しえない関係性においてこそ、私たちは「正義への権利」を保持することができるのである。

さて、こうした行論を下敷きにして「哲学への権利」に立ち戻ろう。法権利の脱構築可能性と正義の脱構築不可能性の関係を踏まえるならば、哲学への権利が脱構築されるとき、脱構築不可能な正義はいかに作用するのだろうか[22]。

一九八四年のセミネール「特権」においては、いまだ正義の主題は現われてはいない。そのかわりに指摘されているのは「破壊不可能な責任＝応答可能性〔une indestructible responsabilité〕」である。「不安定で、かりそめで、脱構築可能な権利はつねに先行し、破壊不可能な責任を求める。破壊不可能というのは、いかなる安堵からも、とりわけいかなる良心からも責任を免れさせる不安の高まりにおいて、責任がたえず再開されるからである。〔……〕この責任の名において、私たちはなおも〔公理的概念としての〕『哲学への権利』を要求し、さらには、哲学に対して権利を要求するだろう」（DP35）。しかじかの制度においてこそ「哲学への権利」が可能となる以上、この権利は永続的なものではなく、つねに脱構築可能なものである。逆説的なことに、「哲学への権利」は自らの権利の脱構築可能性に立脚しており、哲学は自らを正当化する制度をさらに根源的に問う（権利から哲学へ）というダブルバインドにある。デリダは「哲学への権利」が制度的に正当化され根拠とされることを望んでいるわけではない。それは逆に、哲学の営みを硬直化させる事態であるだろう。「哲学への権利」が自らの無根拠に至るまでの問いをうながすのは、「破壊不可能な責任」による作用である。「この同じ責任が哲学への権利の承認（哲学への権利の承認をめぐる闘争、哲学的な研究教育の拡大）を統御すると同時に、脱構築のもっとも注意深い遂行を統御する」（DP88）。脱構築は自らが拠って立つ制度を根本的に動揺させるのだが、それは無責任な行為ではなく、制度の無根拠に至るまでの問いに応答することである。先ほどのカントの大学論を挙げるならば、哲学への権利は純粋な理性にもとづいて哲学部を根拠づけるわけでも、国家権力や技術官僚による大学の我有化に与するわけでもない。大学の内在的な根拠づけ、外在的な我有化の双方に対して抵抗することで、大学の根拠と無根拠のあいだで応答しようとするのである。

各人の「哲学への権利」よりも「前」に他者への責任＝応答可能性があり、責任は出来事の到来へと開かれている。矛盾を孕むこうした「責任」は哲学的な概念によって規定されえない。従来の（政治的、倫理的、法的な）責任概念は、この哲学以前の「責任」の条件や限定にしかならない。この

「責任」は、従来の責任の哲学的規定やその社会制度的な諸規定を思考するべくうながすのである。

領域交差としての哲学

「責任」の問いはとりわけ一九九〇年代以降、デリダの思索にとって重要となる。実際、セミネールの総題は「責任の諸問題」とされ、秘密、証言、動物、赦し、死刑、主権といった主題群とともに考察される。一九八四年当時、国際哲学コレージュを創設したデリダにとって、哲学的制度における「責任」の問いは具体的なものだった。国際哲学コレージュは単位や学位が提供されないこと、履修登録もカリキュラムもない自由聴講制であること、数名の事務員を除けば常勤職が不在であること、六年任期のプログラム・ディレクターによる合議制で運営がおこなわれること、原則的に固有の教育施設をもたないこと、国際的な共同作業が重視されていることといった点で特異な対抗‐制度である。

彼がコレージュの使命としてとりわけ重視したのは、「正当化されていないものに優先権を与えること、ある時点で正当にはみえないものを特権的な仕方で正当化すること」(DP26)である。というのも、「権利を奪われているものの権利を認めること」、「哲学への権利が無価値で、否認され、禁止され、不可視であるような地点で、この権利を創始すること」こそが「無際限に再開される起源をもつ、活動状態にある哲学」(DP26)だからである。[23]

デリダが哲学の諸制度から排除される周縁的なものへの配慮をあえて主張しなければならなかったのは、フランスの公的な学術制度が権威的な構造を有していたからである。フランスの高校において、哲学は一九二五年の通達以来、必修科目となっているが、この「哲学の義務」は必ずしも哲学の自律や自由を示すものではない。教育内容や方針、バカロレア（大学入学資格）試験、哲学アグレガシオン（中等・高等教育教授資格）の選抜試験、哲学教員の配置や定数など、国家権力によって哲学教育のあり方が規定され統制される可能性があるからだ。フランスでは国家制度による哲学の制限は強く、政治的な改革によってつねに大幅な変動に曝される。デリダの「哲学への権利」という表現は仰々しく聞こえるかもしれないが、こうしたフランスの社会的制約は考慮されるべきだろう。デリダの脱構築思想はフランスの公的な諸制度において認知されてこなかったが、アメリカなどの諸外国で早くから教鞭をとっていたデリダはフランスの哲学制度の保守性に敏感で、「哲学への権利」をさらに開放する余地があると考えていたのである。『地平〔horizon〕』という名辞が含意するように、もし地平がひとつの限界であるならば、もし『地平』がひとつの視野を囲い込む、ないしは境界画定する一本の線であるならば、哲学は地平などもたない」[24]（DP32）。もっとも、「正当化されていないものに優先権を与えること」は哲学にとっては諸刃の剣である。新奇な主題や学際的な研究ばかりが優先されて、伝統的な研究スタイルが無効であるというわけではない。「正当化されていないもの」にも一定の水準が求められねばならず、この見極めを怠ると哲学の立場そのものが危うくなるだろう。

一方で、哲学の研究教育に専門的な学識や技術的な修練は必要であり、そのための専門的な場所（例えば、大学の哲学科）を保持しなければならない。しかし他方で、「哲学への権利」を拡張するためには、同時に「法権利から哲学へ」と遡行して、「哲学とは何か」と自己内省的に問い、哲学の自己変形を試みる必要がある。このとき、デリダからすれば、「……とは何か？」という問いは哲学が有する特権である。それは個々の事象に関して「……とは何か？」と三人称単数の現在形で問う特権である。哲学はさらに、他の学問分野に関しても「政治学とは何か？」「物理学とは何か？」といった問いを立てることもできる。デリダによれば、「……とは何か？」という問いそのものが現前の形而上学にもとづく形式であり、脱構築されるべき哲学の特権である。『哲学とは何か』という問いへのある種の経験」（DP26-27）への感性が重要となるのである。(25)
「哲学は地平をもたない」と言っても、デリダにとって、一般的に称揚されている「学際性」は既存の学問分野の地平に立脚し、その複数の分野を統合した共同作業に映る。個々の学問分野はその前提となる地平、つまり自己同一性を問うことがないのでその専門性は強化される。これに対して、デリダは哲学を介した「領域交差《インターセクション》」を重視する。それは哲学と他の学問分野との共同を通じて、哲学が哲学自身の根拠を問う脱構築的な試みである。哲学は「哲学とは何か」という自己言及的な問いへの答えを留保したまま、その他者に対して開かれ、つねに自らの限界に触れ続ける。『脱構築』と呼ばれてきたものは、哲学の学問分野の制度的なアイデンティティを曝け出すこと」（DP22）なのだ。従来の大学制度に即して具体的に考えると、ジョン・D・カプートが指摘するように、こうした領域交差の脱構築は哲学や文学、宗教、法学といった古典的な学問専攻と「絶対的に新しく、絶対的に特異で先例のない何かとのあいだの距離」(26)において生じる。「哲学的なもののあらゆる規定と、哲学によって開始されるが哲学には属さない脱構築的な思考とのあいだ」（DP28）で、教育や研究の制度的可能性が試練にかけられるのである。

デリダは哲学の特権が問いに付されると同時に哲学への権利が開かれる制度として国際哲学コレージュを創設し、脱構築的な理念と実践をこの制度に賭けた。その詳細に関しては、拙著『哲学への権利』（勁草書房、二〇一二年）で詳述したのでここではくり返さない。むしろ時間を少しさかのぼって、来たるべき教育制度を想像しつつ、デリダが一九七九年に記したニーチェ論の一節を最後に引いておこう。「脱構築」という現前しない肯定の思考を核とする教育制度はいかにして可能だろうか。脱構築がデリダという固有名に依存する教育方法とはなりえない以上、制度的実践を通じてしか脱構築は継承されえないのだろう。ただし、逆説的なことに、脱構築なるものがあるとすれば、脱構築を継承する制度そのものが脱構築される場合にしか垣間見られることはない。ツァラトゥストラの永遠回帰を自らの脱構築と重ね合わせながら、ニーチェの耳を通じて、デリダは、哲学への権利を求める他者の複数の呼びかけを聴き取ろうとしているかのようである。

> 永遠回帰の良き知らせとはメッセージ、教育、教説の呼びかけ、宛先である。定義上、この知らせは現在時において聞こえるがままにはならない。それは反時代的、差延的、アナクロニックだ。この知らせが肯定（然り、然り）を反復するがゆえに、またそれが回帰、再開始、そして再帰するものを保持するある種の再生を肯定するがゆえに、この知らせの論理そのものは何らかの堂々たる制度を生じさせるはずである。ツァラトゥストラはひとりの教師であり、彼は教説を施し、新しい制度を創立しようと意図している。この「然り」のための諸制度。それらは複数の耳を必要とするが、しかしそれはどうしてだろうか[27]。

（1）Derrida, «Lettre à un ami japonais», *Psyché II*, Galilée, 2003.〔「〈解体構築〉DÉCONSTRUCTION とは何か」

丸山圭三郎訳、「思想」一九八四年四月号〕とりわけ pp. 12-13 を参照。
（2）Derrida, *Points de suspension*, Galilée, 1992, p. 226.
（3）アラン・バディウ「ジャック・デリダへのオマージュ」、『来たるべきデリダ』藤本一勇監訳、明石書店、二〇〇七年、六四頁。
（4）デリダ『絵画における真理（上）』高橋允昭・阿部宏慈訳、法政大学出版局、一九九八年、三一頁。ほかにも次のような表現がある。「脱構築の実践が『制度的装置や歴史的な過程』を扱うことなく、哲学的要素、概念の意味、言説などを検討するだけにとどまるならば、それは脱構築的ではありません。その独創性の如何にかかわらず、哲学の伝統のなかで哲学の自己批判の運動を再生産するだけでしょう」（Derrida, *Points de suspension*, p. 76）。
（5）「制度」の問いは初期の『グラマトロジーについて』ですでに現われている。「内部は外部ではない」と題された節では、ソシュールの記号論における音声的なシニフィアンとシニフィエの自然的関係をめぐって、自然と制度、音声言語《パロール》と文字言語《エクリチュール》などの対立が明瞭な階層関係ではなく、脱構築可能であることが示される。音声言語が可能となるためにすでに文字言語の概念が「制度化された痕跡〔trace instituée〕の審級」（Derrida, *De la grammatologie*, Minuit, 1967, p. 68.『グラマトロジーについて（上）』足立和浩訳、現代思潮社、一九八四年、九七頁）として内包されており、この脱構築的構造が古典的諸対立の再考をうながす。
（6）Geoffrey Bennington et Jacques Derrida, *Jacques Derrida*, Seuil, 1991, p. 247.
（7）デリダが深く関与したこれらの活動は、一九七五年以後のフランスの哲学教育に影響を与えた主要な出来事だった。ほかにも一九八四年にジャック・ミュリオーニとベルナール・ブルジョワが主宰したセーブルでの哲学教育シンポジウムも重要な転機であった。高校、大学、師範学校の哲学教師一〇〇名ほどが参加したこの会では、学校の本質を規定するために哲学的な発想や原則が不可欠であり、哲学教師はその責任を負うことが確認された（Cf. Jean-Marc Levent, *Les ânes rouges: généalogie des figures critiques de l'institution philosophique en France*, L'Harmattan, 2003, pp. 174-182）。
（8）Derrida, *Le droit à la philosophie du point de vue cosmopolitique*, Verdier, 1998. 西山雄二訳、「現代思想」二〇

〇九年一一月号。

（9）Derrida, *L'Université sans condition*, Galilée, 2001. 西山雄二訳、月曜社、二〇〇八年。

（10）John D. Caputo (ed.), *Deconstruction in a Nutshell*, Fordham U. P., 1997, p. 8. ジャック・デリダ他『デリダとの対話——脱構築入門』高橋透他訳、法政大学出版局、二〇〇四年、一〇頁。

（11）Derrida, *Du droit à la philosophie*, Galilée, 1990, p. 488. 以下、略号 DP と頁数を本文中に記載する。デリダは同一性原理に基づく「共同体」の危険性を警戒していたので、ごく稀にしかこの表現を肯定的な意味で使用したことがない。

（12）「特権」の末尾には「一九九〇年七—八月」の日付が記されており、八四年の草稿に加筆修正が施されている。

（13）デリダが使用するフランス語 droit は「権利」と「法」の両方の意味を含む。このことを考慮して、本稿では場合に応じて、「法権利」ないしは「権利」と表現する。

（14）デリダは一貫して自己現前の直接性を認めず、媒介を通じた現象を問う。論集『哲学への権利について』においても、哲学と制度に関して、「言語」や「翻訳」が重要な媒介の問いとして哲学的ナショナリティの問題とともに考察される。ちなみに、デリダは大学の政治的・制度的な欠点をこの点に認めている。「大学は伝統的形式におけるすべての教育、そして、おそらく、すべての教育一般と同様に、余すところなき翻訳によって言語を消去することを理想としている。教育制度およびそれが内包するすべてを脱構築すること。教育制度が耐えられないのは言語に手をつけること、国語に手をつけることであると同時に、逆説的にも、その言語を中性化する翻訳可能性という理想を犯すことだ。ナショナリズムと普遍主義は分離できない。教育制度が耐えられないのは、それら二つの補完的両極のどちらもそのままにしてはおかない変形である」(Derrida, *Parages*, Galilée, 1986, pp. 139-140.『境域』若森栄樹訳、書肆心水、二〇一〇年、二〇三—二〇六頁)。

（15）Derrida, *De la grammatologie*, p. 68.『グラマトロジーについて（上）』前掲、九七頁。

（16）Derrida, «Déclarations d'Indépendance», *Otobiographies. L'enseignement de Nietzsche et la politique du nom propre*, Galilée, 1984. 以下、略号 DI と頁数を本文中に記載する。

（17）Jacques Derrida and Maurizio Ferraris, *A Taste for the Secret*, Polity, 2001, p. 50. Cf. Simon Morgan

Wortham, *Counter-Institutions: Jacques Derrida and the Question of the University*, Fordham U. P., 2006.

(18) カントの理路はより慎重な側面があり、国家的物語とは相容れない哲学の「慎ましさ」を無力な力として保持しようとしている。宮﨑裕助「秘密への権利としての哲学と大学」、西山雄二編『哲学と大学』未來社、二〇〇九年参照。

(19) 哲学言説の超越論的な特権を批判しつつ、その個別科学との関係を刷新する試みは脱構築の責務のひとつである。論考「差延」に一九七二年に付けられた注ではすでに、「(存在、現前、固有化といった) 連鎖を位置ずらしして書き込み直さなければ、存在-論理学 (全般的であれ基礎的であれ) と、その存在-論理学によって領域的存在論や特殊科学として支配され従属させられるものの関係が、厳密かつ不可逆な仕方で変形されることはけっしてないだろう」と記されている (Derrida, *Marges*, Minuit, 1967, p. 28.『哲学の余白 (上)』高橋允昭・藤本一勇訳、法政大学出版局、二〇〇七年、二七二頁)。デリダの脱構築思想はその初期からある種の学問論の形——「人間」という名称への問いを別の仕方で定立する人文科学としてのグラマトロジー——をとっているが、哲学的大学論の射程をも含んでいたと言える。

(20) デリダは一九七八―七九年に高等師範学校やイェール大学などで Du droit à la littérature (法権利から文学へ/文学への権利について) と題されたセミネールを開いている。哲学、文学、正義の問いは脱構築可能な法権利との不可分な関係にあり、この構図は脱構築のある種の核をなしている。

(21) Derrida, *Force de loi*, Galilée, 1994, p. 35.『法の力』堅田研一訳、一九九九年、三四頁。

(22) これは二〇一〇年一〇月二三日、映画「哲学への権利」の明治大学での上映にさいして合田正人氏から筆者に宛てられた問いである。

(23) デリダは後年、「来たるべき民主主義」という表現を展開するが、彼がこの表現をはじめて使用したのは論考「特権」においてだった。「哲学的な民主主義、哲学における民主主義が可能となること (このことなしに民主主義一般はありえないし、つねに来たるべきままの民主主義とは哲学的な概念でもある)」(DP53)。「哲学への権利」はあらゆる知を問い、あらゆる制度の根拠を問い、同時に、自己内省的にこの権利そのものをも問うという、脱構築的な思考を到来させる契機である。フランソワ・シャトレの「最小限の民主主義」に着想を得たようだが、デリダは、誰もが有するべき「哲学への権利」を民主主義を開始させる当のものとみなす。

(24)「いかなる制度も正当化をおこなう象徴的な場なしには成立しない」（DP23）以上、こうした哲学の変形の追究は場所論を必要とする。デリダは八〇年代半ばに、建築家ピーター・アイゼンマンとの共同作業を通じて、プラトンの『ティマイオス』のコーラを脱構築のトポスとして読解した。その成果である著作『コーラ』は哲学的な場所論であるが、教育の端緒や人物形象の教育法といった点で教育の場所論としても示唆的である。西山雄二「大学の名において私たちは何を信じることを許されているのか」、「現代思想」二〇〇八年九月号、青土社参照。

(25) 哲学の問いについて、デリダはハイデガーの**Zusage**（受諾）の思想のなかにあらゆる問いに先立つ肯定的な力を見てとる。思考の務めが問いを立てることであるならば、問いかけ以前に、問いの言葉が私たちに差し向けられていることを受諾しなければならない。それはあらゆる言語に付随するが、しかしいかなる言語としても同定しえない前‐根源的な約束である。この約束によって与えられるものを受け入れることは他者を受容するという根本的な経験であり、この経験こそが言語の可能性の条件をなす。これは肯定と否定といった対立とは異なる、言語の超越論的な条件としての「ウィ」であり、この前‐根源的な契約を経るために脱構築はつねに肯定的とされる（Derrida, «De l'esprit», *Heidegger et la question*, Flammarion, 1990, pp. 114-121.『精神について』港道隆訳、人文書院、一九九〇年、二一一—二一二頁）。

(26) John D. Caputo (ed.), *Deconstruction in a Nutshell*, p. 69. ジャック・デリダ他『デリダとの対話』、一〇〇頁。

(27) Derrida, *Otobiographies, op. Cit.*, p. 74. Cl・レヴェック、C・V・マクドナルド編『他者の耳』浜名優美・庄田常勝訳、産業図書、三三—三四頁。

耳の約束——ニーチェ『われわれの教養施設の将来について』における制度の問題

藤田尚志

未経験な子どもたちよ、天才はひとりでにやって来たというわけか
『われわれの教養施設の将来について』第四講演

調子の狂った破鐘《われがね》に対して完璧な響きの鐘が有する特権は、まこと千倍も大きいのだ。ひとり彼らだけが将来を保証する者であり、人類 - 将来に対する責任を負っている者である。

『道徳の系譜』

1 教育者ニーチェ——制度批判者から制度の探究者へ

制度批判者ニーチェ？　「学者は決して哲学者になれない」と言い放ったニーチェ（Friedrich Nietzsche, 1844-1900）は、ショーペンハウアー同様、大学嫌いとして有名である。よく知られたストーリーはこうだ。古典文献学で早くから頭角を現わしたニーチェは、一八六九年に二五歳で教授職を得、二八歳で野心的な大作『悲劇の誕生』を発表するが、のちに斯界の大家となるヴィラモーヴィッツ（Ulrich von Wilamowitz-Moellendorff, 1848-1931）の徹底的な批判を受けて学界から抹殺され、以後、病もあっ

て三五歳で大学を退職、在野の思想家として孤独な執筆活動に沈潜する……。ニーチェの個人史を繙けば、彼の「大学嫌い」は容易に理解される。事は一見、単純明快に見える。

従来のニーチェ観の修正

だが、ニーチェにとって大学とはその程度のものだったのか。大学とは単なる仕事の場、すなわち経済基盤にすぎず、凡庸な学者たちが徒党を組んで俊英を抹殺し自己保身を図る場、つまり知的権力闘争の場にすぎなかったのか。竹内綱史によれば、少なくとも二つの点でこのような通俗的理解を修正する必要がある。(1) 第一に、ドイツ帝国成立（一八七一年）の翌年早々、ニーチェは『われわれの教養施設の将来について』（*Ueber die Zukunft unserer Bildungsanstalten.* 以下、『将来』と略記）と題して連続講演を行なっていた。当時、伝統的身分でも財産でもなく「教養」をアイデンティティの核とする支配的な社会階層、いわゆる「教養市民層」による教養の我有化は、一方で大学の実利主義化、他方で専門化という名の虚学化（とニーチェの眼に映るもの）を進行させていた。ニーチェの講演は、この状況に対する徹底的な批判であり、大学およびギムナジウムが「そこからその施設が生まれてきた理想的精神へと可能な限り近づく」ことを願って企図されたものであった。「生活の必要のための施設」とは区別された「教養のための施設」は、教養の純化による精神的貴族制（その内実はのちに見るように必ずしもエリート主義的なものではない）の達成を目指すという条件さえ満たせば、若きニーチェにとってむしろその将来に希望を託せるものですらあったのである。

制度と耳

第二に、『教育者としてのショーペンハウアー』（以下、『教育者』と略記）である。『将来』の二年後（一八七四年）に『反時代的考察』の第三篇として刊行されたこの著作においては、講壇哲学への呵責なき批判が大勢を占め、学者は絶対に哲学者にはなれない、それゆえ哲学は大学を離れるべきだという主張が繰り返されるに至る。だが、ニーチェは、講壇大学は捨て去っても、教育に関する思考は決して手放していない。言いかえれば、彼の批判精神は、決して〈求道〉(生に意味をもたらす真理の追求)だけにとどまらず、〈啓蒙〉(真理を求めることを求めること)を呼び求める。〈求道〉と〈啓蒙〉が交わる地点において生じる「あの新しい義務」について、ニーチェは『教育者』において次のように述べている。「あの新しい義務は一人の孤独者の義務ではなく、むしろひとはこれらの義務をもって一つの有力な共同体に属し、そしてこの共同体は外面的な形式と法則によってではないけれども、一つの根本思想によって確かに締めくくられている。この思想とは〈文化〉の根本思想である」(2)。だとすれば、そして『この人を見よ』においてもなお、ツァラトゥストラは教師であり、その教説を学ぶための「制度」の必要性が語られていることを思い出すならば、私たちは竹内の考察を引き継ぎ、さらに発展させていくことができるのではないだろうか。ニーチェは教育に関する思考のみならず、制度に関する思考についても晩年に至るまで追求していたと言えないだろうか。

生きるとは、教えるとはこういうことだと私が思っているのと同じような仕方で生き、教えるために、人々はいつか制度(Institutionen)をつくる必要に迫られるだろう。その時はおそらくツァラトゥストラ解釈のための特別の講座もいくつか設けられることにすらなるだろう。それはそうなのだが、しかし、私が私の説く真理を理解してくれるような耳および手をいますぐにもと期待するとしたら、これは私自身の説くところと完全に矛盾することになろう。今日誰もが私の説くことに耳を貸さず、誰も私から教えを受けるすべを知らないということは、無理もないというだけ

でなく、むしろ至極当然のことだと私自身にも思える。(3)

ところで、「ニーチェの耳伝」という講演の中でこの文章を引用するデリダが注意を喚起しているように、ここでは「教育ならびにそのための新しい施設とともに、耳もまた問題となっている」(4)。私たちはデリダが通りすがりに行なったこの示唆を、彼とは異なる方向に、もう少し掘り進めてみることにしたい。つまり、「教育」のみならず「制度」のことを、ニーチェ思想全体を貫く「文化」の問題、すなわち「記憶」と「約束」の問題として、「耳」のモチーフを通して考えたい。なぜそのように考えることが正当化されるのか。ここで、ごく簡潔にであれ、これら諸概念のニーチェ思想における位置づけを確認しておく必要がある。

2　自律と倫理——ニーチェ思想における文化・約束・記憶

自律的であるよう導く（教育の逆説《パラドックス》）

文明の診断者たるニーチェが文化と呼ぶのは、高尚とされる精神的活動や高次とされる生活形式の総体のことではない。そうではなく、人類がそれによって、「習慣を身につける習慣」を与えられ、法に従うことを覚えるよう「調教」され「淘汰」されてきた、ある意味では実に暴力的な過程の総体のことである。文化は、忘却の能力によって動物同様の生を生き延びてきた人間の意識に、一貫性と安定性つまり記憶力と約束する能力を与える。『道徳の系譜』第二論文の有名な一節を思い出そう。「約束することのできる動物を育成すること、——これこそは自然が人間を眼中において自ら課したあの逆説的な課題そのものではあるまいか。これこそ、人間に関する本来の問題ではなかろうか」(5)。この一節は、人間に関する定義と受け止められることもあるが、ニーチェ自身が「課題」として捉えていることは明らかであろう。では、自然が自らに課したこの「課題」は、なぜ「逆説的」と呼ばれ、さらには「本来の問題」とさえ呼ばれるのだろうか。それは、「約束する能力を育成する」という事態が逆説的と考えられているからであり、社会も文化も習俗の倫理も、ある逆説的で力動的なプロセスが実現されるために用いられるべき手段、通過されるべき地点として考えられているからである。社会とその習俗の倫理の目的は、主権者的な個人を産み出すことであるが、主権者的な個人は、産み出されるやいなや、自らを産み出した当のそれらのものから解き放たれる、とニーチェは言う。なぜこのプロセスは逆説的たらざるをえないか。それは、主権者的な個人が自律的であるのに対し、習俗の倫理はその個人を育み、社会の定めた習俗に従うなかで自律的であるよう導くものである以上、「〈自律的〉と〈倫理的〉とは相容れない」からである(6)。ここでニーチェによって指摘されているのは実は、教育というものがもつ根源的な逆説である。というのは、教育こそ、自律的であるよう導こうとするすぐれて逆説的なものだからである。この逆説への関心は、ニーチェ思想全体を通底している。私たちがニーチェを「教育者」と見なす所以である。

責任の彼岸

手段としての〈習俗の倫理〉とそれが個人に課す〈責任の論理〉は、産物としての〈主権的個人〉とその〈超倫理〉のうちに消え去る媒介者《ヴァニシング・メディエーター》である。あるいは、森のなかを通り抜ける風の反響《こだま》のような、オーケストラの音響のような存在である（これらの比喩が恣意的なものではないことを、いずれ私たちは確認することになる）。人間の類的能動性としての文化は、人間を〈責任─

負債〉という反動的諸力の責任者として育てるが、「責任」は、調教と選択の過程で用いられる一手段にすぎない。類的能動性が最終的に産み出すことを目指しているものは、「責任ある人間」や「道徳的人間」ではまったくない。自己の内なる反動的諸力を能動的・積極的なものに転じ、活性化させられるような、自律した超道徳的な人間。こうした者だけが、無責任にも「約束」などという大それた仕儀に、あるいはより厳密に言えば、〈責任の彼岸〉で〈高次の約束〉を交わすなどという大胆きわまりない仕儀に及ぶことができる。「生成の無垢＝無罪（Unschuld）を証明してみせること」と「完全な無責任性の感情を得ること」「無責任性にその積極的な意味を与えること」[7]とを等値するニーチェを参照しつつ、ドゥルーズは「無責任、ニーチェの最も高貴で最も美しい秘密」[8]と喝破し、次のようにまとめている。

> 文化の産物は、法に従う人間ではなく、自己自身に対する、運命に対する、法に対する力能によって定義される、主権的で立法的な個人――自由な者、軽やかな者、無責任な者（*l'irresponsable*）――である。ニーチェにおける責任の概念は、その高次の形態のもとでさえ、単なる手段という制限された価値をもつだけである。〔……〕〈責任－負債（responsabilité-dette）〉は、人間が解放される運動のなかに消滅するという以外の能動的意味をもたない[9]。

二つの記憶、二つの耳

文化・約束・責任、それらすべての鍵概念の根底に「記憶」がある。いや、より正確には記憶と健忘の絡み合いがある。ニーチェは、「自由な余地が空けられるためのしばしの静謐、しばしの白紙状態」としての健忘、「心的秩序・安静・礼法のいわば門番であり執事である健忘の効用」を説く。幼児の成長の例を挙げるまでもなく、健忘は、人間の健やかな成長と自我の形成・維持・発展にとって明らかに本質的な出来事である。ひとは毎日、適度にリセットしながらでなければとうてい生きていけない。忘却と記憶は、一見対立しているように見えるが、実は記憶はある程度の忘却に支えられてはじめて、記憶としての効力を発揮するのだ。

忘却がおのれ自身における一つの力、強壮な健康の一形式をなすほかならぬこの必然的に健忘な動物が、ところがいまやそれとは反対の一能力を、ある場合には健忘を取り外す助けとなるあの記憶という一能力を、育て上げるにいたった。——ある場合とはすなわち、約束しなければならないというときのことである。(10)

忘却と記憶の関係に応じて、ニーチェは二つの記憶を区別する。(11) 一方には、ほどよく忘れられない人間、記憶の健康を損なった病者の感情類型がある。ニーチェが「ルサンチマン」と呼ぶこの記憶を特徴づけるのは、感性の記憶であり、痕跡の記憶である。ルサンチマンに満ちた人間は、痕跡にしか反応しない狩猟犬のようなもので、いつまでも執拗に否定的な事柄を忘却しないという能力、逆に言えば、忘却できないという不能性、何かに感嘆し尊敬し愛することの不能性に苦しんでいる。痕跡の記憶は、いつまでも終わることのない咀嚼である。ルサンチマンを抱えた人間は、約束を信じることができない。能動的な力は抑制される。

だが、記憶は別の形をとって現われることもある。それは、ひとを絶えず過去へと立ち戻らせ、過去に縛り付けるのではなく、逆説的に響くかもしれないが、むしろひとを未来へと向かわせる意志の記憶である。これこそ、先に挙げた「約束する能力」を支えるものであり、将来を誓うこと、未来を覚えていることである。約束をするということは、ただ単に過去のある時点で自分がその約束をしたということを覚えているというだけではなく、未来のある時点で自分がその約束を守らなければならないと、そのときまで覚えているということでもあるのだ。ここでは、それだけでは反動的な力であるはずの記憶が、活性化され能動的なものとなる。ドゥルーズは次のように二つの耳について語っているが、私たちの考えでは、これは二つの記憶の区別に対応する。「端から端まで見事なほど、ロバはディオニュソス的な〈然り〉の戯画《カリカチュア》であり、その裏切りなのである。彼は肯定するが、しかしニヒリズムの産物しか肯定しない。それゆえ彼の長い耳は、ディオニュソスとアリアドネの小さな耳、丸く、迷宮的な耳の対極にあるのである」(12)。ロバの長い耳はルサンチマンの記憶を象徴し、ディオニュソスとアリアドネの耳は約束の記憶を象徴していると考えられる。

こうして、ニーチェ思想における文化・約束・記憶・責任－負債の概念布置を確認するという迂回路を経て、〈耳〉と〈制度〉の関係に、話が戻ってくる。これでようやく『将来』の読解にとりかかることができる。ニーチェにとって聴くという挙措は、意味・解釈の問題のみならず、すぐれて制度の問題の再検討を要請するものだ。制度の問題を瑣末な形式の問題、枠組みの問題にすぎないと考える者は、話す者と聴く者をつなぐ媒介たる「耳」を軽視する者である。

3　耳・記憶・罪

『将来』は、おそらくは一八七一年の秋に執筆され、一八七二年の一月から三月にかけて五回に分けてバーゼル大学で行なわれた一連の公開講演の原稿である。(13) 講演の冒頭で、ニーチェは聴衆に、記憶のうちへの撤退を求める。虚構的な記憶の物語を通じて、彼はドイツの歴史を想起させ、過去を現在のうちへと移し込もうとする。虚構的な記憶の物語というのは、この講演でニーチェは、若年の折り彼がふとしたことから聴く機会に恵まれた、ショーペンハウアーらしき老哲学者とその弟子との教養問題に関する対話を紹介するという形で、彼の意見を表白しているからである。若きニーチェは聴衆に対してごく短い前置きを述べたあと、次のように話を始める。

私は、或るとき、奇妙な、しかし結局のところ無害なめぐり合わせ（harmlose Umstände）によって、或る対話の耳証人（Ohrenzeuge）となった。注目すべき人物たちがほかでもないこの〔高等教育機関という〕主題について行なった対話の、である。彼らの考察の要点や、彼らがこの問題を把握したやり方や仕方の全体が、あまりにもしっかりと私の記憶（Gedächtniß）のなかに刻み込まれてしまったので、私は似たような事柄について考察するときには、いつもその同じ軌道のなかに私自身が落ち込まないわけにはゆかないのである（651-652/40）。

耳証人　三つの語に着目しよう。まず「耳証人」とは、エリアス・カネッティが自著のタイトルにしていることが知られるだけで、[14]日本語としては耳慣れない言葉だが、「自分が直接聴いたことを証言する人」といった意味である。ニーチェの日本語版全集では「現場に居合わせて聴いた」と訳されている。「証人 Zeuge」という「約束」や「記憶」の問題系に連なる語が用いられていることを明示するだけでなく、あえて聞きなれない「耳証人」という直訳を選んだのは、繰り返しになるが、ニーチェが「耳 Ohr」にこだわった思想家だからである。「耳学問」という言葉のとおり、すべての学問は、したがってすべての教育は、聴くことから始まる。そして、耳そのものは、あらゆる可能性に開かれている。『将来』は「閉じた耳」に「開かれた耳」を対置するだろう。

記　憶　次に、「記憶」（現在の綴りでは Gedächtnis）である。ニーチェは「あのとき私の耳の前で私が驚嘆せずにはおれない仕方で」（652/40）開陳された対話があまりにもしっかりと記憶に刻み込まれてしまったので、同じような仕方で思考せざるをえないという。ニーチェはこれから語られるはずの彼の高等教育論、高等教育施設論は、自分の創意や自発的な思考によって作り上げられたものではなく、印象深かった対話を「語り伝える」にすぎないのだとして、ここで展開される論の媒介性・間接性・受動性を強調している。しかし、そこで語られる理想の教養施設の実現を妨げるのもまた、記憶なのである。記憶もまた、あらゆる可能性に開かれている。『将来』はジャーナリスティックでアクチュアルな記憶に、反時代的な約束の記憶を対置するだろう。

無害さ　最後に、「無害なめぐり合わせ」について。ニーチェは、引用のように述べたあと、次のように断って件の対話に入っていく。「さて、私の尊敬する聴衆諸君、私の無害な体験（mein harmloses Erlebniß）と、これまでのところまだ紹介していないあの人物たちの少しは害のある対話（das minder harmlose Gespräch）とを、ひとつ聴いていただきたい」（652/41）。一度なら偶然かもしれないが、わずか二頁の間に三度「無害な」（harmlos）という語が用いられていては、その意味を考えざるを得まい。日本語版全集の解説の言うように（六三八―六三九頁）、「若年の教授の身分で伝統ある教育制度を仮借なく批判することへの遠慮」、つまり礼節上の理由、ニーチェがいずれはかなぐり捨ててしまう社交上の問題から、「或る哲学者とその弟子との教養問題に関する対話を紹介するといった形で、間接的に、手の込んだ構成を仕組んで、彼の意見を表白している」という解釈は、ニーチェが講演の冒頭で自らの Harmlosigkeit（無害、無邪気さ、悪意のなさ）を強調する理由としては、一見もっともらしい。だが、「遠慮」という言葉には注意が必要である。ニーチェがもし真剣にその種の礼節・社交から「遠慮」しようとしていたのであれば、彼はそもそもこのような仮借なき批判を公にしようとすら考えなかったはずだからである。この程度のカモフラージュで自らの真意を隠蔽できるなどと考えるニーチェでもあるまい。だとすれば、仮に「遠慮」があったとしても、それは相対的なものである。むしろ私たちが注目すべきは、Harm（悲嘆・深い苦悩・ひどい屈辱）から、先に述べた「罪＝負債＝負い目」といった責任の問題系への連関、ひいては「無責任性」に対するニーチェの目くばせなのではあるまいか。この仮説については、私たちの読解でもって論証に代えたい。

『将来』を読み進めていくなかで、私たちはたえずこれら「耳」「記憶」「害（罪）」の主題系に出くわすことになる。当然だろう。教育とは、聴くこと、記憶することから始まる無邪気な邪気、罪深い無垢でなくてなんであろうか。

4　出会い損ねて出会う

〈枠〉の重要性　さて、『将来』の読解にあたって、まず第一に強調しておくべきことは、制度について、いつ、どこで、どのように語っているのかという枠組みないし設定の問題である。先に見たとおり、『将来』の内容をなすもろもろの考察は、「注目すべき人物たちがほかでもないこの〔高等教育機関という〕主題について行なった対話」において語られていたことである。だが、そもそも老哲学者と弟子は、その場所に、そのような対話を行なおうという意図をもって赴いたわけではなかったし、若きニーチェと友人も、この対話を聴講しようと思って出向いたわけではなかった。老哲学者たちは白昼に、大学あるいはしかるべき教養施設で、教養施設について公的に論じるのではなく、夕闇のなか、森の奥で、私的に、時間潰しとしていわば偶発的に論じられているだけであるし、若きニーチェ達もまた偶然その閑話を耳にしたにすぎない。これは〈教育とは、約束されたものとは異なるものを、約束された場所とは異なる場所で、手に入れることになる約束である〉という、これから見ていくことになる私たちの論点にとって、きわめて重要な設定である。

若きニーチェたちの約束　講演は、ギムナジウム時代の友人との多くの「思い出＝記憶 Erinnerungen」(653/42) の一つを詳しく描くところから始まる。若きニーチェはギムナジウムの生徒だったある晩夏、一人の友人とライン旅行に出かけた。そこで、「ほとんど同じ瞬間に、同じ場所で、しかもそれぞれ別々に」、創作・批評サークルの創設を思いついたのだった（654/44）。大学生になった二人は、「かつてこの場所で考え出した制度（Institution）のことを感謝をもって偲ぶ」（718/131）べく、ローランツエックのほとりのかの場所を再び訪れようと「固く固く決議したのであった」（654/44）。だが、彼らが厳粛な儀式を行なうことでいままさに果たさんとしていたこの約束は、老哲学者とその弟子の登場によって破られることになる。というよりも実は、約束の刻限までまだ間があると、彼らが当時道楽としていたピストル射撃を行ない、「鋭いこだまする音が響き渡った」（656/47）ことが、まず老哲学者たちの静寂を破って驚かしてしまい（659/50）、それに対して、老哲学者たちは「教訓の不意打ち」（658/49）で応じたというのが正確なところである。だが、それだけではない。老哲学者たちは若者たちの厳粛な儀式をもう一度妨げてしまうことになる。一度目は、孤独を要する儀式の遂行をいわば物理的現前によって妨害してしまったのだが、これは大したことではない。重要なのはむしろ二度目であって、老哲学者は教養談義の強烈な内容、つまり物理的な音ではなく、一種の「音楽」によって、徐々に若者たちを魅了し、彼らの精神的集中を乱すことで、結果として儀式を中断させてしまったのである。のちに老哲学者自身が皮肉とともに転倒させて用いている区別（673/72）を先取りして言えば、若きニーチェの友愛と記憶に満ちた儀式を真に中断させたのは、不意の出現が引き起こす物理的な恐怖としての「驚愕 Erschrecken」ではなく、教育と制度に関する反時代的考察が引き起こした、アリストテレス的タウマゼインたる「驚嘆 Erstaunen」であった。この間の経緯を少し詳しく見ておこう。

約束と約束のぶつかりあい

最初のうち、若きニーチェと友人は、老哲学者たちを「われわれの哲学的妨害者たち」と呼び、自分たちがそこにいる理由さえ黙秘し、「断じて自分たちの秘密を漏らすようなことをしたくなかった」、「ずっと前から決議しておいたわれわれの祝賀式が、この瞬間、われわれには、世界中のすべての哲学者たちよりもより重要であった」（659/51）と頑なな態度をとる。敵対的な沈黙が優位を占めるが、この敵意はまた、ある哲学的なヴィジョンに基づいてもいる。「二つの組が、黙ったまま、向き合って立っていたのだが、〔……〕いくぶん腹立たしい感情が、我々を襲ってきた。自分たちだけとなって、友人と一緒に孤独の喜びを味わうことを、もしも哲学が妨げるとしたなら、つまり、自分たち自身が哲学者になることを、もしも哲学が邪魔するとしたなら、およそ哲学なんてみんななんたるものなのだろうかと、われわれは考えたのだった。なぜと言って、自分たちの記念式（Erinnerungsfeier）こそまさに本来、哲学的性質のものなのだと、我々は信じ込んでいたからであった」（660/51-52）。ここでは二つの哲学が、二つの静寂によって、ぶつかり合っている。一方には、妨げ邪魔する哲学があり、これに対しては敵意ある対立的沈黙（「黙ったまま、向き合って立っていた」）によって返礼せねばならないが、他方には、真の友と結び合い友情を記念する哲学があり、これによって「一緒に孤独の喜びを味わう」のだと言われている。そして、約束と約束、記憶と記憶がぶつかり合う。

「私たちの間には、この次の時間をあそこで過ごすという真面目な約束があるのです。それには相応の理由もあります。あの場所は、或る素晴らしい思い出＝記憶（eine gute Erinnerung）のために、私たちにとっては、神聖にされたところなのです。それは私たちに、素晴らしい未来をも開いてくれるはずです〔……〕」。哲学者は黙っていた。しかしその年下の同伴者は言った。「私たちの約束と申し合わせも、残念なことに、同じ仕方で、同じ場所に、また同じ時間に、私たちを縛りつけるのです」（661/54）。

約束、ことに高次の約束に至る前の責任を伴う約束は、私たちを結びつけ、縛る。ニーチェと友人も、老哲学者と弟子も、ある彼らなりの「約束」を携えてやって来ており、この場所に結び付けられ、縛られている。ニーチェたちの事情は先に見た。彼らは自分たちの友愛の批評共同体とでも呼ぶべきものに着想を与えてくれた時間と場所を記念する祝賀式を挙行しようとしていたのであった。では、もう一方の老哲学者たちの約束とは、どのようなものであったのか。「私たちは、ぜひとも」、と弟子は言う、「ここであなた方のすぐ近くで、二、三時間待ち合わせをする必要があるのです、私たちには一つの約束があって、この偉い方の一人の偉い友人が、今夕ここにお出でになることになっているんです」（659/50）。この「一人の偉い友人」は当初ワーグナー的芸術家として描かれることになっていたが、その後、「文学者」となり、最終的に、この人物は現われず、講演は未完のまま放棄されることになる。彼らの約束もまた、ある記憶を記念するための厳粛なものである。「以前あの記念すべき時刻におごそかにも孤独になってわしと君とが出会ったこの場所で、いわば、中世の秘密裁判の騎士のように、お互いに、きわめて真剣に話し合おうと思って」のことであった（736/155）。

だが、この老哲学者の約束もまた幾重にも破られる。まず、肝心の相手が約束の時刻に現われない。次に、若きニーチェたちが現われ、旺盛な好奇心と哲学的情熱によって、彼らの記念式の条件であるはずの孤独と沈黙を乱す。最後に、講演終盤、第四講演や第五講演で、ようやくこの場所にやって来るらしいことが仄めかされる待ち合わせ相手は、大学生の一群を引き連れてきているらしい。哲学者は、歎くような調子で、まだ遠くにいる友人に対して語りかける。「それじゃあ、君、こんな真夜中でも、こんな寂しい山の上でも、わたしたちは二人きりになれんじゃないか、しかも君自身が、平和を妨害する大学生の一群を引き連れて、わしのところに登って来るのだ」(736/154-155)。ここでは、「耳証人」の対極たる「目撃者の歌い騒ぐ一群 einen Chor von Zeugen」が、孤独な沈黙の喜びを分かち合う友人と対置されている。

こうして二つの約束が果たされなかったことによって、しかしながら別の出会いが生じることになる。若きニーチェたちの約束が破られたのは、老哲学者たちの物理的現前にかき乱されたからというよりも、彼らの対話の強烈な魅力に引き込まれたからであった。「われわれの隠れ場のところから、はっきりと聴き取れるあの対話に貪るように耳を傾けながらそれを追って行ったときのあの感情を、私は諸君に伝えなくてはならない。〔……〕われわれが哲学者の強烈な話に黙って耳を傾け聴き耽っていたとき、突然に、あの過去の全体に、まったく予期しない光が、落ち込んできたのであった」(718/130-131)。一つの記念が、もう一つのさらに強烈に記憶され記念されるべき出来事によって破られる。それは、若きニーチェたちが「無用の用」という自らの教養論に陶酔していたまさにその瞬間のことである。「あらゆる無用のものを嫌う」現代にあって、「われわれは、将来なし (ohne Zukunft) であろうと思っていた、現在の閾の上に気楽に寝そべった無用者以外の何者でもあろうと思わなかったのだった、――そしてわれわれは事実またその通りであった、万歳！」(664/58-59)。ほとんど大正教養主義的とすら言いたくなる呑気なエリート主義的教養論は、しかし、論破という形で破られたのではない。音楽のように、響きとして、耳に入ってきたのである。それはまた、「将来なし」が教養施設と自らの将来について真剣に考え始める瞬間でもあった。

いまやわれわれの教養施設の将来に関する問題にも、この自己満足した調子で、ほとんど私が答えを出そうとしたときに、しだいに私には、遠く離れた哲学者のベンチの方から響いて来る自然音楽（tönende Naturmusik）が、これまでのような性格を失って、はるかにいっそう迫力を帯びて、もっと明確に、われわれの方に伝わって来るように、思われ出したのであった。突然私は、自分が聴き入り（zuhörte）、耳を澄まし（lauschte）、熱心に耳を澄まし、耳をそばだてて聴き入っていることを、意識した。（664/59）

耳を介して聴くということは、常に遅れ・ずれを伴う。だが、まさにその遅れ・ずれこそが、意識を目覚めさせる、教育にとって本質的な〈約束の記憶〉を構成しうるのである。

5 「一つの口、多数の耳、その半数の手」

「自主性」という神話　未完に終わってしまったこの講演の実質的な最終部である第五講演の物語もまた、「約束」に基づいている。老哲学者の友人が約束を果たすべくついにやってくるというその到着までの「合間」の時間を利用して、大学について語るよう弟子が求める場面から、第五講演は始まるが、それはそもそも第二講演で語られた場面において、老哲学者が約束していたことなのである（675/74）。弟子は思い起こさせる。「その時々に設定されるギムナジウムの教養目標に即して、他のすべての制度が測られねばならず、ギムナジウムの傾向の混乱とともに、あれら他の制度もみな悩みをともにしなければならない。動く中心点としてのこのような意義を、今日では大学でさえももはや自分に対して要求することはできず、大学は、その今日の形成においては、少なくとも重要な側面に関してはギムナジウムの傾向の仕上げとしか見なされえないのだと、こうあなたはおっしゃった。ここのところで、あなたは、あとで詳しく話してあげると、私に約束なさったのです」（737/157）。大学がギムナジウムの傾向の仕上げとしか見なされえない重要な側面とは、「自主性」に関わる側面である。大学のギムナジウム化の核心にある青年の「自主性」神話と、それに対する徹底的な批判、これこそが第五講演の主題となる（言うまでもなく、これは先に第二節で見た自律と倫理の緊張関係である）。そして、ここでも問題は「耳」である。

一人の外国人がわが国の大学制度を知ろうと思ったならば、彼はまず、力を込めてこう訊くだろう。〈君たちのところでは、大学生は大学とどう連関しているんですか？〉と。わしたちは答える。〈聴講者として、耳を通してです〉と。外国人は驚く。〈耳を通してだけですか？〉と彼は再び尋ねる。〈耳を通してだけなのです〉とわしたちは再び答える。大学生は聴講するのだ。彼が語るとき、見るとき、交際するとき、芸術をやるとき、要するに、彼が生活するとき、彼は、教養施設からは自主的つまり独立しているのだ。大学生は、聴講しながら同時にノートを取ることが、非常にしばしばある。これが、大学生が大学の臍の緒にぶらさがっている瞬間なのだ。彼は、聴講したいと思うものを選択することができる。聴講している事柄を信じ込む必要もない。聴講したくないときには耳を閉じる（das Ohr schließen）こともできるのだ。（739/160）

分離する耳、閉じた耳

ここに現われている耳は、〈分離する耳〉〈閉じた耳〉とでも名付けるべきものであり、先に区別した「二つの耳」で言えば、ルサンチマンに満ちたロバの長い耳の末裔であろう。大学生が「自主的」であり、「教養施設から独立している」ということは、聴きたいものと聴きたくないもの、聴く価値のあるものとないものを選択する権利ないし正当性、そして能力を備えているということである。学生がくるまれている、全能感と安心感に満ちた、羊水内のような安楽状態が「臍の緒」の一語で表現されている。これに呼応するかのように、しばしば「読み上げ」式の授業を行なう教師の方もまた、学生の理解度や関心に無頓着であり[15]、「教師が通常考えたり行なったりしている事柄は、巨大な裂け目によって大学生の認知からは離されている」にもかかわらず、学生数は気にして、「こういう聴講者をできるだけ多くもとうと欲する」(740/161)。要するに、きわめて不幸な「口」と「耳」そして「手」の関係がある。

> 講義する一つの口と、非常にたくさんの耳、その半数の筆記する手——これが、外形上の大学の道具立てで、これが、大学という教養機械の活動する姿なのだ。そのうえ、この口の持ち主は、多くの耳の所有者から分離されていて、独立なのだ。この二重の独立性を、ひとは、有頂天になって、〈大学の自由〉として讃美する。ともかく、一方の者は——この自由をなおいっそう高めるために——ほぼ自分の好きな事柄を語ることができるし、他方の者も、ほぼ自分の好きなものを聴講することができるのだ。ただ、両方のグループの背後に、控え目な距離を置いて、国家が、一種の緊張した監督者ぶった顔つきで立っていて、ときどき、自分こそがこの奇妙な講述と聴講

の手続きの目的、目標、実質であることを想い起こさせようとするだけなのだ。（740/161）

ひとが「大学の自由」として称揚しているのは、実は、学生の見かけの自主性と、学生を度外視して授業を進める教員の没関心性の悪しき相補関係にすぎない。そしてそういった構造的な相互孤立状態の全体を背後から監督する国家とその政治経済こそが、制度を考えるうえで最大の問題となる。

大学の高校化《ギムナジウム》　聴講すべき事柄の選択、さらには一切の聴講内容に対して信用を置くかその権威を否認するかの選択は、「自由な気風をもった大学生の自主的な決断」に委ねられている以上、ニーチェが解剖してみせた「口から耳へ」の回路の最大の問題点は、実は〈教員から学生へ〉という一方通行であるというよりは、〈学生から教員へ〉という形での一方通行なのである。「だから、厳密な意味では、教養のための一切の教育は、彼自身の手に帰着するのであって、ギムナジウムを通して獲得が目指された自主性は、いまや最高の誇りをもって、〈教養のための大学風の自己教育〉として現われ、そのきわめてきらびやかな羽毛を見せびらかすことになるのだ」（740/162）。ニーチェの時代の大学生は、フンボルトの時代の大学生に比べればエリートではなくなったとしても、現代の完全に大衆化した大学の大学生から見れば、依然として「自主性」が「独立性」と見なされ、大学生が責任あるふるまいをすべき「大人」と見なされていた時代の神話が色濃く残っており、それに対する批判が有効でもあり、また必要ともされていた。こうして老哲学者がなぜ教養の側面に関して、現在の大学をギムナジウムの傾向の仕上げとして見たがっていたかが明らかとなる。「ギムナジウムによって教え込まれた教養が、ある全体的な完成したものとして、注文の多い要求を携えて、大学の門の中に入って来る」からであり、生徒たちは「いまや、その大学風の孤立以来、そしてギムナジウムを卒業して以後は、当然、一切の教養のためのより進んだ形成や指導からは全面的に切り離されてしまい、これよりあとは、自分自身によって生きまた自由であろうとする」からである（740-741/162）。

自主性をめぐる現状

ニーチェの時代と比べてもはるかに高校化されつつある現代の大学にあって、事情はさらに複雑になっている。一方で私たちは、大学生の「自主性」をかつてないほど尊重しようとしている。大学生を「消費者」ではないとしても「ユーザー」と考え、豊富なメニューを整備しつつ、最終的には学生の意志・自主性を尊重しようとする風潮はこれまでにないほど高まっている。だが、そのようなユーザー目線の徹底は、他方で、学生をそれらのメニューに誘導するための装置をかつてないほど精緻化しており、学生たちに対する「ケア目線」もまたこれまでにないほど強まっている。結局のところ、ドゥルーズの言う「管理社会」において、強制された自主性・しなやかさと、自発的な自主性・しなやかさとはほとんど見分けがつかないほどである。しかし、だからといって、ニーチェの分析が妥当しなくなったわけではない。では、このように極度に複雑化した状況に対してもなお有効であるニーチェの反時代的眼差しとはいかなるものであるのか。大学生の「自主性」を、ニーチェ的な意味での真の「教養」という基準に即して測定し、大学をただその意味での「教養」施設としてのみ考察しようとすると、いかなる現実が見えてくるのか。

そこに見えてくるのは、「口」と「耳」そして「手」が結びうる別の関係の可能性である。「自分の諸経験がいわば形而上学的な虹で取り囲まれているのを見るようなこうした年配にあっては、人間は最高度に指導する手を必要としているのだ」（742/163）とニーチェが言うとき、その「手」は指揮者のそれであり、それと関係を結ぶ「耳」と「口」は彼およびオーケストラの団員と聴衆のそれになる。だが、この別の関係性を見出すにはある〈贖罪〉を済ませねばならない。地獄から天国へと向かう旅路は、煉獄を通過せねばならない。ニーチェにおいて「耳」と「記憶」のテーマ系には、必ず「罪」のそれが関係してくる。

6　罪なき者と天才、そして制度

罪を背負った罪なき者

これまでの議論を見てくると、ともすればニーチェは、自由と自主性を謳歌する大学生を批判しているかのように思われるかもしれない。だが、「大学が自分こそはそれだと誇示して自称したがっているもの――つまり教養施設では実はないという、その大学の罪を咎める」理由を列挙しつつ、ニーチェは大学生を「罪なき者」として、それも「罪を背負ったこの罪なき者たち dieser verschuldet Unschuldige」ないし「無実の罪なき者 schuldlos Unschuldige」として規定する。この点に注目すると、ニーチェの時代の大学生に限らない、現代にまで通じる問題が浮かび上がってくる。この罪を背負わされた罪なき者としての大学生は、一見気楽な、しかし出口のない自らの窮境それ自体によって、「無言で、しかし恐ろしいまでに、罪ある者を告発している」のであって、彼らが「自分自身に対してひとり呟く秘めた言葉」や「好んで外に向かってこれ見よがしに突き出されているあの自主性という奴の内的本質」（以上、744/167）を深く理解するためには、何が必要とされるのであろうか？　一見するとニーチェの答えは「偉大な指導者」つまり天才であるように見える。

教養に対する指導者が欠如しているために、彼は、次から次へといろいろな生存形式に駆り立てられる。〔……〕このような青年は、遂には不機嫌になって手綱を放し、自己自身を侮蔑し始めるのだ。これは、無実の罪なき者なのだ。なぜなら、誰が、彼に、一人で立つという耐え難い重荷を背負わせたのであったのか？　偉大な指導者に帰依し巨匠の辿った途上を感激して追い求め歩くことがいわば自然で最も身近な欲求であるのを常としているような年配で、誰が彼を自主性へと挑発したのであったか？」（745/169）

天才vs制度？

だが、本当にそうだろうか。〈制度〉に対して〈天才〉が対立していると考えるのは、〈ルサンチマンの記憶〉に〈健忘〉が対立していると考えるのと同様、早計である。第四講のはじめで、「わしたちがなんらの教養施設ももっていないということ、しかしわしたちはもたねばならないということが、ますます明瞭になってきた」と老哲学者は断言する。彼は制度を否定しようとはしない。ニーチェの賭け金はここにある。老哲学者は言う。「わしはと言えば、ただ一つの真実の対立しか知らない。つまり、教養の施設（Anstalten der Bildung）と、生活の必要の施設（Anstalten der Lebensnoth [*sic*]）との対立だ。現存するあらゆる施設は、第二の種類に属するのだが、わしの言っているのは、第一の種類のことなのだ」（717/129）。ここで対立しているのは、制度抜きの教養＝天才と制度的施設ではない。二つの制度の対立である。ここで、「天才にはもはや援助など要らないのだという教養」に対してニーチェは、今日の私たちの「民主主義的」な「常識」からすればきわめて否定的にとられるほかない徹底的な批判を加える。「わが偉大なる天才たちの誰一人にも、君たちは、力を貸してやったことがなかったのだ。〔……〕こういう君たちにもかかわらず、あの人々は、彼らの作品を創造したのだ。〔……〕君たちのおかげで彼らは、一日の仕事も完成せずに、戦いに敗れたり麻痺したりして、あまりにも早くこの世を去って行ったのだ。もしもあの真のドイツ精神が何か強力な制度によって彼らの上に庇護の屋根を拡げていたならば、これら英雄的な人々にどんな仕事を達成することが許されていたかを、誰が考え出すことができよう。あの精神は、このような制度もなしに、孤立し、粉砕され、変質して、生活を引きずっているのだ」（725/141）。したがって、大学と大学生をめぐる問題を考えるとき、ニーチェは決して「天才」によって問題をすべて解決しようとはしていない。それどころか、むしろ徹底して「制度」の問題として考察しようとしているのだ（本稿では、検証できないが、この姿勢は、晩年に至るまでニーチェの思考を貫いているのではないかというのが、私たちの仮説である）。これが本論考の一つ目のエピグラフで示唆しておいた事柄である。

反時代的な記憶

では、無実の罪なき者たる大学生が、「これまで他の世代が積み重ねたよりももっと重い罪に罪を積み重ねて」（747/171）しまうのは、なぜなのか。健忘に向かえないからではない。単純な健忘は、今日のマスメディアがそうであるように、ルサンチマンの記憶と表裏一体である。そうではなく、「時代のなかで反時代的に、すなわち時代に反対して、そうすることによって時代に向かって、望むらくは将来の時代のためになるように」[16]想起される、いわば反時代的な〈約束の記憶〉が欠けているからである。次の一節では、明らかに二つの記憶が対比されている。メディアのアクチュアルであると同時に健忘症的なルサンチマンの記憶と、現状に対する鋭敏な批判および絶えざる自己批判へと自らを連れ戻す「記憶」の対比である。

ああ、われわれ自身を忘れ去ることができたならば！　と。そうはゆかぬのだ。つまり、記憶という奴が、印刷された紙のうず高く盛りあげられた山また山にも窒息されずに、なんといっても、ときどき、こう繰り返して言うのである。〈堕落した教養人よ！　お前は教養のために生まれて来ながら非教養へと教育されたのだ！　途方に暮れた野蛮人、日常の奴隷、瞬間の鎖につながれて飢えている奴――永遠に飢えている奴！〉と。／おお、みじめにも罪を背負った罪なき者よ！　思うに、彼らには、彼ら一人一人を迎え入れるべきであったもの、つまり真の教養制度が欠けていたのだ（747/171）。

ここで単純に「記憶」と呼ばれているものは、「印刷された紙のうず高く盛りあげられた山また山」に窒息させられそうになりながらも、アクチュアリティが作り出す幻影の危険性を繰り返し警告しようとする記憶であり、このような記憶を確保する場こそ、「真の教養制度」でなければならない。ところが、教養施設が一向に後者の記憶へと向かわしめないがゆえに、大学生は「みじめにも罪を背負った罪なき者」なのである。罪と有責性を超えたところ、善悪の彼岸に、超倫理の契機が見えてくるが、そこに至るまでは、文化のプロセスの進展、天才すらもさらに創造的にさせるほどの、教養制度の倦むことなき改革が必要なのである。では、そのような制度をニーチェはどのような姿で思い描いているのか。注目すべきはここでもまた、〈耳〉と〈響き〉の形象である。

7　オーケストラとしての大学――つなぐ耳、開かれた耳

指導者ないし天才に関する議論から、デリダのように、ニーチェ的教育・ニーチェ的政治とナチス的教育・政治との重ね合わせに関するきわめて繊細な、無限の警戒心に満ちた考察を展開することも、たしかに有益であり、また必要なことであるに違いない。[17] だが、私たちはまったく別の道を辿る。すなわち、一見すると単純に貴族主義的ないしエリート主義的に見えるこの物語は森の中で、出会い損ねによって生じた出会いによって、語り聴かされ、聴き届けられたのだという点を最大限に強調する。たとえ老哲学者が次のように言っているとしても、強調しなければならないのは、むしろ文章の後半部分である。

> 一切の教養は、今日大学の自由と言ってもてはやされているすべてのものの反対から、つまり、服従と、従属と、訓育と、奉仕とから、始まるからなのだ。そして、偉大な指導者たちが、被指導者たちを必要としているように、指導さるべき者たちは、指導者たちを必要としているのだ。この、精神の秩序のなかで支配しているものは、相互的な準備であり、それどころか、一種の予定調和である。（750/175-176）

老哲学者は確かに若きニーチェたちを「服従」させたが、それは決して強制によるのではなく、

「相互的な準備」によるのであって、「予定調和 prästabilirte Harmonie」という表現には音楽的、和声学的な響きをも聴き取るべきであろう。指導者は、指導される者がいなければ存在しない。指導は、強制によってなされるのではない。真に効力ある「服従」は、他者から強制されるのでも、自分から強制される――カント的自律モデル――のでもない。つまり自分が定めた決まりに自分で従うからよいというものでもない。指導は森の風の響きのように、憧れを通してやってくる。[18] このように「響き」を強調する私たちの読解が恣意的でないことを、まさにこの第五講演の結論部分自体が証明してくれる。「互いに定められた者たちが、戦い傷つきながら、互いを見出しあったとき、そこには、永遠の弦楽器が鳴り響くときのような、深く感動した恍惚の歓喜の感情が、沸き起こるであろう」(750-751/176)。この感情をニーチェは、ただ一つの比喩をもって推測させようという。その比喩とはオーケストラである。

自主性幻想に囚われている学生とは、「聾で、音響(Ton)や音楽の存在など一度も夢想さえしたことがない」者のようだ、とニーチェは言う。この誤った信頼が解かれた学生たちは、指導者の必要性を理解する。だが、真の教養施設がないいま、真の指導者もいない。「音楽に対する君たちの感覚が再び戻ってきて、君たちの耳が開かれ(eure Ohren erschlossen)、そしてオーケストラの尖端に行儀正しい指揮者が、それにふさわしい活動をしていると考えてみたまえ。〔……〕君たちは聴く、――しかし、君たちには、退屈の精神が、あの行儀のいい指揮者からその仲間たちの方へと移ってゆくように思われる。君たちは、ただ、たるんだもの、弱々しいものを見るばかり。ただ、リズムの不正確なもの、旋律の卑俗なもの、陳腐な感じを、聴くばかりだ。オーケストラは、君たちにとっては、どうでもいい不愉快な、もしくは、まったく忌々しい集団になる」(751/177)。だが最後に、真の指導者と指導される者たちの予期せざる出会い、「信じられないことの出現」に出会う。

だが、まあ君たちよ、聴き、そして見たまえ、——君たちはいくら聴いても聴き足りることがないであろう！　いまや君たちはただ、この崇高なまでに荒れ狂い、あるいは衷心から歎き訴えるオーケストラを観察するとき〔……〕、そのときこそ、君たちは、指導者と被指導者との間の予定調和が何であるかを、そしてまた、精神の秩序においてはいかに一切のものが、このような具合に、築かれるべき組織（aufzubauende Organisation）に向かって押し迫ってゆくものであるかを、共感するであろう。（751-752/177-178）

なぜオーケストラの比喩なのか。団員がいなければ、そして彼らがひとりひとり十二分に力を発揮するのでなければ、指揮者は何者でもない。いまや事は明確であろう。〈ルサンチマンの記憶〉に〈約束の記憶〉が、〈ロバの長い耳〉に〈ディオニュソスとアリアドネの小さく、丸い、迷宮的な耳〉が対立していたように、「生活の必要の施設」に「教養の施設」が、現状の「大学」に「真の教養施設」が、私たちの言葉で言えば、現状の〈分離する制度〉に対して、来たるべき〈響き合う制度〉が、〈分離する耳〉〈閉じた耳〉に対して〈響き合う耳〉〈開かれた耳〉が、「どうでもいい不愉快な、もしくは、まったく忌々しい集団」としてのオーケストラに対して、「崇高なまでに荒れ狂い、あるいは衷心から歎き訴えるオーケストラ」が、対立する。既成の制度への批判は、来たるべき制度の構想を妨げないし、自主性批判は天才への服従で終わるのではない。仮に「服従」があるとしても、その力はベルクソンにならえば、「責務 obligation」ではなく「憧憬 aspiration」に由来し、ソレルにならえば「強制力 force」ではなく「暴力 violence」に由来するということになろう(19)。大切なのは、制度のうちに運動を持ち込む絶えざる努力、〈響きの共同体〉としての制度を見出すこと、責任の彼岸において約束することであり、反時代的に記憶することである。これが二つ目のエピグラフで示唆しておいた事柄にほかならない。

結び――約束しえぬものを約束する、あるいはわれわれの教養施設の将来について

まとめよう。私たちは『将来』の新たな読解の方向性を模索すべく、「教育」のみならず「制度」のことを、ニーチェ思想全体を貫く「文化」の問題すなわち「約束」と「記憶」の問題として、「耳」や「響き」のモチーフを通して考えてみようとした。耳と響きのテーマ系に着目することで、来たるべき制度の模索をニーチェが決してあきらめていないこと、「大学の自由」をめぐる現状の問題は単純に天才に依存することで突破されるようなものではなく、憧れと響き合いの来たるべき制度に求められるべきであることが明らかになる。実際、『将来』においては、あらゆる響き同様――音響とは接触の不在が引き起こす共振以外の何物であろうか。接触した途端、音響は止まる――、出会い損ねによる出会いが問題となっていた。二組の友人(ニーチェと友人、老哲学者と「偉い友人」)が待ち合わせ、二つの不意打ち(ニーチェたちは戯れの射撃によって老哲学者たちの静寂を破って驚かし、老哲学者たちは「教訓の不意打ち」でニーチェたちを憤慨させた)を通じて、場所をめぐる小競り合いが生じる。「約束」と「約束」がぶつかりあい、結局のところ、どちらの約束も果たされなかった

が、しかし、ある意味では、どちらの約束も果たされたのである。なぜなら、どちらの約束も、自らの教養＝思考形式にまつわる思い出を記念することで、それを延長・刷新しようという意図に発したものである以上、その約束は、思いがけない出会いと予期せぬ議論の発展によって果たされたとも言えるからである。出会い損ねによって出会う。それは教育そのものではないだろうか。教育とは、約束されたものとは異なるものを手に入れる約束ではないか。自らが望みもしなかった高みにまで引き上げられることではないか。記憶しえぬものを記憶しようとする試みではないか。それは、厳密に言えば、責任の言語で語られるべき事柄ではない。それはまた、しかし、通常の意味での無責任でもない。責任と無責任、善悪の彼岸にあるニーチェ的意味での「無責任」である。このような「責任の彼岸」を模索するニーチェ的「制度」は、いたるところに「説明責任」を見出す現代社会の趨勢に逆行する「時代遅れ」な概念に見えるかもしれないが、そうではない。むしろ時代に先んじる「反時代的」な概念なのだと断言しておこう。

出会いによる変化はひとまず、ごく些細なところに現われる。若者たちが老哲学者との議論によって、あの呑気なエリート主義的教養論から抜け出せたというだけではない。当初、「いわば中世の秘密裁判の騎士のように」、厳粛で孤独な再会を頑として譲らなかった哲学者もまた、若者たちが溢れる情熱をもって自分の言葉に耳を傾けるのを見て、考えを変え始めている。「わしたちを理解する者がそばで聞くのなら構わないが」（736/155-156）と態度を軟化させているのがその証左である。ここには響き合いとしての教育、指導者と指導される者の出会い損ねによる出会いの実例があり、ニーチェが辛辣に批判した分離的な「口から耳へ」とは異なる「口から耳へ」がある。繰り返すがこれを大学という制度と、その制度外で起こる創造的な出会いの対立と捉えてはならない。「われわれの教養施設の将来について」と強調したのはニーチェ自身である（664/59）が、私たちもまたここで、強調しておこう。情熱的な「口から耳へ」は大学においても生起しうるものであり、そのためにこそ、われわれの教養施設の将来、人文学の制度的将来についての議論に何度でも耳を傾ける必要がある。

耳や響き、約束や記憶といった言葉を、以上のようなニーチェ的な意味において理解したとすると、私たちはこう言うことができる。来たるべき大学ないし教養施設とは、開かれた耳、つなぐ耳であり、響き合うオーケストラであり、約束の記憶であるだろう、と。

（1）竹内綱史氏の二つの論文「大学というパラドクス——《教養施設》に関する若きニーチェの思索をめぐって」（京都大学文学研究科宗教学専修編「宗教学研究室紀要」第一号、二〇〇四年、一三—三五頁）と「求道と啓蒙——ニーチェにおける哲学と大学」（西山雄二編『哲学と大学』、未來社、二〇〇九年、九九—一一九頁）を参照のこと。なお、本論の執筆にあたっては、九州産業大学の同僚であり、『教育学におけるニーチェ受容史に関する研究——１８９０—１９２０年代のドイツにおけるニーチェ解釈の変容』（風間書房、二〇一一年）の著者でもある松原岳行氏との議論が非常に役立った。忙しいなか、辛抱強く議論に付き合ってくださった氏に感謝したい。

（2）ニーチェのテクストは次の全集に拠る。Friedrich Nietzsche, *Sämtliche Werke: Kritische Studienausgabe*, hrsg. von G. Colli und M. Montinari, Verlag de Gruyter, Berlin/New York, 1988. 以下KSAと略記し、巻数・頁数を付記する。訳文は基本的にちくま学芸文庫版『ニーチェ全集』を用い（文脈に応じて適宜変更）、同様に参照巻・頁を付記する。ここは、KSA, Bd. 1, S. 381-382.『全集』第四巻、二九二頁。なお、『将来』（KSA, Bd. 1,『全集』第三巻）に関しては参照頁のみを記す（最初に原書、次に邦訳）。強調は特に断りがないかぎり

（その場合は「強調ニーチェ」と記す）、引用者によるものである。遺稿については慣例に従い、ノート番号・断片番号・書かれた時期により示す。

（3）「なぜ私はこんなに良い本を書くのか」、KSA, Bd. 6, S. 298.『全集』第十五巻、七六―七七頁。

（4）Claude Lévesque et Christie V. McDonald (dir.), *L'oreille de l'autre. Otobiographies, transferts, traductions. Textes et débats avec Jacques Derrida*, VLB éditeur, Montréal, 1982. Cl・レヴェック、C・V・マクドナルド編『他者の耳――デリダ「ニーチェの耳伝」・自伝・翻訳』（浜名優美＋庄田常勝訳）、産業図書、一九八八年、三五頁。ただし、同じように耳に注目していても、デリダはもっぱら『将来』で論じられた「言語」の問題を扱っているのに対し、本論は「約束」「記憶」の概念との連関を強調し、「響き」としての「制度」について議論を展開する点で、方向性はまったく異なる。

（5）KSA, Bd. 5, S. 291.『全集』第十一巻、四二三頁。

（6）Ebd., S. 293. 同訳、四二五―四二六頁。

（7）7 [1][7] Frühjahr-Sommer 1883.『生成の無垢』のアフォリズム番号六八七および八二六。『全集』別巻第四巻、三三四および四一四頁。KSA, Bd. 6, S. 96.『全集』第十四巻、六六―六七頁。

（8）ドゥルーズ『ニーチェと哲学』江川隆男訳、河出文庫、二〇〇八年、五七―五八頁。

（9）同前、二七〇―二七一頁、強調ドゥルーズ。ちなみに、私たちが哲学者を、「責任をとる者」としてではなく「責任の周囲を情熱的に遊歩する者」として規定するとき、絶えず念頭にあるのはこの論理である。拙論「条件付きの大学」、『哲学と大学』、二二四頁。

（10）KSA, Bd. 5, S. 293.『全集』第十一巻、四二四頁。

（11）この解釈はドゥルーズに由来する。『ニーチェと哲学』、二二九―二三二頁および二六四―二六五頁を参照されたい。

（12）Gilles Deleuze, *Nietzsche*, PUF, coll. «Philosophes», 1965, pp. 43-44.『ニーチェ』（湯浅博雄訳）、ちくま学芸文庫、一九九八年、七八頁。

（13）講演や原稿に関する詳細は、邦訳全集第三巻の解説（六三三―六四〇頁）を参照のこと。ここでは、フランス語圏におけるニーチェ研究の紹介という側面も兼ねて、フランス語版著作集に収録された訳者ミシェル・コーエン＝アリミの解説の中心的な論点のいくつかを紹介しておきたい（Nietzsche, *Œuvres*, tome I, éd. Gallimard, coll. «Bibliothèque de la Pléiade», 2000, pp. 976-999）。ニーチェは『将来』の序文でこう述べていた。「一見正反対に見えながら、その作用の点では等しく有害な、そしてその結果においてはついに合流する二つの潮流が、現代において、根源的にはまったく別種の基礎の上に築かれたわれわれの教養施設を支配している。つまり、一つは、教養の可能な限りの拡大を求める衝動であり、もう一つは、教養の減少と弱体化を求める衝動である。第一の衝動に従えば、教養は、ますます広汎な圏域へと移されるべきであり、第二の傾向の意味においては、教養の最高の自主的な要求を放棄して、他の生形式、すなわち国家のそれに奉仕しながら従属することが、教養に対して強要されることになるのである」（647/37）。ドイツ観念論の哲学者たちの対話がそこで中断され、二つの敵対的な立場に分かれざるを得なかった地点そのものを体現するという形で、『将来』はそれ自体、ドイツ観念論にとっての大問題であった「大学」の問題を体現している。一方にはフィヒテ、他方にはフンボルト、シュライエルマッハー、シェリングが陣取り、ベルリン大学の創設をめぐって激しい衝突が繰り返されたことはよく知られているが、ニーチェがここで暗に参照しているのはこの対立である。ニーチェは、フィヒテを典型とする「権威主義的」な陣営も、フンボルトの代表する「リベラル」な陣営も、どちらも思弁的にすぎ、観念論的であるとして斥ける。かといって、もはやショーペンハウアーが試みたように、国家と文化の関係が近代において転倒させられていく事態を告発するだけでも十分ではない。「哲学という名称・屋号をかかげ、奇妙な衣装をつけた国教の根本教義にヘーゲルの『絶対宗教』なるありがたいレッテルをはって講義をする、これは、学生を国家目的によりよく適合させ、また読者大衆を信仰にしばりつけるのに役立つかぎりでは、誠に有益であるかもしれない。がしかし、かかるものを哲学として売り出すことはやはり羊頭狗肉である。以上に述べてきたことが滞りなく進められるならば、大学の哲学はますます真理の障害物とならざるをえない。〔……〕かくて余は哲学は営業をやめるべきだと考えている」（ショーペンハウアー『全集』第十巻「哲学小品集（I）」（有田潤訳）、白水社、一九七二年、二七一、二七六頁）。なぜなら、「文化の密儀祭司（Mystagoge）」（707/117）としての国家が至高の地位を占めると同時に、文化はますます国家に仕えることで満足するという状況に対して、純粋に人文主義的な視点からいくら批判を重ねてみても、時代の趨勢に対して一向に効果的な形で介入することはできないからである。ドイツの大学が解決せねばならない問題とは、伝統のうちにその解法を見出しえない問題、すなわち文化と近代経済の要請との関係である。先に挙げたドイツ観念論内での対立は見かけ上のものにすぎない。どちらも政治的・社会的な変化を無視している点では同じである。実際、研究と教育の一体性を唱えるフンボルト理念が養成対象としていたのは貴族階層の若者であり、一八五〇―六〇年代の産業の進展によって力を増してきた新興ブルジョワジーや中産階級層の学生たちが身につけたいと願うこと（労力に見合った、採算の合う実学志向、とりわけ財政・農業・経済などの旧来の大学には提供することのできない諸領域の知識）との間には、明らかなずれが生じてきていた。イデオロギーが社会の諸矛盾を覆い隠すべく作られた表象の世界なのだとすれば、ニーチェが『将来』で行なっていることは明らかに、「教養」という人文学的理念の没落のイデオロギー的な意味あいの曝露である。ミシェル・コーエン＝アリミが的確に指摘しているように、「錚々たる先達たちがひたすら哲学的思弁に委ねてきた問いを突き詰めて考える際に、政治経済（économie politique）を導入したこと、これこそ『われわれの教養施設の将来について』の独創的な点であり、その固有の力をなすものなのである」（Œuvres, op. cit., p. 992）。私たちはさらに続けてこう言おう。政治経済の観点を導入するとは、制度の観点を徹底的に、すなわち哲学的な仕方で導入することにほかならない。『将来』は、決して政治経済ないし制度という条件・枠・パレルゴンの問題を避けないというニーチェの意志表明なのである。

（14）Elias Canetti, Der Ohrenzeuge. Fünfzig Charaktere, München: Hanser, 1974. エリアス・カネッティ『耳証人・新人さまざま』（岩田行一訳）、法政大学出版局、一九八二年。

（15）問題は「〈講義式の〉教授法」にとどまらない。ニーチェはゼミナール、演習形式の授業に関しても言及している（743/165）。

（16）KSA,『全集』第四巻、一二一頁。

（17）レヴェック、マクドナルド編『他者の耳』、四七―四八および五二―五三頁。

（18）以前、ベルクソンにおいて、憧れを通して生成してくる人格を Ex-sistenz（脱自存在）ならぬ écho-sistence（響存）として分析したことがある。拙論「《大いなる生の息吹……》ベルクソン『道徳と宗教の二源泉』における呼びかけ・情動・二重狂乱（上）声の射程——呼びかけと人格性」、「仏語仏文学研究」（東京大学仏語仏文学研究会）、二〇〇七年三月、第三四号、九七—一二一頁を参照のこと。

(19) 拙論「言葉の暴力II：アナーキーとアナロジー——ベルクソンとソレルにおける言語の経済」、「フランス語フランス文学研究」（日本フランス語フランス文学会）第九四号、二〇〇九年三月、一一九—一三一頁を参照のこと。

主体と制度を媒介する哲学教育——ドイツの哲学教授法の展開から

阿部ふく子

はじめに

「哲学とは何か」という一見素朴な問いは、哲学が主に大学における研究教育という「制度」のなかにあることを考慮するとき、おそらく学ぶ側以上に教える側にとってとりわけ切実な問いとして迫ってくるように思われる。今日、学問全体の個別化、専門分化といった歴史的趨勢は哲学内部にも見られるわけだが、この現実はしばしば、個々に専門とする「哲学（*eine* Philosophie）」と、「哲学（*die* Philosophie）とは何か」を問うさいに遠望される理念とのあいだに、たえず未知の隔たりを際立たせる。他方でそうした問題を抱きつつも、研究者は同時に、制度上たしかに「哲学」を教授する責務を担う。つまり、私たちは一方で研究制度に身をおき、「哲学的な何か」を個別に深めながら「哲学とは何か」を問う。そして他方で同時に、教育制度のなかで「科目としての哲学（das Fach Philosophie）」にも直面しているのである。だがこのある種複雑な葛藤状態は、「哲学を学ぶ／教えるとは何か」をあらためて問い直す地平へおのずと通じているだろう。この問いに正面から取り組むとき、私たちは哲学教育において「何を希望することを許されているのだろうか[1]」。

先の問いを「哲学はいかに学ばれ／教えられる（べき）か」という形に置き直してみるなら、それは哲学を研究・教育する者ならおそらく誰もが抱いたことのある問いなのではないだろうか。だがその回答はさまざまであろう。とりわけ日本の場合、哲学の教育実践そのものは、教師の自由裁量と手腕にほぼ任されている。教師各個人の専門研究や教養を基盤とする教授内容、それぞれの研究・教育方針や個性、キャリア等に応じた教授方法から創りだされる哲学講義の多彩な形態を、私たちはよく知っている。

教育実践の方法や質が最終的に教師個人の手腕に任されているという点にまったく異論はない。しかしながら本稿では、日本の一般的な哲学教育の現状を把握したうえで、それと相補的なかたちで考慮されてしかるべき哲学教育のもうひとつの可能な次元を照らしだしてみたいと思う。先に述べてきた哲学への問いに立ち返ってあえて問いたいのは、科目としてであれ「哲学とは何か」の教授という普遍的な次元に切り込むさいに、現状のような個別的手段以外に、なにかしら客観的な指標やアプローチ方法を模索し導入する余地はないのかどうか、ということである。たしかに私たちはそのための手法を自ら固有の経験則に従って確立してきたのだとしても、どれほどそれを一定の客観的妥当性やコンセンサスの可能性(あるいは不可能性)という観点にまで踏み込んで吟味し議論してきただろうか。――大学教育という制度のなかで要請される「哲学」を教授する責務について考えるとき、私たちは自由と当為のあいだの隘路に立たされる。少なくとも自由が恣意に、当為が制度的事実への反省なき追従や対立に陥ることを避けるためにも、哲学教育におけるなんらかの方法論の構築、あるいはその可能性への洞察を、個人的試行錯誤の域にとどまらず共通知のレベルで充実させることはきわめて重要なことと思われる。

哲学教育研究が盛んなドイツやアメリカには、専門研究を深める全国の哲学会とは別に、哲学教師のための学会やフォーラムがある。これらの活動内容は、哲学教育をめぐるさまざまな認識や実践内容を共有する場のあり方、そしてそのような場で紡いでゆくことのできる具体的な問いと応答の水準に関して、哲学教育に関心を抱く者の展望を大いに開かせてくれる。[2] 各国の研究はそれぞれに特色をもっているが、本稿ではとくにドイツの哲学教授法（Philosophiedidaktik）研究を取り上げて紹介していく。現在のところわが国の哲学教育研究において、ドイツの哲学教授法がクローズアップされる機会は（その豊富な内容にもかかわらず）まだ少ない。[3] とはいえ本論で見てゆくように、哲学研究における伝統、制度と共存関係を保ちつつ、教育実践の方法論の充実をはかるドイツの哲学教授法の現実的な路線は注目に値する。以下では、哲学と学ぶ主体の思考能力を結ぶドイツの哲学教授法の試みから主要な論点を取り上げて考察を加えることにより、制度と主体のあいだで可能な哲学教育の方法論的ヴィジョンを示してみたい。

1　ドイツにおける哲学教授法の試み

ドイツでは一九九九年に「哲学・倫理学教授法フォーラム（Forum für Didaktik der Philosophie und Ethik）」が設立されて以来、主として中高等教育における哲学教育の整備に向けた活動や研究が組織的な規模で本格化している。[4] 当該フォーラム創設の直接的な背景のひとつには、一九九九年に実施された全国調査の状況がある。「設立趣旨」によると、この調査結果からは、教科教授学（Fachdidaktik）の観点から見た場合に、哲学・倫理学教育には認識・方法のさまざまな面でたんに恣意的な「異種性

（*Heterogenität*）」が蔓延している実態が明らかになったのだという。こうした状況を問題視したうえで、哲学・倫理学の教授において「何が、どのように教えられるべきなのかということに関する連邦規模での最低限のコンセンサス」を形成しようというのが、このフォーラムの主な動機である。[5]

さて、このような趣旨のもと、「哲学・倫理学教授法フォーラム」では実際に取り組むべき具体的課題をかなりの広範囲にわたって提示している。それは教授内容や方法の包括的研究といった基本的事項のほか、教科教授の制度的改善への関与、大学入学資格《アビトゥーア》など各種試験の評価方法、カリキュラムの批判分析、各学校・単科大学・総合大学・教員養成施設相互間の協力促進、ドイツ哲学会との協働など多岐に及ぶ。これらの取り組みを包括的に取り上げて検討する作業は本稿の範囲を大きく越え出るので、さしあたり本節においてドイツの哲学教授法の基本的立場を紹介しておくことにしたい。

「哲学・倫理学教授法年報（*Jahrbuch für Didaktik der Philosophie und Ethik*）」（二〇〇〇年〜）の編者であり、哲学教授法研究の発展において中心的役割を果たしているヨハネス・ローベックは、哲学教授法を論じるさいにつきまとう一種の困難について指摘する。彼によれば、哲学は——「愛‐知」という明確だが未規定でもある語意からしてそうだが——他の学問とは異なり、その固有性を一義的に説明することが難しい。そしてこうした哲学特有の事情が、哲学教授法について積極的に語ることにまで困難な印象を与えているのだという。この空気は、哲学教授法を哲学にとって余計なもの、恣意的なもの、あるいは不可能なものと見なす立場と、本質的に重要なものと認める立場とのあいだの懸隔や不和までも生む。たしかに、哲学を学ぶ／教えることはそもそも可能なのか、といった根本的な議論は昔からあり、なおもそうした見地から、哲学という学問そのものにとって哲学教授法への関心がどれほどの重要性をもつのか、といった批判的問いを発してみることはできるだろう。[6] しかしながら、ローベックはこうした問いにとどまることはせずに、哲学の教育実践が制度のなかで現に遂行されている事実から出発する。それは、哲学の教授が現におこなわれている以上、いかにしてなされるべきか、という問い直しから始まる試みである。

彼はまず、一般に教科教授学というものが、学問と教授のあいだを「媒介する（vermitteln）」方法論の構築を担う分野としてあることを強調したうえで、哲学教授法が原理的に、哲学を教授するという活動のなかで起こっている媒介作用を捉えていなければならないと説く。それは言い換えれば、既存の哲学理論と、学ぶ／教える主体の関心のあいだで働く「知の媒介形式」であり、主なところでは、「哲学的思想をわかりやすくする」、「哲学の伝統的概念や議論を自分のものとして習得する」、「自ら哲学することを学ぶ」といった活動が挙げられる。ローベックはこうした哲学理論と主体の媒介作用に、哲学の「公教性（Exoterik）と秘教性（Esoterik）の緊張状態」を、言い換えれば、制度化された哲学と制度化を拒む哲学との交差を見てもいる(7)。

そのような媒介的地平を見据えた哲学教授法は、具体的にどのような機能や可能性をそなえているというのだろうか。この点についてローベックは、「模倣的教授法（Abbilddidaktik）」と対話構成型の教授法という従来しばしば適用される二つの（やや極端化された）典型との対比から、自らの提唱する「変換（Transformation）」モデルの教授法の特徴を際立たせようとする。

模倣的教授法は、哲学史、さまざまなジャンルやテーマからなる哲学の各論、現代哲学の最前線など、歴史的伝統や現在の学問情況のなかで築かれてきた「アカデミックな科目としての哲学」を教授する場合にしばしば適用される形式である。そこでは哲学の普遍的な内容や方法がその教授によって特殊化されることは可能なかぎり避けるべきことと考えられ、学ぶ／教える主体のさまざまな思惑よりも、哲学そのものを客観的に受容することに主眼が置かれる。つまりこの場合、哲学と哲学教授法とのあいだには無媒介の同一性が要請されていることになる。しかしローベックによれば、そのような同一性が要請されている時点で媒介問題はすでに原理的に生じている[8]。媒介性をいかに考慮に入れるかで、模倣的教授法が、まさしく教授法そのものの問題に対してどの程度反省的視点をそなえているかという点も推し量れることになろう。

これとは逆に、対話構成型の教授法は、ソクラテスの問答法という原点に立ち返り、対話や議論の実践によってこそ哲学が構築されてゆくのだとする考えにもとづく。この定式のなかでは、哲学することは自ら主体的に考えることと切り離せない営みとなる。しかし、この場合、哲学の伝統的な思想や議論へのアプローチが軽視されたり恣意的に扱われたりすれば、たとえ対話者同士が主体的に哲学しているつもりでも、主体と客観的な哲学理論とのあいだには媒介どころか間隙が生じたままとなる。

模倣的教授法が演繹的であり、対話構成型の教授法が帰納的であるのに対し、第三の「教授法的変換（Didaktische Transformation）」の立場は、「仮説推論的（abduktiv）」であると言われる[9]。「変換」とは、ある哲学的な事柄を内容的に翻訳して（übertragen）伝えることであるが、この含意はローベック自身の言葉では次のように説明される。

（前略）決まった内容が翻訳されるのではない。翻訳されるものは、新たなコンテクストにおいて翻訳をするプロセスのなかで、はじめてその意味を獲得する。（……）そのように理解された教科教授法の学問的特性は、教授法的観点から、アカデミックな哲学を教授実践の可能性に応じて選別するというところにある。教科教授法学者は、猟師や採集者のように、哲学の歴史的・体系的な林分に分け入って、望ましい学習目標や媒介されるべき能力につなげられるような実践方法を探し求める。その者は、猟師のように、教授法的な構想のなかで「偉大な」諸理論を変形させ(umformen)、採集者のように、踏み固められた小径の傍らに、教授実践のための新たな刺激を与えうる知られざるテクスト、方法的な着想、説得力のある例、図解等々を見つけだすのである。(10)

つまり、突き詰めれば限りなく専門化しうる哲学が、学び／教えうるものとして各々に適した形式をとって語られる。とはいえ翻って、学ぶ主体を哲学の深みへといざなうことは、先の二つの教授法のバランスを繊細に考慮することでも十分実現可能であり、じっさいこうした中間的な方法はすでにある程度一般的に実践されているものと思われる。だとすれば、ここにあえて提示される第三の「変換」モデルはそうした考え方とどう違うのだろうか。決定的なところで言えば、違いはこの「変換」モデルが、主体の教養形成に哲学が寄与する可能性をより強く前面に打ち出している点にある。そこでは、学ぶ／教える側双方に「哲学とは何か」に答えうる水準を求めることよりも――もちろんこうした問いを引き受けることは最終的には重要だが――、むしろその手前で可能となる「哲学的な何か」とひとつの主体との親交の場、すなわち哲学のさまざまな思考形態の内容と学ぶ主体の能力とが有機的に浸透しあう地平を豊かなものにすることに重点が置かれる。

とはいえ「変換」の試みは、哲学そのものにとって非本質的なところでおこなわれているわけではない。具体的な内容は次節にゆずるが、哲学のさまざまな思考形態が本来対象としてではなく体験として遂行されたものであるとするなら、学問の内容としてすでにある思考形態を、学ぶ主体の思考にとってなじみ深いものに変換してゆく作業は、哲学へのきわめて実践的なアプローチにもなっている

——ドイツ語で「heimatlich（なじみ深い）」という言葉が「故郷（Heimat）」という語から来ていることは示唆的である。哲学教授法とはさしあたり端的に、専門的な哲学理論と、学ぶ主体の思考とが出会い浸透しあう媒介的な場を捉えて、とりわけ哲学理論を主体の思考能力に親しませる方法論を充実させようとする試みだといえよう。

2　哲学の思考形態と主体の思考能力

ドイツの哲学教授法の基本的な立場を見てきたが、哲学のさまざまな思考形態と、学ぶ主体の思考能力の形成とはじっさいにどのように有機的に関係づけることが可能だと考えられているのだろうか。まさしくこの問いに応えるべくさまざまなアイディアを出し、議論を交わすことが哲学教授法研究の趣旨でもあるため、ここで何か結論めいたことを述べることはできない。とはいえ、この点については主として先のローベックやE・マルテンスが体系的なモデルを提案しており、しばしば参照されてもいることから、本節ではそれをひとつの例として紹介することにしたい[11]。

表は、主にギムナジウム上級段階（大学進学準備教育を趣旨とし、大学で一般的に求められる学習能力の養成や学術準備教育がおこなわれる。内容的には日本の大学の教養課程と重なる）での導入を想定した、哲学とその実践方法の関係モデルである。そこから明確にわかるのは、分析哲学、構成主義、現象学、弁証法、解釈学、脱構築といった哲学の各ジャンルが、「分析する」、「反省する」、「観察する」、「批判する」、「理解する」、「創造する」とはどのようなことかを問う方法論に還元され、各

表　哲学・倫理学の教授における能力（Kompetenzen）と思考方向（Denkrichtungen）

能力	活動	思考方向
分析	概念および議論の規則を分析し自立的に使用する。事例を解決し、そのうえで論理的な議論を組み立てる。	分析哲学
反省	言語使用について反省的に理解する。概念および議論を再構成する。つまりそれらを日常的行為に還元し、先行する仮定を説明する。	構成主義
観察	自分の生活世界のなかでの観察や主観的な意識の状態を記述する。そのさい隠された内包を明らかにする。	現象学
批判	批判されたものの矛盾や欠陥を役立てるような批判をする。	弁証法
理解	テクストや対話を文化的連関のなかで理解する。読者の先行理解と著者の意図を意味連関へともたらす。	解釈学
創造性	コンテクスト上の言明を再構成し、それに関連して新たなテクストを構成し、裂け目や隙間を見つけながら想像的に文章を書く。	脱構築

出典：J. Rohbeck, *Didaktik der Philosophie und Ethik*, Dresden 2008, S. 70.

方法について学び、反省することが、それらを遂行する能力を身につけることにつながるという発想である。たとえば分析哲学の場合であれば、このジャンルで展開されるさまざまな内容を媒介に、「分析する」とはどのようなことかを学ぶことによって、哲学的な分析能力を習得する、ということになる。

哲学的な思考形態と、学ぶ主体の思考能力とのこうした関係構図は、専門と教養、研究と教育との狭間にあって「科目としての哲学」を学ぶ目的を明確に表明している点で、意義深い提案といえるだろう。ではこのように各々の思考形態と能力とが有機的に関わりあう地平は、〈話す・読む・書く〉といった哲学の授業における基本的な行為のなかでじっさいにどのように形成されうるのだろうか。この点については、さしあたり例示されているアリストテレスの『ニコマコス倫理学』冒頭部分の多元的な読解方法からその一端を知ることができる。テクストの内容に関わる詳しい叙述は省略せざるをえないが、ここでは具体的な問いの方式のみ参考までに列挙しておこう。

解釈学――テクストの内容を再現せよ。／著者の論述意図を推論せよ。／文化的コンテクストにおいて叙述を説明せよ。／講読の前にあなたがテクストについて予期したことを述べ、この先行理解とそれにつづくテクスト理解とを対比せよ。

脱構築――テクストにないものを述べよ。

現象学――テクストの講読のさいに、自身で考えたこと、感じたことを述べよ。

分析哲学――制作（poiesis）と実践（praxis）という概念を規定せよ。／適切な行為図式を描いて議論を分析せよ。

弁証法――制作と実践の区別を、アリストテレスの例と自分なりの例を用いて吟味せよ。この区別の矛盾を証明するような批判を述べよ。そこから自分なりの問題解決を展開せよ。
構成主義――技術的な制作と自己目的的な実践の行為図式をあなたの日常経験から再構成せよ。[12]
構造主義――叙述の文学形式を研究してみよ。違ったかたちの叙述でテクストを書き換えよ。

哲学の思考形態と学ぶ主体の思考能力の関係モデルを適用したこのようなテクスト読解が、もっぱら解釈の客観的妥当性を徹底追求しながらテクストを精読することにのみ目標を定めるものではないことは一目瞭然である。むしろそこでは、内容をある程度客観的に理解したうえで、学ぶ主体がテクストを媒介に自らのさまざまな思考能力をじっさいに試す場を全面的に展開することがめざされている。読解の水準として求められるのは、「第一に〈客観的な〉テクスト内容を主観的な解釈へ、第二に歴史的な意味から体系的な妥当性へ、第三に受容的な態度から創造的な産出へ」といったあくまでも主体的な方向づけであり、これらを通じて哲学の諸々の思考形態は、「伝統的な作用形式から革新的な作用形式へ、教師志向の授業から生徒志向の授業へ」と変化を遂げるのだという。[13]

ただし、以上に見た哲学教授法のモデルは固定的なものではなく、あくまでも細部を単純化してひとつの体系的イメージを表わしたものであるため、そこから広がる可能性をさまざまな現実的観点から吟味し適用してみる余地はもちろん残されている。テクストやジャンルの選択、問いの立て方は、学習の段階に応じて初歩的な内容から専門的な内容まで柔軟に調整する必要があるだろう。またそれ以前に、哲学の各ジャンルで展開される詳細な内容を、単一の思考能力に還元するさいの操作や伝達、問いの設定にはどこまでも適切さが求められる。

では、ここでおのずと問われてくることとして、いま見たような「生徒志向」の授業を作り出す教師自身は、さまざまな水準にある主体の思考能力に適った教授法を用いることができるために、どのような視野をそなえていなければならないのだろうか。

3　哲学と教養形成

哲学の「教授法的変換」、ひいては哲学的な思考形態と能力の関係性モデルという考え方によってめざされるのは、くりかえし述べてきたように、哲学の原像を包括的かつ厳密に把握することではない。そこで見据えられているのは、純粋な学問の体系とはまた違った大局である。それはすなわち、教えられ、学ばれる哲学的営為の総体であり、「哲学的教養形成」と言われるひとつの実践的体系である。教育制度のなかに置かれたときに哲学が人間の教養形成に寄与するべく方向づけられるのは至極当然なこととはいえ、ドイツの哲学教授法で重要視される「哲学的教養形成」という論点は、そうした自明性にはとどまらない反省的な洞察に貫かれている。

フォルカー・シュテンブロックは、解釈学の次元に立ち返り「教養形成（Bildung）」の意義を再確認することで、なにより専門家が研究教育制度のなかで哲学を実践することの本来的意味を問う。解釈学の根本思想に従えば、教養形成とは、歴史文化への理解や批判を介して主体がさらに高次の普遍的次元へと内的変容を果たすとともに、既存の歴史文化もまた、それに対する主体の要求や責任意識を反映しながら新たな意味をもつものへと生成する、というプロセスである。この原理的プロセスが現代の哲学の文脈に置きなおされるとき、哲学を取り巻くさまざまな既存の文化や慣習、諸制度は、そのひとつひとつが像（Bild）となって、たんに静態的に受容されるのではなく、批判や創造をおこなう哲学的主体の生成運動によって徹底的に浸透されるべきものとして捉えられる。具体的に、ギムナジウムでは一定のカリキュラムに沿った哲学・倫理の学習、大学では講義や演習形式による各論・哲学史理解やテクスト講読、大学院以降は学会活動や論文発表、そして教育——といったように制度的枠組みのなかでの哲学的営為は段階的に続いてゆくが、哲学的教養形成とは、こうした経験を積み重ねるなかで、そのつど直面する制度的行為の意味を、哲学する主体が反省的に問いつづける営みだといえる。したがって、このような捉え方によるならば、教養形成の最終局面に位置するであろう「専門家（Experten）」の視点は本来、それだけ多くの反省水準を捉え、さまざまな制度的行為において哲学する主体の意味をより重層的かつ多面的に映し出すものとなるはずであろう。専門性という言葉はしばしば排他的な意味合いを帯び、日常的に多様なレベルで営まれる哲学的思考を、堅牢な城壁によって自らの本領からどこまでも隔離してしまう。しかし哲学的教養形成の趣旨は、まさしくこうした排他的意味での専門性に自ら囚われることなく、あらゆる水準を自由に往き来することができる点にこそ専門性の真の意義があることを示している。シュテンブロックは次のように述べる。

哲学的教養形成という構想は必要不可欠なものであり、それは、専門家文化と日常世界とのあいだにあってしばしば嘆きの的となる溝をなくすこと、またハーバーマスが要求するように、独立した領域に後退してしまったあの文化的モデルネと「日常世界」とのあいだにあって翻訳や媒介をおこなう専門家としての務めを果たすことを可能にする。ここでの哲学教授法の課題とは、先のような〔急速に変化する社会がもたらすメディアの未熟化や文化的健忘症といった〕現在の生活状況の診断に関して、哲学の提案や応答（そして、問い！）を「専門家文化」から解き放つこと、あるいはそれに協力すること、そしてこの哲学の提案や応答を、新たな教養形成プロセスのために、すべての教養形成の場を越えてアクセス可能なものにすることである。(14)

ドイツの教育制度を具体的に反映させた図のモデルも合わせて参照すれば、イメージはより明確になるだろう。哲学を学ぶ／教える者が経験するさまざまな制度的営みは、それぞれの反省形式において実践される。しかし、反省形式が各水準に位置する主体からそのつど個々に把握されているだけでは、哲学の実践は個々の制度や場面に条件づけられたまま、自己完結し断片化してしまう。専門家に求められるのは、ひとつの高度な水準にのみ属するのではなく、すべての局面に接し、各水準の反省形式の固有性とそれらの有機的な関係を全体的視野において見極めること、そして制度を通じ、制度を越えて、哲学における知と無知の生成の領域へと主体をいざなうことである。ここに際立ってくる哲学実践の活動的な全体像が哲学的教養形成と呼ばれるのである。

結びにかえて

哲学教育の発展に向けた実践や研究については、近年、日本でも——子どものための哲学（Philosophy for Children = P4C）、哲学カフェ、哲学・倫理学関連の学会やワークショップにおける教育テ

図　すべての反省水準を包括する哲学的教養形成

（配列は「教養形成のヒエラルキー」を意味するものではない。）

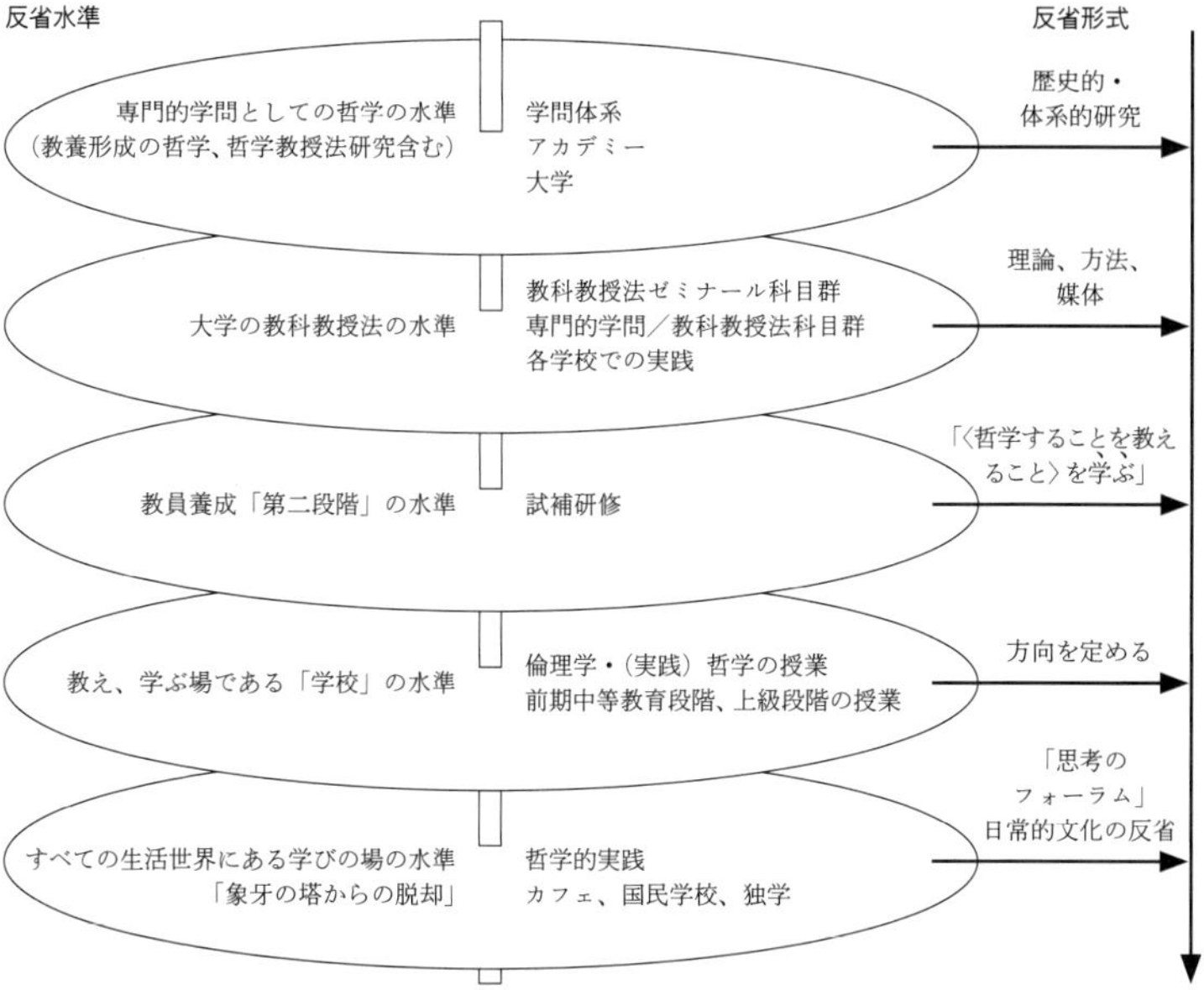

哲学的教養形成の「車軸（Achse）」は、すべての反省水準・形式が関与してこそ実現できる。

出典： V. Steenblock, *Philosophische Bildung: Einführung in die Philosophiedidaktik und Handbuch: Praktische Philosophie*, 3. Aufl., Münster 2007, S. 55.

ーマの掘り下げなど――熱心な取り組みがなされている。研究者たちによるこうした活動は、ハイデガーが近代学問の危機的徴表として指摘した「企業（Betrieb）」精神[15]や、政府により義務化されたファカルティ・ディベロプメント（FD）を受けての対応といったものには還元されない、もっと根源的な動機や意志に突き動かされているように思える。それはひとつには、すでに明らかなように哲学の脱専門化・普遍化の試みである。そしていまひとつは、ウェーバーが『職業としての学問』で強調してもいた、学者が同時に教師であることへの強い自覚であるだろう[16]。ソクラテスの所業を考えてみれば、哲学にとってはどちらもひとつの原点である。

日本におけるこうした一連の取り組みのさらなる具体的方向性をつかむために、すでにある豊富な議論や事例を参照することは端的に重要な作業である。本稿で詳しく紹介することができなかった、ドイツの哲学教授法研究における個別のトピック――教授法の多様な形態の分析をはじめ、教授のための概念研究、適切な事例・図解作り、議論や論述の方法、哲学史の扱い方、文学の取り入れ方、視覚媒体の用い方、評価基準の検討など――についても検討を加えてゆくことがさしあたり今後の課題として挙げられる。そうした作業を通じて私たちは、哲学の「教授法的変換」のさまざまな形態をただ知ることができるばかりではない。なにより、それらの内容について語りうる水準、つまり教授実践における教師の手腕や指針や所感を、個々に完結した次元から共通知の次元へと伝達し、収斂させてゆく知的活動の現場を目の当たりにすることができるだろう。

右に挙げた個々の多様なテーマの検討に向けた予備的作業として、本稿ではドイツの哲学教授法の根本的な立場について素描してきた。その理念は、一言でいえば、主体と制度を媒介する哲学教育の実現である。主体とは学ぶ者、教える（専門的に研究する）者である。そして制度とはこの場合とくに既存の教育体制、学問体制である。高等教育の場においてこれらの要素は複雑な力関係をなし、しばしば疎外状況をつくりだす。哲学教授法は、教授実践において起こる「媒介」という主体の知的作用に焦点をあてるとともに、教授行為を、学ぶ主体の思考能力の形成という目的へと方向づける試みであった。学問と教育の疎外状態は、この「変換」モデルの教授法を通じて、主体的に融合される。また「哲学的教養形成」の考え方では、制度のなかの哲学の各水準のうちに主体の反省形式を見出し、そのすべての形式を連続的なものとして見通す能力が本来的な意味での専門性に求められた。いずれの場合も、主体にとって疎外化、断片化された既存の制度が、知の媒介形式によってふたたび主体に浸透され、本来的な意味の地平において理解されるというプロセスをとっている。ここには、たんなる制度への迎合あるいは抵抗とは異なる態度がある。端的に表わすとすればそれは、制度を通じ、制度を越える主体の可能性への要求であるといえよう。

近年、大学では、政策的枠組みのなかで、教育力の改善・向上のためにさまざまな制度や環境の整備が進められている。今後この動きがますます加速し、学問研究制度との本質的な関係性を保つことが困難になれば、私たちは、哲学教育に「何を希望することを許されているのか」という問いを抱かずにはいられない。しかしそうしたなかで、ドイツの哲学教授法研究の取り組みは、むしろこの問いの手前で、私たちは哲学教育において「何を為すべきなのか」という実践的な地平で遂行可能なひとつの現実的光景を示しているように思われる。

（1）カントは『純粋理性批判』で理性の関心と称して、有名な三つの問いを立てた。すなわち、「私は何を知ることができるか」、「私は何を為すべきか」、「私は何を希望することを許されているのか」という問いである。西山雄二はこのうち三つ目をもとに、編著『哲学と大学』（未來社、二〇〇八年）のなかで、大学の可能性をめぐり、「大学において私は何を希望することを許されているのか」という問いを投げかけた（二二一頁以下）。

（2）ドイツには次節で紹介する「哲学・倫理学教授法フォーラム」が、アメリカ合衆国には American Association of Philosophy Teachers（AAPT）がある。またEU規模では Association Internationale des Professeurs de Philosophie（AIPPh）の組織活動が挙げられる。

（3）ドイツではないが、ウィーンの大学やギムナジウムにおける哲学の授業の様子を報告したものとしては以下の論文がある。嶋崎隆「ギムナジウムにおける哲学教科書の紹介・検討――『哲学』のない日本へむけて」、「一橋論叢」第一二一巻第二号、一九九九年、一五九―一七七頁。

（4）このフォーラムの前身は、一九七九年に創刊された「哲学教授法雑誌（*Zeitschrift für Didaktik der Philosophie und Ethik*）」である。一九九三年以降は倫理学も加えて「哲学・倫理学教授法雑誌」と改称のうえ、現在でもフォーラムの刊行物とは別に年四回発行されている。この雑誌は、一九七二年のボン協定に基づく中等教育改革でギムナジウムの上級段階に哲学が導入されたことを受けて、エッケハルト・マルテンスを中心とする若手哲学講師の有志と教科書顧問のヨアヒム・ジーベルトらの発案により刊行された。その内容には、哲学の各概念やテーマに応じた実りある授業モデルの検討、授業実践報告、専門研究や教育理論からの反省、関連研究会の開催告知や報告、関連文献や教材の書評など、哲学の教育実践・理論に関わるあらゆる項目が盛り込まれている。AIPPhの理事長ヴェルナー・ブッシュは、雑誌刊行三十周年記念に寄せた報告のなかで、こうしたひとつのコミュニティが誕生した当時の様子を印象的な言葉で振り返る。「私は今でもよく憶えている。私たち哲学教師にとってそれは救いのようなものだった。太古の昔からあるが新しくもある、学校における哲学という科目の教授法に寄与する雑誌がついにできたのだ」（vgl. Werner Busch, 30 Jahre “Zeitschrift für Didaktik der Philosophie und Ethik (ZDPE)”: Ein Bericht über das Geburtstagssymposion “Philosophie und Orientierung”, in: *ZDPE*, Nr. 31 (1), Siebert Verlag, Hannover 2009, S. 59.）。

（5）Vgl. http://www.ruhr-uni-bochum.de/philosophy/forumfd/Ueber_uns/gruendung.htm（哲学・倫理学教授法

フォーラムＨＰ「設立趣旨」）; Johannes Rohbeck (Hg.), *Methoden des Philosophierens*, Dresden 2000, S. 9.

（6）近代哲学でよく知られているのはカントとヘーゲルの議論である。カントは自らの批判哲学と啓蒙精神にもとづいて、〈哲学すること〉は〈アプリオリに自ら考えること〉にほかならないとし、既存の哲学的認識の諸内容をたんに歴史的・模倣的に学ぶことからそれを厳密に区別した。「哲学は模倣から自由であるべき」であって、哲学において教えられ学ばれるべきは「認識そのものというよりも、むしろ哲学するための方法」なのだという（vgl. *Kant's gesammelte Schriften*, hrsg. v. der Königlich Preußischen Akademie der Wissenschaften, Berlin 1900ff., Bd. XXIX, *Kleinere Vorlesungen und Ergänzungen I*, bearb. v. Gerhard Lehmann, Berlin 1980, S. 6, 10.)。他方、カントのこの基本的立場とその追従者たちをヘーゲルは次のように揶揄した。「カントが賛嘆の言葉とともに援用される。カントは哲学ではなく哲学することを教えてくれるのだ、と。まるで指物を教えることはあっても、机、椅子、ドア、棚等々を作ることは教えないかのようだ」（vgl. Johannes Hoffmeister (Hg.), *Dokumente zu Hegels Entwicklung*, Stuttgart 1936, S. 371.)。ヘーゲルの場合は人文主義的な学問方法を重んじ、既存の哲学的認識内容や世界経験（歴史）にじっさいに触れるなかで出会われてくるさまざまな像（Bild）を媒介する主体の教養形成（Bildung）によってこそ、〈自ら考えること〉は真に達成されるのだとした。この点については詳しく論じたことがあるので、以下の拙論もご参照いただければ幸いである。「哲学の〈学習〉としての体系――ヘーゲルの教育観と哲学的エンツュクロペディーの関係について」、久保陽一編『ヘーゲル体系の見直し』所収、理想社、二〇一〇年、一〇一―一一七頁。

（7）Vgl. J. Rohbeck, *Didaktik der Philosophie und Ethik*, Dresden 2008, S. 10f.

（8）Vgl. ebd., S. 11.

（9）Vgl. ebd., S. 14.

（10）Vgl. ebd.

（11）Vgl. ebd., S. 70, 88, 101; Ekkehard Martens, “Das Schiff des Theseus” - integratives Philosophieren mit hockbegabten Kindern und Jugendlichen zwischen Denktraining und Happening, in: *Philosophie und Bildung: Beiträge zur Philosophiedidaktik*, E. Martens, Ch. Gefert, V. Steenblock (Hg.), Münster 2005, S. 261. E・

マルテンスの場合は、思考形態と能力に「内容」と「目的」の関係があてはめられている。

（12）以上は、「哲学的な思考方向と能力」モデルの適用による『ニコマコス倫理学』の読解例（vgl. J. Rohbeck, a. a. O., S. 163ff.）から問いの方式のみ抜粋して列挙したものである。各設問に対しては、ある程度想定できる応答の水準や傾向も具体的に付記されていて興味深い（もちろんここに模範解答をあらかじめ定める意図はないだろう）。たとえば構成主義の問いに対しては次のように述べられる。「両概念〔制作と実践〕のもとで分類されうるさまざまな活動を集めてみることから始めるのが一番よい。制作としては、手仕事をする、書く、作図をするといった例が挙げられる。自己目的的な実践の例としては、スポーツをする、遊ぶ、おしゃべりをするといったことがある。こうしたさまざまな行為のタイプの構造が再構成されれば、次にアリストテレスのテクストを読むさいに再認識の効果が得られる。このような方法で、テクスト理解の準備は整い、負担は軽減される。自分なりの例をより厳密に反省することで、『他のもののために』、『自分自身のために』というメルクマールは一義的に割り振ることができないということがわかる」（S. 173）。

（13）Vgl. J. Rohbeck, a. a. O., S. 174.

（14）Vgl. V. Steenblock, *Philosophische Bildung: Einführung in die Philosophiedidaktik und Handbuch: Praktische Philosophie*, 3. Aufl., Münster 2007, S. 52.

（15）ハイデガーによれば、近代個別科学の探究の営みは本質的に、ある一定の対象領域の下図を描く＝投企することにある。この探究は、研究所などの大規模なプロジェクトになると企業的な性格をもつとされるが、そこでは投企がもはや活動性を失い所与のものとして形骸化し、ただ機械的に「ひたすら累積する諸成果とそれらの生産だけを急追する」といった光景が見られる。極端に推し進められた企業は研究の「空洞化」を招くという（vgl. Martin Heidegger, Die Zeit des Weltbildes, in: *Gesamtausgabe*, Bd. 5, Vittorio Klostermann, Frankfurt a. M. 1977, S. 83f., 97f.〔茅野良男、ハンス・ブロッカルト訳「世界像の時代」、『ハイデッガー全集　第五巻　杣径』、創文社、一九八八年、一〇四頁以下および一一八頁以下参照〕）。

（16）一九一九年ミュンヘンでおこなわれたこの講演で、ウェーバーは学問を志す青年たちを前にこのように語った。「いやしくも学問を自分の天職と考える青年は、かれの使命が一種の二重性をもつことを知っているべきである。

というのは、かれは学者としての資格ばかりでなく、教師としての資格をもつべきだからである」（vgl. Max Weber, Wissenschaft als Beruf, in: *Gesamtausgabe* im Auftrag der Kommission für Sozial- und Wirtschaftsgeschichte der Bayerischen Akademie der Wissenschaften, Bd. 17, hrsg. v. Horst Baier u. a., Mohr, Tübingen 1984, S. 78.〔尾高邦雄訳『職業としての学問』、岩波文庫、一九八〇年、一八頁参照〕）。

シンポジウムとは何か

アルノー・フランソワ（藤田尚志訳）

この問いの重要性　「人文学と制度」について考察を進めるにあたって、「シンポジウムとは何か」と問うことが必要不可欠であるように思われます。なぜかといえば、教育機関が短期のプロジェクトを財政支援する傾向にある以上、ヨーロッパにおいて、そしておそらくは世界においても、研究の現状が、次のような本質的な緊張によって特徴づけられるからです。すなわち、一方で、獲得しうる資金はかつて研究者たちが獲得しえたものより高額になりましたが、他方で、この資金が誰に振り分けられるかは以前より定かではなくなってきています。ところで、私の考えでは、原則的な理由から、例えば同じ資金が用いられうるのであれば、人道的な他の利用法に用いるといったことはともかく、その資金をすでに職をもった研究者たちの活動に振り向けるよりは、経済的に苦しい学生たちへの奨学金に充てるほうが望ましいでしょう。もしいささかでも、研究者たちによるこの資金の使用法の妥当性に疑わしさがあるのであれば、です。したがって、研究者たちに与えられる財政援助の中でも最も大きな部分を彼らがそれに用いる対象、すなわちシンポジウムの本質と目的について問うことがとりわけ急務となるのです。

＊

斥けるべきシンポジウム評価の基準——動員数

私はまず、あるシンポジウムの成功を評価するうえで最も多用される評価基準に対して警戒感を表明しておきたいと思います。この基準はシンポジウムに対して外因的であり、スペクタクルの世界から持ち込まれたもののように思われます。とりわけ、この基準をあまり杓子定規にあてはめすぎると、明らかに研究者の虚栄を煽ることにつながります。聴衆の数が何に左右されるかはあまりによく知られたものです。広く宣伝されていることとか、「キャッチー」なテーマ、さらには「とっつきやすい」テーマといったものですが、これらはいずれも、学問的に求められるものとは異質なものです。逆に、そういった手を打ったとしても、その成功はきわめて偶然的な運に左右されます。選んだ日が悪かったとか、交通機関のストとかが、イベントの宣伝効果のために費やされた努力を無に帰しかねないのです。

専門的なセミナーの誘惑

そうすると、研究者にとって、専門家を集めた研究会やセミナー、つまりある問題を検討するのにふさわしい高いレベルをそなえた人々だけが集まる、部外者お断りの集会を重視したいという誘惑は大きなものになります。学問的な能率性のきわめて高いこの種のイベントはもちろんとりわけ評価の高いものです。しかしながら、その種の専門家のための集会だけを推奨していくことが問題の解決につながるとは思いません。というのも、セミナーによっては、シンポジウムのもたらしうるきわめて貴重な二つの利益が得られないからです。すなわち市民社会に対して開かれると同時に、国際的なネットワークの中で研究を進めるということがこの種のセミナーによっては成し遂げられないのです。

シンポジウムの二つの利益　①国際性　まず国際性ということですが、シンポジウムはしばしば国際的なイベントであり、そこで出会う研究者たちは複数の言語を用いざるをえません。これは思考にとっては計り知れない恵みです。私は、もはや今日の研究者にとって、数年前までそうであったように二言語、すなわち母国語と一つの外国語を用いるだけでは足りず、三つ、さらには四つか五つの言語を用いることが要求される水準ではないかとすら思います（私が従事しているエラスムス・ムンドゥス(1)においては、学生たちは多くの場合、修士レベルから少なくとも三つの言語を用いています）。あらゆるシンポジウムは、したがって、翻訳の有無にかかわらず、二言語・三言語使用が望ましいのかもしれません。それが最低限の水準となるのかもしれません。他方で、専門家たちのセミナーは、用いられる言語が均質的であればあるほど、より成功が望め、つまりより生産的なのです。

②市民社会への開放性　次に、市民社会への開放性ですが、スペクタクルとは本質的に違うからといって、学問的な研究を、特定の問題に携わる専門家たちだけの閉じられた領域に限定することなどもちろんできません。話を私が専門とする哲学に限定すれば、このことは、哲学と他の人文社会系分野との大きな差異につながります。皆が医者であるとか、皆が法律家であることなど誰も望まないのに――医療や法律といった活動は、専門としては、他の活動と両立しないものである以上、そのような望みは矛盾ということになるでしょう――逆に、哲学は本質的に、皆が哲学者である、あるいは哲学者になることを望むようなところがあります。哲学者になるとは、ここでは、理性的な議論に参加できる、本当の意味での「聴衆＝公衆」になるという意味です。

出会いの場　付け加えておけば、シンポジウム、とりわけ国際シンポジウムは、研究者たちにとって、研究会よりはるかに相互的な出会いの機会である、ということを忘れるべきではありません。たしかにそれは、若手研究者にとってはまずもって、同世代と出会うために、また、自分のキャリアを後押ししてくれる可能性のある年長の研究者たちと出会うのに必要不可欠なものです。しかしながら、それだけではありません。明らかに、自分の思考に閉じこもることは、いかなる研究者にとっても、キャリアのどの段階にいるにせよ、自身の知の発展に重くのしかかる最大の脅威なのです。

夏季セミナー　こういったさまざまな要請――高い学問的水準、市民社会に開かれてあること、国際性――の間でうまく折り合いをつけるには、定期的に（例えば年一回とか）「夏季セミナー」あるいは「夏季（冬季でもいいですが）大学」をやるのがいいのではないかと思います。この方式にすれば、大学に在籍する研究者たちが、和気あいあいとした雰囲気、多言語状況の中で、同僚や学生たちの前で――彼らはその年のテーマによって多少入れ替わっていくでしょうが――、自分の研究の成果を発表することができます。

＊

第一のシンポジウム観――情報供給的・専門家的な性質　さて、では、シンポジウムは何の役に立つのでしょうか。その目的とは何でしょうか。この問いにはさまざまな答えが、さまざまな仕方で、引き出されうるでしょう。講演者自身が発表を作り上げるとき、実は暗黙のうちにこの問いに答えてもいるのです。例えば、発表者の中には、「これはすでに言われたことなので、ここでは立ち入りません」とか、「これは、すでに我々が述べたことですが」といった挿入句を、発表のそこここに挟み込むタイプの人々がいることにお気づきの方もあるでしょう。この場合、彼らは、シンポジウムというものを、数回に分けて行なわれる、大きな情報供給サーヴィスと考えているわけです。すると、シンポジウムの成功は、ある領域をどれだけ遺漏なく扱いえたかということによって計られることになるわけです。この場合、お分かりかと思いますが、彼らがひそかに対象としているのは、学生の聴衆、あるいは学生のような耳をもった聴衆ということになり、シンポジウムは講義とほとんど変わらないものになります。ここにはおそらく嘆くべき混同があります。強調すべきは、ヒエラルキーの格差構造がシンポジウムの真っ只中に描かれてしまうということです。ここに見られるのは、探究する者たちの平等な共同体ではなく、知っている者たちが知らない者たちを導く教育のプロセスです。

第二のシンポジウム観——平等主義的・社会還元的な性質

このような見方の対極に、その危険を避けうるある種のシンポジウムがあります。そこでは、参加者たちはある対象やある本に対する理解の不十分さを公然と認め、その理解の不十分さを何とか補おうとする——それがまさにシンポジウムの目的となるのです。この場合、研究者たちは互いに、あるいは聴衆とさえ平等と考えられ、皆が「同じ旅籠に泊まる〔苦難を共にする〕」わけで、彼らの優位性と言えば、せいぜいのところ、問題となる事柄について最低限の知識をあらかじめもっているということにすぎないのです。この種のシンポジウムの長所、それは参加者が——発表者だけでなく、聴衆も——、問題となっていた事柄についてより理解が深まった状態で会場をあとにすることができるということです。言い換えれば、聴衆を前に、

「生涯教育」の原則が実践されているのです。言ってみれば互いに擦り合うことで、人々は精神的に互いに切磋琢磨するわけです。しかしながら、この第二のシンポジウム観に従う限り、シンポジウムは生産的《ポイエティック》たりえないのではないか、つまり、この種のシンポジウムは、自分の外部にある目的に達しようとし、自分の外にある対象、ある成果、一冊の「本」を生産しようとしていないのではないか、と不満に思うかもしれません。単にある少人数のグループを「より賢く」するというだけのことであれば、しかも彼らが哲学を離れ、再び元の場所に戻って行って仕事に励むというのであれば、原則的には誰もが手にしうる著作を、一定期間内に書き上げることのできる博士課程の学生が手に入れられる利点と比べて、いったい何かより多くの利点をもつのか分からない、あるいはすぐには分からないということになります。

二つのシンポジウム観の総合――アカデミー的な性質

したがって、これら二つの要請の間での総合を手に入れることが大切です。つまり参加者がなるべく平等に参加できるように配慮しつつ、学問的な成果も追求していく、ということです。ところで、ある研究者が、多様でありうる聴衆の前で、暫定的な研究成果を披露し、シンポジウムの最中に投げかけられたコメントを考慮に入れて、のちの刊行に備えるという、そういったシンポジウム観によって、そのような総合は可能となります。このシンポジウム観においては、したがって、刊行は本質的なものであり、口頭発表の目標となるのです。ちなみに、このシンポジウム観の暗黙の前提は、学問的なテクストの練り上げは集団的にしかなしえないということであり、いかに高名な研究者個人であっても、原理的に、――情報収集能力や注意深さ、問題設定能力などの理由によって――、自分一人では、充分な仕方で研究を完遂することはできないということです。ここに見出されるのは、「アカデミー」のような学者共同体の古典的な定義です。

いい質問とは何か

ここで一つ余談を挟ませていただきます。それは質疑応答のテクニックに関わるものです。このテクニックはきわめて高度なものでありながら、しかし、シンポジウムを経験したことのある誰でもがその重要性を理解しているものです。実際、「いい質問とは何か」という問いのうちには、鏡のように、私たちがさきほどから問うている「シンポジウムとは何か」という問いの争点すべてが映し出されていることが分かります。

ここで私が擁護したいシンポジウム観によれば、よい質問とは、場合によっては批判的なものでもよいのですが、発表者が自分の言いたいことをより完全なものにすることを手助けしてあげられるような質問であり、発表者の提案する観点に対する訂正・追加・深化・変更などになるような質問です。ちなみに、そのような質問は、あとで公刊する決定的な答えにおいては多弁になるとしても、発表者をその場では沈黙させてしまうという不都合を生じさせかねないものですが。また他面では、参加者の間での全体討議にはあまり適さないかもしれません（それに、この基準が一方的に採用されうるかどうか議論の余地があるかもしれません）。

しかしながら、また、事実確認的・正確さを要求する類いの質問もありますが、これには、発表者に訊かずとも、百科事典を引いたり、ネットで検索すればいいではないかと非難することができます。

三つ目の可能な基準は、発表者に長い返答を許すものであればあるほど、優れた質問であるというものです。しかしこれは、倒錯的な効果をもたらす恐れがあります。ある専門家集団の中では、それそれの研究者にとって好みの主題が何であるかはすぐに分かります。他の人々の中でもっと興味深いことを言える人がいない限り、それについて語らせたらいくらでも語り続けられるという「偏執」ないしは「酔狂」があるわけです。お分かりのように、質問に関する理論は、右の三つのどの場合でも、私たちがシンポジウムというものをどう捉えているか、その一般的な表象に直接的に依存しているのです。

＊

アカデミー的シンポジウムの限界　①プログラムの組み方　アカデミー的会合としてのシンポジウムというこの考えには、しかしながら、いくつかの限界があります。話を終えるにあたって、その限界をきちんと見定めておかねばなりません。まずもって毎回問うておいたほうがよいのは、はたして発表は全部行なわれる必要があったのかということ、最後の総括の部分だけが「成果」を含んでいるとみなされるのであれば、そもそも総括だけでよかったのではないかということです。ここで問題になっているのも、おそらくは、諸分野間での不一致なのでしょう。いくつかの分野、例えば哲学は、原則的に、辿られた道のりも、辿り着いた成果の不可欠な一部をなすと考えるのに対し、他の諸分野（物理化学でしょうか。そう言い切れるか迷うところです…）は、成果と、それを得るために用いられた方法との分離をもっと受け入れるのでしょう。

②基調講演　次に、あるシンポジウムの中で行なわれる一般の発表と、唯一の発表者に（率直に言

って、たいていの場合、名誉を与える目的で）委ねられる「基調講演」とはいったい何が違うのでしょうか。言い換えれば、研究成果の提示という観点から見た場合、「シンポジウム」〔フランス語で colloque〕の中で、つまり皆で集まって（co）喋る（loqui）ために、そのような講演が行なわれることは必要不可欠なのでしょうか。

③成果報告論文集の問題

三つ目の難題は、先のものと結びついています。シンポジウムの成果報告論文集〔フランス語で actes「行為」〕の刊行は、しばしば参加者たちによってシンポジウムの成功の証と見なされますが、私たちが擁護しているシンポジウム観からすると、正当なものではあるにせよ、もはや無効なものとなったように思われます。たしかに、先に述べたように、シンポジウムでの発表の刊行がその目的と化している以上、いまやシンポジウムと、その成果の刊行とは切り離せません。しかしまさにそうだからこそ、刊行物としての書物が含まねばならないのは、シンポジウムのおりに言われた通りのことそのままでいいのでしょうか？――それは、のちに刊行するものに比べれば原理的に劣った、いつも暫定的で改善しうる内容ではなかったでしょうか――、あるいはまさに改善されたバージョンそのものを提示すべきではないでしょうか？　その発表に雑誌論文や個人の著作という形を与えてやったほうがよりよく使命を果たすのではないでしょうか？　シンポジウムの使命が一見すると個人の講演によっても同じように果たされうるのであってみれば、ここでもまた、問題となるのは、あるシンポジウムの中で複数の発表が行なわれるということの必然性です。明らかに、「共に語り合う」というシンポジウムの実践は、次のような場合にしか正当化されえないように思われます。すなわち、一方で、成果報告論文集が、シンポジウム当日に行なわれた発表とは異なる成果の提示となっており、他方で、行なわれた発表が、続いて、専門雑誌の中にバラバラに掲載されたり、発表者個人の名前である著作の章にならないという限りで、シンポジウム〔とその成果刊行〕は正当化されうるのです。だとすれば、これら二つの要請を結びつける条件はそれ自体、一つのまとまり、つまり深くテーマ的に統一されていて、にもかかわらず十分に柔軟な、シンポジウムの対象に与えられるべき統一性だということになります。

（1）〔訳註〕エラスムス・ムンドゥスに関しては、本論集所収の長坂真澄の文章を参照されたい。

＊本稿は、二〇一一年六月一八日に九州産業大学にて開催された国際シンポジウム「制度と運動――哲学への権利をめぐる問い」で発表された原稿 Arnaud François, «Qu'est-ce qu'un colloque?» の翻訳である。

第三部　人文学の研究教育制度

ポンティニーからスリジーへ

——ポンティニーの旬日会とスリジー＝ラ＝サルのコロック

星野 太

ポンティニーとスリジー。この二つの地名は、二十世紀のフランスにおける知的交流の歴史を振り返るうえで、とりわけ重要な意味をもっている。ブルゴーニュ地方のポンティニーは、一九一〇年にポール・デジャルダンが「ポンティニーの旬日会（Décade de Pontigny）」という講話会を始めた場所であり、ノルマンディー地方のスリジー＝ラ＝サルは、父ポールの遺志を受け継いだアンヌ・ウルゴン＝デジャルダンが一九五二年に「スリジーのコロック（Colloque de Cerisy）」と呼ばれる国際会議を始めた場所である。

「ポンティニーの旬日会」の創始者ポール・デジャルダンは、一八五九年にパリに生まれた研究者・批評家・教育者である。パリ高等師範学校ではアンリ・ベルクソンらと親交を結び、一八七八年に文学の教授資格試験に合格したのちにはラ・フレーシュの陸軍幼年学校やセーヴルの女子高等師範学校などで教鞭を執っている。一八八四年より複数の雑誌に寄稿を始め、『プッサン　批評的伝記』（一九〇四）や『パスカル』（一九二三）をはじめとする数冊の著作も発表している。そのデジャルダンにとって大きな転機となったのは、一八九二年に牧師シャルル・ヴァグネルらとともに「道徳的行動のための同盟（Union pour l'Action morale）」を結成したことである。同組織はいったん分裂の危機に直面しながらも、一九〇五年には「真理のための同盟（Union pour la Vérité）」へと名称を変え、デジャルダンをはじめとするメンバーは、政治、社会、宗教を中心とするさまざまな問題をめぐって議論を重ねていくことになる。

かねてより、親密かつ自由な雰囲気の中での議論を望んでいたデジャルダンは、一九〇六年にポンティニーの古い修道院を購入し、その四年後に記念すべき第一回目の旬日会「正義の感情」(一九一〇年七月三十一日―八月九日)を開催する。その後、ポンティニーでは最後となる「フランスにおける外国人の問題」(一九三九年八月十四日―二十四日)までの二十九年のあいだに、合計七十一回の旬日会が開催されている。

初期の「ポンティニーの旬日会」の参加者は、主に「新フランス評論(*La Nouvelle Revue Française*)」周辺の人々によって構成されていた。その主要メンバーには、アンドレ・ジッドやジャック・コポーをはじめ、シャルル・デュ・ボス、ロジェ・マルタン・デュ・ガール、フランソワ・モーリヤック、アンドレ・マルローといった錚々たる面々が名を連ねている。その他の参加者の顔ぶれを見ても、レオン・ブランシュヴィック、ハインリヒ・マン、エルンスト・ロベルト・クルティウス、ウラジミール・ジャンケレヴィッチ、アレクサンドル・コイレ、ジャン・ヴァールなど、国籍や専門分野を異にするさまざまな人々がこの旬日会に参加していることがわかる。小規模とはいえ、二十世紀初頭に作家、文学者、哲学者、政治家をはじめとするこれだけの規模の国際的な知的ネットワークが存在したことは、それだけでも特筆に値するだろう。

今日の私たちが目にすることのできるポンティニーの記録には、二度の世界大戦の爪痕が深く刻まれている。第一次世界大戦中の一九一四年から一八年まで、ポンティニーの修道院は野戦病院として使用され、デジャルダンの旬日会は二二年まで中断を余儀なくされた。また、第二次世界大戦中にはゲシュタポによってその資料の大部分が押収されたため、ポンティニーの様子を伝える当時の資料はその大部分が失われている。

第二次世界大戦が開戦すると、ポンティニーの修道院はふたたび野戦病院となり、その直後の一九四〇年には創始者デジャルダンが没する。こうした一連の出来事によって完全に潰えてもおかしくなかったポンティニーの伝統は、戦後パリの北に位置するロワイヨモン修道院を経由して、スリジー=ラ=サルのコロックへと受け継がれていくことになる。

ここで、「ポンティニー」の正統的な後継たる「スリジー」へと話を移す前に、第二次大戦中のアメリカにおけるもうひとつの「ポンティニーの相続」に目を向けておきたい。一九四二年、ニュー・スクール・フォー・ソーシャル・リサーチの内部に設立された高等研究自由学院（L'École Libre des Hautes Études）がフランス語圏の亡命知識人の受入れ先となり、ギュスターヴ・コーエン、アンリ・フォション、ジャン・ヴァールら多くの研究者がニューヨークへと亡命した。彼らはデジャルダンの精神を継承すべく、マサチューセッツのマウント・ホリヨーク・カレッジで三度の「ポンティニーの旬日会」を開催したとされている。この会合はもちろん公式のものではないが、デジャルダンの精神がアメリカの亡命研究者たちにとっていかに重要な支柱であったかをよく伝えるエピソードである。

前述のように、フランスではポール・デジャルダンの娘であるアンヌ・ウルゴン＝デジャルダンが戦後、ポンティニーの蔵書の一部をロワイヨモンの修道院へと移し、一九四七年から五二年まで計十四回のコロックを開催する。そしてついに五二年、スリジー＝ラ＝サルにある十七世紀の古城を舞台に、今日までつづく「スリジーのコロック」が開始されたのである。

アンヌは一九五二年に「スリジー文化センター（Centre culturel de Cerisy）」を設立し、「新フランス評論」のマルセル・アルランが初代の委員長となる。当初は十五人ほどの参加者にとどまっていたスリジーのコロックは、アンヌの多方面にわたる尽力や、彼女を支えた多くの人々の協力によって、しだいにポンティニーの旬日会をしのぐ規模へと拡張していく。現在までに開催されたコロックの数は五〇〇以上にのぼり、そのテーマも哲学や文学のみならず、芸術、教育、歴史、政治、精神分析などきわめて多岐にわたっている。また、人文諸科学のみならず、八〇年代以降にはしばしば自然科学のコロックが開催されていることも注目に値する。

五八年に開催された「歴史とその解釈」を端緒に、スリジーのコロックでの成果はしだいに論文集として刊行されることが多くなり、直接会議に参加していない国内外の人々にもその内容が知られていくことになる。デリダ、リオタール、ドゥルーズ、クロソウスキーらによる七二年の「ニーチェは、今日?」、八〇年の「人間の終焉（ジャック・デリダの仕事から出発して）」、八二年の「どのように判断するか？（ジャン＝フランソワ・リオタールの仕事から出発して）」などを元にして、いわゆるフランス現代思想における多くの充実した論文や著作が生まれたことはよく知られているだろう。

　ポール・デジャルダンの「ポンティニー」から、その娘アンヌ・ウルゴン＝デジャルダンの「スリジー」へと受け継がれた知的遺産は、一九七七年のアンヌの没後、カトリーヌ・ペイルーとエディット・ウルゴンというアンヌの二人の娘たちによって引き継がれることになる。創始者のデジャルダンとその親族たちによって運営が続けられているこの知的交流の場は、他のあまたの「国際会議」とは異なる緩やかで親密な気風によって、今日でもなお重要な存在でありつづけている。

参考文献

Anne Heurgon-Desjardins (éd.), *Paul Desjardins et les Décades de Pontigny*, Paris, PUF, 1964.
François Chaubet, *Paul Desjardins et les Décades de Pontigny*, Villeneuve-d'Ascq, Presses Universitaires du Septentrion, 2000.
Claire Paulhan (dir.), *De Pontigny à Cerisy: Une siècle de rencontres intellectuelles*, Paris, IMEC, 2002.
François Chaubet, Édith Heurgon, Claire Paulhan (dir.), *S.I.E.C.L.E Colloque de Cerisy: 100 ans de rencontres intellectuelles de Pontigny à Cerisy*, Paris, IMEC, 2005.
Sylvain Allemand, Édith Heurgon, Claire Paulhan (éd.), *De Pontigny à Cerisy: Des lieux pour «penser avec ensemble»*, Paris, Hermann, 2011.
津田雅之「書評　１００年に及ぶポンティニーからスリジーまでの歴史」「大阪大学世界言語センター論集」第七号、二〇一二年、二五五―二六二ページ。

亡命大学——ニュー・スクール・フォー・ソーシャル・リサーチ

西山雄二

ニューヨーク市のグリニッジ・ヴィレッジ周辺に位置するニュー・スクール・フォー・ソーシャル・リサーチ（The New School for Social Research）は、一九一九年に教育哲学者ジョン・デューイ、政治学者ハロルド・ラスキ、人類学者フランツ・ボアズらの発意によって創設された。第一次世界大戦中、ナショナリズムの高揚によって政府による表現（例えば反戦の表明や外国人への寛容）の検閲や抑圧が強まっていたころ、コロンビア大学のリベラル派教師が中心となって、既存の大学とは異なる新たな学府——ニュー・スクールという校名は彼らの理想を物語る——を設立する動きが起こったのだ。必ずしも学士号をもっていない社会人や労働者向けの教育プログラムをアメリカではじめて創設したのはニュー・スクールだった。

一九世紀末から二〇世紀初頭にかけて、ドイツの学問水準は世界最高とされ、アメリカからも多数の学生が留学した。彼らはドイツの大学で学問的成果がつくりだされる現場に驚嘆し、自国とは異なる研究と教育の方法や学問的自由の理念を移植しようとした。ニュー・スクール学長の経済学者アルヴィン・ジョンソンもまた、二〇年代に『社会科学全書』編纂のために欧州の研究者と共同しており、彼らの学問的な卓越性をアメリカの知的世界に導入したいと願っていた。「大恐慌」が起こると、この難局を打開するための経済理論の構築に向けて、西欧的合理主義の発想をアメリカの保守的な実証主義に紹介したいと考えた。

一九三三年一月、ドイツでナチスが政権を握り、四月にユダヤ人の公職追放が決定されるとドイツの大学で五〇〇名が職を奪われる。ジョンソンはすぐさまユダヤ系研究者らの救出行動の準備に着手し、学内に「亡命大学（The University in Exile）」を大学院部門として設立することを構想する。ロックフェラー財団に資金援助を求め、一五名二年分の給与が確保されると、教職を奪われたユダヤ系経済学者らに救出の申し出がなされた。こうして秋には最初の「メイフラワー号」がニューヨークに到着し、一〇月、秋学期が無事に開講された。自由大学として構想されたため、亡命大学はニュー・スクールの庇護下にありながらも、独自の学部長が置かれ、予算や管理運営の面で自立していた。開学当初、学生数は九二名だったものの、すぐさま評判を呼び、四〇年には五二〇名に達するまでその人気は膨れ上がった。かくして、ニュー・スクールは一九一八年と三三年に二度誕生したと言われている。（亡命研究者自身の異議により「亡命大学」の名称は三五年には「政治・社会科学大学院〔Graduate Faculty of Political and Social Science〕」に変更される。部外者の烙印を押す「亡命」の名称には違和感があるし、単科の組織に「大学」の呼称は不適切だったからだ。）

ニュー・スクールは亡命者受け入れ機関として知られるようになり、多数の要望が寄せられた（一九三五―三六年が最多で年間五〇〇〇もの要望）。要望は亡命者自身ではなく、むしろアメリカの大学や研究機関からのものが多かった。そもそもユダヤ人に対する差別的な風潮があったうえに、大恐慌にあえぐ当時のアメリカにおいて、欧州の亡命研究者の窮状に手を差し伸べる余裕はなかった。アメリカの大学で外国人に教員ポストを与える余地は限られており、ニュー・スクールは亡命研究者を歓待したきわめて稀有な場所だった。亡命した教員たちは控え目な額の給料（平均の三分の一）にもかかわらず、その三％を寄付に回して他の亡命者のための支援を整備した。三六年秋にはドイツ人移住者のための自助団体が結成され、亡命者の緊急時の支援が数多く展開された。

大学の存在感を示すためには紀要出版が不可欠であるが、ジョンソンの機敏な行動によって早くも三四年にソーシャル・リサーチ誌が創刊された。一三名の研究者で構成される「一般セミナー」は「アメリカとヨーロッパ」「政治・経済的民主主義」といった主題に基づいた通年の人気セミナーであるが、その成果はソーシャル・リサーチ誌に公表された。亡命大学はさまざまな研究者たちの制度的な混淆にすぎなかったが、ドイツとイタリアのファシズムの本質を探究するという点では一致しており、実りある知性の共生が実現された。当時、アメリカではファシズムの危険性はほとんど認識されていなかったが、亡命大学ではナチスの社会学的分析が積み重ねられ、ヒトラーの『我が闘争』の英語完訳をも発刊した。

当初、亡命研究者の滞在は二年程度が予定されていたものの、ナチス・ドイツの勢力は衰えず、一九四〇年にはフランスも占領下に入る。これを受けて、亡命大学は第二弾の救援活動に入り、ユダヤ人のみならず、広くヨーロッパ各地の研究者をその対象とする。四〇年、ロックフェラー財団は八九名の亡命を成功させ、亡命大学はそのうちの三四名を受け入れた。大戦当時、アメリカでは外国人嫌悪の風潮が増し、外交政策上、亡命者は歓迎されていなかった。国務省はヴィザの発給に難色を示すこともしばしばで、亡命研究者が共産主義の手先ではないかどうか尋問することもあった。戦争の勝利に貢献する技術をもった科学者は奨励されたが、社会科学者は重要視されず、むしろ政治活動家の資質を有する者として排除された。大戦中、亡命大学は国務省との緊張関係のなかで、欧州知識人の救援活動をおこなっていたのである。

一九四二年、フランス語圏からの亡命研究者のために「高等研究自由学院（L'École Libre des Hautes Études）」がニュー・スクールの一部として、だが独立した形で創設される。ナチス政権によるフランス占領に反対してド・ゴールは亡命先のロンドンから対独抵抗運動「自由フランス」を世界各地に呼びかけたが、自由学院の設立は知的・文化的な抵抗の一環であった。ジャン・ヴァールらの尽力によってロックフェラー財団の資金援助を受けて開設されたこの亡命者の学院では美術史家アンリ・フォションや哲学者アレクサンドル・コイレら卓越した教師たちが教鞭をとっていた。なかでも人類学者クロード・レヴィ＝ストロースと言語学者ローマン・ヤーコブソンの知的交流が構造主義思想の着火点となったことはよく知られている。戦後、自由学院はパリへと徐々に拠点を移し、「社会科学高等研究院」として改編されたが、その後もニュー・スクールとの密接な連携を保っている。

亡命大学は一九三三―四五年のあいだに、実に一八〇名以上ものヨーロッパの卓越した知性を受け入れた。アルフレッド・シュッツはフッサール現象学の「生活世界」概念を社会学に適用し、アメリカに現象学的社会学を導入した。自然法の復権を唱えた政治哲学者レオ・シュトラウスはシカゴ大学に移るまで、一九三八年から一〇年間在籍した。ゲシュタルト心理学の創始者マックス・ヴェルトハイマー、『ファシズムの集団心理学』を著わしてナチスから危険視された精神分析家ヴィルヘルム・ライヒらも亡命大学に迎え入れられた。その後、ハンナ・アーレント（一九六七―七五年在職）晩年の講義「カントの政治哲学」や、ハンス・ヨナス（一九五五―七六年在職）の生命や責任の哲学の研究もまたニュー・スクールにおいてなされたのだった。

亡命大学の制度的実践は、危機的状況において研究者の活動を保証し、人材育成の機会を提供することで豊かな知的遺産を育んだ、二〇世紀の貴重な事例である。

参考文献

Peter M. Rutkoff, William B. Scott, *New School: a history of the New School for Social Research*, Free Press, 1986.

Claus-Dieter Krohn, *Intellectuals in Exile: Refugee Scholars and the New School for Social Research*, Univ. of Massachusetts, 1993.

フランクフルト社会研究所の歴史と現在

宮本真也

フランクフルト社会研究所（以下、ＩｆＳ〔Institut für Sozialforschung〕）は、フランクフルト大学の付属機関として一九二四年に創設された。現在のＩｆＳは大学のキャンパス・ボッケンハイムに向き合うかたちで、一九五一年に再建されたものである。ＩｆＳは、いわゆるフランクフルト学派の拠点として知られている。

フランクフルト学派のメンバーとされているのは、マックス・ホルクハイマー、テオドール・Ｗ・アドルノ、フリードリヒ・ポロック、ヘルバルト・マルクーゼ、エーリッヒ・フロム、レオ・レーヴェンタール、ヴァルター・ベンヤミン、オットー・キルヒハイマー、カール・コルシュ、フランツ・ノイマン、カール・アウグスト・ヴットフォーゲルといった面々である。彼らの専門領域は多岐にわたっていたものの、彼らを結びつけていたのは、歴史における理性の展開を、一方で社会学的、哲学的分析と、他方で経験的調査という、二つの異なる方法を用いて明らかにするという構想であった。特に近代化の過程における理性による解放の契機を、個人と社会の関係、文化的実践、そして労働のあり方にてらして分析することがめざされていた。

そもそもＩｆＳは、成功したユダヤ人の息子で、マルクス主義と労働運動の研究に没頭していたフェリックス・ヴァイルの発案と資金援助とによって一九二四年に設立された。初代所長はマルクス主義の法律・政治学者であるカール・グリュンベルクであった。

グリュンベルクが病気で所長を辞したあとに、三〇年にその職についたのはホルクハイマーである。

彼はIfSの中心メンバーであり、大学に新設された社会哲学講座の教授となっていた。当時三〇代半ばのホルクハイマーは新しい社会理論のモデルを構想しており、青年時代からの友人のポロック、そして哲学科の後輩でもあるアドルノと共有していた。この構想をホルクハイマーは、彼の所長就任講演「社会哲学の現状と社会研究所の課題」においてIfSの目標として紹介している。それによるとIfSは、不変の真理の学として単一のディシプリンに執着することなく、社会調査や精神分析といった経験的研究によって豊かにされ、補われる学際的唯物論をめざさなければならない。このプロジェクトは周知のように、批判的理論と名づけられることになる。

この構想に基づき三二年に創刊されたのが、「社会研究誌」(以下、「年誌」)であり、IfSの新しい時代の象徴であった。この雑誌は、論文だけではなく、注目に値する思潮の紹介や書籍についての評論が充実していることで名声を得た。また、掲載前に研究所内部で徹底的に議論、検討され、「年誌」は研究所の立場表明や成果報告という側面ももってい

た。

「年誌」が創刊されてまもない三三年にナチスは権力を掌握した。それからというもの、IfSはナチスから露骨な妨害を受けはじめた。研究員の多くと、支援者がユダヤ系であったこと、研究機関としてマルクス主義的傾向が強かったことがその理由である。しかしIfSの中心は三一年からすでに、ジュネーヴ、パリ、ニューヨークと転々としていた。そして、三四年にIfSはコロンビア大学の建物に移される。「年誌」の出版社も、三三年の第二号以降はパリ、ニューヨークと変更しなければならなかった。ニューヨークではホルクハイマーを核としてIfSのインナー・サークルが、ポロック、レーヴェンタール、アドルノ、マルクーゼ、フロムによって形成された。アドルノの旧知の仲であったベンヤミンも「年誌」に「複製技術時代の芸術作品」(1936, vol. 5-1)の仏語版をはじめ、たびたび寄稿していたが、このグループに加わることはなかった。一九四〇年、ベンヤミンはようやく亡命を決意したのだが、途上でスペインの国境守備隊に脅された結果、自ら生命を絶ってしまったのである。

その後「年誌」は一九四二年まで刊行された。ホルクハイマーはここでIfSの理論的基礎として「伝統的理論と批判的理論」（1937, vol. 6-2）を発表した。また、フロムは精神分析の方法と性格類型についての論文を「年誌」で積極的に公表した。アドルノは「年誌」で資本主義文化における音楽の物神化と、聴衆の態度の退化に取り組み、独自の音楽社会学を展開した。ハイデガーのもとで現象学を学んだマルクーゼは、IfSに合流してからは哲学的抽象のレベルに留まらず、美的経験による解放の契機と実践への関心を保つ、そうした批判的理論をめざした。

IfSは基金と資金運用のおかげで、三〇年代末までは研究機関として自立することができた。最初に行なわれた共同研究は「権威と家族についての研究」であり、その成果は高く評価されている。ナチズムの台頭を許した権威主義的性格の形成過程を解明することがこの研究の目的であり、その成果はのちに反ユダヤ主義、偏見の研究へとつながっていった。しかし、三八年に深刻化したIfSの資金難は、「年誌」を休刊に追いこみ、研究員が他の組織の研究や委託研究に携わることも必要とした。この時期にレーヴェンタールとアドルノがパウル・ラザースフェルトのラジオ・リサーチに参加し、大衆文化の受容のあり方を調査したのもそのためである。

フランクフルト学派がIfSにおいて存続した期間は、ユルゲン・ハーバーマスによると実は非常に短く、せいぜい三〇年代の終わりまでだという。ホルクハイマーの体調が一時悪化し、ニューヨークからカリフォルニアにアドルノと共に移ったことで、IfSとしての活動は停止せざるをえなくなった。研究員の多くは、アメリカの政府組織で対独戦に協力し、収入を得ていた。そして、四〇年代半ばにはもう、IfSのコロンビア大学時代のもっとも実り多い時期は終わってしまったのである。

ホルクハイマーとアドルノは一九四七年に、フランクフルト学派の代表作である『啓蒙の弁証法』という著作を発表した。それは、「どうして人類は、真に人間的な状態に踏み入っていく代わりに、一種の新しい野蛮状態に落ち込んでゆくのか」という問いをめぐる、彼らの共同討議の記録とされる。そこでは権威主義、反ユダヤ主義、文化産業といった事例が取りあげられている。しかし、「年誌」が創刊された初期と大きく異なり、ここに理性への信頼を読み取ることはもうできない。四〇年代半ばの時点で彼らは、彼らが最初に抱いていた希望、つまり、実践による変革の見込みを保ち続けることはできなかったのである。

一九五一年にフランクフルト市と大学の強い働きかけでIfSは再建された。しかし、多くのメンバーにはすでにアメリカでの活動と生活があり、ドイツに戻ってきたのはホルクハイマー、アドルノ、そしてポロックだけであった。また、ホルクハイマーは西側の体制下でIfSを主導するという事情から、彼自身とIfSの社会変革への期待や関与を公言しなくなったという。

戦後のIfSの活動は、三〇年代に頂点に達した知的集団の遺産継承の試みと言い表わすことができる。再建後のIfSではまず、民主主義的文化が戦後のドイツにおいてはたして根付いたのかどうか、ナチズムの権力掌握を許した権威主義を克服しえたかどうかが問われた。その事例として選ばれたのが、大学生の政治参加である。

一九六九年のアドルノの死後、七〇年代にはゲアハルト・ブラントの主導のもとで成果報酬に焦点をあてた労働組合研究と、職業と家庭における女性研究が新たに開始された。さらには生産におけるコンピュータの導入、ワイマール共和国・ナチズム・東ドイツ体制のそれぞれにおける産業的合理化が分析された。八〇年代になると、東西ヨーロッパの民主主義文化の相違がテーマとなり、それは東側ブロックの瓦解によってさらに重要さを増した。東西ドイツの再統一前後には、旧東独における不況と失業者問題との関連で極右勢力の台頭について共同研究が営まれた。

二〇〇一年にアクセル・ホネットが所長に就任してから、IfSはより積極的にフランクフルト学派の批判的理論の継承を目指している。現在にいたる、共通の研究計画は「資本主義的近代化のパラドクス」と題されている。そこでは近代化のポジティヴな成果を評価しつつ、より複雑な規範への視点から社会の動向を分析することが取り組まれている。パラドクスという表現は、近代化の成果（個人主義、法的な平等主義、成果原理、ロマンティック・ラヴの拡大と浸透）に基づきながらも、逆にそれらを侵食し、社会の規範的統合を壊しかねない諸現象が併存する状態を言い表わすために選ばれている。

現在のＩｆＳのメンバーたちにとっても、社会の動向に左右されながらも、その作用に自覚的に、そしてその動向にたいして学際的に分析、解釈、そして批判を加えることは重要な課題であり、それは彼らが初期のメンバーたちから引き継いだ重要なもののうちの一つと言えるだろう。研究機関を取りまくネオ・リベラルな社会の傾向は、ますますＩｆＳの台所事情を困難にしているが、社会への順応と組織の経済的自己保存が優先されるほどではない。地元メディアとの共催で研究成果を市民に語り、討論する試みに見られるように、ＩｆＳは近年、公共圏への働きかけも積極的に行なっている。

参考文献

Jürgen Habermas, Dialektik der Rationalisierung, in: *Unübersichtlichkeit*, Frankfurt am Main 1985.

Institut für Sozialforschung, *Forschungsarbeiten. Mitteilung* (Heft 10), Frankfurt am Main 1999.

Martin Jay, The Dialectical Imagination: *A History of the Frankfurt School and the Institute of Social Research 1923-1950*, Boston 1973.

Stefan Müller-Doohm, *Adorno: Eine Biographie*, Frankfurt am Main 2003.

Rolf Wiggershaus, *Die Frankfurter Schule: Geschichte-Theoretische Entwicklung-Politische Bedeutung*, München 1988.

フランクフルト社会研究所 :http://www.ifs.uni-frankfurt.de/

社会史国際研究所

斎藤幸平

一九三七年三月十一日、社会史国際研究所（以下ＩＩＳＧ〔Internationaal Instituut voor Sociale Geschiedenis〕）はアムステルダムに正式に開館した。研究所の創設者は、アムステルダム大学の経済史の教授で、「経済歴史図書館」の館長も務めたＮ・Ｗ・ポストゥームスである。彼は、学生時代から社会問題に関心をもち、社会民主主義運動にも積極的に参加していた社会主義者だった。

研究所の開館の翌々週にドイツで発行された「ダス・ノイエ・ターゲブーフ（*Das neue Tage-Buch*）」が、「歴史の救援研究所」というタイトルの記事を掲載している。ポストゥームスによる開館記念のスピーチをもとに書かれた記事のなかでは、ポストゥームス自身による「救助団体」という研究所の特徴づけとともに、ＩＩＳＧの「使命」が以下のように述べられている。研究所は、「紛失する恐れのある歴史的に価値のある文書、印刷物、本、蔵書コレクションをその消滅から守るよう使命づけられている。中世から今日にいたるまでの社会運動と闘争の歴史に関する資料がその対象である。この闘争において打ち負かされた者たちは情け容赦などほとんど期待してはならない。同様に、書き残され、印刷された彼らの理念を打倒〔した記録も〕破壊的な迫害から完全に守られているわけではない。昨日まではまだ権力と名声を有していた党派も、明日になれば、蓄えてきた思想的財産を守るために、移民状態のみすぼらしい避難所しか見つけられないかもしれない。苦労して一緒に引きずってきた財産を一つ、また一つと失っていく難民のみならず、まだ権力の確実さを謳歌している人々にも、遅くならないうちに、救助と救援の手を差し伸べることが重要である。」

ここで、念頭に置かれていたのは、ロシアを追われ西ヨーロッパで難民状態になっていたメンシェヴィキのメンバーや、ボルシェヴィキに属しながらも迫害されたトロツキー、ファシスト政権の成立にともなって弾圧された西側の社会主義者やアナーキストたちであろう。不幸なことながら、ポストゥームスの「救援研究所」は、すぐに、その歴史的使命を果たすこととなった。当時わずか三人で運営されていたIISGが、ヨーロッパの全体主義の時代に抗って、社会運動、労働運動に関する重要な資料の多くをその紛失の危機から救ったのだ。

IISGが救済に成功した数多くの資料のなかでも、特筆すべきは、社会主義、共産主義運動の歴史を伝えるドイツ社会民主党（SPD）文庫であろう。この党文庫には、SPDの中心メンバーであったE・ベルンシュタインやG・V・フォルマーの草稿だけでなく、ヘーゲル左派であり、シオニズムと社会主義を結びつけようとしたモーゼス・ヘス、共産主義同盟のヨゼフ・ヴァイデマイヤー、第一インターナショナル総評議会のメンバーであったヘルマン・ユングの草稿に加え、そのほかにも多くの議事録などが含まれていた。さらには、エンゲルスの死後に、彼の遺言に従ってベーベルとベルンシュタインに託されたエンゲルス自身の草稿と、一度はマルクスの娘たち（エレアノール・マルクスとラウラ・ラファルグ）によって保管されていたマルクスの草稿、抜粋ノートや蔵書も党文庫に収められていた。

当然のことながら、SPDはこの党文庫を最後まで手放したがらなかった。だが、一九三三年三月にヒトラーが政権を取ると、共産党のみならず、SPDも非合法化対象となり、党関連の施設や労働組合事務所は閉鎖されてしまう。こうして党の指導者たちは難民生活を強いられることになった。ただ、党文庫自体は間一髪のところでコペンハーゲンとパリに輸送され、ナチスによる押収の危機を逃れていた。だが、その後、SPDは長引く非合法活動の間に党資金が底をつき、党文庫の売却を迫られるようになる。モスクワのマルクス・エンゲルス・レーニン研究所や、UCバークレーが興味を示すものの、条件が合わずに交渉は決裂してしまう。その結果、すでに党文庫の保管とカタログ化に関する契約をすすめていたポストゥームスとの間で、売却交渉が再度持ち上がった。そして、一九三八年五月十九日に、党文庫は七万二〇〇〇グルデン（今日の価値で七〇〇〇万円弱）でIISGへと売却されることになる。こうして、マルクスとエンゲルスの草稿の三分の二がIISGによって今日までアムステルダムで保管されることになったのである。（残りの三分の一は、モスクワのロシア国立社会・政治史アルヒーフで保管されている。）

しかし、IISGによる「救済」活動によって社会運動に関する全ての資料が第二次世界大戦を乗り切ったわけではない。一九四〇年五月にヒトラー政権は中立国オランダを侵略し、瞬く間に征服してしまう。六月十八日には、ドイツ占領軍によってIISGは閉鎖され、ローゼンベルク特務部隊の管理下におかれることとなる。研究所に保管されていた社会主義、アナーキズム、労働運動などの網羅された著作、手紙、党大会の記録群に当初から目をつけていたのだ。つまりナチスは、「国家社会主義への精神的抵抗運動」の思想分析や、構成員の洗い出しを行なおうとしたのである。こうして、一九四四年末には全ての資料がドイツへと輸送され、研究所は空っぽになってしまったという。IISGで働いていた司書のA・スヘルテーマーは、カナダ軍によるオランダの解放直後にIISGへ戻ってきたときの様子を以下のように述べている。「文字通り全ての物はなくなっていました。本も、パンフレットも、新聞も、残りのアーカイヴも全てです。家具も、壁に固定されていない本棚も、全ての電話や館内用の内線電話までも、そしてランプも全部なくなっていて、要するに何も残っていなかったのです。」

ただ、幸いにも、ミュンヘン協定後にオランダに対する侵略戦争の危険性を察知していたポストゥームスは、マルクス、エンゲルスの草稿を含めた党文庫の大部分を開戦前にイギリスへ輸送していた。したがって、これらの資料は戦後IISGに無事戻って来た。だが、他方で、当時一六万冊を越えていたとされるIISGの蔵書の多くは、戦後の一時期、完全に行方不明になってしまう。一九四六年の春になってようやく、SPDの捜索の呼びかけに対して、ヴィントハイムのヴェーザー川に浮かぶ二隻の船舶のうちに見つけたという情報がよせられ、蔵書の多くは発見される。これらの蔵書は同年の八月にはアムステルダムの研究所へと戻されるも、資料は完全な無秩序状態になっており、失われてしまったものも少なくない。また、パリのIISGの支部も、ドイツ軍に押収された。これらの押収された蔵書は、戦後、今度はソ連軍に略奪されてしまう。こうして「二度略奪された」蔵書は東欧へと分散し、捜索や返還交渉は今も続けられている。

様々な困難にもかかわらず、五一年にIISGは再び開館した。そして、研究所は蔵書拡大にともない場所を変えたものの、今もアムステルダム市内の東側、クルクヴィウス通り三一番地で一般開放されている。研究所には、現在一〇〇万冊を超える蔵書と、三〇〇〇余りのアーカイヴがあり、これらの資料のデジタル化も進められている。また、戦後は、保管の対象もヨーロッパの社会運動から、世界中の専制下における抑圧と抵抗の歴史へと拡大している。例えば、七〇年代にはラテンアメリカ、八〇年代にはトルコの軍事政権や中国の天安門事件に関する資料収集を行なっている。さらに、冷戦後には、南・東南アジアに調査の力点を移し、現在、現地住民からの聞き取りを行なうオーラル・ヒストリー・プロジェクトも実施されているという。

最後に、冷戦後のIISGの重要なプロジェクトとして、新マルクス・エンゲルス全集（新MEGA）の刊行について触れなくてはならない。新MEGAは、六〇年代以降モスクワとベルリンで編集・刊行されてきたが、ソ連崩壊とともに存続の危機に陥った。この危機的状況を乗り越え、現在はIISG、国際マルクス・エンゲルス財団（通称IMES）、ドイツのベルリン・ブランデンブルク科学アカデミー（BBAW）が中心となり、国際グループ間の分業体制で全集の編集作業が継続されている（日本でも大谷禎之介を代表とする日本MEGA編集委員会がマルクスの抜粋ノートに関わる編集作業を行なっている）。全一一四巻の新MEGAの完結には、あと三〇年から三五年かかるといわれているが、二〇一五年以降のBBAWによる財政援助の継続は現段階では未定である。だが、社会主義の知的財産を後世のために守るべく奔走していた当時の社会主義者たちの決死の努力を顧みるならば、マルクスの全ての著作、草稿、手紙、抜粋ノートを完全な形で刊行する新MEGAは、彼らの遺志の実現にほかならず、必ず完遂しなくてはならない課題であるといえよう。

参考文献

Willem Haarsma, "Ein geschichtliches Bergungs-Institut", *Das neue Tage-Buch*, 5. Jahrgang, Heft 13, 27 März, 1937, 307-308.

Paul Mayer, "Die Geschichte des sozialdemokratischen Parteiarchivs und das Schicksal des Marx-Engels-Nachlasses", *Archiv für Sozialgeschichte*, Bd. 6/7, 1966/67, 5-198.

The International Institute of Social History: History and Activities (Amsterdam, 1985).

地下大学——社会主義時代チェコスロヴァキアにおける哲学

杉山杏奈

一九四八年、戦後のチェコスロヴァキアではクーデターにより共産党が政権につき、ソヴィエト連邦を中心とする社会主義陣営に加わった。共産主義思想に傾倒した学生集団の活動が党を刺激し、高等教育制度の変革が進められた結果、大学では学部長はじめ運営に携わる役職に共産党員が採用されることとなった。特に影響を受けたのは社会学や哲学といった西欧中心の伝統のなかで育まれてきた学問である。従来の哲学は「ブルジョア的」学問として敵視され、プラハ・カレル大学やブルノ・マサリク大学などで哲学部が「マルクス・レーニン主義学部」に改められるなどし、一部の教職員が研究・教育職を追われることとなった。また、学生のなかには学部の閉鎖や改変に伴い大学を離れなければならない者もいた。

そのような一人に、主著『歴史哲学についての異端的論考』で知られる二〇世紀チェコを代表する哲学者であるヤン・パトチカがいる。彼は変革の結果、四九年にカレル大学哲学部で教えることを禁じられ免職となった。そこで五〇年代初頭から、彼は学生たちの自宅などで私的なセミナーを開始したのだが、これが「地下大学（Podzemní Univerzita）」の始まりである。彼は自分が教えを受けたフッサールやハイデガーらの現象学を中心に、当時の体制下では好ましくないとされていた思想について学生たちと議論を重ねた。この活動は断続的ながらも七五年ごろまで続くこととなる。

六八年のプラハの春以降、七〇年代チェコスロヴァキアは、さらなる政治的締め付けが強まるなかで、しだいに民主化運動への気運が高まっていた時期でもある。七七年には、劇作家であり民主化後に大統領となるヴァーツラフ・ハヴェルらが、知識人を中心とした人権擁護の署名活動「憲章77」を開始するが、もとは学究肌のパトチカも、ハヴェルらに強く説得され発起人の一人となる決意をした。政治活動を始めてまもなく、憲章の反体制的内容を理由にパトチカは当局に逮捕され、尋問の最中に病気による非業の死を遂げることとなる。パトチカの死は市民に衝撃を与えた。彼の講義録はサミズダート（地下出版）として発行され、学生たちの間でその後も広く読まれることとなるが、彼の晩年の政治運動への協力は、学問と人間性に加えられた弾圧に抗する哲学者としての糾弾であった。彼がその生き方を通じて示した「行動を伴う哲学」という考えは、こうして学生たちに引き継がれていくこととなる。憲章77グループによる活動は、八九年の体制転換時まで共産党政権による人権弾圧に対抗する宣言文の形態で続けられ、体制に対する自発的な抵抗を市民に喚起するという役割を担うこととなる。

パトチカの没後、地下大学の継続に中心的な役割を果たしたのは、諸外国の大学との協力を模索しながら哲学のセミナーを開催したユリウス・トミンと、プラハ福音主義神学部の学生へのセミナーを行なっていたラディスラフ・ヘイダーネクである。憲章77の活動に伴い、共産党と秘密警察による監視と統制が厳しくなるなか、トミンは、七八年にオックスフォード大学に地下大学への協力を要請した。彼は学生が自由に哲学に触れる機会を望んで、当時発禁となっていた哲学書の送付や、外国の哲学者の来訪を依頼したのだ。紆余曲折の末、七九年、オックスフォード大学からの正式な人員派遣が決定され、キャシー・ウィルクス、チャールズ・テイラーがプラハを訪れて講義に参加した。八〇年にはオックスフォードの哲学者を中心に地下大学活動を支援するヤン・フス教育協会（Vzdělávací nadace Jana Husa）が設立され、英米の研究者をセミナーに招くための拠点となった。

プラハでの地下セミナーをきっかけに、モラヴィア地方の都市ブルノにおいても地下大学活動が行なわれることとなった。プラハでのセミナーに感銘を受けたズデニェック・ヴァシチェクらが外国の研究者を呼ぶ計画を立て、八一年にはイギリスの哲学者ロジャー・スクルートンらがブルノを訪問した。西側の知識人であるスクルートンにとって、社会主義体制下で思想に加えられた制限は衝撃的なものであったが、同時にこのチェコスロヴァキアでの経験が自分の政治思想にも影響したと述べている。また、ヤン・フス協会の支援を本格的に受けたセミナーが八四年から八九年にわたり継続され、ペトル・オスルズリーが中心的な人物として活動していた。そのほかにも、スロヴァキア地方の都市であったブラチスラヴァ（現スロヴァキア共和国首都）でも、同様の地下大学は小規模ながらに展開されていった。

来訪者たちのセミナーは英米流の分析哲学や政治思想を紹介する貴重な機会となり、学生たちは大いに刺激を受けたという。こうした国外の学者との協力は、英国や北米だけでなくフランスやドイツ、オランダにも広がり、ヘイダーネクのセミナーには、ポール・リクール、ユルゲン・ハーバーマス、リチャード・ローティといった有名な哲学者たちが参加者として名を連ねている。

そのような地下大学の支援に際して、イギリスの哲学者たちが哲学分野の貢献のみに注力していたのに対し、フランスの哲学者らは共産主義体制下でセミナーに参加することの政治的な意義を強調していたようである。七九年にフランスからヘイダーネクのセミナーを訪れた政治哲学者カトリーヌ・オーダールは、この活動への支援を友人らに呼びかけ、ジャック・デリダもその賛同者として八二年にプラハを訪れた。デリダはデカルトについて講義をしたが、独特の修辞に満ちた講義内容は学生たちに理解されにくいものであり、「あなたの哲学は何のためにあるのか」と問う学生もいた。こうした性急にも聞こえる問いかけは、教育の機会や移動の自由を奪われ、さまざまな文化活動が危険視されていたという社会的文脈を鑑みれば、哲学の実践的意義を模索していたゆえの発言と捉えることもできるだろう。共産主義体制下においては、地下大学という場所に集うことそのものが一つの抵抗の行為として機能していたのだ。

講義ののち、デリダは、ヘイダーネクをはじめ地下大学に携わる人物と関わっていた咎により、帰国時の空港で拘束・逮捕されてしまう。彼はフランス政府の介入によって釈放されるまでの二日ほどを留置場で過ごした。この一件は、セミナーを組織するチェコの哲学者・学生たちと、外国から訪問した哲学者たちとの間に、連帯意識をもたらした。この連帯意識は国内外の協力を活発化させ、八二年以降には海外の学者の訪問もより頻繁なものとなったのである。

ほかにも、八八年にはプラハにいながらにケンブリッジ大学の神学学位を取得できるプログラムが導入されるなど活動は地下のみにとどまらず、学生たちに具体的な指針を与えることとなった。一部の活動は体制崩壊後もしばらく続き、主に政治をめぐる哲学的議論はチェコスロヴァキア民主化における精神的支柱となった。地下大学に関わった多くの学生たちは、体制転換後も今日にいたるまでチェコの文化や学術に貢献している。

チェコスロヴァキアの地下大学は、特殊な条件下ではあるものの、哲学という学問が人々の行動に具体的な影響を与えうることを示した事例である。自律的な教育活動である地下大学を可能にしたのは、参加者によって共有された哲学的理念である。それはパトチカに始まり、トミンやヘイダーネクを通じて多くの学生に受け継がれた「行動を伴う哲学」という理念である。彼らは、政治的アクションのためにただ哲学の理論を援用したのではなく、哲学が根底に求める「よりよき生」のあり方を追求していった結果、政治的抵抗活動の必要性を訴えるに至ったのである。チェコスロヴァキアの活動家たちが哲学という分野にこだわったのは、哲学という分野が共産主義体制下で受けた苦境ゆえであるが、まさにその哲学こそが彼らの自由な生活を守る要として重要視されたからだと言えるだろう。思想の統制があった時代であるからこそ、地下大学活動は表現・言論・集会・思想の自由を獲得するための真摯な抵抗の基盤となり、大学がもつ社会への批判的役割を社会主義の統制下において見事に果たしえた。このように、社会主義時代チェコスロヴァキアの事例を通じて、哲学が抵抗活動を支える精神的支柱を築きあげた様子を、われわれは垣間みることができるのである。

参考文献

チェコの地下大学に関する概要については、Barbara Day, *The Velvet Philosophers* (London: Claridge Press, 1999) を、八〇年代の地下大学活動詳細は、Karolina Von Graevenicz, *Podzemní Univerzita: Pra žských Bohemistů*, (Praha: Ústav pro soudobé dějiny AV ČR, 2009) を参照されたい。パトチカのセミナーについては、Ivan Chvatík, 'Geschichte und Vorgeschichte des Prager Jan Patočka-Archivs' (in *Studia Phenomenologica VII*, Bucharest: Humanitas, 2007) に詳しい。ブルノでのセミナーの回想録として、Petr Oslzý (ed.), *Podzemní Univerzita* (Brno: Proglas Centrum pro studium demokracie a kultury, 1993) がある。

哲学カフェと哲学プラクティス

本間直樹

　テラスから奥まで延びる細長い空間に、テーブルと人がぎっしり並んでいる。そこを支配するのは音響たち。エスプレッソ・マシンの唸り声、ギャルソンの運ぶグラスやカップの搗ちあう響き。張りあうようにスピーカーが語りはじめる。今日は何について話しあいますか？　話す人も聴く人も、誰一人名乗らない。話し手を見る者はほとんどいない。視線は虚空にさまようか、もしくは自分の手元に注がれている。不思議なことに誰かが話し始めるとみな同じ顔つきになる。話を聴きながら自分と対話をはじめる。アノニマス、このことばがこのカフェ・デ・ファールに最も相応しい。フィロソファーズ・アノニマス。

　パリ、バスティーユ広場。ある哲学者がこのカフェの近くに哲学相談所を開業した。彼はその様子をカフェに集う仲間に話していた。ラジオでそれを聞きつけた十人ばかりが、哲学者と話をしたいと思った。それに即興的に応えたのだ、彼は。こうやって、一九九二年六月のある日曜日、彼らは死について話しあった。次の週は芸術について、その次の週はマージナルについて、その次の次の週はナルシシズムについて、そして次の次の次の週も。人々は来つづけた。やがて百人を超えた。カフェの経営者も乗り気になった。人々はそれを愛し、哲学カフェ（le café-philo）と呼ぶようになった。日曜日が待ち遠しい！

　哲学者の名はマルク・ソーテ。彼はパリ政治学院にて教鞭をとりながら、哲学相談を始めたのだった。いろんな人たちの話に耳を傾け、哲学について自由に語りあった。その十年ほど前、ドイツで哲学相談を始めた人がいた。ゲルト・アーヘンバッハという名だった。オランダ、ノルウェー、イスラエル、イギリス、北米、イタリア、南米、東アジアと、少しずつ少しずつ、広がりはじめた、哲学のプラクティス、実践が。実践者たちは哲学を売り物にしていると蔑まれた。教師は尊敬され、賃金も手にするのに、街角では哲学者が金を受け取るということだけで批判された。精神分析や心理療法の敵対者とみなされた。教師、学者、宗教者、療法家、あらゆる既存の権威が敵に回った。彼らは自分たちのなにかが脅かされると感じたのだ。

ソーテも例外ではなかったが、さほど気にかけることなく実践を続けた。コーヒー一杯で参加できる哲学カフェは街の流行となった。パリのそこここで、そしてパリもフランスも超えて、ヨーロッパや北米の各都市で。多くの哲学研究者はあいからわず実践者や参加者を蔑んだ。そこに足を踏み入れることすら恥だと感じた。アカデミズムという権威に守られた場所を必要としたのだ。カフェに過剰な期待を抱き、幻滅する者もいた。哲学カフェに方法もアイデンティティもない。集まる人が変われば、話もやり方も変わる。不可欠なのは哲学者。哲学カフェは哲学者の実践現場の一つだった。そして突然のソーテの死。だが彼には仲間がいた。彼の死後も休みなく哲学カフェは開かれる、毎週日曜の正午を挟む二時間、このカフェで。

流行は去った。いっときは百近くも開かれていたパリの哲学カフェは一桁に減った。だがソーテが死の前に世に送り出した本が売れたおかげか、哲学カフェは国境を越えて各地に根を下ろした。恐るおそる、若い研究者も関心を示し、自分でやってみる者も現われ始めた。太平洋に浮かぶ小国でもちらほらと始める者たちがいた。ある地方大学の一研究室が、やはり恐るおそる実践に近づき、対話に乗り出していたが、哲学カフェを始める後押しをしたのは、應典院という葬式をしない希有な寺院との出会いだった。ちょうどミレニアムを境に、いろんな人たちがやり始めた頃だった。

そのなかに私はいた。人々は悩んだ、楽しんだ、もっと望んだ。続けることになった。場所探しには苦労した。なかなか店の理解を得られなかったのだ。たった一杯のコーヒーで二時間も居座られては商売にならない、と。そこでいろんな場所で、いろんなやり方でやってみた。應典院では、絵を観ながら話しあう試みも始めた。それぞれがそれぞれの流儀で。病院や学校のなかで、育児サークルで、公園で、過疎地の廃校で、駅の工事現場で。

これは哲学ではない、と唾棄する者もいた。議論することが苦手なこの国ではたして続くのか、と俗言を新聞がバラまいた。結論が出ない、合意が得られない、正しい知識を与えない、議論をコントロールしていない、ただ話させるだけではいけない、いろんな人が来てはおのれの影を映して否定をする。人の話を聴いていない、聴く気がない、というところだけは共通している。

実践者は友を即座に見分けることができる。死の前にソーテはダニエル・ラミレズを見つけた。彼はチリに生まれ音楽と哲学を学び、パリで活動の場を求めていた。ソーテと出会い、哲学カフェを続けることになった。芸術を愛する彼は、“Entrepôt”という名のセーヌ左岸のシネマコンプレクスにて、映画を観たあとに映画からテーマを取り出して哲学カフェをするシネフィロも始めた。私が彼に出会ったのも、ソーテの死後五年経った、あのカフェの席上だった。私のことばは不十分だった。私と彼とで哲学カフェのやり方はずいぶん異なっていた。それでも彼と友になるのにさほど時間は必要なかった。

大学は通過する場所であって、足踏みするところではない。私や仲間たちは大学や研究室を足枷と感じ始めた。さまざまな人たちとともに哲学の実践を続けていくために、実践者が友になるために、自前で団体をつくる必要がある。「カフェフィロ（Café Philo）」を拝借して看板にした。どこにカフェに開いたのかと尋ねられた。開いたのはウェブサイトで、情報発信と実践者のネットワークづくりに力をいれる。社会と大学とが連携する新しい試みに協力する。実践者として生きていくための技を磨く。新しい実践の友に出会う。十年ほど飽きずに続けてみる。哲学カフェが知られるようになり、ぽつりぽつりと各地に根をはって開催されるようになる。

カフェ、ワークショップ、ファシリテーション、コミュニケーション、対話、流行り廃りもいろいろ。震災が起こる、事故が起こる。大学は国の政策に翻弄される。カフェでも、カフェでなくとも、哲学者の実践は変わらない。

参考文献

マーク・ソーテ『ソクラテスのカフェ』堀内ゆかり訳、紀伊國屋書店、一九九六年（*Un café pour Socrate*, Paris: Robert Laffont, 1995.）

鷲田清一監修、本間直樹・中岡成文編『ドキュメント臨床哲学』、大阪大学出版会、二〇一〇年。

カフェフィロ（www.cafephilo.jp）

研究空間〈スユ＋ノモ〉

今政 肇

研究空間〈スユ＋ノモ〉（以下、「スユノモ」と記載）は、近年その活動が日本でも知られるようになってきた研究者の共同体である。しかし、社会評論的にスユノモを「高学歴ワーキングプア」問題の賢明な（または愚昧な）解決策として評価したり、あるいは単に在野の研究所や、市民カルチャーセンター、もしくは運動組織として分類したりするのは適切でないだろう。また、スユノモは、学校のような決まった形式のある組織ではなく流動的な構成体であるため、本稿も含めた記述は常に暫定的でしかない。しかし、こうした困難を承知であえて規定するならば、スユノモとは一九八〇年代以降、韓国の社会運動のなかで投げかけられてきた、「現代資本主義をどう克服するか」という問いが、一方ではフーコー、ドゥルーズ／ガタリ等のヨーロッパの「外部」の思想にぶつかり、他方では仏教、陽明学などの東アジア的な知の在り方と出会うなかで、ともに学び生きるすべを模索してきた痕跡の名であろう。

その端緒のひとつは社会主義圏の崩壊にある。韓国の多くのマルクス主義者がそうであったように、韓国社会構成体論争において正統マルクス主義の理論家として名をはせた李珍景《いじんぎょん》は獄中でソ連崩壊の報を聞き、衝撃を受けたという。釈放後、社会主義がなぜ失敗したのかという疑問に答える研究を、一九八〇年代末から九〇年代にかけて大学内外の社会科学研究を牽引したソウル社会科学研究所（ソ社研《さよん》）の同僚らとともに進めるなかで析出されたのが、社会主義体制のみならずマルクスの理論を貫く問題としての近代性である。

一九九八年、朝鮮時代の漢文学研究者高美淑《こみすく》が、

大学外で同僚と研究を続ける場として水踰《すゆ》研究室を開く。ソ社研《そさよん》での高秉権《こびょんぐおん》によるニーチェ、李珍景によるフーコー、ドゥルーズ／ガタリ講義に参加していた彼女は、大学教授という就職先ではなく、「いま、ここ」で仲間と研究ができる進路を自ら作る生き方を選んだのだ。そして一九九九年には、李珍景／高秉権がソ社研から独立結成した研究空間ノモが、水踰研究室とともに活動を始めることになる。当初は場所を共有しつつもそれぞれ独立した存在だったが、活動が交差するうちに「スユ＋ノモ」の名が表わすとおり合体することとなる（「ノモ」は韓国語で、「越え（て）」「彼方」「trans」などの意味）。

初期から二〇〇〇年代前半にかけてのスユノモにおいて特筆すべきことは、研究者たちが大学および専門の枠外で集まり共同性を作ることで、知と生の領域において生産的な連鎖反応が起きたということである。その第一の領域としてまず挙げられるのは、近代啓蒙期および植民地期の言説の読解である。それは内在的発展論か植民地近代化論かという、韓国の対立する二大歴史観が共有してきた「近代化＝善」とする尺度を批判し、現代社会において自明のものとされている「民族」、「恋愛」、「家庭」などの諸概念の系譜を検討する作業であった。こうした試みは、当時の韓国の大学内外における植民地研究や、東アジアの他地域での同様の動きとも連動し、交流の場を形成した。

また、スユノモの思想者たちが積極的に提案する理念としてコミューン主義が挙げられる。コミューン主義（commune-ism）とは、字句上はコミュニズムを解体したものであるが、コミューンの語源を「ともに（com）贈り物（munis）になる」と読み解いて、共同性を認識論、存在論のレベルに据えようという思惟である。この試みはまた、マルクス主義を含む西欧起源の思想のみならず、衆生、縁起など東洋の諸概念とも連関し方向づけられている。この理論化と実践がスユノモで開かれた第二の領域といえるだろう。

お互いへの贈り物となること、貨幣の領域をも含みながらそれに囚われない循環系を作り、共同性の磁場ができるようにすること、それが学びの場になっていくようにするためには、工夫《くふう》をしなければならない。また、そうした工夫をすること自体が学びである。これが生と知の一致の場としてのスユノモである。韓国語で工夫《こんぶ》とは勉強を意味するが、スユノモでは功夫《かんふー》ともかけて、身体的な意味を付与している（このやや強引な洒落が理念化された背景には一九八〇—九〇年代の若者に金庸などの武侠小説や香港映画が人気を博したことがある）。

　しかし、こうした理念系はスユノモにおいて綱領ではなく、それぞれがともに生きるうえでの潜在力として身につけていくものとして捉えられてきた。また、大学に籍があるかないか、職があるかないかは副次的なことにすぎない。月並みだが、収入があるに越したことはない。未来の革命に生を捧げるか、資本主義の大勢に恭順するかという虚偽の二者択一ではなく、「いま、ここ」で研究者が共同性を作りだすということが、価値を転換させ自ら生を変革する少数者＝当事者に成ることなのである。

　そして、二〇〇〇年代の後半以降、グローバル化、開発至上主義、新自由主義政策が同時に加速するなか、第三の連鎖領域といえる、以前とは質的に違った一連の変化がおきている。一方では大衆をコミューンの活動のなかに呼び寄せ、他方では大衆のなかにコミューンの活動を展開させる運動の始まりである。前者は、「スペース十《ぷらす》」、「大衆知性」など、子供を含む一般の人々に開かれた学びの場の創設などの活動として現われた。後者の試みは、韓米FTA反対闘争、障がい者の権利闘争、キャンドルデモなど、資本と国家の暴力に抗する現場に連なろうとする活動として現われた。

　こうしたコミューンの大衆化とでもいえる活動のなかで、二〇〇四年から二〇〇九年には、参加者の数と活動領域が飛躍的に殖えた。規模が大きくなり、贈り物の経済の循環が活発になるとともに、社会的影響力も増した。日本をはじめ海外に虚名を博したのもこの時期である。しかしその一方、規模の拡大とともに、スユノモ内外に広がる活動のなかから共通のリズムを刻み、コミューンとしてのポジティヴな力を生むことはより困難になっていった。

　このような規模の問題に対応するために、二〇〇八年から段階的にスユノモをコミュネット（コミューンのネットワーク）に分化させる計画が進められた。だが、このプロセスは平坦なものではなく、意識されたネットワーク化と、ささいなことから分裂が生

成されるという出来事が同時に発生した。その過程で高美淑がスユノモを脱退し南山講学院《なむさんかんはぐぉん》を立ち上げるなど、ネットワーク内外にコミューンの細胞分裂が起きた。そうしたプロセスを経て、コミュネット・スユノモには二〇一二年現在、「スユノモR」「ノマディスト・スユノモN」「スユノモ문《むん》（門・問etc.）」という三つのグループが活動している。

スユノモという問いの系が収束に向かっているのか発散に向かっているのかはわからない。しかし、ヴァーチャルなネットワークがいまや共同性の担保であるかのように機能しているこの世界で、そして常に問いではなく答えを求め消費するこの社会のなかで、模索は続くだろう。

参考文献

고미숙『아무도 기획하지 않은 자유：'수유＋너머' 에 대한 인류학적 보고서』휴머니스트、2004（高美淑『誰も企画しない自由――「スユ＋ノモ」についての人類学的報告書』ヒューマニスト、二〇〇四年）
金友子編訳『歩きながら問う――研究空間〈スユ＋ノモ〉の実践』インパクト出版会、二〇〇八年。
李珍景「コミューンの構成における空間－機械の問題」『インパクション』一七三号、二〇一〇年。
Hwang, Heesun, *Becoming Gifts to One Another: Everyday Practice and Subjectification in a Research Commune, 'Suyu+Nomo.'*, M. A. thesis, Department of Anthropology, Seoul National University, 2010（黄喜善『互いに贈り物になること――研究者コミューン「スユ＋ノモ」における日常の実践と主体化』、ソウル大学校・人類学修士論文、二〇一〇年）
尹汝一「生のための死」、「インパクション」一七八号、二〇一一年。

哲学の危機と抵抗——イギリス・ミドルセックス大学哲学科

西山雄二・宮﨑裕助

「学部から博士課程までの哲学科の全プログラムの廃止」——二〇一〇年四月二六日、イギリス・ミドルセックス大学当局は哲学科の教員との会談で一方的な通告をおこなった。大学側の言い分は「哲学科が世界的に優れた学科であることは認識しているが、単純に財政上の理由」だった。同哲学科は英語圏におけるヨーロッパ大陸哲学の最重要の研究拠点として知られ、現代思想、批判理論、精神分析、美術理論、マルクス主義思想などの幅広い研究教育が展開されてきた。同大学では、「現代ヨーロッパ哲学研究センター（CRMEP）」も運営されており、大学院レベルでの先端的哲学教育プログラムが国際的に展開されてきた。世界をリードする哲学科は間違いなくミドルセックス大学の看板学科であった。

筆者の一人（宮﨑）は、二〇〇一年から〇三年まで同センターの修士課程に所属し修了した。同センターは、和気藹々とした雰囲気のなか、非常に活気のある大学院で、学部卒の若い学生のみならず、世界中から集まってきた留学生、社会人学生、いったん職を得たもののキャリア変更を目指す学生や、引退後の中高年の学生にいたるまで、さまざまな学生が所属していた。同センターの特徴としてとりわけ印象に残っているのは、毎月開催されるイベント・セミナーである。ロンドンという好立地と、世界中にもつネットワークを活かし、多くの高名ないし新進気鋭の思想家・哲学者が定期的に教えに来ていた。著名人では、これまでにジュディス・バトラー、ジョルジョ・アガンベン、スラヴォイ・ジジェク、エティエンヌ・バリバールなど、日本人では柄谷行人も教鞭をとっている。同センターの教員が編集している「ラディカル・フィロソフィー」は、英国の代表的な現代思想系の理論誌として知っている人もいるだろう。いうなれば、この哲学科は、長らく英国における現代ヨーロッパ哲学・思想の最前線を形成し続けてきた拠点だったのだ。イギリスの大学の哲学科では分析哲学やギリシアの古典哲学が支配的であるため、この廃止通告は、英米哲学とヨーロッパ大陸哲学との稀有な研究教育連携へのダメージを意味していた。

この決定に抗議して、すぐさま教員学生による閉鎖反対の署名活動が始まった。結果、一週間で八千筆以上のメッセージが世界中から寄せられた。「イギリスのみならず、いたるところで、人文学にとって闇の時代である。同じく、人間存在にとっても、やはり闇の時代だということだろうか。おそらく、存在するものすべてにとって。この事態を私たちは了解できているだろうか。もちろん、人文学は再生され、再発明されなければならないが、しかし、破壊を通じてなされてはならない」（ジャン＝リュック・ナンシー）。「普通、他大学の運営には口を挟むことはできない。しかし私は、ミドルセックス大学哲学科の閉鎖が愚かな決定であると、いかなる点でも証言する心構えができている」（ガヤトリ・C・スピヴァク）。「今回の『技術的な』決定は、実のところ、反動的かつ自滅的な政治的手法である。ミドルセックス大学の哲学科に直接関係する者だけでなく、哲学はもとより、哲学以外の学問分野にも関係するあらゆる教師や学者によって反対されるべきである」（バリバール）。

五月四日に教員と学生らは学部長ら大学側との会談を設けたが、キャンパスに到着した彼らに「昨夜、会談はキャンセルされた」との通知が渡される。学生らは学部長室付近の会議室を占拠して抗議を始め、数日間、公開形式で議論をおこなった。大学側は五月二五日、占拠に加担した学生四人の停学、教員三人の停職を決定した。

抗議行動に参加する学生らはイギリスの高等教育制度の危機を敏感に察知していた。かつて大学数が少なかったころは運営予算はすべて国費で賄われ、学費は無料だった。しかし、大学と進学者数が増加し、教育支出が膨れ上がったため、一九九八年に年間一〇〇〇ポンドの授業料徴収が開始され、二〇〇六年には三二九〇ポンドとなる。さらに、二〇一二年には上限が九〇〇〇ポンドにまで値上げされ、高等教育費値上げに反対する暴動が起こった。経営改善のため大学経営陣は制度再編をおこない、不要とされる学部・学科を次々に切り捨てる傾向もある。公共サーヴィスが急速に削減されるなかで、大学がビジネスとなり、教育が商品となりつつあるのだ。

かつて教鞭を執っていたアレクサンダー・ガルシア・デュットマンは五月一九日、インスティテュート・オブ・コンテンポラリー・アーツ（ICA）の抗議イベント「誰が哲学を恐れているのか」にて次のように報告した。

しかしなんについての恐れでしょうか。それは、哲学が最終的に目指そうとするものについての恐れです。つまり、物事への不偏で没関心的な関心、議論のための議論への関心（しかしある種の議論を斥けたり議論の限界を追究したりすることから尻込みしてしまうような関心ではない）、アジェンダやイデオロギーにとらわれない概念への関心（しかしアジェンダやイデオロギーそのものを標的とすることから尻込みしてしまうような関心ではない）、心理的な拘束を超えてゆく関心、権力が遮ろうとするところで問題提起を止めない関心、といったものです。哲学の誇張法的な理想主義が試みる根底的で、多くの場合耐え難くもある挑戦――これこそは、政治家や大学の経営者が、たとえそのことを知らずそうした考えを馬鹿げたものだと肩をすくめてやり過ごすのだとしても、最終的に恐れている当のものなのです。

〔……〕私たちは今日前例のない状況に置かれています。まさに誰も哲学を恐れているようにみえないからこそ、それだけに哲学への恐れは、つまり妥協なき、しかし無反省ではない哲学への恐れ、恐れを知らない哲学への恐れは、いっそう強力なものとなっているのであり、いまや哲学一般がはじめて攻撃に曝されているのです。しかしだからといって、哲学が擁護される必要があるというのではありません。アドルノが述べたように、なにものかを擁護することは、それを断念していることを意味します。そうではなく哲学は、まったく単純に、力強く、アカデミックな諸制度の内外にあって、肯定されなければならないのです。

閉鎖の通知から六週間後、六月八日に一大転機が訪れる。現代ヨーロッパ哲学研究センターがロンドン南西部にあるキングストン大学へと移転できることになったのだ。六名中四名の教員が移籍し、現在では大学院プログラムが拡充され、さらにフランスの哲学者カトリーヌ・マラブーらも加わり、新しいプログラムが稼働中である。教員・学生を含め、哲学科の全員が救済されたわけではなく、ミドルセックス大の措置に対する抗議は続いているという意味では全面的な勝利ではない。しかし、それでも意義のある勝利だった。イギリス国内外での抗議運動「ミドルセックス大学の哲学を救おう（Save Middlesex Philosophy）」の効果は大きかった。哲学科閉鎖の衝撃はネット上で伝播し、不条理で不合理な人文学切り捨てに対して怒りの声が寄せられたのだ。各国の哲学科、哲学学会、哲学センターなどから連帯の手紙やアピールが次々に出された（日本でも何人かの声があがったものの、組織単位での意思表示は皆無だった）。また、イギリスだけでなく、フランスやドイツのいくつかの大学からも哲学科救済のための学術的連携が提案されたという。

直接的な利益や成果が見えにくい哲学や文学といった人文学の諸学科は、いまや世界中の大学で改組、縮小、併合、閉鎖の危機に瀕している。「ミドルセックス大学の哲学を救おう」の抗議運動が示してみせたことは、こうした危機感が、たんにこの大学やイギリスの高等教育制度の個別問題にとどまらず、世界的な拡がりをもって共有されており、そして実際にそうした危機に対して立ち上がった人々や組織の連帯がはっきりと可視化されたことであった。そしてなによりも重要なことは、それが一定の「勝利」として結実したということである。そのウェブサイト（http://savemdxphil.com/）をみればわかるように、抗議運動は現代の教育制度を覆う市場原理主義に対する異議申し立てとして、象徴的なモデルケースとなっている。危機に瀕している世界中の哲学科や人文諸学科への支援を促し、現代の哲学そのものが可能にしている抵抗の実践が実効的な仕方で示されたのである。

エラスムス・ムンドゥス――修士課程プログラム「ユーロフィロソフィー」

長坂真澄

ドイツからの越境列車を乗り継いで、ルクセンブルクのメゾン・ドミニケンヌに到着した日のことは、忘れることができない。レバノンからすでに来ていた学生に続いて、私は二人目の到着者であった。その後、ブラジルから、中国から、日本から、フランス、ロシア、ドイツ、カナダからと、次々に参加者たちが集まってきた。学生たちは、メゾン・ドミニケンヌと呼ばれる、修道院を改造したルクセンブルク大学のモダンな寮や、その近郊のアパートに宿泊し、毎日、朝から夕方にかけての講義のあと、皆で料理をして食事したり、そぞろ歩いたり、お酒を飲み交わしたりした。二週間という限られた時間のなか、誰もが互いに興味をもちあい、それぞれの国の文化や哲学的関心について深夜まで語り合った。その後、私たちはおのおの滞在先となる大学へと旅立った。

欧州連合が主宰する「エラスムス・ムンドゥス(Erasmus Mundus)」の修士課程プログラムでの唯一の哲学コース「ユーロ・フィロソフィー(Euro Philosophie)」は、二〇〇七年に始まったばかりの非常に若いプログラムである。私はその第一期生として、二〇〇九年まで参加した。このプログラムには、ヨーロッパの三つの大学を学期ごとに移動しながら、独仏哲学を学びたいという学生が、全世界から募集される。第一期に関していえば、ヨーロッパ圏、非ヨーロッパ圏からそれぞれ一三名の学生が募集され、後者には、月一六〇〇ユーロが支給された(年ごとに変更の可能性がある)。独仏哲学のなかでも三つの軸が用意されている。ドイツ観念論に、マルクスやニーチェなども含めたドイツ哲学、ベルクソン、フーコー、ドゥルーズなどのフランス哲学、独仏現象学である。設立当初の参加大学は、トゥールーズ第二大学、ルクセンブルク大学、（新）ルーヴァン・カトリック大学、プラハ大学、ヴッパータール大学、ボッフム大学、ミュンヘン大学であった。現在はボン大学、コインブラ大学が関わるなど、構成は大きく変わりつつある。そのほかヨーロッパ外で、日本の法政大学、アメリカ合衆国のメンフィス大学、ブラジルのサン・カルロス大学が参加しており、学生は二年間の修士課程のうち三ヵ月から一学期間、これらの大学にも滞在することができる。さらに、同プログラムに続く博士課程も、始動している。

　参加のための応募資格は、哲学に関わる専攻で学部課程を修了していること、独仏語のどちらか一方を使いこなし、かつ他方の言語も学習し、滞在先で使いこなせるレヴェルに達する意欲を有することである。試験は書類選考で、独仏いずれかの言語での哲学的小論文（最新の基準では二万字）、応募動機書、二名の推薦者からの簡単な推薦状等が求められる。これまでの選出結果から推測する限り、参加者の出身国に大きな偏りがないように配慮されているようである。日本からは、第一期生として女性二名、男性一名、第四期生として女性一名、第五期生として男性二名が参加している。（最新の詳細については、以下のサイトを参照されたい。http://www.europhilosophie.eu/mundus/）

　インターネットによる情報伝達のあり方の革新と、このプログラムは無縁ではない。学生の募集から、課題の提出、伝達事項の拡散、学生同士の会議、滞在地の家探しにいたるまで、インターネットなしには、このプログラムは成り立たないだろう。また、プログラムの特徴として、比較的小規模な地方都市大学が参加していることが挙げられる。理由としては、大きな組織になればなるほど、流動性をもちにくくなるということが挙げられよう。このプログラムは、それぞれの分野の研究者たちの世界的なネットワークで構成されており、大学の知名度とは無関係に、現在まさに精力的に活躍している研究者の指導のもとで研究をすることができる。多くの国際的プログラムと異なり、このプログラムが英語主導ではないということも大きな特色であろう。

　滞在先の多くの大学では、学生は、その大学の修士、博士課程の学生と同じ講義、セミナーを受けるほか、プログラム専用のセミナーが開催されることもある。必修科目がほとんどで、選択の余地は少ない。それゆえ日本の修士課程とは異なり、自分が門外漢であるような分野で、唐突に、高度に専門的な議論への参加を要求されるということも多い。私の場合、参加当初は語学力の乏しさも加わり、自らの無力を感じることの繰り返しだった。また、私の滞在した三つの大学においては、修士論文を提出した最終学期を除き、一学期間に合計で六科目のレポートや論考による試験、口頭試験に合格する必要があった。試験期間中は、すべてをこなすのは不可能だと思いつめたものだった。普段は多くの時間を共有していた同期の学友たちと互いに会わない取り決めをし、自室にこもり、提出日には大学の廊下で会って苦しみを慰めあったものである。試験を乗り越えると、また次の滞在先で、別の言語、別の哲学的文脈、授業形式から評価の仕方まで全く異なる環境で、一からやり直さなければならなかった。哲学の研究とは知識の蓄積ではなく、むしろ知識の弛まぬ問い直しであることを、身をもって学んだ。

特筆すべきなのは、第一、第二期生による、アミカルという学生組織の設立であろう。アミカルについては、設立当時、学生たちの間で、議長制にするか、共和制、すなわち各大学ごとのコーディネーターを選出する制度にするかなど、盛んに話し合ったものである。波乱万丈の学生総会を経た結果、共和制が圧倒的多数で可決された。各大学に一人ずつのコーディネーターに加え、第一、第二学年から、それぞれ一名のジェネラル・コーディネーターが学期ごとに選出される。アミカルでの仕事は多岐にわたり、学生主導の学会や研究会の企画主催、学術誌の運営などが挙げられる。参加者はプログラムの学生、卒業生、教員にとどまらず、世界的に著名な研究者を招待することが多く、他の学会組織と共催で行なわれる企画も多い。

最後に、このプログラムによって得られるものについて述べておきたい。修了時に複数の大学の修士号が獲得できること、世界中に研究者のネットワークができ、口頭発表や出版の機会が増えるということはある。しかしなによりも大きな、そして得難いものは、国境を越えて日夜を共にし、哲学について語りあうことのできる学友の存在である。二〇〇七年から二年間の私の滞在中には、世界全体で多くのことが起きていた。各国からの報道内容が噛み合わず、状況を判断するためのあらゆる情報がバイアスつきであったなか、学生たちは、互いへの尊敬を失わず、かつ率直に情報交換し、語り合った。また、話題の哲学者の新刊が出版されれば、皆で議論の題材に取り上げ、それぞれの哲学的立場から、批判したり擁護したりした。そうした学友と時間を共有できるということ、それがおそらくこのプログラムのもっとも貴重な点なのではないかと思う。グルジアからの学生が言っていた言葉で締めくくりたい。「僕はこのプログラムは、哲学の研究のためだけにあるんじゃないと思ってる。この人はと思える誰かに出会うことができるということ、それがこのプログラムで一番大切なことなんじゃないだろうか。」

編者あとがき

本論集『人文学と制度』は、二〇〇九年に刊行された『哲学と大学』（西山雄二編、未來社）の続篇である。前作では、一八世紀以来の哲学者の大学論が批判的に考察され、哲学的思索と大学の制度や理念との関係が問い直された。カント、フンボルト、ヘーゲル、ニーチェ、ウェーバー、ハイデガー、デリダの大学論や学問論からその今日的意義が引き出され、また、大学制度、とりわけ人文科学の現状と課題が読み解かれた。哲学と大学の関係を正面から扱った著作は日本では類例がなく、論集は少なからぬ反響を呼んだ。

『哲学と大学』の刊行後も西山雄二、大河内泰樹、齋藤渉、藤田尚志、宮﨑裕助は、科学研究費基盤研究（B）「啓蒙期以後のドイツ・フランスから現代アメリカに至る、哲学・教育・大学の総合的研究」（課題番号：22320001）を取得して共同研究を続け、その成果としてできあがったのが本書である。前論集では各哲学者の言説や思想に即して大学を哲学的に論じるというスタイルがとられていたのに対して、本論集では制度の文脈や問いに即して、人文学や哲学の現状と課題が考察される。人文学がいかなる制度的実践によって展開されてきたのか、そして、これからいかなる展望をもちうるのか、という論点について各人に文章を寄せていただいた（アドルノの翻訳文を除く）。想定される読者層の相違については、前論集はとくに専門的な哲学研究者や教育哲学者に宛てられていたのに対して、本論集の方は、変動期を迎えている人文学に携わる研究者や教員、大学の管理運営に日々尽力している教職員、大学制度のあり方に実存的に関与している院生やポストドクター、非常勤講師の方々、さらには、大学をはじめとする高等研究教育制度の現状や将来に関心を寄せるあらゆる人々を想定して編まれている。

『哲学と大学』の際には、東京大学で定期的にセミナーやシンポジウムを開催して、その成果が論集に集約された。今回の場合は、西山と他のメンバーが各国の大学に赴き、現地で討論会やセミナーを開催したという学術交流の旅の足跡が強く刻み込まれている。編者が監督したドキュメンタリー映画「哲学への権利」の上映・討論会が、香港、韓国、ドイツ、イギリス、アメリカ、イスラエル、台湾などで開かれ、大学や人文学、哲学の現状と課題をめぐって討論がおこなわれた（その詳細は、西山雄二『哲学への権利』〔勁草書房、二〇一一年〕を参照されたい）。また、パリ・ユネスコでの「学校における機会の平等」（二〇一一年一一月一八日）、イギリス・ロンドン大学バークベック校での「フクシマ以後の人文学」（二〇一一年一〇月二八―三〇日）、イスラエルのヴァン・レーア・エルサレム研究所での「人文学の未来」（二〇一二年九月九―一二日）、ドイツのボッフム大学およびヴッパータール大学での「哲学の制度」（二〇一一年五月五―六日）、九州産業大学での「制度と運動」（二〇一一年六月一八日）など、国際会議への参加を通じて、各国の研究者との持続的な学術交流が確立されてきた。人文学の研究教育に関する現状と課題をより深く掘り下げるためには国際的な連携が不可欠である。グローバル化状況において人文学が根底的に変容する現在、人文学研究者が直面する問題は世界各地で驚くほど共通しており、彼らとの議論や意見交換がきわめて有用だからである。

本書では、二〇世紀の人文・社会科学系に関する制度的実践に関するコラムを数篇収録したが、これはもちろん網羅的なものではない。困難な時代状況に抵抗し、既存の制度に対する根底的な問いとして創始された人文学の制度的試みとして貴重な事例をいくつか選別したものにすぎず、ほかにもとり上げたい実践例は多数あった。二〇世紀初頭のフランスで労働者のための学びの場として創設され、二三〇拠点にも拡大した「民衆大学（Universités populaires）」。その途絶した歴史を踏まえて、哲学者ミシェル・オンフレイがパリの中央集権的な知的潮流に抵抗して二〇〇二年に地方都市カーンに創設し、人気を博している「民衆大学」。チェコスロヴァキアの「地下大学」と同じように、帝政ロシア期やソヴィエト共産主義支配下のポーランドで思想統制を逃れて自由な教育活動を非合法的に展開した「彷徨える大学（Uniwersytet Latajacy/Flying University）」（一八八五―一九〇五年／一九七七―八一年）。一九二一年、新設のハンブルグ大学に併設され、人文学のあらゆる領域に関する膨大な書籍や視覚資料を収蔵し、美術史・文化史・精神史をめぐる知的交流を促した「ヴァールブルク研究所」。教育や文化の振興による世界平和の構築を目指して一九四六年にユネスコが創設されたが、国際的な教育活動の根幹として哲学の今日的可能性を実践し続けている「ユネスコ哲学部」（一九六四年開設）。イヴァン・イリイチが主宰してメキシコ・クエルナバカで一九六七年に創設され、近代産業化にともなう諸価値（教育・医療・仕事など）の制度化を批判的に検討した「国際文化情報センター（Centro Intercultural de Documentación）」。日本でも、戦後、三枝博音が創設と運営に尽力した「鎌倉アカデミア（鎌倉大学校）」、数々の学際的共同研究の先駆的な成果を残した「京都大学人文科学研究所」、七〇年代に公害の研究調査を市民に伝えるべく宇井純が開催した公開自主講座「公害原論」、ニューレフト運動が学習運動に転化しつつ産まれた自己変革的な学びの場「寺小屋」など、既存の研究教育制度への反省から数々の制度的実験が試みられてきた。激しい競争のなかで、大学は制度的な改革や改編に迫られることが多いが、私たちは過去の特異な事例からその成否を学ぶ必要があるだろう。

時代精神や社会的条件、経済的制約を慎重に考慮しつつ、人文学の命脈を保つための新たな制度を構想し実践することは、過去の知的遺産を社会的に継承しつつ、私たちの未来を変革することにほかならないのである。

前作に引き続き、今回も編集に関しては、未來社編集部の高橋浩貴氏には迅速かつ的確に作業を進めていただいた。また、未來社社長の西谷能英氏には万般にわたってたいへん御世話になった。心より感謝申し上げたい。

二〇一三年一月一七日　　西山雄二

本間直樹（ほんま・なおき）
1970年生まれ。大阪大学准教授（臨床哲学）。Café Philo（カフェフィロ）創設メンバー。共編著に、『ドキュメント臨床哲学』（大阪大学出版会、2010年）。論文に「哲学者の実践としての〈探究のコミュニティ〉」（大阪大学臨床哲学研究室編「臨床哲学」第14号、2012年）ほか。

今政 肇（いままさ・はじめ）
1970年生まれ。UCLA社会文化人類学博士過程修了。スユノモN研究員。

長坂真澄（ながさか・ますみ）
1976年生まれ。京都大学大学院博士課程（思想文化学）、ヴッパータール大学―トゥールーズ第二大学（二カ国共同指導）博士課程（哲学）。論文に「レヴィナスの思想と懐疑論――哲学における真理基準遡行の足跡」（「現代思想」Vol. 40-3、2012年）、「デリダによる超越論的病理論――カント、フッサールを導きの糸とする『来るべきデモクラシー』考」（「表象」Vol. 6、2012年）ほか。

文 景楠（ムン・キョンナミ）
1983年生まれ。東京大学大学院博士後期課程（哲学）。論文に「質料を伴わず形相を受容することについて――『デ・アニマ』第2巻12章におけるアリストテレスの感覚論」（「西洋古典学研究」LX、2012年）。訳書にアルヴァ・ノエ『知覚のなかの行為』（共訳、春秋社、2010年）。

横山 陸（よこやま・りく）
1983年生まれ。一橋大学大学院社会学研究科、フライブルク大学哲学科博士課程（ドイツ現代哲学）。

Religion（Duke University Press, 2012）ほか。

阿部ふく子（あべ・ふくこ）
1981年生まれ。日本学術振興会特別研究員（近代ドイツ哲学）。共著に『ヘーゲル体系の見直し』（理想社、2010年）。論文に「哲学と人間形成——ニートハンマーとシェリングの教養形成論をめぐって」（「シェリング年報」第19号、2011年）、「理性の思弁と脱自——ヘーゲルとシェリングにおける理性の可能性に関する考察」（「ヘーゲル哲学研究」第14号、2008年）ほか。

アルノー・フランソワ（Arnaud François）
1978年生まれ。トゥールーズ第二大学准教授（フランス・ドイツ哲学）。著書に *Bergson, Schopenhauer, Nietzsche. Volonté et réalité*（PUF, 2008）．編著に *L'évolution créatrice de Bergson*（éd., Vrin, 2010）ほか。論文に「ニーチェとベルクソン——健康の問題の存在論的意味」（「思想」1028号、岩波書店、2009年）ほか。

星野 太（ほしの・ふとし）
1983年生まれ。東京大学大学院総合文化研究科、「共生のための国際哲学研究センター（UTCP）」上廣特任助教（美学、表象文化論）。論文に“Words and Passions in Edmund Burke”（*Aesthetics*, 2012），“Enlightenment within the Limits of Reason Alone”（*UTCP Booklet 21*, 2011）ほか。訳書にジェフリー・スコット『人間主義の建築』（共訳、鹿島出版会、2011年）ほか。

宮本真也（みやもと・しんや）
1968年生まれ。明治大学准教授（ドイツ現代思想・批判的社会理論）。論文に「理性のコミュニケーション」（伊藤公雄編『コミュニケーション社会学入門』、世界思想社、2010年）、「こころのエンハンスメントとしての『脳力』論」（西山哲郎編『科学化する日常の社会学』、世界思想社、2013年）。訳書にアクセル・ホネット『正義の他者』（共訳、法政大学出版局、2005年）、シュテファン・ミュラー＝ドーム『アドルノ伝』（共訳、作品社、2007年）、ホネット『物象化』（共訳、法政大学出版局、2011年）。

斎藤幸平（さいとう・こうへい）
1987年生まれ。ベルリン・フンボルト大学哲学科後期博士課程。日本MEGA編集委員会メンバー。論文に「福祉国家の危機を越えて——『市民労働』と『社会インフラ』におけるベーシックインカムの役割」（『ベーシックインカムは究極の社会保障か』堀之内出版、2012年）ほか。

杉山杏奈（すぎやま・あんな）
中央ヨーロッパ大学博士課程（戦後チェコスロヴァキアおよびポーランド社会史）。

ジャン゠リュック・ナンシー（Jean-Luc Nancy）
1940年生まれ。ストラスブール大学名誉教授。著書の日本語訳に『無為の共同体――哲学を問い直す分有の思考』（西谷修・安原信一朗訳、以文社、2001年）、『複数にして単数の存在』（加藤恵介訳、松籟社、2005年）、『脱閉域I――キリスト教の脱構築』（大西雅一郎訳、現代企画室、2009年）、『限りある思考』（合田正人訳、法政大学出版局、2011年）ほか。

テオドール・W・アドルノ（Theodor W. Adorno）
1903-69年。フランクフルト学派第一世代を代表する哲学者。著書の日本語訳に、『啓蒙の弁証法――哲学的断想』（ホルクハイマーと共著、徳永恂訳、岩波文庫、2007年）、『ミニマ・モラリア』（三光長治訳、法政大学出版局、1979年）、『否定弁証法』（木田元ほか訳、作品社、1996年）、『美の理論』（大久保健治訳、河出書房新社、2007年）ほか。

大河内泰樹（おおこうち・たいじゅ）
1973年生まれ。一橋大学大学院社会学研究科准教授（哲学）。著書に *Ontologie und Reflexionsbestimmungen. Zur Genealogie der Wesenslogik Hegels*（Würzburg 2008），『マルクスの構想力――疎外論の射程』（共著、社会評論社、2010年）ほか。論文に「労働と思想　アクセル・ホネット――承認・物象化・労働」（「POSSE」9号、2010年）ほか。

フランシスコ・ナイシュタット（Francisco Naishtat）
1958年生まれ。ブエノスアイレス大学教授。著書に *Action et Langage: Des niveaux linguistiques de l'action aux forces illocutionnaires de la protestation*（Harmattan, 2010）ほか。論文に "Cosmopolitisme et mondialisation dans l' université contemporaine"（*UTCP Booklet 10*, 2009），「歴史認識理論における精神分析の痕跡――ヴァルター・ベンヤミンの『パサージュ論』における運命と解放」（*UTCP Booklet 3*, 2008）ほか。

アレクサンダー・ガルシア・デュットマン（Alexander García Düttmann）
1961年生まれ。ロンドン大学ゴールドスミス校視覚文化学科教授（哲学）。日本語訳された著書に『思惟の記憶――ハイデガーとアドルノについての試論』（大竹弘二訳、月曜社、2009年）、『友愛と敵対――絶対的なものの政治学』（大竹弘二・清水一浩訳、月曜社、2002年）、『カール・シュミットと現代』（共著、臼井隆一郎編、小森謙一郎訳、沖積舎、2005年）。

藤田尚志（ふじた・ひさし）
1973年生まれ。九州産業大学講師（フランス近現代思想）。共著に『エピステモロジー――20世紀のフランス科学思想史』（慶應義塾大学出版会、2013年）、『哲学の挑戦』（春風社、2012年）、*Bergson*（Cerf, 2012）, *Bergson, Politics, and*

〈東アジア〉』（共編、作品社、2006年）ほか。

崔 真碩（チェ・ジンソク）
1974年生まれ。ロシア人文学大学校文化学博士。スユノモN研究員。著書に『不穏な人文学』（共著、ヒューマニスト、2011年）、『コミューン主義宣言』（共著、キョヤンイン、2007年）。訳書に『ロシア文学史講義』（共訳、グリーンビー、2011年）、『解体と破壊――現代哲学者たちとの対話』（グリーンビー、2009年）ほか。

鄭 晶薫（ジョン・ジョンフン）
スユノモN研究員。ソウル科学技術大学校講師（文化研究）。著書に『君主論――運命を越える力量の政治学』（グリーンビー、2011年）。共著に『不穏な人文学』（共著、ヒューマニスト、2011年）、『コミューン主義宣言』（共著、キョヤンイン、2007年）、『モダニティの地層たち』（グリーンビー、2007年）、『文化政治学の領土たち』（グリーンビー、2007年）。

小林康夫（こばやし・やすお）
1950年生まれ。東京大学大学院総合文化研究科教授（哲学）。著書に『表象の光学』（未來社、2003年）、『知のオデュッセイア――教養のためのダイアローグ』（東京大学出版会、2009年）『歴史のディコンストラクション――共生の希望へ向かって』（未來社、2010年）『存在のカタストロフィー――〈空虚を断じて譲らない〉ために』（未來社、2012年）ほか。訳書にフーコー『思考集成』（編訳、全10巻、筑摩書房、1999-2001年）、デリダ『名を救う』（共訳、未來社、2005年）ほか。

熊野純彦（くまの・すみひこ）
1958年生まれ。東京大学文学部教授（倫理学）。著書に『レヴィナス――移ろいゆくものへの視線』（岩波書店、1999/2012年）、『ヘーゲル――〈他なるもの〉をめぐる思考』（筑摩書房、2002年）、『埴谷雄高――夢みるカント』（講談社、2010年）ほか。編書に『日本哲学小史――近代100年の20篇』（中公新書、2009年）、『西洋哲学史』（共編、全4巻、講談社選書メチエ、2011-2012年）ほか。訳書にカント『純粋理性批判』（作品社、2012年）ほか。

西谷幸介（にしたに・こうすけ）
1950年生まれ。青山学院大学専門職大学院国際マネジメント研究科教授・同大学宗教主任（キリスト教社会倫理学）。著書に『ロマドカとニーバーの歴史神学』（ヨルダン社、1966年）、*Niebuhr, Hromadka, Troeltsch and Barth*（Peter Lang Publishing, 1999）、『宗教間対話と原理主義の克服』（新教出版社、2004年）ほか。共著に、『宗教改革とその世界史的影響』（教文館、1998年）、『宗教多元主義を学ぶ人のために』（世界思想社、2008年）ほか。訳書にR・R・ニーバー『復活と歴史的理性』（新教出版社、2009年）ほか。

著者・訳者略歴

西山雄二（にしやま・ゆうじ）
1971年生まれ。首都大学東京人文科学研究科准教授（フランス思想）。著書に『哲学への権利』（勁草書房、2011年）、『哲学と大学』（編著、未來社、2009年）、『異議申し立てとしての文学——モーリス・ブランショにおける孤独、友愛、共同性』（御茶の水書房、2007年）ほか。訳書にジャック・デリダ『条件なき大学』（月曜社、2008年）、『名を救う』（共訳、未來社、2005年）ほか。

宮﨑裕助（みやざき・ゆうすけ）
1974年生まれ。新潟大学人文学部准教授（哲学）。著書に『判断と崇高——カント美学のポリティクス』（知泉書館、2009年）、『世界の感覚と生の気分』（共著、ナカニシヤ出版、2012年）、『哲学と大学』（共著、未來社、2009年）ほか。訳書にポール・ド・マン『盲目と洞察』（共訳、月曜社、2012年）ほか。

酒井直樹（さかい・なおき）
1946年生まれ。コーネル大学教授（日本思想史、比較文学）。著書に『希望と憲法——日本国憲法の発話主体と応答』（以文社、2008年）、『日本／映像／米国——共感の共同体と帝国的国民主義』（青土社、2007年）、『日本思想という問題——翻訳と主体』（岩波書店、1997年）、『死産される日本語・日本人——「日本」の歴史－地政的配置』（新曜社、1996年）ほか。

藤本夕衣（ふじもと・ゆい）
1979年生まれ。東京大学大学総合教育研究センター特任研究員（大学教育論、教育思想）。著書に『古典を失った大学——近代性の危機と教養の行方』（ＮＴＴ出版、2012年）、『生成する大学教育学』（共著、ナカニシヤ出版、2012年）、『現代社会論のキーワード——冷戦後世界を読み解く』（共著、ナカニシヤ出版、2009）。

小林敏明（こばやし・としあき）
1948年生まれ。ライプツィヒ大学東アジア研究所日本学科教授。著書に『フロイト講義〈死の欲動〉を読む』（せりか書房、2012年）、『〈主体〉のゆくえ——近代日本思想史への一視角』（講談社選書メチエ、2010年）、『西田幾多郎の憂鬱』（岩波書店、2003年 / 岩波現代文庫、2011年）、*Denken des Fremden*（Stroemfeld, 2002）ほか。

白 永瑞（ペク・ヨンソ）
1953年生まれ。韓国延世大学校教授（歴史学）。著書に『東アジアの歸還——中國の近代性を問う』（韓国語、創作と批評社、2000年）、『思想東亜——朝鮮半島視点からの歴史と実践』（中国語、北京、三聯書店、2011年）ほか。編書に『ポスト

人文学と制度

発行――――二〇一三年三月二十五日　初版第一刷発行

定価――――（本体三二〇〇円＋税）

編　者――西山雄二

発行者――西谷能英

発行所――株式会社　未來社

〒112-0002東京都文京区小石川三―七―二

電話・（03）3814-5521（代表）

http://www.miraisha.co.jp/

Email: info@miraisha.co.jp

振替〇〇一七〇―三―八七三八五

印刷・製本――萩原印刷

ISBN 978-4-624-01190-1 C0010